U0505537

JINRONG JIGOU
JINGYING GUANLI

金融机构
经营管理

主　编　骆志芳　许世琴

副主编　韩昭敏　韩　健　杨　珂

中国财经出版传媒集团

经济科学出版社
Economic Science Press

图书在版编目（CIP）数据

金融机构经营管理/骆志芳，许世琴主编 . —北京：
经济科学出版社，2020.2
（"十三五"普通高等教育金融系列规划教材）
ISBN 978 - 7 - 5218 - 1299 - 2

Ⅰ.①金…　Ⅱ.①骆…②许…　Ⅲ.①金融机构 - 经
营管理 - 高等学校 - 教材　Ⅳ.①F830.3

中国版本图书馆 CIP 数据核字（2020）第 023335 号

责任编辑：刘　丽
责任校对：王苗苗
版式设计：齐　杰
责任印制：邱　天

金融机构经营管理

主　编　骆志芳　许世琴
副主编　韩昭敏　韩　健　杨　珂
经济科学出版社出版、发行　新华书店经销
社址：北京市海淀区阜成路甲 28 号　邮编：100142
总编部电话：010 - 88191217　发行部电话：010 - 88191522
网址：www. esp. com. cn
电子邮箱：esp@ esp. com. cn
天猫网店：经济科学出版社旗舰店
网址：http：//jjkxcbs. tmall. com
北京时捷印刷有限公司印装
787 × 1092　16 开　19 印张　426000 字
2020 年 2 月第 1 版　2020 年 2 月第 1 次印刷
ISBN 978 - 7 - 5218 - 1299 - 2　定价：56.00 元
（图书出现印装问题，本社负责调换。电话：010 - 88191510）
（版权所有　侵权必究　打击盗版　举报热线：010 - 88191661
QQ：2242791300　营销中心电话：010 - 88191537
电子邮箱：dbts@ esp. com. cn）

目前我国已经形成了商业性、开发性、政策性与合作性金融共同发展的多层次、广覆盖、有差异的金融机构体系格局，金融机构内部又形成了包括银行、证券、保险、信托、基金、期货等多个不同的金融行业。近年来，我国金融机构已经成为现代金融体系的核心和中枢，为社会经济发展提供了诸如筹集资金、运用资金、结算服务、经纪和交易功能、咨询和信托等多种金融服务，成为实体经济快速发展的强力支撑。然而，金融机构在其经营管理过程中，也同样面临着外部经济环境变化和如何提升自身经营管理水平的问题，尤其是在互联网金融、智能金融、云计算等科技金融迅速发展的今天，提升金融机构经营管理水平不仅是自身持续健康发展的需要，而且也是在复杂环境中提高市场竞争力的需要。所以，研究金融机构经营管理的理论和方法，对于了解金融机构的发展现状和未来发展趋势具有十分重要的现实意义。

本书的目的是为学习者提供金融机构经营管理的基本理论、基本知识和基本技能，把金融机构作为一个整体来研究，特别是金融混业经营趋势下，未来金融机构业务发展和经营管理理念会有许多共同之处，从金融机构的业务流程环节而不是某类金融机构来研究金融机构经营管理的问题，旨在培养学生经营管理的能力，以及灵活运用理论分析和解决实际问题的能力。

本书共分10章，第1章讲述金融机构战略管理，第2章讲述金融机构组织管理，第3章讲述金融机构资本管理，第4章讲述金融机构负债业务管理，第5章讲述金融机构资产业务管理，第6章讲述金融机构资产负债综合管理，第7章讲述金融机构中间业务管理，第8章讲述金融机构市场营销管理，第9章讲述金融机构风险管理，第10章讲述金融机构经营绩效管理。

全书由骆志芳教授负责总体框架设计，各章节的编写分工如下：第1章由骆志芳、杨珂、陶小兰编写；第2章由骆志芳、杨珂、石宇慧、胡玥帆编写；第3章由骆志芳、杨珂、王泽乾、胡玥帆编写；第4章由许世琴、王廷、张颜编写；第 5 章由韩昭敏、梁艺山、冯芮茜编写；第 6 章由骆志芳、杨珂、胡玥帆编写；第 7 章由许世琴、胡欣莹、冯欢编写；第 8 章由韩昭敏、黄晓、冯芮茜编写；第 9 章由韩健、邓雍、李静编写；第 10 章由韩健、陈睿希、李静编写；由骆志芳、许世琴、韩昭敏、韩健、杨珂共同审阅、修改、总纂和定稿。校对工作由研究生冯芮茜、胡玥帆、李静、张颜、冯欢完成。

本书可作为财经类经济管理专业高年级本科生、研究生等不同层次学习者的教材，也适合作为金融从业人员和对金融感兴趣的社会各界人士学习金融相关理论和实务的参考书籍。

本书参阅了大量同类教材和著作，并借鉴了某些相关内容，谨向文献的作者表示衷心的谢意。感谢经济科学出版社刘丽老师的支持和辛苦工作。感谢重庆工商大学财政金融学院各位领导和同仁的支持和帮助。感谢重庆银行李在宁老师的支持和帮助。由于编者的水平和时间有限，本书难免会有疏漏之处，敬请广大读者批评指正。

编　者

2019 年 10 月 16 日

目 录

CONTENTS

第1章 金融机构战略管理

 学习目的

知识要点	掌握程度
金融机构战略管理概述	了解金融机构及其性质特征、金融中介理论、金融机构的分类与组成、金融机构业务及管理的特点；熟悉战略管理的含义、起源与发展及战略管理理论；掌握金融机构战略管理的重要性和金融机构战略管理的定义
金融机构战略管理的类型	了解成长型战略和竞争型战略的含义和种类；了解产品战略、市场战略和投资战略的含义和种类；熟悉进攻型战略、防守型战略、撤退型战略的含义和种类；掌握公司层战略、事业层战略、职能层战略的含义和种类
金融机构战略管理的流程	了解战略分析的定义、内容；把握战略分析工具；熟悉战略制定及其体系、制定的程序、战略评价和选择；掌握战略实施中组织调整、配置资源、管理变革；了解战略实施评价和调整

1.1 金融机构战略管理概述

随着经济金融化、金融市场化、金融网络化、金融科技化、金融智能化等方面的快速发展，金融机构也面临着严峻的形势和激烈的市场竞争，金融机构如何面对市场正确进行市场定位和明确发展目标、选择行动路线等战略管理问题日益成为金融机构关注的焦点。

1.1.1 金融机构概述

1. 金融机构及其性质特征

（1）金融机构的内涵。金融机构是经营货币和提供金融服务产品的特殊企业，形成一种特殊的行业或产业，属于服务业的范畴，是国民经济五大部门（居民、企业、政府、金融、国外部门）之一。狭义的金融机构泛指以某种方式吸收资金，又以某种方式运用资金，能够提供特定金融产品和服务的金融企业，即在间接融资领域中作为资金余缺双方交易的媒介，专门从事货币、信贷活动的机构；广义的金融机构指从事金融业务，协调金融关系，维护金融体系正常运行的机构，包括直接融资领域中的金融机构、间接融资领域中的金融机构和各种提供金融服务的机构。金融机构所经营的业务范围包括吸收存款，发放贷款，发行有价证券，从事保险、投资、信托业务，发行信用流通工具，办理货币支付、转账结算、国内外汇兑，经营黄金、白银、外汇交易，提供咨询服务及其他金融服务等。

（2）金融机构的性质特征。金融机构与一般经济部门的共性：拥有业务需要的自有资本；实行独立核算，自负盈亏；经营目标是利润最大化；依法经营，照章纳税。与一般经济部门比较，其具有的特殊性主要表现见表1-1。

表1-1　　　　　　　　　　金融机构与一般经济部门比较

项目	一般经济部门	金融机构
经营对象	具有一定使用价值的商品或劳务	货币资金
经营内容	商品生产和商品流通	货币收付、借贷及金融服务
经营关系	买卖关系	借贷或投资关系
经营原则	等价交换	安全性、流动性、盈利性
经营风险	商品滞销、资不抵债	信用风险、市场风险、操作风险、流动性风险等
影响程度	影响范围小、力度小	影响范围广、力度大

注：根据相关资料整理与绘制而成。

2. 金融中介理论简介

金融机构存在的必要性是什么和金融机构具有哪些功能，一直是学术界探讨的问题，金融中介理论从不同的角度进行了解释和探讨，形成了不同的理论。从理论的发展来看，金融中介理论可以分为古典的金融中介理论和现代的金融中介理论，随着金融机构的不断发展，理论研究的内容也在不断拓展和创新，下面对金融中介理论进行简单介绍。

（1）古典的金融中介理论。古典的金融中介理论包括两种理论，即信用媒介论和信用创造论。①信用媒介论。该理论认为信用是将资本从一个部门转移到另一个部门的媒介，信用不是资本，也不创造资本。信用可以节约流通费用，可以促进利润率的平均化，可以促进国家财富增加。信用对物价和商业危机有影响。②信用创造论。该理论认为银行的功能在于为社会创造信用，银行能超过其所接受的存款进行放款，且能用放款的方法创造存款。所以，银行的资产业务优先于负债业务且前者决定后者。银行通过信用的创造，能为社会创造出新的资本，从而推动国民经济的发展。

（2）现代的金融中介理论。现代金融中介理论利用信息经济学和交易成本经济学的最新成果，以降低金融交易成本为主线，对金融中介提供的各种服务进行了深入的分析；探讨了它们如何利用自身优势克服信息不对称、降低交易成本，从而以比市场更低的成本提供服务。不确定性、交易成本、信息成本、风险管理和价值增加构成了金融中介演化的客观要求。①不确定性。经济生活中存在着不同形式的不确定性表现，金融中介机构的出现不仅可以降低个人消费风险所引起的不确定性，还可以进行多样化的投资，分散风险，降低投资过程中的不确定性。②交易成本。由于市场的不完美性，需要金融中介参与金融交易，金融中介正是单个借贷者在交易中寻求规模经济、集合交易、分摊成本的最佳联合体。③信息不对称。金融中介作为被委以监督责任的代理人，保证向贷款人支付固定金额的回报，从而使自己成为投资项目收益的剩余索取人，金融中介的收益就与项目的收入紧密相关，从而确保它能竭力监督借款人。④风险管理。风险管理功能是金融中介的一种新功能和最重要的功能之一。投资者收集、选择某一特定股票或其他有价证券、金融产品时会承担特定成本，但通过金融中介可以节省这些成本，使投资者得到相对稳定的回报。⑤价值增加。金融中介是居于最终储蓄者和投资者之间的独立行事的市场主体，它们能够创造金融产品，并通过转换金融风险、期限、规模、地点和流动性而为客户提供增加值。金融中介本身就是向顾客出售金融服务并从中获利的。

3. 金融机构的分类与组成

（1）金融机构的分类。国际货币基金组织（International Monetary Fund，IMF）（2012）将金融性公司部门又分为九类，即中央银行、除中央银行以外的存款吸收性公司、货币市场基金、货币市场基金以外的投资基金、除保险公司和养老金以外的其他金融中介、金融辅助机构、受限制性金融机构和货币放款人、保险公司、养老金。同时，为了广义货币的统计需要，将以上九类机构再分为存款性公司和其他金融性公司两大类，其中的存款性公司分为中央银行、中央银行以外的存款吸收公司和货币市场基金三个子部门。此外，还特别强调了无特殊目的的实体、主权财富基金等新型金融机构。

（2）我国金融机构的组成。2014年9月，中国人民银行正式发布了《金融机构编码规范》（JR/T 0124—2014）金融行业标准，从宏观层面统一了我国金融机构分类标准，明确了我国金融机构涵盖范围，界定了各类金融机构的具体组成，将金融机构分为货币当局、监管当局、银行业金融机构、证券业金融机构、保险业金融机构、交易及结算类金融机构、金融控股公司、其他金融机构等。其中，银行业金融机构、证券业金融机构、保险业金融机构是最重要的运营性金融中介机构。

①银行业金融机构。银行业金融机构是指以融资业务为主的金融机构，主要包括银行业存款类金融机构和银行业非存款类金融机构。其中，银行业存款类金融机构是接受个人和机构的存款并发放贷款的金融中介机构，存款类金融机构主要包括商业银行、农村信用合作社、农村资金互助社、财务公司等。银行业非存款类金融机构是指不能够接受个人和机构存款，但可以发放贷款的金融中介机构，主要包括信托公司、金融资产管理公司、金融租赁公司、汽车金融公司、贷款公司、货币经纪公司等。

②证券业金融机构。证券业金融机构在业务运行过程中所发挥的主要作用是为投资

业务服务,是直接融资活动中重要的中介人,承担着为资金供求双方"牵线搭桥"的职责,同时,证券业金融机构在间接融资活动中也发挥着重要的作用,如一些证券公司可以从事某些贷款业务,而一些基金公司可以接受信托存款资金,并将其用于信托投资等。从总体上看,证券业金融机构在直接融资、间接融资活动中最基本和最突出的作用是通过其基本的业务经营为各类投资业务活动提供相关服务。我国证券业金融机构主要包括证券公司、证券投资基金公司和期货公司。

③保险业金融机构。保险业金融机构主要是指各类保险公司。这些保险公司以收取保险费为条件,向投保人或投保人指定的受益人提供某类风险的保障。我国保险业金融机构主要分为财产保险公司、人身保险公司、再保险公司、保险资产管理公司、保险经纪公司、保险代理公司、保险公估公司、企业年金等。

我国金融机构的组成见表 1 – 2。

表1 – 2   **我国金融机构的组成**

类型		组成
货币当局		中国人民银行;国家外汇管理局
监管当局		中国银行保险监督管理委员会;中国证券业监督管理委员会
银行业金融机构	银行业存款类金融机构	商业银行;农村信用合作社;农村资金互助社;财务公司
	银行业非存款类金融机构	信托公司;金融资产管理公司;金融租赁公司;汽车金融公司;贷款公司;货币经纪公司;消费金融公司
证券业金融机构		证券公司;证券投资基金管理公司;期货公司;投资咨询公司
保险业金融机构		财产保险公司;人身保险公司;再保险公司;保险资产管理公司;保险经纪公司;保险代理公司;保险公估公司;企业年金
交易及结算类金融机构		交易所;登记结算类机构;银行卡组织;资金清算中心
金融控股公司		中央金融控股公司;其他金融控股公司
其他金融机构		小额贷款公司;非金融支付机构;珠宝行;拍卖行;典当行;融资性担保公司

资料来源:http://www.cfstc.org/jinbiaowei/2929546/2929550/2971311/index.html。

4. 金融机构业务及管理的特点

(1)金融机构业务的特点。金融机构是服务性的中介机构,为客户提供的业务主要是通过各种形式的服务如存款、贷款、承销、经纪、咨询、保障等进行的。金融机构的业务与一般工商企业不同,具有以下主要特点。

①无形性。金融机构的业务大多是服务性质的,主要以信托、证券交易、电子银行、为客户提供建议、拟订资金安排方案或提供某种观念为服务形式,没有像购买一般实体经济部门提供的实体产品那样的感知。

②非歧视性。金融机构在开展业务中,向客户提供的金融服务不因种族、年龄、肤

色、性别、长幼、长相、信仰等不同而不同，对客户一视同仁。

③无差异性。各种金融机构所经营的对象都是货币资金，所提供的金融业务内容大都相同或相似，不存在本质上的差异。客户对于金融机构的选择主要体现在规模、信用、竞争力等方面。

④专业性。由于金融机构服务的客户金融需求多样化，对于金融机构的专业性要求就会比较高，金融从业人员需要具备相关专业知识和技能，才能更好地给客户提供专业的咨询建议、意见及预测等。

⑤风险性。金融机构是资金盈余者与资金需求者的桥梁，是整个社会经济的核心和枢纽，联系着众多的企业和家庭，面临着复杂的社会经济环境和各种风险，所以，金融机构是高风险行业，只有在保证客户和金融机构两者收益与尽可能地降低风险的情况下才能保证金融机构的盈利和保障客户的权益。

（2）金融机构管理的特点。金融机构管理是对金融机构的各种活动进行计划、组织、指挥、协调和控制的全过程，金融机构面临内外部复杂的经营环境，如何降低风险和提高管理效率是金融机构管理者必须高度重视的问题，这就要求管理者必须明白金融机构管理的特点。金融机构管理主要具有以下几个特点。

①系统性。金融机构的各个构成部分相互联系和配合，形成一个有机的系统，每个部分、每个环节、每个部门、每个员工都是这个系统不可分割的部分。管理者应该运用系统思想和系统分析方法指导金融机构的管理工作，加强各个子系统之间的配合度和集成度，从而提高金融机构的运营效益和管理效率。

②人性化。金融机构的管理重心在于对人的管理，如何识人、选人、用人、评人、育人、留人、服务人是金融机构最重要的管理工作，如何满足人的需求、激发人的潜能、发挥人的作用、提高人的贡献度是管理的重要目标。

③信息化。金融机构长期以来都面临着信息不对称的问题，要想做好管理工作，必须在开展各项业务时采集充分的信息。在现代信息爆炸的时代，金融机构对信息采集、分析、反馈等要求越来越高，金融机构必须加强信息工作，充分利用现代技术，建立完整的信息管理系统，才能有效、及时、准确地传达和利用信息，促进管理工作水平的提高。

④实践性。金融机构管理是一项实践性很强的工作，实际工作中常常会出现许多新现象、新思想、新问题，是已有的理论知识无法解决的。这就要求管理者要重视理论联系实际，善于对实践进行归纳总结，找出规律性的东西，乐于接受新思想、新技术、新理论，创新管理方法来解决实际问题。

1.1.2　战略管理概述

1. 战略管理的含义

战略管理是指企业确定其使命，根据组织外部环境和内部条件设定企业的战略目标，为保证目标的正确落实和实现进度谋划，并依靠企业内部能力将这种谋划和决策付诸实施，以及在实施过程中进行控制的一个动态管理过程。

战略管理可以分为广义的战略管理和狭义的战略管理。广义的战略管理是指运用战略对整个企业进行管理；狭义的战略管理是对战略的制定、实施、控制和修正进行的管理，是企业处理自身与环境关系过程中实现其愿景的管理过程。战略管理大师迈克尔·波特（Michael Porter）认为，一项有效的战略管理必须具备五项关键点：独特的价值取向、为客户精心设计的价值链、清晰的取舍、互动性、持久性。

2. 战略管理的起源与发展

企业战略管理最早兴起于 20 世纪 60 年代初的美国。美国企业史学家钱德勒教授在其 1962 年出版的《战略与结构：美国工商企业成长的若干篇章》一书中首次对公司战略做出明确的定义：公司战略是决定企业的基本长期目标与目的，选择行动路线，并对实现这些目标所需的资源进行配置。

20 世纪七八十年代，以美国哈佛大学迈克尔·波特教授为代表的外部环境学派成为战略管理理论的主流。迈克尔·波特的著作《竞争战略》和《竞争优势》成为企业制定战略的宝典。迈克尔·波特指出：战略管理的首要任务是选择正确的行业及行业中最具吸引力的竞争位置，五因素（供应商、购买者、行业当前竞争者、替代产品和行业潜在的进入者）模型就是完成这一任务的分析工具；企业战略管理的另一项重要任务是在已经选择的行业中合理地定位，成本领先战略、差异化战略及集中战略就是三种基本的战略定位模型。

20 世纪 90 年代以后，以"核心竞争力"理论为代表的内部资源学派逐渐成为主流。资源学派的战略管理思想可概括为：构建企业竞争优势的重心应放在对稀缺资源和能力的整合和控制上；战略联盟是整合企业的资源与能力，形成战略优势的有效途径；要确认战略成功的关键因素，应当去寻找企业内部积累形成的特殊资源；企业竞争优势的保护要靠持续的创新能力；归核化是多元化发展的方向。

3. 战略管理理论

（1）早期战略思想。美国哈佛大学的迈克尔·波特教授总结了早期战略思想阶段的三种观点。第一种观点：20 世纪初，法约尔对企业内部的管理活动进行整合，将工业企业中的各种活动划分成六大类，即技术活动、商业活动、财务活动、安全活动、会计活动和管理活动，并提出了管理的五项职能，即计划、组织、指挥、协调和控制。第二种观点：1938 年，美国经济学家切斯特·巴纳德在《经理人员的职能》一书中，首次将组织理论从管理理论和战略理论中分离出来，认为管理和战略主要是与领导人有关的工作，提出管理工作的重点在于创造组织的效率，其他的管理工作则应注重组织的效能。第三种观点：19 世纪 60 年代，哈佛大学的安德鲁斯对战略进行了四个方面的界定，将战略划分为四个构成要素，即市场机会、公司实力、个人价值观和渴望、社会责任。

（2）传统战略理论。1965 年，安索夫的《公司战略》成为现代企业战略理论研究的起点，之后很多学者积极地参与企业战略理论的研究，在这一时期出现了多种不同的理论学派。①设计学派。该学派以安德鲁斯教授为代表，认为企业战略的形成必须由企业高层经理负责，而且战略的形成应当是一个精心设计的过程，战略应当清晰、简明，易于理解和贯彻。②计划学派。该学派以安索夫为杰出代表，认为战略的形成是一个受到控制的、有意识的、规范化的过程。③定位学派。其杰出代表人物是迈克尔·波特，他认为企业在制定战略的过程中必须要做好两个方面的工作：一是企业所处行业的结构分析；二是企业在行业内的相对竞争地位分析。④创意学派。该学派认为战略形成过程是一个直觉思维、寻找灵感的过程。⑤认知学派。该学派认为战略的形成是基于处理信息、获得知识和建立概念的认知过程。⑥学习学派。该学派认为战略是通过渐进学习、自然选择形成的，可以在组织上出现，并且战略的形成与贯彻是相互交织在一起的。⑦权力学派。该学派认为战略制定不仅要注意行业环境、竞争力量等经济因素，而且要注意利益团体、权力分享等政治因素。⑧文化学派。该学派认为企业战略根植于企业文化及其背后的社会价值观念，其形成过程是一个将企业组织中各种有益的因素进行整合以发挥作用的过程。⑨环境学派。该学派强调的是企业组织在其所处的环境里如何获得生存和发展。⑩结构学派。该学派把企业组织看成是一种结构由一系列行为和特征组成的有机体，把战略制定看成是一种整合由其他各种学派的观点综合而成的体系。

（3）竞争战略理论。20 世纪 80 年代以来，企业竞争战略理论涌现出三大主要战略学派。

①行业结构学派。其代表人物是迈克尔·波特教授，他认为构成企业环境的最关键部分就是企业投入竞争的一个或几个行业，行业结构极大地影响着竞争规则的确立及可供企业选择的竞争战略。为此，迈克尔·波特建立了五种竞争力量分析模型，他认为一个行业的竞争状态和盈利能力取决于五种基本竞争力量之间的相互作用，即进入威胁、替代威胁、买方讨价还价能力、供方讨价还价能力和现有竞争对手的竞争。迈克尔·波特提出了赢得竞争优势的三种最一般的基本竞争战略：总成本领先战略、差异化战略、专一化战略。

②核心能力学派。1990 年普拉哈拉德和哈默尔在《哈佛商业评论》上发表了《企业核心竞争力》一文。该学派认为现代市场竞争与其说是基于产品的竞争，不如说是基于核心能力的竞争。企业的经营能否成功，已经不再取决于企业的产品、市场的结构，而是取决于其行为反应能力，即对市场趋势的预测和对变化中的顾客需求的快速反应，因此，企业战略的目标就在于识别和开发竞争对手难以模仿的核心能力。

③战略资源学派。该学派认为企业战略的主要内容是培育企业独特的战略资源，以及最大限度地优化配置这种战略资源的能力。因此，企业竞争战略的选择必须最大限度地有利于培植和发展企业的战略资源。

（4）动态竞争战略理论。随着 21 世纪的到来，面对竞争环境的快速变化、产业全球化竞争的加剧、竞争者富于侵略性的竞争行为以及竞争者对一系列竞争行为进行反应所带来的挑战，一些管理学者提出了新的战略理论。

①动态能力论。动态能力论强调两个方面：一是"动态"的概念，是指企业重塑竞争力以使其与变化的经营环境保持一致，当市场的时间效应和速度成为关键，技术变化的速度加快，未来竞争和市场的实质难以确定时，就需要企业有特定的、对创新的反应。二是"能力"这一概念，强调的是战略管理在适当地使用、整合和再造企业内外部的资源的能力，以满足环境变化需要。

②竞争动力学方法。该方法通过对企业内、外部影响企业经营绩效的主要因素与企业之间的相互作用，参与竞争的企业质量、企业的竞争速度和灵活性进行分析，来回答在动态的竞争环境条件下，企业应怎样制定和实施战略管理决策，才能获得超过平均水平的收益和维持竞争优势的问题。

1.1.3　金融机构战略管理的含义

金融机构战略管理是指金融机构高层管理人员为了金融机构长期的生存和发展，在金融机构面对激烈变化的环境和残酷的市场竞争情况下，确定和选择达到目标的有效战略，并将战略付诸实施和对战略实施的过程进行控制和评价的一个动态管理过程。

该定义包含以下几层意思：一是战略目标的确定。即根据金融机构自身的发展情况，确定金融机构的使命和目标。二是战略分析。即分析金融机构所处的内外部环境和相对竞争地位，明确金融机构拥有的优势和存在的不足，并分析金融机构面临的机遇和挑战。三是战略制定。采用自上而下的方法、自下而上的方法或上下结合的方法，根据金融机构目标，聘请外部机构对战略收益、风险和可行性进行分析，评估战略备选方案，提交上级管理部门审批，然后选择战略，确定战略政策和计划。四是战略实施。即获得外部资源，通过在各部门和各层次间分配及使用现有的资源，对组织结构进行调整，采取措施将战略转化为行动。五是战略调整和评价。通过战略评价可检验战略的有效性，战略评价是通过评价金融机构的经营业绩，审视战略的科学性和有效性。战略调整就是根据金融机构情况的发展变化，及时对所制定的战略进行调整，以保证战略对金融机构经营管理进行指导的有效性。

1.2　金融机构战略的类型

金融机构的战略按照战略的目的性不同，可以划分为成长型战略和竞争型战略；按照战略的领域不同，可以划分为产品战略、市场战略和投资战略；按照战略对市场环境变化的适应程度不同，可以划分为进攻型战略、防守型战略和撤退型战略；按照战略的层次性不同，可以划分为公司层战略、事业层战略和职能层战略。

1.2.1　按照战略目的性不同划分的类型

1. 成长型战略

（1）成长型战略的含义。成长型战略是金融机构生存和发展壮大的总体思路和安排，是从现有战略水平向更高一级目标发展的战略。它把发展壮大作为核心向导，引导金融机构不断开发新产品，开拓新市场，采用新的管理方式，扩大金融机构的业务规模，增强金融机构的竞争实力。从本质上讲，只有成长型战略才能不断扩大金融机构的竞争力和发展规模。

（2）成长型战略的种类。成长型战略一般包括一体化战略、多元化战略、密集型战略等类型。

①一体化战略。一体化战略是指金融机构有目的地将互相联系密切的经营活动纳入机构体系之中，组成一个统一整体的战略。它包括纵向一体化战略和横向一体化战略。纵向一体化也称为垂直一体化，是指与产业的上下游企业紧密衔接，向前获得对下游企业的所有权或控制权，向后获得对上游企业的所有权或控制权；横向一体化也称为水平一体化，是指与处于相同行业、提供同类产品或服务相近的机构实现联合，实质是资本在同一产业和部门内的集中，目的是扩大规模、降低产品成本、巩固市场地位。

②多元化战略。多元化战略是指金融机构为了更多地占领市场和开拓新市场，或避免经营单一事业的风险而选择性地进入新的事业领域的战略。它包括产品多元化、市场多元化、区域多元化、资本多元化等战略。产品的多元化是指金融机构新提供的产品或服务跨越了并不一定相关的多种行业，且提供多为系列化的产品或服务；市场的多元化是指金融机构的产品或服务出现在多个市场，包括国内市场和国际区域市场，甚至是全球市场；投资区域的多元化，是指金融机构的投资不仅集中在一个区域，而且分散在多个区域甚至世界各国；资本的多元化，是指金融机构的资本来源及构成的多种形式，包括有形资本和无形资本，如证券、股票、知识产权、商标、声誉等。

③密集型战略。密集型战略统称为加强型战略，是指金融机构在原有业务范围内，充分利用在产品和市场方面的潜力来求得成长的战略。它将金融机构的营销目标集中到某一特定细分市场，这一特定的细分市场既可以是特定的顾客群，也可以是特定的地区，更可以是特定用途的产品等，通过加强努力的程度，以提高金融机构在现有业务中的竞争地位。

（3）成长型战略的评价。成长型战略的优势在于金融机构可以通过提升自身价值、变革创造更高的经营效率与效益，保持竞争实力。但该战略也存在不足之处：一是当成长型战略获得初步效果后，很可能导致盲目的发展，从而破坏其资源平衡；二是过快的发展很可能降低金融机构的综合能力；三是成长型战略很可能使金融机构管理者更多地注重投资结构、收益率、市场占有率、组织结构等问题，而忽视产品或服务的质量，不能使金融机构达到最佳状态。

2. 竞争型战略

（1）竞争型战略的含义。竞争型战略是在市场上与竞争对手展开竞争，在竞争中采取进攻或防守行为。竞争型战略的核心问题是确定本金融机构产品、顾客需求及竞争者产品三者之间的关系。许多金融机构采取价格战、功能战、广告战、促销战、服务战等来建立自己的竞争优势，以此来打败竞争对手。

（2）竞争型战略的种类。战略管理大师迈克尔·波特提出了赢得竞争优势的三种基本竞争战略：总成本领先战略、差异化战略、专一化战略。

①总成本领先战略。这种战略是指最大程度降低成本，通过低成本降低商品价格，维持竞争优势。成本领先就要严格控制成本、管理费用及研发、服务、推销、广告等方面的成本费用，尽可能将降低费用的指标落实在人头上。低成本的公司可以获得高于产业平均水平的利润。但是，该战略在实施中也存在一些限制因素或风险，成本的降低是有极限的，当接近这个极限水平时，该战略就可能会失去效果。

②差异化战略。差异化战略又称别具一格战略，是指金融机构提供的产品或服务要与竞争对手有区别，通过形成与众不同的特点来获取竞争优势和超额利润。如果差异化战略可以实现，它就会成为在行业中赢得超常收益的可行性战略。实施差异化战略的前提是产品或服务具有某种对顾客有价值的独特性。实施这种战略必须具备以下条件：一是有比竞争对手独特的地方，如产品特色、营销模式、服务质量、技术水平等优于对手；二是具有创新意识和创新能力；三是具有很强的营销团队和营销能力。否则，在与竞争对手的较量中，各种活动的成本是比较高的。

③集中化战略。集中化战略又称目标集中战略、目标聚集战略、专一化战略，是指主攻某一特定的购买客户群、某产品线的某一部分或某一特定区域市场，通过专业性发展来获得竞争力。金融机构能够以更高的效率、更好的效果为某一特定的战略对象服务，避免与行业中的强势竞争对手正面拼杀，开拓竞争相对薄弱的市场。这种战略存在风险，其主要体现在目标市场是动态的，难以保证目标市场的忠实性。

1.2.2 按照战略的领域不同划分的类型

1. 产品战略

（1）产品战略的含义。产品战略是金融机构对其所经营的产品进行全局性谋划，通过提供让客户满意的产品和服务来实现的。金融机构要依靠具有竞争实力的产品，去赢得顾客，占领与开拓市场，获取经济效益。产品战略是否正确，直接关系到金融机构的兴衰。金融机构产品组合是指金融机构经营产品的结构方式，包括产品线、产品类型和产品项目。组合的分类：一是产品线，是指具有高度相关性的一组产品，这种产品具有类似的功能，可以满足客户的某一类需求；二是产品类型，是指产品线中各种可能的产品种类；三是产品项目，是指金融机构所经营的某个具有不同功能的特定产品，它是金融产品划分的最小单位。

（2）产品战略的种类。产品战略包括产品组合战略、产品生命周期战略等内容。

①产品组合战略。产品组合战略就是指根据市场供需的变化和自身的经营目标确定产品的组合方式和经营范围。一个金融产品的产品组合通常包括产品组合宽度和产品组合深度两个量化要素。产品组合宽度指产品大类的数量或服务的种类，如银行的信贷类、证券类、表外业务类等。产品组合深度指每条产品线内所包含的产品项目的数量，如银行信贷类产品包含 10 种业务，则其产品线的深度就是 10。产品组合战略包括产品扩张战略、产品集中战略等方面。产品扩张战略主要从拓宽产品组合的宽度和增加产品组合的深度两个方面入手，如增加产品线、扩大产品范围、实现产品线的多样化，或在原产品线内增设新的产品项目。产品集中战略是指金融机构通过减少产品线或产品项目来缩小经营范围和种类，实现产品的专业化经营。

②产品生命周期战略。即根据产品的生命周期如导入期、成长期、成熟期、衰退期等来实施不同的产品战略。导入期是产品投入市场初期，针对这一阶段客户不太了解产品、产品未定型、销售增长慢、盈利少或亏损等特点，战略以收集意见、改进产品、广告宣传、合理定价为主要内容；成长期是产品打开销路阶段，针对这一阶段客户了解产品、产品定型、销售上升、盈利增加等特点，战略以提高质量、扩大宣传、调整价格、开拓市场等为主要内容；成熟期是产品在市场上已经达到饱和，针对这一阶段客户广泛接受产品、产品定型、销售出现下降、盈利稳定、竞争激烈等特点，战略以改进产品性能、开拓市场、营销组合策略等为主要内容；衰退期是产品已经滞销并趋于淘汰阶段，针对这一阶段客户减少、替代产品多、销售量急剧下降、价格大幅下跌，盈利减少等特点，战略以持续、转移、收缩、淘汰等为主要内容。

2. 市场战略

（1）市场战略的含义。市场战略是指金融机构在复杂的市场环境中，为实现其经营目标而制定的一定时期内的市场营销总体规划。

（2）市场战略的种类。按其性质不同划分为进攻战略、防守战略及撤退战略；按产品在市场上的寿命周期不同划分为导入期产品的市场战略、成长期产品的市场战略、成熟期产品的市场战略和衰退期产品的市场战略。按其内容不同划分为市场渗透战略、市场开拓战略、市场发展战略和混合市场战略。下面着重介绍这几种分类的战略。

①市场渗透战略。该战略的目的在于增加老产品在原有市场上的销售量，即金融机构在原有产品和市场的基础上，通过提高产品质量、加强广告宣传、增加销售渠道等措施，来维护老用户，争取新用户，逐步扩大产品的销售量，提高原有产品的市场占有率。

②市场开拓战略。该战略又称市场开发战略，它包括两方面的内容，一是为产品寻找新的细分市场；二是为老产品寻找新的用途，在传统市场上寻找、吸引新的消费者，扩大产品的销售量。

③市场发展战略。该战略又称新产品市场战略，金融机构为了保持市场占有率、取得竞争优势，并不断扩大产品销售量，就必须提高产品质量、改进产品，刺激、增加需求。

④混合市场战略。混合市场战略是指为了提高竞争力，金融机构不断开发新产品，并利用新产品开拓新市场。

3. 投资战略

（1）投资战略的含义。投资战略是指根据金融机构总体经营战略要求，为维持和扩大经营规模，对有关投资活动所做的全局性谋划。它是将金融机构有限的投资资金，根据金融机构战略目标评价、比较、选择投资方案或项目，获取最佳的投资效果所做的选择。投资战略是金融机构总体战略中较高层次的综合性子战略，是经营战略化的实用化和货币表现，并影响其他分战略。

（2）投资战略的种类。金融机构投资战略包括发展型投资战略、稳定型投资战略与退却型投资战略等类型。

①发展型投资战略。该战略通过增加投资，以扩大投资规模，提高产品的市场占有率。该战略适合在经济高速发展及金融机构经营状况良好的情况下推行，有助于金融机构由现有水平上向更高水平迈进。

②稳定型投资战略。该战略通过努力寻找新的投资机会，虽不再扩大现有金融机构规模，但尽可能降低成本和改善金融机构的现金流量，以保持市场占有率。该战略适用于稳定或衰退行业中的金融机构，但要求金融机构决策者能切实把握金融机构的优劣势，选准新的产品为投资对象。

③退却型投资战略。该战略是从原先经营领域撤出资金，减少产量，削减研究和销售人员。该战略多适用于经济不景气、资源紧张，金融机构内部存在重大问题，财务状况不断恶化，政府对某种产品开始限制及金融机构规模不当等情况。

（3）投资战略的影响因素。金融机构投资战略的影响因素主要包括五方面：一是国家经济形势、经济政策及企业自主权的大小；二是所属行业或即将进入的行业的技术结构、技术水平和竞争结构差异及平均利润率水平；三是金融机构自身经营状况及自身素质；四是市场需求状况及金融机构的市场开发能力；五是金融机构筹集与调配资源的能力。

1.2.3 按照战略对市场环境变化适应程度不同划分的类型

1. 进攻型战略

（1）进攻型战略的含义。进攻战略是指在一个竞争性的市场上，主动挑战市场竞争对手的战略。采取进攻型战略的既可以是行业的新进入者，也可以是那些寻求改善现有地位的既有金融机构。进攻性行动的中心可以是一项新技术、一项新开发出来的核心能力、一种具有革新意义的产品、新推出的某些具有吸引力的产品性能及在产品开发或营销中获得的某种竞争优势，也可以是某种差别化的优势。

（2）进攻型战略的种类。进攻型战略的目的是使金融机构在现有的战略基础水平上向更高水平的目标发展，该战略宜选择在金融机构生命周期变化阶段的上升期，时间为 6 年。进攻型战略的行为特征是通过竞争主动地向前发展，可分为产品进攻型战略、成本进攻型战略和市场进攻型战略。

①产品进攻型战略。产品进攻型战略就是金融机构以产品为中心展开的竞争行动，侧重于产品结构、产品性质、产品功能等方面，表现为扩大投资和向新领域扩展的竞争活动。典型的产品进攻型战略形式有三种：一是单纯扩大产品规模的战略；二是产品前向一体化和后向一体化战略；三是产品系列化战略和多元化发展战略等。

②成本进攻型战略。金融机构之间竞争的一个最基本的主题，就是以尽可能少的投入开发产品，并把它销售出去。因而成本进攻型战略的本质就是以最低的成本或明显的成本优势进入市场竞争。该战略包括两个基本的选择：一是低成本战略；二是成本互补战略。

③市场进攻型战略。市场进攻型战略就是通过各种营销手段来提高金融机构产品的市场占有率和覆盖率。因此，市场进攻型战略的选择需要从两个方面入手：一是提高市场占有率；二是提高市场覆盖率。

2. 防守型战略

（1）防守型战略的含义。防守型战略也称稳定型战略、维持型战略，是指金融机构保持与过去相同的战略目标，保持一贯的成长速度，同时不改变基本的产品或经营范围的一种战略。它是金融机构为巩固现有的市场地位、维护现有的竞争优势，而对产品、市场等方面采取的不冒风险、以守为攻、伺机而动的战略。

（2）防守型战略的种类。防守型战略主要包括三种类型：暂停战略、无变化战略和维持利润战略。

①暂停战略。金融机构经过一段时期快速成长后，可能会变得缺乏效率和难以管理，使管理人员过度紧张，造成各种资源过于分散。暂停战略就是在一段时期内降低金融机构发展目标水平，放慢成长速度，使金融机构能够将各种资源合并在一起使用。

②无变化战略。无变化战略就是基本没有什么变化的战略。金融机构采取无变化战略可能是基于以下两个原因：一是过去的经营相当成功，并且企业内外部环境没有发生重大变化。二是不存在重大的经营问题或隐患，因而战略管理者没有必要进行战略调整。在这两种情况下，管理者和职员可能不希望企业进行重大的战略调整，因为这种调整可能会在一定时期内降低利润总额。

③维持利润战略。该战略是指为了维持目前的利润水平而牺牲未来成长的战略。维持利润战略注重短期效果而忽略长期利益，其根本意图是渡过暂时性的难关，因而往往在经济形势不景气时被采用，以维持过去的经济状况和效益，实现稳定发展。

（3）防守型战略的评价。防守型战略的优点在于金融机构经营风险相对较小，能避免因改变战略而改变资源分配的困难，能避免因发展过快而导致的弊端，能给金融机构一个较好的修整期，使金融机构积聚更多的能量，以便为今后的发展做好准备。不足之处：一是防守型战略的执行是以市场需求、竞争格局等内外部条件基本稳定为前提的；二是特定细分市场的防守型战略也会有较大的风险；三是防守型战略也会使金融机构的风险意识减弱，甚至形成害怕风险、回避风险的文化，这就会大大降低金融机构对风险的敏感性、适应性和冒风险的勇气，从而增加了以上风险的危害性和严重性。防守型战略的优缺点都是相对的，金融机构在具体的执行过程中必须权衡利弊，准确估计风险和收益，并采取合适的风险防范措施。

3. 撤退型战略

（1）撤退型战略的含义。撤退型战略也称收缩型战略，是指金融机构从目前的战略经营领域和基础水平收缩和撤退，且偏离起点战略较大的一种经营战略。与稳定型战略和增长型战略相比，撤退型战略是一种消极的发展战略。一般金融机构实施收缩型战略只是短期的，其根本目的是使金融机构挨过风暴后转向其他的战略选择。有时只有采取收缩和撤退的措施，才能抵御竞争对手的进攻，避开环境的威胁和迅速实行自身资源的最优配置。可以说，撤退型战略是一种以退为进的战略。

（2）撤退型战略的种类。撤退型战略按动机不同可分为：适应性撤退战略、失败性撤退战略、调整性撤退战略。适应性撤退战略是金融机构为适应经济衰退，产业进入衰退期，对金融机构的产品或服务的需求减小等外部环境而采取的战略；失败性撤退战略是指金融机构由于经营失误造成金融机构竞争地位虚弱、经营状况恶化，只有采用撤退型战略才能最大限度地减少损失，保存金融机构实力的战略；调整型撤退战略是指金融机构为谋求更好的发展机会，使有限的资源分配到更有效的场合使用的战略。

（3）撤退型战略的评价。撤退型战略的优点：一是能帮助金融机构在外部环境恶劣的条件下节约开支和费用，顺利地度过面临的不利处境；二是能在金融机构经营不善的情况下最大限度地降低损失；三是能帮助金融机构更好地实行资产的最优组合。存在的不足之处：一是实行撤退型战略的尺度较难把握，因而如果盲目地使用撤退型战略，可能会扼杀具有发展前途的业务和市场，使金融机构的总体利益受到损害；二是实施撤退型战略会引起金融机构内外部人员的不满，从而引起员工情绪低落，因为实施撤退型战略常常意味着不同程度的裁员和减薪，而且实施撤退型战略在某些管理人员看来则意味着工作的失败。

1.2.4 按照战略层次性不同划分的类型

1. 公司层战略

（1）公司层战略的含义。公司层战略是公司整体的战略，主要是确定公司应该从事什么事业，以及将要从事什么事业。公司层战略关心的核心问题是：公司的事业是什么？公司应拥有什么样的事业组合？公司层战略决定了每一种事业在组织中的地位及发展方向。

（2）公司层战略的种类。公司层战略包括竞争战略、营销战略、发展战略、品牌战略、融资战略、技术开发战略、人才开发战略、资源开发战略等。竞争战略、营销战略是对营销的谋略，是对营销整体性、长期性、基本性问题的计谋；技术开发战略是对技术开发的谋略，是对技术开发整体性、长期性、基本性问题的计谋；人才战略是对人才开发的谋略，是对人才开发整体性、长期性、基本性问题的计谋。各种战略有同也有异，相同的是基本属性，不同的是谋划问题的层次与角度。总之，无论是哪个方面的计谋，只要涉及的是整体性、长期性、基本性问题，就属于公司层战略的范畴。

2. 事业层战略

（1）事业层战略的含义。事业层战略一般指事业部级战略，是金融机构某一独立核算单位或具有相对独立的经济利益的经营单位在公司层战略的制约下对自己的生存和发展做出的谋划。它要把公司经营战略中规定的方向和意图具体化，成为更加明确的针对各项经营事业的目标和战略。

（2）事业层战略的评价。事业部制的精髓在于事业部战略管控。事业部制金融机构的战略管控不同于单体企业，存在着分层管控问题。事业部制金融机构的总体战略主要集中在：指出事业单位总体发展目标与目标构成，界定业务范围并标注业务特征，明确主业发展方向与主辅业配合策略，要求事业板块借鉴成功的共性发展模式，以及规定事业横向协同原则等。事业部战略管控不仅包括事业部战略执行质量与效率的监控，还包括两点：一是对事业部自身战略管理体系建设的监管，二是对事业部战略制定模式与方法的预先认同。事业部战略方案从战略方针、战略任务、战略运营计划实现具体分解，进入执行层面，通过战略预算予以保障；同时，对从"定位"到"到位"的战略绩效考评进行约束。

3. 职能层战略

（1）职能层战略的含义。职能层战略又称职能支持战略，是按照总体战略或业务战略对金融机构内各方面职能活动进行的谋划，即规定各职能部门如何支持事业层战略。职能层战略描述了在执行公司战略和事业单位战略的过程中，每一职能部门所采用的方法和手段。

（2）职能层战略的种类。与组织职能划分相对应，职能层战略有研发战略、营销战略、财务战略、人力资源战略等。

（3）职能层战略与公司层战略、事业层战略的关系。职能层战略是为公司层战略和事业层战略服务的，所以必须与公司层战略和事业层战略相配合。例如，公司战略确立了差异化的发展方向，要培养创新的核心能力，公司的人力资源战略就必须体现对创新的鼓励：要重视培训，鼓励学习；把创新贡献纳入考核指标体系；在薪酬方面加强对各种创新的奖励。职能层战略与公司层战略相比，具有以下特点：首先，职能层战略的时间跨度要比公司层战略短得多。其次，职能层战略要比公司层战略更具体和专门化，且具有行动导向性。公司层战略只是给出公司发展的一般方向；而职能层战略必须指明比较具体的方向。最后，职能层战略的制定需要较低层管理人员的积极参与。

1.3　金融机构战略管理的流程

金融机构的战略管理必须遵循一定的规律，按照一定的行动程序进行。一般来讲，战略管理的过程主要包括战略分析、战略制定、战略实施、战略实施评价和调整四个阶段。这四个环节相互联系、循环反复、不断完善，就形成了战略管理的动态过程。

1.3.1　战略分析

1. 战略分析的定义

战略分析就是通过收集和整理各种信息资料，对金融机构所处的内外部环境进行全面的认识和分析，诊断其存在的问题和可能获得的机会。战略分析包括问题诊断和环境分析两个部分，通过战略分析，可了解和把握金融机构所处的环境状况和相对竞争地位，明确公司未来的发展方向和目标，对于制定公司未来的发展战略有着至关重要的意义。

2. 战略分析的内容

战略分析包括四个方面的内容：一是确定金融机构的使命和目标；二是了解金融机构所处的环境变化，这些变化将带来机会还是威胁；三是了解金融机构的地位、资源和战略能力；四是了解与利益相关者的利益期望，在战略制定、评价和实施过程中，这些利益相关者的反应及这些反应对组织行为的影响和制约。实际上，战略分析的内容主要集中在外部因素和内部因素分析上。

（1）确定金融机构的使命和目标。金融机构的性质和功能有一定的差异，经营管理的使命和目标也存在区别，由于经营环境的不断变化，其使命和目标也会随之变化。战略分析的首要任务就是确定金融机构的使命和目标。例如，中国工商银行在新的历史发展阶段将践行"提供卓越金融服务"的使命，倾力服务客户、回报股东、成就员工、奉献社会，秉承"工于至诚，行以致远"的价值观，把"经营、管理、创新、发展"作为企业的行为准则，将"道德、尽职、服务、执行、协作、学习"作为员工的行为准则，朝着建设"最盈利、最优秀、最受尊重的国际一流现代金融企业"的愿景迈进。

（2）金融机构的外部因素分析。外部因素主要包括制度环境、经济环境、金融环境、法律环境、地理环境、文化、人口、技术等方面，制度环境包括政治和经济制度，经济环境包括生产力发展水平、经济周期、物价水平、企业的经营行为等方面，金融环境包括国民经济的货币化程度、货币信用制度的发达程度、金融市场的发育程度、金融竞争与联合、金融当局的货币政策等方面。也可以按照宏观环境、行业环境和微观环境三大方面进行分析，宏观环境包括政治、经济、技术和社会文化等方面内容，行业环境主要分析在同行业的地位和竞争优势，如供应商的议价能力、购买者的议价能力、新进入者的威胁、替代品的威胁、同行业公司间竞争等方面。微观环境主要对所经营服务的对公客户的经营状况和对私客户的经济条件及其变化情况进行分析。

（3）金融机构的内部因素分析。内部因素分析主要是对金融机构内部运行效率及配合程度、职员素质与进取精神、自有资本、内部控制、资源与能力、竞争优势、价值链、核心竞争力、产品与营销等因素进行分析。

3. 战略分析的工具

在进行战略分析时可以使用的方法有很多，如 PEST 模型、SWOT 分析、波特五力模型、外部要素评价法、内部要素评价法、价值链分析、竞争态势评价法、波士顿矩阵法、安迪·格鲁夫（Andy Grove）的六力分析模型、新 7S 原则、战略十步骤系统战略、平衡计分卡等，各种方法有其自身的优势和使用范围。下面着重介绍 PEST 分析、SWOT 分析、波特五力模型三种方法。

（1）PEST 分析。PEST 分析是宏观环境分析，是指影响一切行业和企业的各种宏观力量，是战略咨询顾问用来帮助金融机构检阅其外部宏观环境的一种方法。对宏观环境因素作分析，不同行业和企业根据自身特点和经营需要，分析的具体内容会有差异，但一般应对政治（Political）、经济（Economic）、社会文化（Social）和技术（Technological）这四大类影响金融机构的主要外部环境因素进行分析。

①政治环境（Political）。政治环境是指影响金融机构经营活动的政治力量和有关法律法规等因素，具体包括一个国家的政治制度和法律法规，如执政党的性质，政府的方针、政策、法令，党政换届，政府预算，政府产业政策，外交政策，政府其他法规等。不同的国家有着不同的政治制度，不同的政治制度对金融机构活动有着不同的限制和要求。即使政治制度不变的同一国家，在不同时期，由于执政党的不同，其政府的方针特点、政策倾向对金融机构经营活动的态度和影响也是不断变化的。

②经济环境（Economic）。经济环境是指一个国家或地区的经济制度、产业结构、产业布局、资源状况、经济发展水平及未来的经济发展趋势等，具体包括宏观和微观两个方面。宏观经济环境主要指一个国家的人口数量及其增长趋势，国民收入，国民生产总值及其变化情况，以及通过这些指标能够反映的国民经济发展水平和发展速度。微观经济环境主要指金融机构所在地区或所服务地区的消费者的收入水平、消费偏好、储蓄情况、就业程度等因素。这些因素直接决定着金融机构目前及未来的市场大小。

③社会文化环境（Social）。社会文化环境是指金融机构所在国家或地区的社会成员的教育水平、宗教信仰、风俗习惯、价值观念及审美观点等因素。其中，教育水平会影响居民的需求层次；宗教信仰和风俗习惯会禁止或抵制某些活动的进行；价值观念会影响居民对金融机构目标、活动及存在本身的认可与否；审美观点则会影响人们对金融机构活动内容、活动方式及活动成果的态度。

④技术环境（Technological）。技术环境是指金融机构发展的技术方面的要素总和。

除了要考察与金融机构所处领域的活动直接相关的技术手段的发展变化外，还应及时了解国家对科技开发的投资和支持重点、该领域技术发展动态和研究开发费用总额、技术转移和技术商品化速度、专利及其保护情况等。

典型的 PEST 分析见表 1-3。

表 1-3 典型的 PEST 分析

政治（Political）	经济（Economic）	社会（Social）	技术（Technological）
环保制度	经济增长	收入分布	政府研究开支
税收政策	利率与货币政策	人口统计、人口增长率与年龄分布	产业技术关注
国际贸易章程与限制	政府开支	劳动力与社会流动性	新型发明与技术发展
合同执行法消费者保护法	失业政策	生活方式变革	技术转让率
雇用法律	征税	职业与休闲态度、企业家精神	技术更新速度与生命周期
政府组织/态度	汇率	教育	能源利用与成本
竞争规则	通货膨胀率	潮流与风尚	信息技术变革
政治稳定性	商业周期所处阶段	健康意识、社会福利及安全感	互联网的变革
安全规定	消费者信心	生活条件	移动技术变革

注：根据相关资料整理与绘制而成。

PEST 分析相对简单，并可通过头脑风暴法来完成。PEST 分析的运用领域有公司战略规划、市场规划、产品经营发展、研究报告撰写。

（2）SWOT 分析法。SWOT 分析（即竞争态势分析法）是战略分析中最常用的方法。这种分析方法通过对公司金融机构的内部情况：优势（Strengths）、劣势（Weaknesses）；及金融机构的外部环境——机会（Opportunities）、挑战（Threats）以矩阵的形式进行分析，从而可以较为全面地对金融机构定位，形成 SO、ST、WO、WT 战略（见表 1-4）。战略是一个金融机构"能够做的"（即强项和弱项）和"可能做的"（即机会和威胁）之间的有机组合。SWOT 分析法常常被用于制定金融机构集团发展战略和分析竞争对手情况。进行 SWOT 分析时，主要包括以下几个方面的内容。

表 1-4 SWOT 分析

SWOT 分析		外部因素	
		机会（O）	挑战（T）
内部因素	优势（S）	SO 战略 依靠内部优势，利用外部机会	ST 战略 利用内部优势，规避外部威胁
	劣势（W）	WO 战略 利用外部机会，弥补内部劣势	WT 战略 减少内部劣势，规避外部威胁

①分析环境因素。运用各种调查研究方法，分析出金融机构所处的各种环境因素，即外部环境因素和内部能力因素。外部环境因素包括机会因素和威胁因素，它们是外部环境对金融机构的发展直接产生影响的有利和不利因素，属于客观因素，内部环境因素包括优势因素和劣势因素，它们是金融机构在其发展过程中自身存在的积极和消极因素，属主动因素，在调查分析这些因素时，不仅要考虑到历史与现状，而且要考虑未来发展问题。第一，优势（Strengths）。它是金融机构的内部因素，具体包括：有利的竞争态势、充足的财政来源、良好的企业形象、技术力量、规模经济、产品质量、市场份额、成本优势、广告攻势等。第二，劣势（Weaknesses）。它是金融机构的内部因素，具体包括：管理混乱、缺少关键技术、研究开发落后、资金短缺、经营不善、竞争力差等。第三，机会（Opportunities）。它是金融机构的外部因素，具体包括：新产品、新市场、新需求、外国市场壁垒解除、竞争对手失误等。第四，威胁（Threats）。它是金融机构的外部因素，具体包括：新的竞争对手、替代产品增多、市场紧缩、行业政策变化、经济衰退、客户偏好改变、突发事件等。

②构造 SWOT 矩阵。将调查得出的各种因素根据轻重缓急或影响程度等排序，构成 SWOT 矩阵。在此过程中，将那些对公司发展有直接的、重要的、大量的、迫切的、久远的影响因素优先排列出来，而将那些间接的、次要的、少许的、不急的、短暂的影响因素排列在后面。

③制订行动计划。在完成环境因素分析和 SWOT 矩阵的构造后，便可以制订出相应的行动计划。制订计划的基本思路是：发挥优势因素，克服劣势因素，利用机会因素，化解威胁因素；考虑过去，立足当前，着眼未来。运用系统分析的综合分析方法，将排列与考虑的各种环境因素相互匹配起来加以组合，得出一系列公司未来发展的可选择对策。

SWOT 方法的优点在于考虑问题全面，是一种系统思维，而且可以把对问题的"诊断"和"开处方"紧密结合在一起，条理清楚，便于检验。但在实际运用过程中必须密切结合金融机构内外部环境的实际情况，对机会和威胁、优势和劣势的判断应辩证看待，而不能完全由决策者的主观因素决定，否则，战略分析就会沦为空谈，不能发挥应有的作用。

（3）波特五力模型。波特五力模型是战略管理大师迈克尔·波特于20世纪70年代初提出的一种普遍适用的战略分析方法，它主要用于组织竞争战略的分析，如图 1－1所示。行业中存在着决定竞争规模和程度的五种力量，这五种力量分别为供应商的讨价还价能力、购买者的讨价还价能力、潜在竞争者进入的能力、替代品的替代能力、同行业内现有竞争者的竞争能力。五种力量的不同组合及变化，对行业的利润潜力具有直接影响。波特五力模型将大量不同的因素汇集在一个简单的模型中，以此分析一个行业的基本竞争态势。一种可行战略的提出应该包括确认并评价这五种力量，不同力量的特性和重要性因行业和公司的不同而变化。

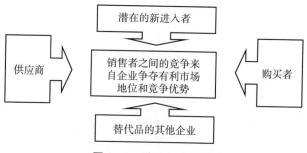

图1-1　波特五力模型

①供应商的讨价还价能力。供应商主要通过其提高投入要素价格与降低单位价值质量的能力，来影响行业中现有企业的盈利能力与产品竞争力。供应商力量的强弱主要取决于他们所提供给购买者的是何种投入要素，当供应商所提供的投入要素其价值构成了购买者产品总成本的较大比例，对购买者产品生产过程非常重要，或是严重影响购买者产品的质量时，供应商对于购买者的潜在讨价还价力量就大大增强。

②购买者的讨价还价能力。购买者主要通过其压价与要求提供较高的产品或服务质量的能力来影响行业中现有企业的盈利能力。购买者讨价还价能力对盈利能力的影响主要有以下方面：一是购买者的总数较少，而每个购买者的购买量较大，占了卖方销售量的很大比例。二是卖方行业由大量相对来说规模较小的企业所组成。三是购买者所购买的产品基本上是一种标准化产品，同时向多个供应商购买产品在经济上也完全可行。四是购买者有能力实现后向一体化，而供应商不可能前向一体化。

③潜在竞争者进入的能力。新进入者在给行业带来新生产能力、新资源的同时，希望在已被现有企业瓜分完毕的市场中赢得一席之地，这就有可能会与现有企业发生原材料与市场份额的竞争，最终导致行业中现有企业盈利水平降低，严重时还有可能危及这些企业的生存。竞争性进入威胁的严重程度取决于两方面的因素，这就是进入新领域的障碍大小与预期现有企业对于进入者的反应情况。进入障碍主要包括规模经济、产品差异、资本需要、转换成本、销售渠道开拓、政府行为与政策、不受规模支配的成本劣势、自然资源、地理环境等方面，这其中有些障碍是很难借助复制或仿造的方式来突破的。预期现有企业对进入者的反应情况，主要是采取报复行动的可能性大小，这取决于有关厂商的财力情况、报复记录、固定资产规模、行业增长速度等。总之，新企业进入一个行业的可能性大小，取决于进入者主观估计进入所能带来的潜在利益、所需花费的代价与所要承担的风险这三者的相对大小情况。

④替代品的替代能力。一是现有企业产品售价以及获利潜力的提高，将由于存在能被用户方便接受的替代品而受到限制。二是由于替代品生产者的侵入，使现有企业必须提高产品质量，或者通过降低成本来降低售价，或者使其产品具有特色，否则其销量与利润增长的目标就有可能受挫。三是源自替代品生产者的竞争强度，受产品购买者转换成本高低的影响。总之，替代品价格越低、质量越好、用户转换成本越低，其所能产生的竞争压力就越强；而这种来自替代品生产者的竞争压力的强度，可以具体通过考察替

代品销售增长率、替代品厂家生产能力与盈利扩张情况来加以描述。

⑤同行业内现有竞争者的竞争能力。大部分行业中的企业，相互之间的利益都是紧密联系在一起的，作为企业整体战略一部分的各企业竞争战略，其目标都在于使得自己的企业获得相对于竞争对手的优势，所以在实施中就必然会产生冲突与对抗现象，这些冲突与对抗就构成了现有企业之间的竞争。现有企业之间的竞争常常表现在价格、广告、产品介绍、售后服务等方面，其竞争强度与许多因素有关。一般来说，出现下述情况将意味着行业中现有企业之间竞争的加剧：行业进入障碍较低，势均力敌竞争对手较多，竞争参与者范围广泛；市场趋于成熟，产品需求增长缓慢；竞争者企图采用降价等手段促销；竞争者提供几乎相同的产品或服务，用户转换成本很低；一个战略行动如果取得成功，其收入相当可观；行业外部实力强大的公司在接收了行业中实力薄弱的企业后，发起进攻性行动，结果使得刚被接收的企业成为市场的主要竞争者；退出障碍较高，即退出竞争要比继续参与竞争代价更高。

1.3.2 战略制定

1. 战略制定及体系

战略制定是指确定金融机构任务，识别金融机构的外部机会与威胁，找到金融机构内部优势与弱点，建立长期目标，制定供选择战略，以及选择特定的实施战略。制定战略方案可以采取自上而下的方法、自下而上的方法或上下结合的方法。

战略制定的体系包含四个层面：一是基础分析，即内外部环境分析；二是公司层面的整体战略，包括战略框架中的愿景、使命、目标、在行业中的地位、企业自身的运营模式、经营领域的选择等；三是事业层战略，即业务层面的总体战略和进一步细分层面的业务战略；四是职能层战略，即职能管理层面的战略。

2. 战略制定的程序

战略制定一般有以下程序：一是明确战略思想；二是分析外部环境和内部条件；三是确定战略宗旨；四是制定战略目标；五是弄清战略重点；六是制定战略对策；七是进行综合平衡。

3. 战略的评估和选择

制定出战略方案后，要组织评估机构或聘请外部机构评估战略备选方案，主要看两点：一是战略是否发挥了优势，克服了劣势，是否利用了机会，将威胁削弱到最低程度；二是能否被利益相关者接受。实际上管理层和利益相关者的价值观和期望在很大程度上影响着战略的选择。此外，对战略的评估最终还要落实到战略收益、风险和可行性分析的财务指标上。只要能够评出收益较好、风险较低或可控、具备可行条件的方案即可，然后提交上级管理部门审批，形成最终可实行的战略。

1.3.3　战略实施

战略实施，即战略执行，就是为实现金融机构战略目标而对战略规划的实施与执行。金融机构在明晰自己的战略目标后，就必须专注于如何将其落实为实际的行为并确保实现目标，采取措施发挥战略作用，将战略转化为行动：如何在各部门和各层次间分配及使用现有的资源，需要获得哪些外部资源以及如何使用，需要对组织结构做哪些调整，如何处理可能出现的利益再分配与企业文化的适应问题。

（1）组织调整。为了实施战略，必须从组织结构、业务流程、权责关系、组织制度及它们之间的相互关系等方面进行调整，创建与公司战略相适应的组织结构。

（2）配置资源。就是合理分配人力、财力、物力、技术、信息等资源到组织的不同领域，支持新战略的实施，保证公司层战略和事业层战略的顺利实施。

（3）管理变革。即随时把握和分析经营环境的变化，树立变化发展的观念，根据变革后的环境，重新确定变革管理的风格和变革的职责。

战略实施是一个自上而下的动态管理过程。所谓"自上而下"主要是指战略目标在公司高层达成一致后，再向中下层传达，并在各项工作中得以分解、落实。所谓"动态"主要是指战略实施的过程中，常常需要在"分析—决策—执行—反馈—再分析—再决策—再执行"的不断循环中达成战略目标。

1.3.4　战略实施评价和调整

1. 战略实施评价

战略实施评价是指检测战略实施进展，评价战略执行业绩，不断修正战略决策，以期达到预期目标。战略实施评价包括三项基本活动：考察金融机构战略的内在基础；将预期结果与实际结果进行比较；采取纠正措施以保证行动与计划一致。

战略实施评价的内容：战略是否与金融机构的内外部环境相一致；从利用资源的角度分析战略是否恰当；战略涉及的风险程度是否可以接受；战略实施的时间和进度是否恰当；战略是否可行。战略实施评价是通过评价金融机构的经营业绩来审视战略的科学性和有效性。

2. 战略调整

战略调整就是根据金融机构情况的发展变化，对目前正在实施战略的方向或线路进行调整，以保证战略对金融机构经营管理指导的有效性。原先选择的战略在实施过程中遇到下述情况时，会需要进行调整：第一，金融机构发展的经营环境发生了重大变化；第二，金融机构对环境特点的认识产生了变化或金融机构自身的经营条件与能力发生了变化；第三，上述两者的结合。不论源自何种原因，金融机构能否及时进行有效的战略调整，决定着金融机构在未来市场上的生存和发展水平。

本章小结

金融机构战略管理就是指金融机构高层管理人员为了金融机构长期的生存和发展，在金融机构面对激烈变化的环境和残酷的市场竞争情况下，确定和选择达到目标的有效战略，并将战略付诸实施和对战略实施的过程进行控制和评价的一个动态管理过程。

金融机构的战略按照战略的目的性不同，可以划分为成长型战略和竞争型战略；按照战略的领域不同可以划分为产品战略、市场战略和投资战略；按照战略对市场环境变化的适应程度不同可以划分为进攻型战略、防守型战略和撤退型战略；按照战略的层次性不同可以划分为公司层战略、事业层战略和职能层战略。

金融机构的战略管理必须遵循一定的规律，按照一定的行动程序进行。一般来讲，战略管理的过程主要包括战略分析、战略制定、战略实施、战略实施评价和调整四个阶段。这四个环节之间相互联系，循环反复，不断完善，就形成了战略管理的动态过程。

复习思考题

1. 金融机构经营管理与一般工商企业经营管理相比具有哪些特点？
2. 你如何理解战略管理对于金融机构发展的意义？
3. 从战略的层次角度来看，金融机构的战略是如何构成的？每个层次的关系是怎样的？
4. 试用 SWOT 分析法分析某金融机构的经营环境并写出环境分析报告。
5. 目前我国国有控股商业银行应该做什么样的战略转变？理由是什么？

案例讨论

中国 N 市农村商业银行的战略分析

N 市农村商业银行的前身是农村信用社，全市农村信用社共有营业网点 534 个，在岗员工 3 736 人，资产总额 7 081 014.47 万元，其中各项贷款余额 2 949 711.45 万元，不良贷款余额 76 210.00 万元，占比 2.58%，资本充足率 10.14%，核心一级资本充足率 9.02%。

未来五年中国经济增速可能有所放缓，但增量巨大，经济调整和下行周期再持续两年左右可以结束，之后中国经济将迎来新的成长上升期，其增长速度不会很高，但增长质量会有提升。2020 年，中国经济中投资占 GDP 比例将从 2011 年的 42% 降至 38%。国内消费需求增长加速，消费占 GDP 的比例将从 56% 增至 60%。据专家预测，2020 年中国城镇化率将超过 60%，城镇人口约 8.4 亿人。"一带一路"已经绘就蓝图，开始启动。亚洲基础设施投资银行的设立，经济结构调整中民生等产业的崛起，互联网技术在金融行业的广泛应用，都将对 N 市经济发展带来积极的推动作用。

N 市经济进入快速通道，至 2019 年年末，地区生产总值可达 2 100 亿元以上。第一产业虽然稳步增长，但相对比重下降，对经济增长的贡献率最小。二三产业的地位在上升，尤其是近年来第三产业增长速度超过第二产业。以中小微企业为主的 N 市民营经济近五年年均增长 14.9%，快于 GDP 年均增速 2.3 个百分点。

我国发展农村金融的基本思路：优化政策支持体系，健全金融支农制度；调整市场注入思路、深化农村金融机构改革，实现监管从"严准入＋松监管＋难退出"向"公平准入＋分类监管＋市场化退出"的转变。鼓励农村金融服务创新，健全农村金融市场体系。健全农村金融监管体系，防范和化解金融风险。加强金融基础建设，提升农村金融服务便利性。N 市集聚了众多商业银行和金融机构，主要有工、农、中、建等国有银行，邮政储蓄银行，以恒丰、成都农商行为代表的股份制中小银行。此外，还有多家融资担保公司、保险公司、各类新兴的小贷公司、投资公司等。这些银行各具特点，国有大银行品牌形象、科技、产品、人员等在主城区具有竞争优势。N 市金融市场的需求正在发生深刻变化，呈现多元化趋势。城乡居民的金融需求从单一的传统储蓄转向存款、个人消费贷款、住房贷款、个体经营贷款、个人理财和网上支付等。企业也提出了理财保值、投资咨询、项目贷款等各种金融需求。企业主与高级管理人员、个体工商户、机关干部等高端客户则提出聘请个人理财顾问的需求。城镇化建设带来了各种金融需求，如房地产项目的融资与策划、个人房贷、农村土地流转的货币化、证券化等。当今科学技术飞速发展，深刻影响着人类社会的进步，现阶段的技术进步以互联网最具代表性，其对金融资金运行方式的影响体现在两个方面：一是影响直接融资方式和间接融资方式在金融资金运行中的地位和所占比重；二是通过技术支持和在线商务的发展，促成新的金融资金运行的组织实现方式——在线金融资金运行。

——资料来源：中国 N 市农村商业银行的内部资料。

思考题：

1. 运用波特五力模型分析 N 市农村商业银行的行业竞争结构。
2. 运用 SWOT 法分析 N 市农村商业银行的外部环境。

第2章 金融机构组织管理

 学习目的

知识要点	掌握程度
金融机构组织管理概述	了解组织管理及其内容、组织管理理论、组织管理的主要内容；熟悉金融机构业务运作模型与组织管理的特殊性；掌握金融机构组织结构设计的基本要素
金融机构外部组织形式	了解金融机构的企业组建形式：独资、合伙和公司制形式；熟悉和掌握金融机构的经营机构设置形式：单一银行制、总分支行制、持股公司制和连锁银行制
金融机构内部组织结构	了解金融机构内部组织结构设计的任务和原则；熟悉金融机构公司治理组织结构；掌握金融机构内部组织结构的基本形式

2.1 金融机构组织管理概述

从管理学上讲，组织是按照一定的目的和程序组成的一种权责结构，不同的组织需要不同的组织结构与组织形式。组织结构是指对工作任务如何进行分工、分组和协调合作；组织形式是指企业财产及其社会化大生产的组织状态，它表明一个企业的财产构成、内部分工协作及与外部社会经济联系的方式。

2.1.1 组织管理概述

1. 组织管理及其内容

组织管理是对企业管理中建立健全管理机构、合理配备人员、制定各项规章制度等工作的总称。具体地说就是为了有效地配置企业内部的有限资源，为了实现一定的共同目标而按照一定的规则和程序构成的一种责权结构安排和人事安排，其目的在于确保以最高的效率实现组织目标。组织管理应该使人们明确组织中有哪些工作，谁去做什么，工作者承担什么责任，具有什么权力，与组织结构中上、下、左、右的关系如何。只有这样，才能避免由于职责不清造成的执行中的障碍，保证组织目标的实现。

组织管理的工作内容包括四个方面：第一，确定实现组织目标所需要的活动，并按专业化分工的原则进行分类，按类别设立相应的工作岗位；第二，根据组织的特点、外部环境和目标需要划分工作部门，设计组织机构和结构；第三，规定组织结构中的各种职务或职位，明确各自的责任，并授予相应的权力；第四，制定规章制度，建立和健全组织结构中纵向和横向各方面的相互关系。

组织管理的特点包括：一是围绕组织目标来进行。组织目标是组织存在和发展的基础，组织管理就是为了有效地协调组织内的各种信息和资源，提高组织的工作效率，以期顺利地达到组织目标而进行的管理。二是一个动态的协调过程，既要协调组织内部人与人的关系，又要协调组织内部人与物的关系。三是一种有意识、有计划的自觉活动。

2. 组织管理理论

（1）古典组织管理理论。古典组织管理理论形成于19世纪末20世纪初，主要是系统地研究企业生产过程和行政组织管理，是涉及组织结构和组织管理基本职能的理论。其代表人物有美国的弗雷德里克·温斯洛·泰勒、法国的亨利·法约尔和德国的马克思·韦伯、英国的林德尔·厄威克等。泰勒等重点探讨了组织内的企业管理理论，着重研究车间生产中如何提高劳动生产率的问题；以法约尔、韦伯为代表的管理理论着重探讨大企业整体的经营管理，且突出的是行政级别组织体系理论。他们认为人们工作是为了追求最大的经济利益以满足自己的基本需求。为了满足人们工作的经济利益，他们提出科学管理方法以追求组织的生产效率和合理化，因此要建立一套标准化的原则来指导和控制组织及其成员的活动。古典组织理论的基本内容是：研究和明确管理职能及实现管理职能必须遵循的科学原则，提出组织结构的理论和形式。

（2）行为科学管理理论。行为科学管理理论产生于20世纪20年代中期至30年代初，其代表人物有美国的乔治·埃尔顿·梅奥，弗雷德里克·赫茨伯格等。梅奥的霍桑实验结果表明，工人的工作动机和行为并不仅仅为金钱收入等物质利益所驱使，他们不是"经济人"而是"社会人"，有社会性的需要，满足人的多种需要，在组织内建立良好的人际关系是提高组织效率的根本手段。这个理论重点研究了组织中的非正式组织、人际关系、人的个性和需要等。行为科学管理理论主要包括以下四个问题：①人性假设是行为科学管理理论的出发点。其中各个时期管理者对管理对象的认识可以分为六种基本类型：工具人假设、经济人假设、社会人假设、自我实现人假设、复杂人假设、决策人假设。②激励理论是行为科学的核心内容，具体而言，包括需要层次理论、行为改造理论、过程分析理论三个方面。③群体行为理论是行为科学管理理论的重要支柱，掌握群体心理是研究群体行为的重要组成部分。④领导行为理论是行为科学管理理论的重要组成部分，包括对领导者的素质、领导行为、领导本体类型、领导方式等方面的研究。

（3）现代组织管理理论。现代组织管理理论是20世纪60年代以来逐步发展起来的。其代表人物有巴纳德、西蒙、钱德勒、劳伦斯、洛希、维克和马奇等。现代组织管理理论主要有以美国巴纳德为代表的社会系统论、以希尔伯特·亚历山大·西蒙为代表的决策理论，以弗里蒙特·卡斯特为代表的系统与权变理论和以巴法为代表的管理科学理论等。这一阶段理论的特点是吸收了古典组织管理理论和行为科学管理理论的精华，并且在现代系统论的影响下有了新的发展。他们把组织看成一个系统，认为是否能实现组织目标和提高组织效率取决于组织系统内各子系统及各部门之间的有机联系。现代组织管理理论的主要特征：一是现代组织理论认为领导人的首要作用在于塑造和管理好组织中有共同价值观的人，强调不拘一格的个人创造精神，强调组织的战略；二是对组织中人的基本需求的看法是人们需要生活得有意义；人们需要对自己有一定节制；人们在一定意义上把自己看作胜利者；在相当程度上行动和行为塑造了态度和信念；三是现代组织理论不是把表面结构作为分析对象，而是把组织中人的行为作为分析对象；四是现代组织理论不是把操作作为主要认识对象，而是把组织中人的行为作为分析对象；五是现代组织理论对领导提出了新的要求，主张领导不应当建立在权利的基础上，好的领导不要求人们为他个人服务，而是为共同目标服务，主张组织的事业内容是科学加服务；六是注重信息沟通。

（4）C 管理模式。2009 年以来，全球金融风暴持续蔓延，一大批欧美企业纷纷陷入破产倒闭的危机，与此同时，国内企业也愈加感受到全球性经济萧条带来的阵阵寒意。国内众多专家、学者和企业界纷纷对西方现代企业管理模式进行了深刻的反思。高级策划师、经济师、国际培训师王汝平先生在其专著《C 管理模式》中提出了 C 管理模式。C 管理模式是在对西方现代企业管理模式先进经验继承的基础上，创造性融入了中国国学的智慧和传统文化精髓，构建了以人为核心和以"人形结构"为特征的企业智慧型组织，创立了"天人合一"的组织管理全新模式，首次提出了"道法自然"的企业经营哲学、"以人为本"的组织管理思想，因而赋予了企业更大的能动性、灵活性与应变能力。由于它是继金字塔型机械式组织（A 管理模式）、学习型扁平式组织（B 管理模式）之后出现的第三种组织模式，并且是在西方先进的现代管理学的基础上，融入了中国国学之大智慧的组织类型，因而取"CHINA"的第一个字母"C"，为这个智慧型组织命名为"企业 C 管理模式"。如果把智慧型组织比作一个人，那么，C 管理模式的"头"（大脑），就代表智慧型组织的管理高层，是信息处理决策中心；"躯干"（五脏），代表智慧型组织的管理中层，维系着智慧型组织内外部环境之间的相对平衡协调；而"四肢"（形体诸窍），则代表智慧型组织的员工，是智慧型组织的执行机构。C 管理模式所构建的智慧型组织不仅头脑清晰、身体内部各脏腑功能协调，更重要的是，面对外界的进攻，它的手脚能够迅速有力地作出正确的反应。

（5）企业组织系统。企业组织系统解决的是人的问题，是企业内部的问题，如人力资源管理、薪酬管理、绩效考核等。它用学术语言说就是企业制度管理系统、财务管理系统的总和，主要是通过系统去管人，把人的潜力发挥巨大功能的规则系统。"公司与系统"是以长松咨询董事长贾长松为首的团队新提出的概念，意在解放领导，让公司、企业用系统去赚钱，构建持续增长的系统工程，目的就是实现企业的利润倍增、持续发展，成为系统型企业。包括文化系统、组织系统、薪酬系统、绩效系统、人才引进系统和股权系统等。文化系统：企业精神文化量化、企业末位淘汰文化形成、关键时刻行为（Moment of Truth，MOT）形成。组织系统：企业愿景、企业使命、组织机构与发展规划。薪酬系统：企业薪酬制度、企业管理者薪酬、生产系统薪酬、营销系统薪酬、财务系统薪酬、职能系统薪酬。绩效系统：公司全员考核体系构建、考核文化与考核制度、考核表、行为考核。人才引进系统：高级人才引进系统、招聘流程系统、招聘测评方法、人才五年规划系统。股权系统：股份合作合同、分子公司方案、高管人员方案、关键人才方案、股权购买方案。

3. 组织管理的主要内容

（1）组织结构的设计和变革。组织结构设计应以企业的战略目标为导向，将提升风险预防与控制能力作为重要的目标，根据企业现阶段的经营活动发展情况，有序地分阶段、分步骤推进组织结构的设计。组织结构的设计要在坚持服务战略和目标的原则、专业化原则、统一指挥原则、分工协调原则、有效管理幅度原则、层级原则、集分权原则、责权对等原则的基础上，根据自身所处的环境变化及组织目标选择适合的组织结构形式。组织结构变革的最终目的是引导整个企业业务流程、经营管理模式和功能的再造，从而提高企业的经营管理水平和业务运作效率。

（2）工作人员的配置和使用。人员配备就是利用合格的人力资源对组织结构中的职位进行不断填充的过程。它包括明确组织对人才的需求，对现有的人力资源进行摸底、招募、选拔、安置、提拔、考评、奖惩、训练和培养等一系列活动。因此，人员配备的任务要从组织和个人这两个角度去考察。为适应组织对管理人员、技术人员、营销人员的需要，人力资源管理部门必须通过多种渠道把组织中的人力资源安排到最合适的岗位上，发挥员工的最大潜能。实现员工与组织的共同成长是人力资源部门的核心工作。

（3）权力的分配和协调。权力是组织授予组织成员的开展活动或指挥他人行动的权利。每一个组织成员都拥有一定的岗位权力和成员权力。职权是组织设计中赋予某一管理职位的作出决策、发布命令和希望命令得到执行而进行奖惩的权力。高效合理的组织结构要对每个员工按照组织需要进行管理内部权力的分配和协调。权力分配原则即有多大的权力就应负多大的责任；或负多大的责任就应有多大的权力。职权在整个组织中的分布可以是集中化的，也可以是分散化的。分权即职权的分散化，指决策权在很大程度上分散到处于较低管理层次的职位上；集权即职权的集中化，指决策权在很大程度上向处于较高管理层次的职位集中的组织状态和组织过程。在现实中，既不存在绝对的分权，也不存在绝对的集权。集权和分权反映组织的纵向职权关系，表示组织中决策权的集中与分散的程度。

（4）组织文化的培育和建设。组织文化是指一个组织在长期的生存和发展过程中所形成的一种具有自己特色的，为全体员工所认同的，并且对员工的行为产生约束力和激励力的价值系统。它具有凝聚员工、激励员工、规范行为和树立良好形象的作用。企业的生存和发展都离不开企业文化的构建、发展和凝聚。企业建设富有自身特色的组织文化，不仅能够塑造强有力的核心竞争力和增强员工凝聚力，还可以大力提升自身的经营管理水平。企业在"以人为本"的基础上，要注重其发展，也要注重当前的效益追求，既注重企业组织目标的实现，又注重企业员工个人的人生价值实现，各个阶段、不同方面有所侧重。

2.1.2　金融机构组织管理的特殊性

金融机构组织管理是指金融机构将能够实现组织目标和任务所必须进行的各项工作和活动进行分类、归并和协调合作，设计出合理的组织形式与组织结构，选择和配备相应的工作人员，通过分工授权进行协调，合理配置组织资源的过程。金融机构由于业务运作模型与工商企业相比，有其一定的特殊性，故组织管理也具有其特殊性。

1. 金融机构的业务运作模型

美国哈佛商学院著名战略学家迈克尔·波特教授在其著作《竞争优势》（*Competitive Advantage*）中提出的价值链（Value Chain）理论对理解商业银行运营体系具有重要价值。迈克尔·波特认为企业价值链是基本活动和支持性活动的特定连接方式，基本活动涉及企业生产、销售、进料后勤、发货后勤、售后服务，支持性活动涉及人事、财务、计划、研究与开发、采购等。不同企业之间价值链的差异形成企业竞争优势的源泉，即价值链是企业为客户、股东、企业职员等利益集团创造价值所进行的一系列经济活动的总称。价值链管理依据价值链理论，将企业的业务流程描绘成一个价值增值和价值创造的链状结构，基于协作的策略，企业从总成本的角度考察其经营效果，而不是片面地追求诸如采购、生产和分销等功能的优化。价值链咨询模型把企业的经营管理分为三个层次：决策层、管理层和运营层。决策层对企业的经营方向和资源配置进行决策；管理层主要包括财务管理、行政、人力资源、信息服务等职能，负责对企业的效率和成本费用进行控制；而企业的运营层则涵盖了企业从采购、生产到销售和服务的诸多环节，这个层次主要应该体现各个层次的增值性，进行收入、费用的核算和控制。

（1）商业银行业务运作模型。商业银行借鉴价值链咨询模型的理念，以商业银行服务客户为导向，由外部到内部逻辑的业务运作模型。自上而下，在模型最上端的是商业银行服务的客户群，客户群进一步可以细分为公司客户、零售客户和金融机构客户。从细分客户群开始，由外而内分别是渠道、营销、产品、操作、风险管理及管理和支持。

（2）证券公司业务运作模型。证券公司基于价值链模型的业务运作模型，将证券公司分为决策层面、运营层面、支持服务层面。决策层面的核心是战略管理。所谓战略管理是指企业确定其使命，根据组织的外部环境和内部条件设定战略目标，为保证目标的正确落实而谋划，并依靠企业内部力量将这种谋划付诸实施，以及在实施过程中进行控制的一个动态管理过程。从证券公司的角度出发，我们将其战略管理分为计划、控制、公共关系三个方面。运营层面是证券公司价值链的核心部分，可分为营销和销售管理、产品开发和交易管理及运营管理三部分，成为证券公司运营的核心价值支柱，良好的运营支撑公司稳定发展。支持服务层面是企业整体系统运转的基石。对证券公司来说，支持服务层面包含行政服务、人力资源、风险管理、财务管理、财务会计/管理会计、资金管理、法律服务、税务、设施管理、责任管理等方面。

（3）保险公司业务运作模型。保险行业是一个流程导向性行业，如营销、核保、理赔、精算、财务管理、风险管理等业务领域都有大量的业务流程和管理规范。基于价值链模型的保险公司业务模型也是由业务运作板块和管理支持板块构成的。

2. 金融机构组织管理的特殊性

（1）围绕货币与信用业务的需要而设立。金融机构的主要营运对象是货币与信用业务，只有具有充分、有效的营运资金，金融机构才能达到自己的业务经营目标。所以，金融机构在建立外部组织形式和内部组织结构时，应重点考虑货币与信用业务的运行。一般各类金融机构将以下两类部门作为较重要的部门：一是资金的融通部门，如商业银行的储蓄部门、存款部门、资金调度部门等，保险公司的人身险、财产险部门；二是资金的运用部门，如信贷部门、投资部门等。此外，还要设立相关业务部门与职能部门，如金融产品设计、市场推广部门或营销部门等。

（2）突出对金融中介机构风险的控制与管理。金融机构在建立内部组织结构的过程中都特别重视防范金融风险，所以在金融机构内部均设有风险管理部门，如审查、稽核、风险管理等部门。金融机构也强调内控制度建设的重要性，建立完善的金融机构内控制度，可降低金融机构的经营风险。

（3）独具特色的部门设置。

①资本管理部门。金融机构的资本金对金融机构防范风险、保护金融机构债权人利益，维护金融机构的稳定发展具有重要的意义。因此，在金融机构内部设立专门的资本管理部门，有利于加强金融机构对资本金的管理，从而维护金融机构的正常运行。

②流动性管理部门。金融机构为了对其资金流动状况进行较好的把握，满足金融机构各种流动性需求，有利于金融机构的安全和取得好的收益，设立资金调度部门或流动性管理部门。

③风险管理部门。金融机构为了加强风险防范和管理，设立资产负债管理委员会、风险管理委员会、贷款审批委员会、审计部门、稽核部门等。这些都是金融机构防范风险的核心部门。

④各类与金融机构业务、产品有关的业务部门。这类部门是指为促进金融业务活动的顺利完成，而在金融机构内部设立的各类从事具体业务的业务部门和技术部门，如产品创新部门、网络与信息管理部门等。

2.1.3　金融机构组织结构设计的基本要素

1. 组织结构设计的定义

组织结构设计是进行组织的专业分工和建立使各部门之间相互有机协调配合的系统的过程。组织结构设计的任务是建立组织结构，明确组织内部之间的相互关系。组织结构设计的结果要求提供组织结构系统图、部门职务说明书、岗位职责说明书、流程图等。组织结构系统图是指以树形图形式简明地表示组织内的机构构成及主要职权关系。与之相对应的是部门职务说明书，职务说明书是以文字的形式规定某一职位的工作内容、职责和职权，与组织中其他职务或部门的关系，以及该职务担当者应具备的任职条件等。

2. 组织结构设计的基本要素

组织设计包括"专门化""部门化""职权和职责""管理跨度""集权与分权""正规化""组织文化及其作用"七大要素，只有这七个方面都协调清晰，组织管理才能顺畅。组织结构设计中的基本要素：①专门化。即将组织任务分解为小的构成成分，包括工作轮换、工作扩大化、工作丰富化等方面。②部门化。即依据一定的原则和方式将若干职位组合在一起的一种工作组织方式。它包括职能部门化、顾客部门化、区域部门化、产品部门化、流程部门化等。③职权和职责。指挥链是指从组织高层延伸到基层的一条持续的职权线，界定了谁能够指挥谁和谁应该向谁汇报工作，包括职权、职责和统一指挥等。④管理跨度。管理跨度又称管理幅度与管理宽度，是指由一个上级直接指挥的下级的数目。跨度大，层次少，则管理人员少。管理幅度首先是由古典管理学派提出的。英国管理学家林德尔·厄威克提出了普遍适用的管理幅度：每一个上级领导人所直接领导的下级人员不应超过 5~6 人。随着社会实践发现有效的管理幅度不存在一个普遍适用的具体人数，它的大小取决于若干基本变量，组织设计的任务就是找出限制管理幅度的因素，根据它们影响强度的大小，具体确定特定企业各级各类管理人员的管理幅度。⑤集权与分权。它是指组织决策权的集中化与分散化的程度。集权是在多大程度上将决策权置于高层的管理方式。分权是在多大程度上将决策权下放到组织低层的管理方式，包括对管理权限的分配、充分授权等。⑥正规化。指一个组织中各项工作的标准化程度，以及员工行为受规则和程序指导的程度。⑦组织文化及其作用。前文已讲述，此处不再赘述。

2.2　金融机构的外部组织形式

金融机构的外部组织形式是指金融机构在社会经济生活中的存在形式，主要是指上下级分支机构及其之间的纵向组织结构和管理体制。金融机构的外部组织形式可以分为企业组建形式和经营机构设置形式两个方面，企业组建形式包括独资、合伙和公司制；经营机构设置形式主要包括单一制、总分支行制、持股公司制、连锁银行制等不同类型。

2.2.1 金融机构的企业组建形式

1. 独资金融机构

独资金融机构主要包括私人独资成立并经营的金融组织。独资金融机构是由某个人出资创办的，出资人既是财产的唯一所有者，也是经营者，只要不违法，经营什么，雇多少人，贷款金额，全由出资人自己决定。独资金融机构的主要特点是由个人或家族控制，不公开上市，不设分支机构，主要服务于小企业、小手工业者。

2. 合伙制金融机构

合伙制金融机构是由几个人、几十人，甚至几百人联合起来共同出资创办的金融组织。它通常是依合同或协议组织起来的，结构较不稳定。合伙人对整个合伙制金融机构所欠的债务负有无限的责任。合伙制金融机构不如独资金融机构自由，决策通常要合伙人集体做出，但它具有一定的规模优势。

合伙制金融机构的特点：①合伙企业法规定每个合伙人对企业债务须承担无限、连带责任；②法律还规定合伙人转让其所有权时需要取得其他合伙人的同意，有时甚至还需要修改合伙协议，因此其所有权的转让比较困难。

私人独资或合伙制金融机构主要存在于资本主义发展的早期阶段。18世纪中期，英国手工制造业正在开始向大工业过渡，产业革命刚刚开始，工场手工业需要的是短期流动资金。随着社会化大生产的迅猛发展，大工业对于货币资金的需求越来越大，私人独资或合伙制金融机构由于规模所限和风险极大，难以满足大规模的资金需求，因此到18世纪末期，许多非股份制金融机构开始向股份制金融机构转化。

3. 公司制金融机构

公司制金融机构是按照国家有关公司法律条例，按所有权和管理权分离原则，由法定人数以上的投资者（或股东）出资建立、自主经营、自负盈亏、具有法人资格的金融组织。进入19世纪上半叶，股份制进入金融机构成为金融机构的主要组建形式。

根据募集资本的方式可以将公司制金融机构划分为有限责任公司和股份有限公司。所谓有限责任公司指不通过市场公开发行股票，而由为数不多的股东集资组建的公司，其资本无须划分为等额股份，股东在出让股权时受到一定的限制。在有限责任公司中，董事和高层经理人员往往具有股东身份，使所有权和管理权的分离程度不如股份有限公司那样高。有限责任公司的财务状况不必向社会披露，公司的设立和解散程序比较简单，管理机构也比较简单，比较适合中小型金融组织。股份有限公司全部注册资本由等额股份构成，并通过公开发行股票（或股权证）筹集资本，它是以其全部资产对公司债务承担有限责任的企业法人。其主要特征是：公司的资本总额平分为金额相等的股份；股东以其所认购股份对公司承担有限责任，公司以其全部资产对公司债务承担责任；每一股有一表决权，股东以其持有的股份，享受股东拥有的权利，承担股东应有的义务。多数采用公司制的金融机构将股份有限公司作为基本组织形式。

公司制金融机构的优点：①无限存续。一个公司在最初的所有者和经营者退出后仍然可以继续存在。②有限债务责任。公司债务是法人的债务，不是所有者的债务。所有者的债务责任以其出资额为限。③所有权的流动性强。④占有资本市场的优越地位。公司制金融机构的缺点：①双重课税。公司作为独立的法人，其利润需交纳企业所得税，企业利润分配给股东后，股东还需交纳个人所得税。②组建公司的成本高。公司法对于建立公司的要求比建立独资或合伙企业高，并且需要提交各种报告。③存在代理问题。经营者和所有者分开以后，经营者称为代理人，所有者称为委托人，代理人可能为了自身利益而伤害委托人利益。

2.2.2　金融机构的经营机构设置形式

以商业银行为例来介绍金融机构的经营组织形式，商业银行的外部组织制度主要是指上下级分行及其之间的纵向组织结构和管理体制。由于各国的政治经济环境不同，商业银行的组织形式也不尽相同，归纳起来有以下几种。

1. 单一银行制

单一银行制（unit banking system）指商业银行只设一个独立的机构从事业务经营活动，不设立分支机构的组织形式。世界范围内目前只有美国的商业银行还在部分地区采取这种组织形式。长期以来，由于受美国政治体制及社会经济生活中根深蒂固的自由竞争、反对垄断思想的熏陶，美国的商业银行在组织形式上一直采用单一银行制。各州通过立法，不允许银行跨州经营和设立分支机构，甚至在一个州内设立分支机构也会受一定的限制。这固然维护了一个有利于自由竞争的环境，但这种银行组织形式导致了美国境内、外商业银行的数量众多，在银行业激烈竞争的环境下，实际上许多州政府对此已放宽了限制，即使是限制最为严格的一些州，也随着美国出台的《跨州银行法》的实施，全面放松了管制，从而表明从单一银行制向其他银行组织形式转变的趋势已经形成。

单一银行制的优点主要表现在：①可以防止银行垄断，有利于适度竞争；②有利于银行与地方政府和工商企业协调关系，集中全力为本地经济服务；③银行具有更高的独立性和自主性，业务经营的灵活性也较大；④银行管理层次少，有利于管理层旨意的快速传达，便于管理目标的实现。

但也存在以下不足：①不利于银行业运用高新技术来提高效率和降低成本，限制了商业银行的业务发展和金融创新；②银行业务过度集中于某一个地区或某一行业，容易受到该地区经济的束缚，使经营风险过分集中，同时由于单一制银行的实力相对较弱，难以有效地抵抗较大的风险；③单一制本身与经济的横向开放性发展存在矛盾，使银行业无法适应经济发展的需要，也使商业银行丧失了竞争能力。

2. 总分支行制

总分支行制一般是指在大都市设立总行，然后根据业务活动的需要在国内外设立分支行机构，形成自己的业务经营系统和网络，总行对各分支机构进行统一管理的一种银行组织形式。采用这种银行组织形式最为典型的是英、德、日等国，如英国四家最大的商业银行均拥有 3 000 家以上的分支机构。我国的商业银行，不论是国有商业银行，还是其他的股份制商业银行，也都采取的是总分支行制的组织形式。总分支行制按照总行职能的不同又可以分为总管理处制和总行制。在总管理处制下，总管理处只负责管理和控制各分支行，其本身不对外营业，在总管理处所在地另设分支行对外营业。总行制是指总行除管理和控制各分支行以外，本身也对外营业和办理业务。在总分支行制下，总行与下属行的关系，又有直隶制、区域行制和管辖行制三种类型。直隶制指所有的分支机构均归总行直接指挥和监督，各分支机构间不能相互制约；区域行制指总行以下的所有分支机构被分为若干区，每区设一个不对外营业的区域行，其职能只是代表总行指挥和监督区域内所有的分支行；管辖行制与区域行制一样，所不同的是管辖行本身也对外营业，故也属于分支行的一个成员，如图 2 – 1 所示。总分支行制下，无论拥有多少家分支机构，这些分支机构均不是独立的法人，财务方面采取全行统一核算。中国工商银行的分支机构如图 2 – 2 所示。

总分支行制是世界各国商业银行普遍采用的组织形式，其优点表现在：①有分布广泛的分支机构，便于商业银行吸收存款，扩大经营规模，增强竞争实力；②便于资产在地区和行业上分散，从而有利于风险的分散，提高银行的安全性；③便于银行实现合理的经营规模，促进现代化管理手段和技术设备的推广应用，提高服务质量，加快资金周转；④便于金融当局对整个银行业进行管理和控制，提高宏观管理水平，还可以避免过多的行政干预。

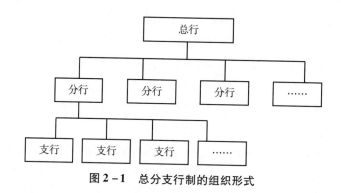

图 2 – 1 总分支行制的组织形式

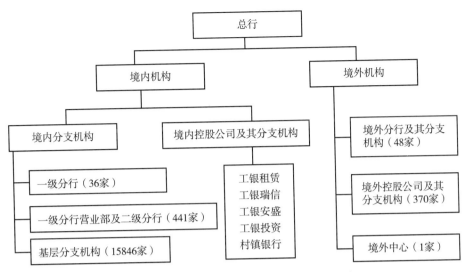

图 2 - 2　中国工商银行总分支行制的组织形式

资料来源：中国工商银行 2018 年度报告。

但该组织形式也存在不足：①容易形成垄断，不利于自由竞争，一定程度上会阻碍整个银行业的发展；②增加了银行内部的控制难度，由于分行制银行规模庞大、内部层次多、机构庞杂、上级行（或总行）在掌握情况和分支行在执行重要决策时往往会出现一定的偏差而造成损失。

3. 持股公司制

持股公司制是指由一家或几家银行设立控股公司，然后通过控股公司持股的方式将一些银行及其他非银行金融机构置于自己控制之下形成的银行集团。持股公司有两种类型，即银行持股公司和非银行持股公司。银行持股公司是由大银行直接组织一个持股公司，有若干银行从属于这一大银行；非银行持股公司是通过大企业控制某一银行的主要股份组织起来的。

持股公司于 20 世纪初出现于美国，以后在其他国家得到广泛发展。起初，持股公司本身不从事商品生产或销售业务，主要通过发行股票或公司债券的方式组织货币资本，再用以购买其他公司的股票。以后其业务范围逐渐扩大，包括办理投资、信托、租赁等业务。在有些国家，持股公司也是投资银行的组织形式之一。银行持股公司在第二次世界大战之后迅速发展，尤以美国的持股公司发展最快。1956 年美国国会通过《银行持股公司法》，其规定：凡直接、间接控制两家以上银行，而每家银行有表决权的股票在 25% 或 25% 以上的，就作为持股公司。1970 年美国对《银行持股公司法》又做了修改，规定：只控制一家银行 25% 以上股权的持股公司，也要进行登记。持股公司控制一定比例的银行股票，就能决定银行重要人事、营业政策，所以持股公司可以是大银行控制小银行的工具。

银行持股公司在美国得以迅速发展的主要原因包括：①持股公司可逃避州立法中不

允许银行跨州设立银行分支机构的限制，拥有几家银行；美国长期实行单一银行制，在单一银行制度下，客观上限制了银行业务的拓展，特别是向非银行金融机构业务方面的发展。而在采取持股公司制的条件下，银行可轻而易举地将业务活动向其他领域渗透。②持股公司可避开银行法对商业银行经营业务上的限制，扩大经营范围，办理商业银行不能或不便经营的投资、信托、租赁等业务，使银行进入非银行的业务领域，发挥更大的活动能力以追求更高的利润。③持股公司能够以不允许银行使用的方法为银行筹集资金，如发行商业票据等。持股公司控股的银行或其他金融机构仍属于独立的法人机构，实行独立的经营管理活动，在财务方面仍然实行独立的核算，这与总分支行制的分支行自然有本质的不同，因而更易于被美国的银行所接受。

银行持股公司的发展是金融资本与工业资本融合，以增强竞争能力与控制市场能力的一种趋势。特别是自 20 世纪 60 年代后期以来，西欧银行、企业发生激烈的兼并活动，由于激烈竞争而引起大银行、大企业排挤中小银行与企业的局面；或者中小银行与企业为了避免倒闭、破产而进行联合，渗透参股，发挥规模大、竞争能力强的集团优势。有的国家已形成几大集团，甚至银行与企业同属一个集团，形成了强大的经济金融垄断地位，在美国 3/4 以上的商业银行资产隶属于持股公司。

银行持股公司的组织形式如图 2-3 所示。

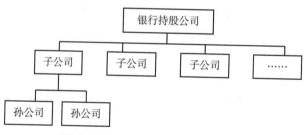

图 2-3　银行持股公司的组织形式

20 世纪 90 年代以来，在银行持股公司的基础上迅速发展成金融控股公司。金融控股公司一词最早起源于美国，在美国《金融服务现代化法》有关银行控股公司组织结构的条款中首次提出了"金融控股公司"（financial holding company）这一法律术语，但是并没有给予明确的定义。依据国际上三大金融监管部门——巴塞尔银行监管委员会（简称"巴塞尔委员会"）、国际证券联合会、国际保险监管协会于 1999 年 2 月颁布的《对金融控股集团的监管原则》，金融控股公司的定义是指在同一控制权下，所属的受监管实体至少明显地在从事两种以上的银行、证券和保险业务，同时每类业务的资本要求不同。金融控股公司也被称为全能性金融集团。金融控股公司是金融业实现综合经营的一种组织形式，也是一种追求资本投资最优化、资本利润最大化的资本运作形式。在金融控股集团中，控股公司可视为集团公司，其他金融企业可视为成员企业。集团公司与成员企业间通过产权关系或管理关系相互联系。各成员企业虽受集团公司的控制和影响，但要承担独立的民事责任。在控股公司结构中，控股公司总部持有子公司或分公司的部分或全部股份，下属各个子公司具有独立的法人资格，是相对独立开展业务、获得利润的中心。全球著名的金融集团有美国花旗集团、高盛集团、摩根士丹利，英国的巴克莱银行集团、国民西敏寺银行集团、汇丰集团、渣打集团；中国的平安集团、光大集团、中信集团、工商银行等。目前这种组织形式已经成为世界各国金融机构的重要组织形式。

我国金融控股公司的主要形式有以下四种：①以银行为主组建的金融控股公司，如工商银行、建设银行、中国银行、农业银行、交通银行等；②以投资集团为主组建的金融控股公司，如中信集团、光大集团；③实业公司直接参股、控股多个金融机构形成的金融控股公司，如招商局集团、山东电力集团、宝钢集团；④地方政府对控股的城市商业银行、信托公司、证券公司进行组建而成的金融控股公司，如上海国际集团。

持股公司制的优点有：①能有效地扩大银行资本总量；②有利于扩大业务范围；③有利于做到地区分散化、业务多样化，使风险分散，减少不稳定性，更好地进行风险管理和收益管理，增强银行实力，提高银行抵御风险和竞争的能力；④分支机构在法律上是独立的；⑤节省费用开支和降低筹资成本。

但也存在不足：①容易形成金融业的集中和垄断；②不利于金融业的自由竞争，从而阻碍金融业的发展；③限制了金融业经营的自主性；④不利于金融业的业务创新；⑤集团公司实体间的关联交易，易增大集团的风险。⑥资本金重复计算及控股公司的财务杠杆比率过高，影响集团整体财务安全。

4. 连锁银行制

连锁银行是指由同一个人或一群人控制的两家以上的银行。这里的人，既指自然人，即单个人，也指法人，即企业、事业单位。它同持股公司的不同之处在于持股银行各子银行（公司）有一个董事会，而连锁银行则没有；银行持股公司一般规模较大，通过持股银行的形式，形成庞大的金融实力，而连锁银行经营规模和活动地域都很小，它常常以一家规模较大的银行为中心，实现资金、业务往来甚至人员交流的便利。连锁银行是因为其本身规模较小，所面临的风险较大而采用的一种应对方式。

连锁银行制的优点有：相互融通资金、提供信息，相互发展，共同分担风险。但也存在不足：规模和活动领域很小；不利于扩大资金来源；容易被某一自然人或法人控制。

2.3   金融机构的内部组织结构

金融机构的内部组织结构是指金融机构用来协调内部各利益主体的机制设计和对业务分工、协调和执行的制度安排。内部组织结构设计就是对一个组织的结构进行规划、构造、创新或再构造，以便从组织结构上确保组织目标的有效实现，是一个动态的工作过程。

2.3.1 金融机构内部组织结构设计的任务和原则

1. 内部组织结构设计的任务

内部组织结构设计的任务主要包括：①依据经营任务的要求设置工作岗位和管理职务，由下而上逐级确定纵向管理层次；②根据组织活动的特点和环境差异，划分横向管理部门；③明确规定各个管理职务之间的权责义务关系，选择合适的组织结构形态；④按照各个职位的性质和特点提出相应的人员配备条件、任职资格和素质能力要求。

内部组织结构设计具体包括以下几个步骤：①进行组织结构诊断，根据金融机构的战略目标和业务发展状况，对金融机构的组织结构和组织管理进行全面管理诊断。②确定组织设计方针，进行组织职能分析与设计。先对部门进行划分和层次设计，依据经营任务的要求设置工作岗位和管理职务，由下而上逐级确定纵向管理层次，进一步对组织结构框架进行设计。根据金融机构组织经营活动的特点和环境差异，划分横向管理部门。③根据业务流程，确定部门职责，设计管理幅度、管理层次及其责任、权力等，明确规定各个管理职务之间的权责义务关系，选择合适的组织结构形态；根据业务流程确定岗位职责，进行管理控制、信息交流、分工协作、综合协调。④对组织进行人员的配备和训练，按照各个职位的性质和特点提出相应的人员配备条件、任职资格和素质能力要求。根据岗位工作内容，确定岗位的任职资格，需要的能力模型和素质模型，形成岗位说明书。根据以上步骤再次分析并形成关系网络，最后完成系统图和职务说明书。

2. 金融机构内部组织结构设计应遵循的原则

（1）动态权变原则。高度不确定性是当前所有金融机构面临的经营环境。按照"权变"管理理论，组织结构不是一成不变的。金融机构应当根据其所处内外部经营环境变化作出适当调整。当监管政策变动而需要对现有业务或管理和控制职能作出调整时，应当灵活调整以满足监管要求；当某项创新业务随着市场需求而重要性不断凸现时，应当通过设置独立的部门来完成。

（2）风险隔离原则。当强调风险隔离时，应当对直投、另类和公募基金等采用母子公司制；当采用事业部制时，应当确保在有效分权的同时，能够将控制、监督和业绩评价功能保留在总部（母/总公司），防止管理失控。即使在实行事业部制情况下，金融机构也应当根据管理需要、能力和信息技术水平等确定事业部或者类事业部制组织架构。金融机构可根据管理需要和重要性等原则，将特定业务单元确定为独立的部门、总部、分公司、事业部甚至是独立的子公司。例如，证券公司可以将研究部门独立为研究总部或者子公司，并实行独立的业绩考核。

（3）客户中心原则。以客户为中心应当是金融机构组织架构设计的基本导向。金融机构面对的客户更加多样化且具有层次性。这必然要求金融机构根据不同客户的不同需要设计不同产品/服务，而不是以特定产品去应对；管理和控制部门及支持部门应当围绕前台业务单元（即客户需求）去设置和运行，而不是强调部门利益。例如，风险管理/控制部门应当在特定风险容忍水平下去控制前台业务单元，而不应当一味地强调风险控制，毕竟金融业就是依靠风险管理实现盈利的。

（4）职权制衡原则。在组织架构设计时，金融机构应当坚持职权制衡原则，将决策、执行和监督相互分离。证券公司应当遵循公司法律法规确定股东大会、董事会、监事会和经营层的职权边界，明确规则和程序。在决策权方面，为了动态地适应市场需求变化，可以将决策权分为战略和战术决策权，其中涉及日常经营管理的战术决策权可以下放到事业部、分公司或者子公司。在执行权方面，应当充分尊重经营层的经营自主权，这不但有利于各事业部集中精力更好地为客户服务，而且能通过标准化、专业化的业务处理提高组织效率和生产力。在监督权方面，应当坚持分级原则，将监督权在董事会、监事会、经营层间合理分布，实现事前、事中和事后的全方位监督。

（5）追随战略原则。从公司层战略看，证券公司客户及其需求的多样化要求超越原有的部门间合作模式而采用分权的事业部制。这是许多证券公司按照客户来设置不同事业部的根本原因。从业务层战略看，传统的成本领先战略在买方市场格局下效果有限，且证券公司的同质化竞争使得大打"佣金战"而两败俱伤。"轻型营业部"或许就是对降低经纪业务成本的重要举措。差异化战略是证券公司扭转同质化竞争局面的重要手段。在差异化战略引导下，证券公司需要以不同类型产品满足动态的客户需求，这需要在组织结构设计方面突出资产管理或信用交易业务（如融资融券和股票质押）等特定业务的独立性。因此，为实现差异化战略而做出的专业化分工要求组织架构相应地变化，不但前台业务单元甚至管理和控制部门也将独立设置，甚至采用事业部制。当采用并购重组战略（如方正证券）和国际化战略时，证券公司也应当根据战略需要在组织架构设计上做出相应的调整，母子公司制或事业部制（重组后）或许是相对较好的选择。

（6）专业化原则。金融机构的业务规模及其复杂性影响到组织架构设计的专业化、正规化和集权化。与中小型金融机构相比，大型金融机构具有相对更高的专业化分工和横向、纵向分化。如方正证券通过不断并购成长为大型证券公司，业务规模不断扩张，组织架构也相应地更加专业化、正规化和集权化，在总分公司基本架构不变的情况下，方正证券将在营业收入占据重要地位的证券投资和快速增长的资产管理业务独立为分公司（即事业部制），并不断突出总部（母公司）在经纪、机构和投资银行业务等方面的管理和控制职能，且业务单元根据客户划分更加专业化。许多证券公司尤其是大型证券公司将信用交易业务细分为融资融券和股票质押，或者证券投资（自营业务）细分为固定收益、权益投资和衍生品业务并独立经营。

总之，金融机构组织架构并不是静态、僵化的，而是根据内外部经营环境的变化和发展目标而动态调整的。为了更好地满足客户需求，必须对原有的组织架构进行相应调整，以符合长远发展目标和优化资源配置要求。但是，无论哪一种组织架构设计，提高组织效率始终是第一位的，这也需要金融机构以客户为中心不断调整和重组前台业务部门、中台管理和控制部门及后台支持部门的关系。

2.3.2 金融机构公司治理层面的组织结构

金融机构公司治理层面的组织结构一般分为四个层次：决策层、执行层、监督层和经营管理层。决策层由股东大会、董事会及各种委员会组织；执行层由总经理、副总经理及职能部门组成；监督层由监督会、审计委员会及稽核部门组成；经营管理层由各业务部门经理组成。以中国工商银行为例。

1. 决策层

（1）股东大会。股东大会是银行的权力机构，由全体股东组成。股东大会负责决定银行的经营方针和重大投资计划，审议批准银行的年度财务预算、决算方案，利润分配方案和弥补亏损方案，选举和更换董事及由股东代表出任的监事和外部监事，审议并批准董事会的工作报告和监事会的工作报告，对银行合并、分立、解散、清算、变更公司形式、增加或者减少注册资本、发行公司债券或其他有价证券及上市的方案、回购本行股票、发行优先股作出决议，修订公司章程等。

（2）董事会。董事会是银行的决策机构，向股东大会负责并报告工作。董事会负责召集股东大会；执行股东大会的决议；决定银行的经营计划、投资方案和发展战略；制定银行的年度财务预算方案、决算方案；制定银行的利润分配方案和弥补亏损方案；制定银行增加或者减少注册资本的方案、资本补充方案、财务重组方案；制定银行风险管理、内部控制等基本管理制度，并监督制度的执行情况；聘任或解聘银行行长和董事会秘书，根据行长提名聘任或解聘副行长及法律规定应当由董事会聘任或者解聘的其他高级管理人员，并决定其报酬和奖惩事项；授权行长决定行内相关机构的设置；定期评估并完善本行的治理状况；管理银行信息披露事项；监督并确保行长及其他高级管理人员有效履行管理职责等。

（3）各种委员会。如工商银行的董事会专门委员会，董事会下设战略委员会、审计委员会、风险管理委员会、提名委员会、薪酬委员会和关联交易控制委员会共六个专门委员会。战略委员会的主要职责是对本行战略发展规划、重大全局性战略风险事项、业务及机构发展规划、重大投资融资方案、绿色信贷战略、消费者权益保护工作战略，以及在环境、社会和治理等方面履行社会责任的情况及其他影响本行发展的重大事项进行研究审议，并向董事会提出建议；对公司治理结构是否健全进行审查和评估，以保证财务报告、风险管理和内部控制符合本行的公司治理标准。审计委员会的主要职责是持续监督本行内部控制体系，对财务信息和内部审计等进行监督、检查和评价，评估本行员工举报财务报告、内部监控或其他不正当行为的机制，以及本行对举报事项作出独立公平调查并采取适当行动的机制。风险管理委员会的主要职责是持续监督本行的风险管理体系，审核和修订本行的风险战略、风险政策、程序和内部控制流程，以及对相关高级管理人员和风险管理部门在风险管理方面的工作进行监督和评价。提名委员会的主要职责是就董事候选人、高级管理人员的人选向董事会提出建议，提名董事会下设各专门委员会主席和委员人选，拟订董事和高级管理人员的选任标准和程序，以及高级管理人员及关键后备人才的培养计划，结合本行发展战略，每年评估一次董事会的架构、人数及组成，向董事会提出建议。薪酬委员会的主要职责是拟订董事的履职评价办法、薪酬方案，组织董事的履职评价，提出对董事薪酬分配的建议，拟订和审查本行高级管理人员的考核办法、薪酬方案，并对高级管理人员的业绩和行为进行评估。关联交易控制委员会的主要职责是制定关联交易管理基本制度，对本行的关联方进行确认，在董事会授权范围内，审批关联交易及与关联交易有关的其他事项，接受关联交易统计信息的备案，对应当由董事会或股东大会批准的关联交易进行审核，就关联交易管理制度的执行情况及关联交易情况向董事会进行汇报。

2. 执行层

高级管理层是银行的执行机构，对董事会负责。高级管理层负责银行的经营管理，组织实施经董事会批准后的经营计划和投资方案，制定银行的具体规章，制定银行内设部门和分支机构负责人（内审部门负责人除外）的薪酬分配方案和绩效考核方案，向董事会或者监事会如实报告银行经营业绩，拟订银行的年度财务预算、决算方案，利润分配方案和弥补亏损方案，增加或者减少注册资本、发行债券或者其他债券上市方案，并向董事会提出建议等。

3. 监督层

监事会是银行的监督机构，向股东大会负责并报告工作。监事会负责对董事和高级管理人员的履职行为和尽职情况进行监督；监督董事会、高级管理层履行职责的情况；根据需要对董事和高级管理人员进行离任审计；检查、监督本行的财务活动；审核董事会拟提交股东大会的财务报告、营业报告和利润分配方案等财务资料；对本行的经营决策、风险管理和内部控制等进行检查和监督并指导本行内部审计部门工作；对本行外部审计机构的聘用、解聘、续聘及审计工作情况进行监督；拟订监事的薪酬方案和履职评价办法，对监事进行履职评价，并报股东大会决定；向股东大会提出议案；提议召开临时股东大会，在董事会不履行召集股东会议的职责时，召集并主持临时股东大会；提议召开董事会临时会议等。

中国工商银行法人治理组织结构如图 2-4 所示。

4. 经营管理层

经营管理层由银行内部各业务职能部门经理和下一级分支机构的经理组成。以中国工商银行为例，在其内部设置了营销管理部门、利润中心、风险管理部门、综合管理部门、支持保障部门、直属机构等。营销管理部门下设公司金融业务部、个人金融业务部、机构金融业务部、普惠金融事业部、结算与现金管理部、银行卡业务部、网络金融部等。利润中心下设金融市场部、资产管理部、资产托管部、票据营业部、私人银行部、投资银行部、贵金属业务部、专项融资部（营业部）、养老金业务部等；风险管理部门下设信贷与投资管理部、授信审批部、风险管理部、内控合规部、法律事务部（消费者权益保护办公室）等；综合管理部门下设办公室、财务会计部、人力资源部、资产负债管理部、战略管理与投资者关系部、渠道管理部、国际业务部等；支持保障部门下设金融科技部、运行管理部、管理信息部、企业文化部等；直属机构下设业务研发中心、数据中心（上海）、软件开发中心等。

中国工商银行职能部门结构如图2-5所示。

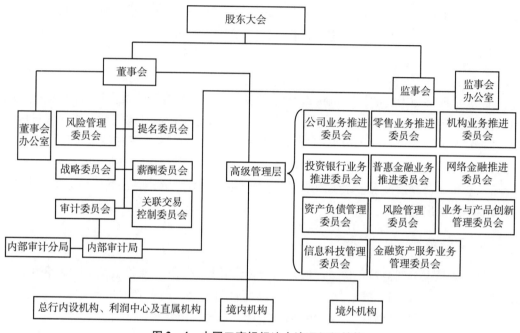

图2-4 中国工商银行法人治理组织结构

资料来源：中国工商银行官网。

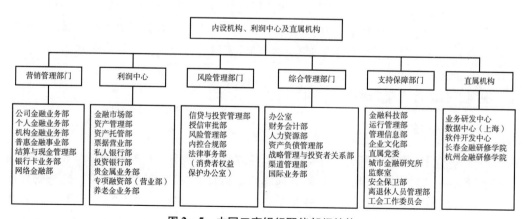

图2-5 中国工商银行职能部门结构

资料来源：中国工商银行官网。

2.3.3　金融机构内部组织结构的基本形式

金融机构是从事货币资金运行活动的产业组织结构，其内部组织结构的基本形式与其他一般性产业组织机构基本相同，主要包括 U 型结构、M 型结构、矩阵型组织结构等结构形式。

1. U 型结构

U 型结构又称为"一元结构"，U 型组织结构产生于现代企业发展早期阶段，是现代企业最为基本的组织结构，其特点是管理层级的集中控制。主要包括直线型、职能型、直线职能型等组织结构形式。

（1）直线型。该组织结构中，领导意图是沿着指挥链条直线向下传递的，每个下级只对一个上级负责，并且必须绝对服从这个上级领导的指挥。这是产业组织的最早期组织结构形式。此种组织结构形式在军队组织结构中最为常用，所以直线型也被称为军队式结构。直线型组织结构如图 2 - 6 所示。

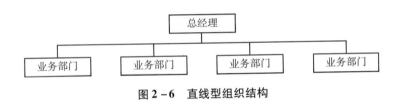

图 2 - 6　直线型组织结构

直线型组织结构突出的优点就是便于进行垂直管理，职能部门尚未形成，管理灵活，职责清晰，指挥统一，上下级关系明确。但同时直线型组织结构是一种比较简单的组织结构形式，其形状为金字塔，由单人决策的模式，最高决策领导者处于金字塔顶端，这种组织结构形式容易形成"能人管理"，极易造成领导者凭借个人意愿进行经营管理，随着规模扩张及技术、产品类型的变化，这种组织形式的弊端暴露得越来越明显。所以，这种组织结构形式多为许多处于发展初期的规模较小、业务经营范围较单一的金融中介机构所采用。

（2）职能型。职能型是按分工负责的原则组成企业的内部组织结构，即为了适应专业分工的需要，产业组织机构的最高领导层将具体的、专业性的指挥功能，委托给下属不同的职能部门来负责进行。上级职能部门在自己的职能权限范围内，有权向下级下达命令，下级必须服从。职能型组织结构如图 2 - 7 所示。

职能型组织结构的优点是把承担相同职能的管理和业务人员组合在一起，设置相应的部门和职务，选聘专业人才，发挥专业优势；同类业务划归同一部门，每一个职能部门所开展的业务活动将为整个组织服务，有利于专业指挥，建立有效的工作秩序，提高工作效率；能充分发挥职能机构的专业管理作用，减轻领导人员的工作负担；组织稳定性较高，易于发挥组织的集团效率。

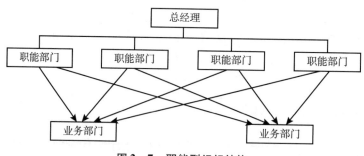

图 2-7　职能型组织结构

职能型组织结构存在管理等级，组织的每一环节按被执行的每一个职能隶属不同的领导者，容易造成"多头领导"，各部门之间缺乏横向协调与交流，易出现高层决策堆积、层级超负荷的状态。

金融机构由于各项业务活动的专业性较强，需要专业化人才和专业化指挥，因此这种组织结构形式对有效开展金融机构的业务活动与经营管理是十分有利的，由于其存在一些弊端，所以这种组织结构形式较适合规模不大的金融机构。

（3）直线职能型。直线职能型的组织结构由直线型组织结构演变而来，在保持垂直化管理直线指挥的前提下，发挥职能部门的助手作用，并授予其一定的决策权、控制权和协调权。职能分工与专业化协作，职能等级、职能部门相继出现，推动着金融机构的管理进步。这种组织结构，既结合了直线型与职能型两种组织形式的优点，又减少了两者的弊端，即一方面保持了企业的集中统一领导和指挥，另一方面又能够充分发挥各个职能部门的积极作用。此时，企业的管理人员有两类：一类是各级行政管理人员。各级行政负责人对下属单位负全面指挥和领导的职责，对所属范围内工作负有责任；另一类是职能部门的专业指导管理人员，他们具有业务的指导与管理的权力与责任，但无行政上的领导关系。

直线职能型组织结构如图 2-8 所示，图中的"直线机构"就是指企业的行政领导机构。"职能机构"指企业的各个专业领导机构。以商业银行为例，"直线机构"是指由上而下的商业银行的总行、分行、支行等；"职能机构"是指商业银行内部的各个专业领导部门，如财务管理部、风险管理部、资金调度部、市场营销部、零售信贷部、人事部、会计结算部、技术保障部等，负责对商业银行下级分行的各项相关业务及业务管理进行指导。

直线职能型组织结构是 U 型组织结构中相对较为理想的一种组织结构形式，因此被广泛采用。很多金融中介机构以这种模式作为组织结构的基础。我国的四大国有独资商业银行，长期以来一直使用的就是这种组织结构形式。虽然直线职能型组织结构保证了管理体系的集中统一，同时可以在各级行政负责的领导下，充分发挥各个专业管理机构的作用，但存在职能部门之间的协调配合性较差，也加重了领导的负担问题。一般是在成立初期规模较小，经营业务品种相对比较单一、内外部市场环境相当稳定的情况下，才能充分显示出其优势。

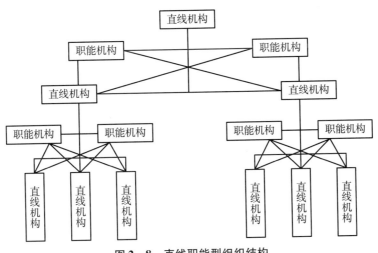

图 2 - 8 直线职能型组织结构

随着金融机构规模的不断扩大、经营领域的拓展、环境的日益复杂，这种组织结构形式的弊端日益明显，很难适应金融机构新的发展目标、任务、理念。以商业银行为例，直线职能型组织结构为商业银行业务与经营带来了一系列的问题：部门银行藩篱难拆，流程银行难建；银行专业化管理水平低，产品创新能力不足；部门专业同质化，部门能力平均化；风险管理链条长，对市场反应速度慢等，这些问题始终没有得到有效解决，成为商业银行，尤其是中小银行组织管理中的"痼疾"，亟待进行组织结构变革，探索新的组织结构形式。

2. M 型结构

M 型结构主要表现为事业部制，又被称为"多分支的公司结构"，即在总公司的领导下，设立若干个事业部；每个事业部实行独立核算、自负盈亏，并且可以根据自身经营管理的需要设置组织机构；每个事业部除了对总公司负有完成利润计划的责任外，其内部的经营管理具有较大的独立性，是一种分权式管理结构。事业部制的基本构成如图 2 - 9 所示。

图 2 - 9 事业部制的基本构成

事业部制的优点主要有：各事业部都有独立的产品和市场，能够更好地进行战略规划，能够迅速对市场中的新情况作出反应，具有良好的适应性，从而有效地提高资源配置效率；有助于减轻管理层日常事务工作压力，有利于公司高层集中精力考虑未来发展的战略性目标与问题；各事业部之间的互动、比较和竞争，有利于增强各事业部的活力与积极性；事业部自主经营，独立核算，有利于权、责、利的划分，便于建立考核指标和绩效评估体系。但是，事业部制也存在明显缺点：公司与事业部的职能机构重复建设，浪费资源，增加管理和组织成本；容易削弱内部整体协调力，不利于规模效益的形成。

中国民生银行从 2007 年下半年开始实行公司业务事业部制改革，相继成立了四个产品事业部，并于 2008 年 1 月成立了四大行业事业部。农业银行从 2008 年开始进行"三农"金融事业部制改革，赋予全行在开展"三农"金融业务时更多的独立自主性。工商银行在 2002 年成立牡丹卡中心，正式设立事业部，以"直属机构"管理，在内部实行独立核算、垂直管理和专业化经营。2013 年年底，围绕客户、产品、区域等维度，交通银行事业部制改革正式启动，建立事业部、准事业部总行直营机构，并推动事业部向海外拓展。浦东发展银行将业务部门分为零售银行、资金业务和公司与投资银行三大板块，在公司与投资银行板块下设置现金管理、贸易融资、资产托管等多个事业部。平安银行已经成立了六个产业事业部，电子信息产业金融事业部是其第七个产业事业部。

国际上西方保险公司采用事业部制较为普遍。依据产品类型、客户类型和渠道类型设置事业部是常见的做法。如英杰华保险公司在集团层次设立了英国事业部、欧洲事业部和国际事业部三个事业部。安盛保险（安盛集团的财产保险分支）下设四个事业部：公司合作事业部、个人保险中介事业部、商业保险中介事业部、安盛解决方案事业部。平安寿险公司已引入了事业部制。目前，我国证券公司大都采用事业部制的内部组织结构。如中国国际金融公司在其内部的业务部门就划分为投资银行部、投资顾问部、销售和交易部及研究部。

3. 矩阵型结构

矩阵型结构也被称为"矩阵组织结构"或"目标规划制"，是指按照组织固有的一些特性，将一个企业的部门分为不同的事业部，在每个事业部中，设计一些职能类别类似的组别，这些组别又分属于不同的职能部门领导，从而形成一个二维或多维结构的组织。矩阵型是在原来 U 型结构、M 型结构的基础上，建立一套横向的目标管理系统，把按职能划分的管理机构与按产品项目划分的管理结构结合起来，这样可以使同一名事业部的工作人员既与原来的职能部门保持组织和业务上的垂直联系，又与按产品或项目划分的事业部保持横向联系，从而形成矩阵式结构。矩阵型组织结构的独特之处在于事业部制与职能型组织结构特征的同时实现。矩阵型结构的基本构成如图 2 - 10 所示。

矩阵型结构的优点主要体现在：①具有良好的前瞻性和扩展性。随着组织机构经营不断进入新的领域或竞争领域，矩阵型结构可以很容易地以产品事业部方式扩充新的建制，而不必对整体架构进行调整，因此具有良好的前瞻性。②矩阵型结构打破了传统"金字塔"式的等级结构中的信息堵塞问题，加强了部门之间的配合和信息交流。③管理层次减少，组织结构扁平化，提高了组织决策效率，机动、灵活，可随着组织的任务或目标的完成而组织或解散。④可以合理地调配资源，降低运营成本，提高组织管理效率与竞争水平。

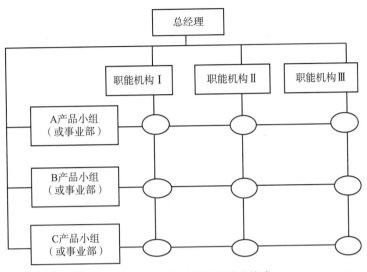

图 2 - 10　矩阵型结构的基本构成

　　矩阵型结构的缺点主要体现在：①实行双重领导，容易由于意见分歧造成工作上的矛盾。②矩阵管理框架的节点太多，资源投入大，运营成本上升，可能造成人力资源浪费，导致冲突和对稀缺资源的竞争等问题。③纵向与横向管理线条交叉，使责、权、利结构设计、管理流程的设计复杂化，各纵向部门之间的联系弱化，不同产品线汇集于区域机构，可能产生摩擦、碰撞，内部管理难度较大，较难形成统一的意志，沟通成本增加。

　　矩阵型结构代表了当前国际银行业组织结构发展的最新理念，如德意志银行以事业部作为矩阵型结构的基础，独立核算，拥有充分的经营自主权，职能部门则根据需要对各事业部的相应人员进行统一调配和协调，这样便构成了一名工作人员同时接受事业部和职能部的双重领导的双重报告关系。这是一种典型的二维矩阵结构在银行组织中的运用。美国花旗银行以客户为中心，采取纵横交叉的矩阵型组织结构，既强调垂直领导关系又十分重视横向的支持、协调、辅助和监督。在总体架构上，集团的全部业务被划分为三大块：环球消费者业务、公司业务与投资银行业务及环球财务管理业务。另外，还有两块独立运作的业务：花旗集团资产管理和选择性服务。所有业务被进一步划分到全球几大区域：北美、亚太、拉美、中东、欧洲和非洲。花旗这种矩阵型结构由"纵轴"产品线和"横轴"地域组成，轴心是客户群。在其矩阵型管理中，体现了二维双重报告关系：地区分行业务和职能部门分管必须同时向横向划分的集团区域国际主管和纵向划分的集团相应部门主管或业务线主管报告并负责。总行的业务部门在产品上拥有更多的话语权，区域主管则更多的是协调好产品进入该市场后的政策法规及文化差异等问题，以保证产品能很好地融入市场。

本章小结

　　组织管理是对企业管理中建立健全管理机构、合理配备人员、制定各项规章制度等工作的总称；组织管理理论经历古典组织管理理论、行为科学管理理论、现代组织管理理论、C管理模式、企业组织系统等演变；组织管理的主要内容包括组织结构的设计和变革、工作人员的配置和使用、权力的分配和协调、组织文化的培育和建设。金融机构组织管理是指金融机构将能够实现组织目标和任务所必须进行的各项工作和活动进行分类、归并和协调合作，设计出合理的组织形式与组织结构，选择和配备相应工作人员，通过分工授权进行协调，合理配置组织资源的过程。

　　金融机构的外部组织形式是指金融机构在社会经济生活中的存在形式，主要是指上下级分支机构及其之间的纵向组织结构和管理体制。金融机构的外部组织形式可以分为企业组建形式和经营机构设置形式两个方面，企业组建形式包括独资、合伙和公司制；经营机构设置形式主要包括单一制、总分支行制、持股公司制、连锁银行制等不同类型。

　　金融机构的内部组织结构是指金融机构用来协调内部各利益主体的机制设计和对业务分工、协调和执行的制度安排；金融机构公司治理层面的组织结构一般分为四个层次：决策层、执行层、监督层和经营管理层。决策层由股东大会、董事会及各种委员会组成；执行层由总经理、副总经理及职能部门组成；监督层由监督会、审计委员会及稽核部门组成；经营管理层由各业务部门经理组成；金融机构内部组织结构的基本形式主要包括U型结构、M型结构、矩阵型组织结构等结构形式。

复习思考题

　　1. 与一般工商企业相比，金融机构组织管理具有哪些特殊性？

　　2. 金融机构组织管理应该主要包括哪些方面的内容？

　　3. 金融机构的经营机构设置形式主要有哪些？各有哪些利弊？

　　4. 从公司治理层面看，金融机构的内部组织结构主要包括哪些部分？

　　5. 金融机构内部组织结构的基本形式有哪些？各有哪些利弊？

案例讨论

中国工商银行的组织架构变革

　　中国工商银行成立于1984年1月1日。2005年10月28日，该行整体改制为股份有限公司。2006年10月27日，该行成功在上海证券交易所和香港联合交易所同日挂牌上市。经过持续努力和稳健发展，该行已经迈入世界领先大银行之列，拥有优质的客户基础、多元的业务结构、强劲的创新能力和市场竞争力。

中国工商银行自 1984 年转型为商业银行后，先后进行过四次组织架构调整，最近的一次是 2006 年股改上市时期，通过扩大营销部门，强化风险条线，建立统一的资金运作平台适应市场化要求。2013 年年中，工商银行高管层大比例"新老更迭"，也为改革方案的最终敲定奠定了基础。下半年，工商银行总行在征集诸多基层意见后汇总了改革方案。

在综合管理版块下增设"渠道管理部"一级部，主要吸收合并了原来分散在总行个人金融部、人力资源部等部门的物理网点、自助机具的管理审批职能，未来在电子银行部利润中心改造结束后还将吸纳电子渠道的规划和管理职能，定位为物理和电子渠道的统筹角色。

做实利润中心，剥离其部分行政管理职能，将其转化为更专业的产品部门。利润中心是拥有相对独立的经营决策权，并最终对商业银行利润负责的责任中心，如若做实，则利润中心可被看作银行产品条线的"事业部"，其经营动力也将大大提升。产品条线事业部或称利润中心，有助于解决银行规模过大、市场跨度过宽、经营范围过广等导致的管理效率低下、市场响应慢、风险控制僵硬等问题。工商银行已建立了包括金融市场部、资产管理部、资产托管部等九个利润中心。

精简信用风险管理架构，试图通过简化风控管理环节来增强市场化取向，不涉及权利的上收或下放。将"授信部"和"审批部"合并为"授信审批部"，信用风险采取一定程度上的垂直管理。风险管理版块将弱化原有的风险管理部，其不良资产处置等部分职能划归信贷与投资管理部。

工商银行有四个综合化子公司，分别为工银瑞信、工银租赁、工银国际和工银安盛。控股子公司投资设立法人机构，或者开设下级分支机构，都需要总行审批。在总行层面上，十年间工商银行为了化解国有商业银行风险包袱，以及按照"客户为中心"再造商业银行业务流程和管理流程，多次调整了总行的内设机构，基本实现了前后台分离。前台营销面向市场，后台业务集中处理，现代商业银行经营管理组织架构初现。通过加大营销部门，强化风险条线，建立统一的资金运作平台适应市场化要求。近年来，工商银行已经囊括基金、保险、证券、租赁等非金融业务，尚在争取信托和期货牌照。

组织结构调整是系统性工程，不能理解为简单地增减撤并部门。管理没有绝对的最优方案。内外部环境发生变化时只要能"领先一点点"就是竞争力。工商银行过往的改革较之同业更为审慎和务实，工商银行此轮调整可以看作是优化流程、提高效率的主动性调整，工商银行组织架构的此轮调整能提升自身多大的灵活性与竞争力，将等待事实来验证。

——资料来源：董欲晓，由曦. 工行变阵：总行启动组织架构大规模整合 [J]. 财经，2014 - 01 - 27.

思考题：

1. 工商银行组织架构变革的动因是什么？主要改革了哪些方面？

2. 目前工商银行组织架构与国际上先进银行相比还存在哪些差距？应如何改进？

第3章 金融机构资本管理

 学习目的

知识要点	掌握程度
金融机构资本管理概述	了解资本的定义；掌握金融机构资本的构成
金融机构资本充足性与《巴塞尔协议》	了解金融机构资本充足性的含义；掌握《巴塞尔协议》对监管资本的相关要求；掌握我国金融机构资本充足性管理情况
金融机构资本管理	了解金融机构资本管理的类型、资本管理流程，掌握测算资本需要量的方法，熟悉如何选择和实施融资方案。熟悉资本筹集方式和资本管理策略；掌握内源资本策略和外源资本策略的内容及优缺点

3.1 金融机构资本管理概述

资本是金融机构自身拥有的或者能够永久支配的资金，它不仅是金融机构建立和开业的基础，而且是金融机构生存、发展、壮大的前提条件。金融机构要获得经营许可，必须具有一定金额的注册资本，具备一定的物质条件和基础设施，如营业场所、办公用品等。在金融机构经营过程中抵御风险和实现可持续发展，都离不开自有资本金。

3.1.1 金融机构资本的含义

1. 金融机构资本的含义

资本是金融机构经营活动的一项基本要素，是金融机构创建、生存和发展的一个必要条件。金融机构创建需要具备必要的资本条件，金融机构生存需要保持一定的资本规模；金融机构发展需要不断地筹集资本。金融机构的会计资本也就是账面资本，等于金融机构合并资产负债表中资产减去负债后的所有者权益，包括实收资本或普通股、优先股等。对于金融机构来讲，资本的范围更为宽泛，金融管理当局根据实际情况把某些债务也计算在资本金范围内，如长期附属债务。所以，金融机构资本金的定义与传统的会计学上的定义有较大的差异。资本金是指资本所有者为金融机构获取利润所投入的货币资金和通过各种途径集中到金融机构的货币资金。资本是金融机构从事经营活动必须注入的资金，也是金融管理部门实施控制的工具。

2. 金融机构资本的相关概念

资本可以从会计资本、经济资本和监管资本三个层面上加以理解和定义。

（1）会计资本。会计资本是基于一般会计准则的会计学概念，又称为可用资本、实有资本，就是指所有者权益，即金融机构资产负债表中资产减去负债后的余额，包括实收资本或普通股、优先股和附属银行债。这是从财务或资金管理者角度看待的资本，是资本的静态反映，即资产负债表在某一时点上的一个存量，也是金融机构现有的可用资本，这是传统的资本概念。

（2）经济资本。从银行内部讲，经济资本是应合理持有的资本。经济资本指用于承担业务风险或购买外来收益的股东投资总额，是由金融机构管理层内部评估而产生的配置给资产或某项业务用以减缓风险冲击的资本，因此，经济资本又称为风险资本。其计算公式为：经济资本＝信用风险的非预期损失＋市场风险的非预期损失＋操作风险的非预期损失。经济资本是描述在一定的置信度水平上（如99%），一定时间内（如一年）金融机构抵御非预期风险的资本。经济资本是根据银行资产的风险程度的大小计算出来的。计算经济资本的前提是必须要对银行的风险进行模型化、量化。

（3）监管资本。监管资本是指一国金融监管当局规定金融机构必须持有的资本。监管当局一般规定的是金融机构必须持有的最低资本量，所以监管资本又称最低资本。最低资本是监管当局规定的，所以必须是明确和可以实施的。监管资本是金融监管机构对各金融机构实施监管的资本要求，包含了用于抵补预期损失的准备金和非预期损失的经济资本部分。监管资本是金融监管当局规定金融机构必须执行的强制性资本标准，目的是对金融机构资本实施最低充足性管理要求。

会计资本、经济资本和监管资本的比较见表3－1。

表3－1　　　　　　会计资本、经济资本和监管资本的比较

项目	定义角度不同	侧重的功能不同	管理难度
会计资本	会计学角度	强调产权性质	比较容易管理
经济资本	管理学角度	强调吸收损失	管理难度很大
监管资本	法律角度	强调吸收非预期损失	有一定管理难度

3.1.2　金融机构资本的构成

在不同的国家，由于所有制和管理层次不同，资本的构成也不同。

1. 西方商业银行的资本构成

从西方商业银行来看，资本主要有三种形式：附属债务、优先股和普通股。

（1）附属债务。附属债务是指在将来时间支付固定利息的计息债务。在银行破产清算时，资本期票和资本债券对银行资产的要求权是在存款和借款等债务之后，故称为附属债务。但它对银行收益和银行资产的要求权先于普通股和优先股的要求权。银行利润首先必须支付它们的利息，余下的才能在优先股和普通股中分配。在银行破产清算时，银行资产在偿还了银行存款人和借款人的资金后，即应偿还这类债务。

（2）优先股。优先股是享有优先权的股票。优先股的股东对公司资产、利润分配等享有优先权，其风险较小。但是优先股股东对公司事务无表决权。优先股股东没有选举及被选举权，一般来说对公司的经营没有参与权。优先股股东不能退股，只能通过优先股的赎回条款被公司赎回。优先股是能稳定分红的股份。

（3）普通股。普通股是指在公司的经营管理和盈利及财产的分配上享有普通权利的股份，代表满足所有债权偿付要求及优先股东的收益权与求偿权要求后对企业盈利和剩余财产的索取权，它构成公司资本的基础，是股票的基本形式，也是发行量最大、最为重要的股票。普通股股票持有者（普通股股东）按其所持有股份比例享有以下基本权利：①公司决策参与权。普通股股东有权参与股东大会，并有建议权、表决权和选举权，也可以委托他人代表其行使股东权利。②利润分配权。普通股股东有权从公司利润分配中得到股息。普通股的股息是不固定的，由公司赢利状况及其分配政策决定。普通股股东必须在优先股股东取得固定股息之后才有权享受股息分配权。③优先认股权。如果公司需要扩张而增发普通股股票时，现有普通股股东有权按其持股比例，以低于市价的某一特定价格优先购买一定数量的新发行股票，从而保持其对企业所有权的原有比例。④剩余资产分配权。当公司破产或清算时，若公司的资产在偿还欠债后还有剩余，其剩余部分按先优先股股东、后普通股股东的顺序进行分配。

2. 《巴塞尔协议》划分的资本构成

1988年7月，由西方12国的中央银行在瑞士巴塞尔通过的《统一国际银行资本衡量和资本标准协议》（简称《巴塞尔协议》）统一了国际银行业的资本衡量和资本标准，确立了商业银行资本双重性的国际规范，对银行资本构成的规定为：商业银行的资本由核心资本和附属资本两部分组成（见图3-1）。1999年6月3日，巴塞尔委员会对外公布了《新的资本充足率框架》（简称《新巴塞尔协议》）征求意见稿，经过多次修改，2004年6月国际银行监督机构出台了《巴塞尔协议Ⅱ》，除了进一步保持资本充足率的地位外，又新增加了两项要求——监管约束和市场约束，从而构成了银行监管的"三大支柱"。巴塞尔委员会于2009年再次对协议进行修改，2010年12月出台了《建立更具稳健性的银行和银行体系的全球监管体系》（简称《巴塞尔协议Ⅲ》）。2013年1月1日起该协议正式实施，该协议修改了合格资本的定义，强调普通股应占主导地位，新增了留存超额资本要求、系统重要性附加资本要求、逆周期超额资本要求等内容。

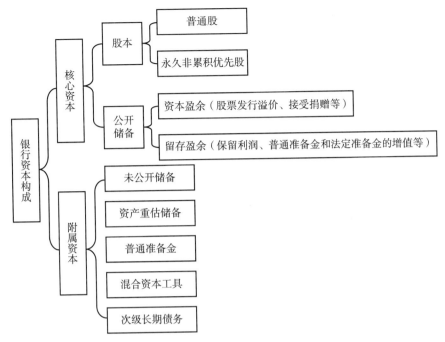

图 3-1 1987 年《巴塞尔协议》首次划分的资本构成

(1) 核心资本。核心资本也称一级资本和产权资本，是指永久性的股东权益资本和公开储备。核心资本是商业银行资本中最稳定、质量最高的部分，银行可以永久性占用，可以长期用来吸收银行在经营管理过程中所产生的损失，是银行资本的核心，因此得名。永久性的股东权益资本是指已经发行并完全缴足的普通股和永久非累积优先股。永久非累积优先股是指股息当年结清不能累积发放的优先股票。永久非累积优先股具有债券和普通股的双重特点：一方面，像债券一样，通常只支付优先股固定股息；另一方面，像普通股一样，没有定期支付股息和到期偿还本金的义务。公开储备一般是从商业银行税后利润中提留，是银行权益类资本的重要组成部分。公开储备一般由留存盈余和资本盈余等组成。例如，由股票发行溢价、保留利润、普通准备金和法定准备金的增值而创造和增加的反映在资产负债表上的储备。

(2) 附属资本。附属资本也称二级资本，是衡量银行资本充足状况的指标，由未公开储备、资产重估储备、普通准备金、混合资本工具和次级长期债务构成。未公开储备是指只包括虽未公开，但已反映在损益表上并为银行的监管机构所接受的储备。资产重估储备一般包括对记入资产负债表的银行自由房产的正式重估和有隐蔽价值的资本的名义增值。普通准备金因为可以被用于弥补未来的不可确定的任何损失，符合资本的基本特征，所以属于附属资本。混合资本工具是指带有一定股本性质，又有一定债务性质的一些资本工具，如英国的永久性债务工具、美国的强制性可转换债务工具等。次级长期债务是资本债券与信用债券的合称，它之所以被当作资本，是因为它可以部分地替代资本的职能，可以同样为固定资产筹集资金。银行一旦破产，损失先由附属债务冲销，再由保险公司或存款人承担。一般情况下，只有期限在 5 年以上的附属债务工具才属于附属资本，但其比例最多只能相当于核心资本的 50%。

3. 我国商业银行的资本构成

我国银行资本的构成情况以 1993 年 7 月 1 日实行的《金融保险企业财务制度》《金融企业会计制度》为界限，在政策上有所不同。1993 年以前，我国银行资本主要由国家财政预算拨款、银行积累基金、待分配盈余三个途径组成。1994 年 2 月 25 日，中国人民银行制定并颁布了《关于对商业银行实行资产负债比例管理的通知》，第一次对我国商业银行的资本构成、资产风险权数及资本充足率进行了详细规定。1996 年 12 月，中国人民银行部分调整商业银行的资产负债比例管理及银行资本构成的规定。2004 年 2 月，根据《巴塞尔协议》的变化要求及我国的具体情况，中国银行业监督管理委员会（简称"银监会"）对外颁布了《商业银行资本充足率管理办法》，对我国商业银行的资本构成进行了界定。2007 年 7 月 3 日，根据情况变化，银监会对外公布了《关于修改〈商业银行资本充足率管理办法〉的决定》，部分修改了我国商业银行的资本构成。2012 年 6 月 8 日，参照《巴塞尔协议 Ⅲ》的内容，结合我国银行业的实际情况，银监会对外颁布了《商业银行资本管理办法（试行)》，该文件对我国商业银行资本的构成及资本充足率的要求又作出了新的规定，并要求从 2013 年 1 月 1 日起执行。表 3 - 2 反映了我国银行资本构成的变化情况。

表 3 - 2 我国银行资本构成的变化情况

时间	资本构成项目
1993 年以前	①国家财政预算拨款：银行信贷基金； ②银行积累基金：银行业务积累； ③待分配盈余：银行利润形成与利润分配使用之间出现的时间差而形成
1993 年至 2004 年 2 月	①核心资本：实收资本、资本公积、盈余公积和未分配利润； ②附属资本：商业银行的贷款呆账准备金、坏账准备金、投资风险准备金、5 年以上（包括 5 年）的长期债券
2004 年 2 月至 2007 年 7 月	①核心资本：实收资本、资本公积、盈余公积、未分配利润和少数股权； ②附属资本：重估储备、一般准备、优先股、转换债券、长期次级债券
2007 年 7 月至 2013 年 1 月	①核心资本：实收资本、资本公积、盈余公积、未分配利润和少数股权； ②附属资本：重估储备、一般准备金、优先股、可转换债券、混合资本债券、长期次级债券
2013 年 1 月至今	①核心一级资本：实收资本或普通股、资本公积、盈余公积、一般风险准备、未分配利润、少数股东资本可计入部分； ②其他一级资本：其他一级资本工具及其溢价（合格的一级资本工具，如优先股和永久性债券）、少数股东资本可计入部分； ③二级资本：二级资本工具及其溢价（合格的可转换债券、长期次级债券）、超额贷款损失准备

资料来源：王向荣. 商业银行经营管理［M］. 上海：格致出版社，上海人民出版社，2015.

4. 商业银行资本的一般构成

商业银行资本的构成一般包括股权类资本、盈余类资本、债务类资本和储备类资本几个部分。

（1）股权类资本。股权类资本主要包括普通股和优先股。

普通股是随着银行利润变动而变动的一种股份，是资本构成中最普通、最基本的部分。普通股的基本特点是其投资收益（股息和分红）不是在购买时约定的，而是事后根据股票发行公司的经营业绩来确定的。公司的经营业绩好，普通股的收益就高；反之，若经营业绩差，普通股的收益就低。持有普通股的股东有权获得股利、拥有发言权和表决权、具有优先认股权，并有权分得公司剩余资产。在金融机构组建时，普通股是筹集资本的主要方式，当需要增加资本时，也可通过增发普通股来实现。

优先股是银行在分配红利和剩余财产时比普通股具有优先权的股份。优先股也是一种没有期限的有权凭证，优先股股东一般不能在中途向公司要求退股。优先股的主要特征有三个：一是预先约定股息收益率；二是权利范围小，一般没有选举权和被选举权；三是索偿权先于普通股，次于债权人。

（2）盈余类资本。盈余类资本主要包括资本盈余、留存盈余。

资本盈余是指银行发行普通股时，股票的原始销售超过名义价值的数额部分，即发行价格超出票面价的部分再去掉发行费用的余额，即通常所讲的股票发行溢价。资本盈余也称为投资者超缴资本，是与股本有着相关关系的项目，由股票的溢价发行所致。资本盈余除反映超缴资本外，还反映资本的增值部分，反映接受捐赠所增加的资本。资本盈余是调节资本和制定股息政策的一个重要项目，当决定增加注册资本时，可将资本盈余划转股本实现或部分实现。留存盈余是指银行的税后利润中扣除优先股股息、普通股股息之后的余额。因而，留存盈余是商业银行普通股股东权益的重要组成部分。留存盈余是银行留存收益的一部分，是按规定从净利润中提取的各种积累资金，包括法定盈余公积、任意盈余公积、公益金等。

（3）债务类资本。债务类资本是指银行以债务人的身份通过发行资本票据和资本债券两种债券的方式所筹集到的资金。它包括资本票据和资本债券。

资本票据是指以固定利率计息的小面额后期偿付证券，期限一般为 7 至 15 年不等。

资本债券是指到期日 10 年以上的长期债务凭证。它包括可转换后期偿付债券、浮动利率后期偿付债券、选择性利率后期偿付债券等。

（4）储备类资本。储备类资本是为了应付未来回购、赎回资本债券或防止意外损失而建立的基金。它主要包括资本准备金和损失准备金。

资本准备金又称资本储备，指金融机构从留存盈余中专门划出来用于应付即将发生的有关股本的重大事件的基金。如银行为了赎回优先股或可赎回资本债券，或偿还债券本息，往往会建立偿债基金。资本准备金是逐年累积的，一次或多次使用的，是资本的重要组成部分。

损失准备金是银行为了应付意外事件的发生给金融机构带来的损失而建立的基金。

一般来说，损失准备金主要有两类：贷款损失准备金和证券损失准备金。即从税前利润中提取，用于弥补可能发生的贷款呆账损失和证券投资损失。如银行提取的贷款损失准备金一般有三种：一般准备金、专项准备金和特别准备金。一般准备金是商业银行按照贷款余额的一定比例提取的贷款损失准备金。我国商业银行现行的按照贷款余额1%计提的贷款呆账准备金就相当于一般准备金。专项准备金是银行针对每笔贷款根据借款人的还款能力、贷款本息的偿还情况、抵押品的市价、担保人的支持度等因素，分析风险程度和回收的可能性合理计提的贷款损失准备金。我国现行的《银行贷款损失准备金计提指引》规定，专项准备金要根据贷款风险分类的结果，对不同类别的贷款按照建议的计提比例进行计提。特别准备金是银行针对贷款组合中的特定风险，按照一定比例提取的贷款损失准备金。特别准备金与一般准备金和专项准备金不同，不是商业银行经常提取的准备金，只有遇到特殊情况才会计提特别准备金。

3.2 金融机构资本充足性与《巴塞尔协议》

资本充足性是金融监管当局对金融机构的最低资本要求，资本达到什么标准才算充足？用什么标准衡量其充足性？曾经有些国家商业银行用过相应的指标来衡量，但是目前权威的标准是《巴塞尔协议》中有关资本充足性的相关规定。

3.2.1 金融机构的资本充足性

资本充足性指资本数量必须超过金融监管当局所规定的能够保障正常营业并足以维持充分信誉的最低限度；同时，现有资本或新增资本的构成，应该符合银行总体经营目标或需增资本的具体目的。

1. 资本充足性的界定

资本充足性包含两层含义：资本数量的充足性和资本结构的合理性。

（1）资本数量的充足性。资本数量不能过高或过低，如果资本数量过高，筹资和管理资本的费用数量就会增加，银行资本边际成本也会提高，导致财务杠杆比率下降，银行利润减少；反之，资本数量过低，则不能满足业务经营需要，迫使银行借入资金和吸收存款，提高筹资成本，银行资本边际成本提高和银行利润减少。所以，资本充足的含义是资本适度。

（2）资本结构的合理性。在资本构成中，普通股、优先股、留存盈余、长期债券在资本总额中占有合理的比例，以尽量减少经营成本与经营风险，增强经营管理和筹集资本的灵活性，并符合金融监管当局对不同资本的不同侧重。

2. 资本充足性的测定方法

（1）单一比例法。单一比例法是以银行资本与银行资产和负债之间的某个比率来确定银行资本需要量的方法。它是西方国家较早采用的方法。

①资本与存款的比率。资本与存款比率是将银行资本与存款总额相比，反映银行对存款的支付能力。20 世纪初，西方银行广泛地将银行资本与存款总额之间的比率作为确定商业银行资本需要量的尺度，并根据实际经验形成了一种看法，即认为银行资本至少应等于其存款负债的 10%。该比率一般以达到 10% 为宜，低于 10% 表明银行资本不足或存款过多，往往被认为银行信用过度膨胀，出现了经营风险。保持适当的资本与存款比率，有助于防止因存款的过度增长导致银行负债过重，有助于鼓励银行保持充足的资本和较高的支付能力，加强安全防范。商业银行持有资本主要是为了应付意外事件造成的损失。资本与存款的比率是以存款量来考查银行损失可能性大小的。但存款本身在没有被用来发放贷款、进行投资之前风险并不大。因此，以存款量来确定银行资本需要量是不太科学的。由于该种原因，西方国家在第二次世界大战后逐步放弃了这一衡量比率。

②资本与总资产的比率。资本与总资产的比率又称资本与资产总额比率，是将银行资本与全部资产进行对比，从而反映银行自有资本占总资产的比例和银行承担风险的能力。第二次世界大战后最初几年，资本与资产总额的比率被用来衡量资本需要量。这一比率把资本需要量与银行的全部资产（包括现金资产、同业存款、放款、投资资产等）相联系。如美国联邦储备系统曾经要求商业银行的资本应相当于其资产总额的 7%，美国联邦存款保险公司则以全国银行资本与资产总额的平均比率作为衡量银行资本需要量的尺度。一般而言，该比率越高，其抵御风险的能力越高，存款人的利益更有保障。但是比率过高也不足取。

由于银行的损失主要来自资产，因此该比率使银行资本抵御意外损失的能力在一定程度上得到了发挥。这一比率由于计算比较方便，因而直到现在还常常被人们用来作为迅速测试资本需要量的一种方法。但是，资本与资产总额的比率和资本与存款的比率一样，没有考虑银行资产的结构情况与银行风险的大小存在着十分密切的关系。例如，按照这种方法，两家具有同样资产规模的银行，就应持有相同的资本数量，但是，一家银行的资产主要是现金、同业存款、政府短期债券等，这些资产发生损失的可能性较小；而另一家银行的资产大部分是长期放款、企业债券等，包含较大的风险。在这种情况下，两家银行持有等量的资本显然难以准确地发挥银行资本抵御风险损失的功能。

③资本与风险资产的比率。资本与风险资产的比率是指银行资本与风险资产的比例，该比率是监管机构或银行自己确定抵御风险所需的最低资本，它反映了监管侧重点是防备风险资产而非总资产风险。银行的风险资产是指可能发生损失的资产，主要包括放款和投资。其计算方法是用银行的资产总额减去库存现金、同业存款和政府短期证券。资本与风险资产的比率是资本与资产总额比率的发展。因为资产中只有贷款和投资才具有较大的信贷风险，需要由银行资本提供保障，而库存现金、同业存款和政府短期

证券则一般没有风险或风险很小，可以不需要或较少需要银行资本作为保障。将银行资本需要量与风险资产联系起来考虑，较好地体现了银行资本抵御资产意外损失的功能，因此具有一定的科学性。

资本与风险资产的比率虽然比资本与资产总额的比率前进了一步，但仍然存在缺点，因为这一方法在计算银行应持有的资本量时，将库存现金、同业存款和政府短期证券等所谓无风险资产或风险较低的资产排除在外，但其中有些资产仍会有风险存在，需要有一定量的资本为之做保障；而且这一比率法并没有反映各种风险资产在风险程度上的差别。实际上，风险资产的风险程度是大不相同的，如银行短期放款的风险很低，而长期放款、企业长期债券的风险就相当高。对这些风险程度不同的资产保持相同的资本储备，既难以发挥资本的作用，又不"经济"。因此，在后来计算银行的风险资产时，一般把风险程度与现金和政府短期证券大致相同的资产，如政府担保的放款等，从总资产中扣除，再按适当比例求得应保有的资本数量。

（2）分类比率法。分类比率法又称纽约公式，是美国纽约联邦储备银行设计的一种资本需要量测定方法。即按照银行资产风险程度不同，将全部资产分成几类，然后确定各类资产应保持的资本比率，最后将各类资产应保持的资本量相加，求得在既定时间内应持有的资本总额。

分类比率法是指根据资产的风险性或负债的易变性来分类加权测算资本需要量。该方法是 20 世纪 50 年代初期，美国纽约联邦储备银行设计的一种方法。分类比率法根据商业银行资产风险程度的不同，把全部资产分作六组，并分别规定了不同的风险权数。纽约公式的六大类资产及其风险权数见表 3 - 3。

$$最低资本量 = 资产额 \times 各自资本资产比率要求$$

这样把每一级资产金额乘以相应的权数，再相加，便得出相应的资本数量。这种方法具有相当的科学性。

表 3 - 3 　　　　　　　　　　纽约公式的六大类资产及其风险权数　　　　　　　　单位：%

资产	具体内容	风险权数
无风险资产	库存现金、同业存款、政府短期证券等流动性很强的资产	0
稍有风险资产	五年以上政府中长期证券、信誉较高的商业票据、安全性较好的高信用担保放款	5
普通风险资产	普通有价证券贷款、政府债券以外的五年以上到期的证券投资	12
较高风险资产	因债务人财务状况较差、信誉不好、担保不足或质量不佳，不可靠因素较多遭受损失的可能性较大	20
有问题资产	已过偿还期限，债务人未履行还款义务，如逾期未还贷款、可疑贷款、股票、拖欠的债券等	50
亏损的资产或固定资产	呆滞贷款、贬值证券、房屋设备等	100

资料来源：王向荣. 商业银行经营管理［M］. 上海：格致出版社，上海人民出版社，2015.

（3）综合分析法。单一比例法是从某一个角度对银行资本金需要量提出要求。但一家银行资本需要量受到多种因素的影响，如银行经营管理水平、资产的流动性、存款数量等。在其他条件相同的情况下，经营管理水平高、经营能力强的银行只需要较少的资本就能抵御所面临的风险。

综合分析法最早于 20 世纪 70 年代在美国出现，美国的货币监理官提出以下几点作为确定银行应保持资本量的因素：银行经营管理水平、银行资产的流动性、银行盈利及留存盈余的历史、银行股东的信誉及特点、银行营业费用的数量、银行存款结构的潜在变化、银行经营活动的效率、银行在竞争环境下满足本地区目前和今后金融需求的能力等。之后各国开始普遍采用综合分析法来确定商业银行的资本需要量。

综合分析法是把银行的全部业务活动作为分析对象，在综合考虑各种影响银行经营管理状况因素的基础上，确定银行应保持的资本量。用综合分析法来衡量银行资本需要量比用单一比例法更加全面、合理、科学。但是，综合分析法具有明显的非数量性与不确定性，仅能得出银行资本需要量的一般水平，难以计算出较为精确的数值，且计算时也比较烦琐，并且带有一定的主观性，不同的评估人有时会因为各种原因而得出不同的结论，需要与其他方法并用。

（4）《巴塞尔协议》的测定方法。《巴塞尔协议》是目前衡量与评估银行资本的最重要的国际性文件，它对银行资本衡量采用了全新的方法。《巴塞尔协议》对银行资本做了重新规定，把资本分为核心资本与附属资本两大类，克服了以前各种方法将本质不同的资本视为一体的不足。《巴塞尔协议》将银行资产负债表内资产分作五类，并分别对各类资产规定风险权数，用以计算风险资产。《巴塞尔协议》历史性地把银行表外资产纳入监督范围，对不同种类的表外资产规定了信用转换系数，并据以测算出其相当于表内风险资产的金额，并且对银行资本与风险资产比率及核心资本与风险资产比率作出了具体的数量规定，同时还对贷款准备金、次级长期债务等进行了限制。

3.2.2　《巴塞尔协议》中资本充足性的测定方法

1.《巴塞尔协议 I》中资本充足性的测定方法

《巴塞尔协议》的出台源于 1974 年联邦德国的赫斯塔特银行和美国的富兰克林银行的倒闭。这两家著名的国际银行的倒闭使监管机构在惊愕之余开始全面审视拥有广泛国际业务的银行的监管问题。1974 年 9 月，"十国集团"（美国、英国、法国、联邦德国、意大利、日本、荷兰、比利时、加拿大和瑞典）和瑞士、卢森堡的中央银行行长在瑞士巴塞尔市开会讨论跨国银行的国际监管和管理问题。1975 年 2 月，"十国集团"在瑞士巴塞尔市成立了常设监督机构——巴塞尔委员会；1975 年 12 月，巴塞尔委员会颁布了《库克协议》，史称第一个《巴塞尔协议》——《银行海外分支机构监管原则》；1983 年 5 月，修改推出第二个《巴塞尔协议》；1987 年 12 月，通过了第三个《巴塞尔协议》——《巴塞尔委员会关于统一国际银行资本衡量和资本标准的协议》，也称"1988

资本一致方针"，又称"巴塞尔协议"。其主要目的是建立防止信用风险的最低资本要求。它将商业银行资本与加权风险资产的比率称为资本充足率。根据其规定，截至1992 年年底，签约国中较具规模的商业银行，全部资本与加权风险资产的比率即总资本充足率应达到8%，核心资本与风险加权资产的比率即核心资本充足率应达到4%。

计算资本充足率的基本公式为

$$总资本充足率 = \frac{资本}{加权风险资产总额} \times 100\%$$

$$= \frac{核心资本 + 附属资本}{\sum(资产 \times 风险权数)} \times 100\% \geq 8\% \tag{3.1}$$

$$核心资本充足率 = \frac{核心资本}{风险资产总额} \times 100\%$$

$$= \frac{核心资本}{\sum(资产 \times 风险权数)} \times 100\% \geq 4\% \tag{3.2}$$

（1）资本构成的内容。核心资本包括股本和公开储备，股本包括普通股、永久性非累积优先股；公开储备包括股票发行溢价、普通准备金和法定准备金的增加值、未分配利润。

附属资本包括非公开储备、重估储备、普通准备金和普通呆账损失准备金、混合资本工具、次级长期债务。

（2）对资本的扣除规定和限额。

①对资本的扣除规定。从核心资本中扣除商誉等无形资本。从总资本中扣除的有三部分：在独立的银行与财务附属公司中的投资；相互持有的其他银行发行的资本证券；由各国监管当局规定的其他应该扣除的项目。

②对资本的限额。附属资本的总额不得超过核心资本总额；附属资本中次级长期债务部分不得超过核心资本总额的50%；普通准备金和普通呆账损失准备金不能超过加权风险资产的1.25%，但在特殊情况下可以达到2%。

（3）对银行资产风险权数的规定。

①表内风险资产的计算。《巴塞尔协议》将银行的表内资产风险权数分为0、20%、50% 和100% 四类。风险权数依资产风险大小而定，风险越小的资产，其风险权数越小；反之，则越大。银行在风险权数给定的基础上，利用加权平均法将各项资产的货币数额乘以其风险权数得到该项资产的风险加权值，将得到的累加值记为银行表内风险加权资产。它是确定银行资本限额的重要依据之一。表内风险资产的计算公式为

$$表内风险资产 = \sum 表内资产额 \times 风险权数 \tag{3.3}$$

《巴塞尔协议》按照资产风险大小划分的风险资产的类别及相应的风险权数见表 3 - 4。

表 3 - 4	表内资产项目风险权数	单位：%
	表内资产项目	风险权数
①现金； ②以本国货币定值并以此通货对中央政府和中央银行融通资金的债权； ③对经济合作与发展组织（OECD）国家的中央政府和中央银行的其他债权		0
①对多边发展银行（国际复兴开发银行、泛美开发银行、亚洲开发银行、非洲开发银行、欧洲投资银行）的债权，以及由这类银行提供担保，或以这类银行发行的债券作押品的债权； ②对 OECD 国家内注册的银行的债权及由 OECD 国家内注册银行提供担保的贷款		20
完全以居住用途的房产作抵押的贷款，这些房产为借款人所占有使用，或由他们出租		50
①对私人机构的债权； ②对 OECD 以外国家的法人银行逾期在一年以上的债权		100

②表外风险资产的计算。随着表外业务的迅速发展及其风险的增加，银行资本要求也应该包含这类活动可能产生的损失。《巴塞尔协议》建议采用"信用转换系数"把表外业务额转化为表内业务额，然后根据表内同等性质的项目进行风险加权。表外风险资产的计算公式为

$$表外风险资产 = \sum 表外资产 \times 信用转换系数 \times 表内相同性质的资产风险权数$$

(3.4)

《巴塞尔协议》把银行的表外项目分为四大类，分别规定了信用转换系数，见表 3 - 5。

表 3 - 5	表外资产项目信用转换系数	单位：%
	表外资产项目	信用转换系数
①原始期限不足 1 年的承诺； ②原始期限超过 1 年但可随时无条件撤销的承诺，包括商业银行的授信意向		0
有自行偿付能力的与贸易相关的短期或有负债，主要指有优先索偿权的装运货物作抵押的跟单信用证		20
①与某些交易相关的或有负债，包括投标保函、履约保函、预付保函、预留金保函等； ②发行融通票据和循环包销便利； ③其他 1 年以上承诺		50
①直接信用替代工具或等同于贷款的授信业务，包括一般负债担保、远期票据承兑和具有承兑性质的背书； ②银行的资产销售与购买协议，包括资产回购协议和有追索权的资产销售； ③远期资产购买、超远期存款和部分缴付款项的股票和代表承诺一定损失的证券		100

③与汇率和利率有关的表外特殊项目的风险资产计算。汇率、利率及其他衍生产品合约，主要包括互换、期权、期货和贵金属交易。这些合约按现期风险暴露法计算风险资产。利率和汇率合约的风险资产由两部分组成：一部分是按市价计算出的重置成本；

另一部分由账面的名义本金乘以固定系数获得。

$$与汇率和利率有关的表外特殊项目的风险资产 = 合约面值 \times \frac{潜在市场风险}{转换系数} + \frac{现有市场}{风险} \quad (3.5)$$

$$风险资产总额 = 表内风险资产总额 + 表外风险资产总额 + 与汇率和利率有关的表外特殊项目的风险资产 \quad (3.6)$$

【例 3 - 1】 假定 D 银行的核心资本为 300 万元，附属资本为 200 万元。该银行的资产负债表见表 3 - 6。

表 3 - 6   **D 银行的资产负债表**

资产负债表内项目	金额/万元	表内风险系数	表外转换系数
现金	200	0	
短期政府债券	800	0	
国内银行存款	250	0.2	
家庭住宅抵押贷款	150	0.5	
企业贷款	2 600	1	
资产负债表内总资产	4 000		
备用信用证	700	0.2	1
对企业的长期承诺	800	1	0.5
表外项目加总	1 500		

要求：根据以上资料，计算该银行的核心资本充足率和总资本充足率，并说明是否符合《巴塞尔协议Ⅲ》的监管标准？

解：（1）表内风险资产 $= \sum$ 表内资产额 × 风险权数

$$= 200 \times 0 + 800 \times 0 + 250 \times 0.2 + 150 \times 0.5 + 2\,600 \times 1$$
$$= 2\,725（万元）$$

表外风险资产 $= \sum$ 表外资产 × 信用转换系数 × 表内相同性质的资产风险权数

$$= 700 \times 1 \times 0.2 + 800 \times 0.5 \times 1 = 540（万元）$$

风险资产总额 = 表内风险资产总额 + 表外风险资产总额

$$= 2\,725 + 540 = 3\,265（万元）$$

（2）核心资本充足率 $= \dfrac{核心资本}{风险资产总额} \times 100\%$

$$= \frac{300}{3\,265} \times 100\% = 9.19\%$$

$$总资本充足率 = \frac{核心资本 + 附属资本}{风险资产总额} \times 100\%$$

$$= \frac{300 + 200}{3\,265} \times 100\% = 15.31\%$$

（3）该银行的核心资本充足率和总资本充足率都符合监管标准。

2. 《巴塞尔协议Ⅱ》中资本充足性的测定方法

1988 年公布的资本协议，在公布后的十几年中，银行防范风险的能力、监管部门的监管方法和金融市场的运作方式发生了巨大的变化。该协议对发达国家已越来越不适用。1992 年 7 月发布声明；1996 年发布《关于市场风险补充规定》；1998 年发布《有效银行监管的核心原则》，巴塞尔委员会提出了粗线条的新资本协议草案；2001 年 1 月公布了详细的新协议草案，各国商业银行和监管当局对新协议草案提出许多意见和建议；经过一年半时间研究，2002 年 7 月 10 日就许多重要问题达成一致意见，巴塞尔委员会计划于 2003 年第四季度确定新资本协议，以便各国于 2006 年底实施新协议。2003—2006年，银行和监管当局根据新协议的各项标准，建立和调整各项体系和程序。

《新巴塞尔协议》具有三大支柱。

（1）第一支柱——最低资本规定。监管部门对于资本的定义：保持原有协议规定。资本的最大限额：继续使用原协议中关于资本对风险加权资产的最低比率的规定，但资本充足率的分母发生了变化。考虑了信用风险、操作风险、市场风险之后的银行资本充足率的最低要求仍然为 8%。《新巴塞尔协议》中资本充足率的计算公式为

$$资本充足率 = \frac{资本}{信用风险加权资产 + 12.5 \times 市场风险资本要求 + 12.5 \times 操作风险资本要求}$$

$$(3.7)$$

对于风险头寸的计量，由于考虑了信用风险、市场风险和操作风险，为计量风险提出了两种基本方法：第一种是标准法，第二种是内部评级法（又分为初级法和高级法）。对于风险管理水平较低一些的银行，建议其采用标准法来计量风险，计算银行资本充足率。根据标准法的要求，银行将采用外部信用评级机构的评级结果来确定各项资产的信用风险权数。当银行的内部风险管理系统和信息披露达到一系列严格的标准后，银行可采用内部评级法。内部评级法允许银行使用自己测算的风险要素计算法定资本要求。

①计量信用风险资本要求的不同方法。标准法：使用外部评级机构对借款人的评级结果确定风险权数，权数包括 0、20%、50%、100% 和 150% 五个类别。其中，第一类逾期贷款的权数为 150%；第二类对政府及央行债权不再按是否属于经合组织国家区分，而是按外部评级结果；第三类对银行等金融机构债权即可按国家信用风险下调一级或实际的评级结果确定。第四类对非金融企业，按实际的评级结果确定。

内部评级法（internal rating-based approach，IRB）：包括初级的内部评级法和高级的内部评级法。有关内部评级法的数据指标如下：PD（probability of default），即违约概

率；LGD（loss given default），即违约损失率。EDA（exposure at default），即违约风险暴露。M（maturity），即在某一风险暴露的剩余时间。高级法与初级法的差别主要体现在数据要求上，前者由银行自己估值，而后者则由监管当局来定。

②计量市场风险资本要求的方法。

a. 标准法：将市场风险分为利率、股票、外汇、商品和期权的价格风险，分别加总计算。

b. 内部模型法：按照银行自己的风险计量模型来测算资本。与1996年资本协议《关于市场风险补充规定》基本一致。

③计量操作风险资本要求的方法。

a. 基本指标法：银行总收入乘以固定比例值。如以前三年平均净收入的15%来计算最低资本要求。

b. 标准法：将银行的业务进行分类，然后将不同业务的收入乘以不同的权数，最后加总计算资本要求。

c. 内部计量法：由银行自己收集数据，计算损失概率，进而计算最低资本要求。

（2）第二支柱——监管部门的监督检查。巴塞尔委员会认为，监管当局的监督检查是最低资本规定和市场纪律的重要补充。具体包括以下内容。

①监管当局监督检查的四大原则。原则一：银行应具备与其风险状况相适应的评估总量资本的一整套程序，以及维持资本水平的战略。原则二：监管当局应检查和评价银行内部资本充足率的评估情况及其战略，以及银行监测和确保满足监管资本比率的能力。若对最终结果不满意，监管当局应采取适当的监管措施。原则三：监管当局希望银行的资本高于最低监管资本比率，并有能力要求银行持有高于最低标准的资本。原则四：监管当局应争取及早干预，从而避免银行的资本低于抵御风险所需的最低水平，如果资本得不到保护或恢复，则需迅速采取补救措施。

②监管当局检查各项最低标准的遵守情况。银行要披露计算信用及操作风险最低资本的内部方法的特点。作为监管当局检查的内容之一，监管当局必须确保上述条件自始至终得以满足。巴塞尔委员会认为，对最低标准和资格条件的检查是第二支柱下监督检查的有机组成部分。

③监管当局监督检查的其他内容包括监督检查的透明度以及对银行账簿利率风险的处理。

（3）第三支柱——市场纪律。巴塞尔委员会强调，市场纪律具有强化资本监管，帮助监管当局提高金融体系安全、稳健水平的潜在作用。新协议在适用范围、资本构成、风险暴露的评估和管理程序及资本充足率四个领域制定了更为具体的定量及定性的信息披露内容。监管当局应评价银行的披露体系并采取适当的措施。新协议还将披露划分为核心披露与补充披露。巴塞尔委员会建议，复杂的国际活跃银行要全面公开披露核心及补充信息。关于披露频率，巴塞尔委员会认为最好每半年一次，对于过时失去意义的披露信息，如风险暴露，最好每季度一次。不经常披露信息的银行要公开解释其政策。巴塞尔委员会鼓励利用电子等手段提供的机会，多渠道地披露信息。

3.《巴塞尔协议Ⅲ》中资本充足性的测定方法

2008 年 9 月一场席卷全球的金融危机暴露出了监管体系的不足，对金融监管制度的有效性提出了重大挑战。危机之后各方展开了深入的讨论，探索如何改进《新巴塞尔协议》，构建更完美的监管框架。很快，各方就宏观审慎、逆周期、风险的识别和准确计量等方面进行监管改革达成了共识，形成了《巴塞尔协议Ⅲ》监管框架，作为对《巴塞尔协议Ⅱ》的补充。

（1）《巴塞尔协议Ⅲ》的内容。

①提高资本充足率要求。对于核心一级资本充足率、一级资本充足率的最低要求有所提高，引入了资本留存资本，建立与信贷过快增长挂钩的反周期超额资本区间，对大型银行提出附加资本要求。

②严格资本扣除限制。对少数股权、商誉、递延所得税资产、金融机构普通股的非并表投资、债务工具和其他投资性资产的未实现收益、拨备额与预期亏损之差、固定收益养老基金资产和负债等计入资本的要求有所改变。

③扩大风险资产覆盖范围。提高"再资产证券化风险暴露"的资本要求、增加压力状态下的风险价值、提高交易业务的资本要求、提高场外衍生品交易和证券融资交易对手信用风险的资本要求等。

④引入杠杆率。为弥补资本充足率要求下无法反映表内外总资产的扩张情况的不足，减少对资产通过加权系数转换后计算资本要求的漏洞，推出了杠杆率（＝核心资本÷表内表外总资产风险暴露，设置下限为3%），并逐步将其纳入第一支柱。

⑤引入了流动性监管指标。加强流动性管理，降低银行体系的流动性风险，引入了流动性监管指标，包括流动性覆盖率（＝优质流动性资产储备÷未来 30 日的资金净流出量，流动性覆盖率的标准是不低于100%）和净稳定资产比率（＝可用的稳定资金÷业务所需的稳定资金，净稳定资金比率的标准是大于100%）。同时，提出了其他辅助监测工具，包括合同期限错配、融资集中度、可用的无变现障碍资产和与市场有关的监测工具等。

（2）对资本充足率的规定。

①资本充足率提高三倍。2010 年 9 月 12 日，巴塞尔委员会公布了最新的全球最低资本标准，世界主要经济体银行监管部门代表当日就《巴塞尔协议Ⅲ》达成一致。截至 2015 年 1 月，全球各商业银行的一级资本充足率下限将从现行的4%上调至6%，由普通股构成的核心一级资本占银行风险资产的下限（普通股权益和留存收益/风险资产）将从现行的2%提高至4.5%。总资本充足率的要求仍然维持8%不变。

②设立"资本防护缓冲资金"。各家银行应设立"资本防护缓冲资金"，总额不得低于银行风险资产的 2.5%，该规定将在 2016 年 1 月至 2019 年 1 月之间分阶段执行。包括将普通股最低要求从2%提升至4.5%，建立2.5%的资本留存缓冲和0～2.5%的逆周期资本缓冲。新规定过渡期最长可到 2019 年。系统重要性银行的资本要求为1%～2.5%。

3.2.3　我国金融机构资本充足性管理

2012 年 6 月，中国银行业监督管理委员会（简称"银监会"）颁布了《商业银行资本管理办法（试行）》，于 2013 年 1 月 1 日起正式实施。它对我国商业银行资本充足管理具体包括以下要求。

1. 资本组成

（1）一级核心资本包括实收资本或普通股、资本公积、盈余公积、一般风险准备、未分配利润、少数股东资本可计入部分。

（2）其他一级资本包括其他一级资本工具及其溢价、少数股东资本可计入部分。

（3）二级资本包括二级资本工具及其溢价、超额贷款损失准备、少数股东资本可计入部分。

2. 资本充足率

该办法所称资本充足率，是指商业银行持有的符合该办法规定的资本与风险加权资产的比率。

一级资本充足率是指商业银行持有的符合该办法规定的一级资本与风险加权资产的比率。一级资本充足率 =（一级资本 − 对于资本扣减项）÷（信用风险加权资产 + 市场风险加权资产 + 操作风险加权资产）。一级资本充足率不得低于 6%。

核心一级资本充足率是指商业银行持有的符合该办法规定的核心一级资本与风险加权资产的比率。核心一级资本充足率 =（核心一级资本 − 对于资本扣减项）÷（信用风险加权资产 + 市场风险加权资产 + 操作风险加权资产）。核心一级资本充足率不得低于 5%。

商业银行资本充足率计算应当建立在充分计提贷款损失准备等各项减值准备的基础之上。资本充足率 =（总资本 − 对于资本扣减项）÷（信用风险加权资产 + 市场风险加权资产 + 操作风险加权资产）。资本充足率不得低于 8%。

3. 资本充足率监管要求

该办法确立了四个层次的资本充足率监管要求，包括 8% 的最低资本要求；2.5% 的储备资本要求；0 ~ 2.5% 的逆周期资本要求；1% 的系统重要性银行附加资本要求；根据单家银行风险状况提出的资本要求。

4. 资本扣除项

计算资本充足率时，商业银行应当从核心一级资本中全额扣除以下项目：①商誉；②其他无形资产（土地使用权除外）；③由经营亏损引起的净递延所得税资产；④贷款损失准备缺口；⑤资产证券化销售利得；⑥确定收益类的养老金资产净额；⑦直接或间接持有本银行的股票；⑧对资产负债表中未按公允价值计量的项目进行套期形成的现金流储备，若为正值，应予以扣除；若为负值，应予以加回；⑨商业银行自身信用风险变化导致其负债公允价值变化带来的未实现损益。

5. 风险计量方法

（1）信用风险加权资产计量。可以采用权重法或内部评级法计量信用风险加权资产。

（2）市场风险加权资产计量。可以采用标准法或内部模型法计量市场风险资本要求。

（3）操作风险加权资产计量。可采用基本指标法、标准法或内部计量法计量操作风险资本要求。

3.3　金融机构资本管理

金融机构资本管理主要包括监管资本管理和经济资本管理两个方面，监管资本管理是满足金融监管机构规定的最低资本要求，经济资本管理主要是满足管理者对风险控制的要求。无论是哪种类型的资本管理，都要包括制订资本计划、确定筹资方式和实施资本管理策略等方面。

3.3.1　资本管理的类型

1. 监管资本管理

1988 年 7 月国际清算银行通过了《关于统一国际银行资本衡量和资本标准的协议》，2004 年 6 月通过新资本协议，即《统一资本计量和资本标准的国际协议：修订框架》，2010 年 12 月发布《更具稳健性的银行和银行体系的全球监管框架》。《巴塞尔协议》形成了以资本充足率监管为核心的国际统一监管思路，形成了科学的计量方法，建立了监管资本要求（资本充足率要求），保证银行资本吸收非预期损失风险的科学理念，在此基础上发展出更为灵活多样的风险计量方法。

主要做法是：银行就本身风险状况及资本管理策略评估自身的资本充足率；监管部门检查银行资本充足率评估及管理策略是否恰当并及时干预；监管部门应当要求银行的资本高于第一支柱的资本要求并持有超额资本；监管部门应尽早发现银行资本不符合资本充足要求的情况，并尽快补救。监管检查的核心内容有风险评估、资本规划和压力测试三项。风险评估：全面评估风险管理体系，进行风险识别、计量、监测、报告、缓释和控制。资本规划：制定内部资本充足率目标，根据战略规划、风险偏好对未来三年资本供给与需求进行预测，制定内外部资本补充措施。压力测试：测算压力情景下可能发生的损失及风险资产变化情况，提前采取应对措施。

2. 经济资本管理

经济资本是指在一定置信度下，在一定时间内，为弥补可能面临的非预期损失所需要的资本。从所有者和管理者的角度讲，经济资本就是用来承担非预期损失和保持正常经营所需的资本。经济资本是非常有效的管理工具，可以综合地应用于风险计量、资源配置和业绩考核。

首先，科学评估资本充足性。金融机构如果经营杠杆过高，可能会导致财务实力下降，承担更大的债务负担；也可能导致机构资本充足率下降，从而引起过度监管造成成本干预。因此，金融机构在经营管理过程中，需要充分考虑实际的杠杆水平（即实际资本）与所允许的最高杠杆水平（即要求资本）之间的平衡，科学评估资本充足性。利用经济资本计量模型开展的相关工作包括：着眼股东价值最大化，使风险结构与风险偏好体系相一致；可用经济资本可以作为机构当前财务资源的评估，要求经济资本可以作为机构整体、各产品线、各分支机构的可量化风险评估；与监管机构、评级机构的资本充足性要求进行对比等。

其次，优化资本配置。金融机构的资本应该优先配置给回报率丰厚、增长潜力大及利益多元化的业务或产品。资本配置还与机构的风险结构紧密相关，无论是负债端还是资产端，都需要配置一定额度的资本以对冲风险。对于不同的业务条线，应选择最佳的风险结构，实现资本的最有效配置。利用经济资本计量模型进行资本配置优化，主要是通过战略资产配置、贷款策略、产品策略、保险与再保险优化来实现。

再次，对绩效考核与薪酬作出风险调整。金融机构在对业绩进行评估时，不仅要考虑经营收益本身，而且还要考虑取得该收益所承担的风险，以精确衡量某项业务或经营举措的实际价值。而经济资本是基于风险的潜在财务影响而计量得出的"真实"资本需求和经济价值，以经济资本作为分母来衡量资本回报率，特别适合于将风险管理视为企业生命线的金融机构。

最后，促进与外部利益相关方的沟通。通常而言，不同利益相关方的关注点往往不同。近年来，一些金融机构更加主动地向外部利益相关者说明它们是如何运用经济资本这个工具来管理风险，通过展示经济资本的计量结果向外界披露企业目前的风险分布和风险暴露，得到了投资者和评级机构的广泛欢迎。这些沟通主要包括：向利益相关方报告企业的风险承担状况和/或风险偏好；通过详细的风险披露显示企业的风险管理实力；从企业自身的风险特征和具体情况显示企业的资本充足性和财务实力等。

3.3.2 金融机构资本管理的流程

1. 明确资本管理总体目标

金融机构在筹措资本前，应对经营环境进行分析，制定资本管理总体目标。管理者需要详细分析金融机构过去、现在的经营状况，预测影响金融机构未来经营状况的若干重要因素，确定资本管理总体目标，包括长期增长目标、年度增长目标和利润目标，并进行目标定位。具体目标可以包括监管资本目标和经济资本目标两个方面。

2. 测算资本需要量

（1）影响资本需要量的因素。

①法律的规定。各国金融监管部门为了加强控制与管理，一般以法律的形式对银行资本作出了具体的规定，如新设银行的最低资本额、资本资产比率、自有资本与负债比率等。

②宏观经济形势。经济繁荣时期，存款会稳定增长，贷款风险则相对较小，需要的资本也相对较少。经济形势对银行的业务经营活动具有直接影响。如果经济发展处于繁荣阶段，经济形势良好，银行存款会稳步增长，挤兑的可能性很小，债务人破产倒闭的可能性也较小。因此，在该时期银行资本的持有量可以少于其他时期。此外，银行所处地区的经济形势也对资本需要量有很大影响。一些地区性银行或主要业务相对集中的银行在确定资本持有量时，除考虑整个国际的经济形势外，还要顾及本地区的形势。

③金融机构的资产负债结构。从负债看，不同的负债流动性不同，从而需要的资本持有量也不同。例如，对活期存款等流动性较高的负债，银行就必须要保存较多的资本储备，而对于定期存款等流动性较低的负债，银行持有的资本储备可以相应减少。从资产看，银行资本受资产质量的制约，如果银行资产质量高，则遭受损失的可能性较小，银行只需保持少量的资本储备，反之银行的资本需要量就要增大。

④金融机构的信誉。金融机构资本需要量与信誉成反比。风险往往发生在到期存款不能及时兑付，而出现挤兑风潮，使资本流动性受到影响。资本多少是决定一个银行信誉高低的重要因素。同样，信誉的高低也会影响银行应该持有的资本量。如果银行的信誉较高，公众对其比较信任，愿意将自己的资金存入该银行，则该银行就会有较充裕的资金来源。当经济形势动荡、金融体系不稳定时，由于银行信誉高，存款人不会大量提出现金，该银行也就不必保持大量的资本来应付资金的外流。

（2）最佳资本需要量。最佳资本需要量是指资本量既不过高，也不过低。从财务角度看，资本成本曲线的最低点为最佳资本量。在对各种影响因素分析的基础上，确定金融机构的资本需要量，一是明确监管机构对最低资本量的规定；二是明确资本量的适度。资本量不能过高和过低，否则会影响金融机构的盈利能力和筹资能力。

3. 确定内部筹资方案

管理者必须确定其现有收益中多少用于股东的红利分配，多少保留在机构内部用于支持未来业务的发展。必须通过预测未来收益的增长来了解它能否为总的资本需要量提供全部或大部分资金。

4. 选择外部筹资方式

在内部筹资的基础上，如果需要外源资本，必须要分析不同形式外源资本的优缺点，认真比较分析，才能决定采用哪种外源资本形式来筹集资本。

金融机构资本管理的流程如图 3 – 2 所示。

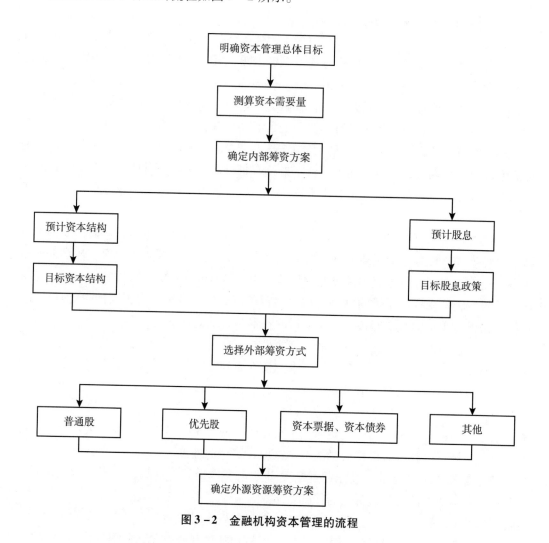

图 3 – 2　金融机构资本管理的流程

3.3.3　金融机构资本管理策略

1. 资本筹集策略

（1）内源资本筹集策略。

①内源资本及筹集形式。内源资本是指由股息分配后的留存收益所形成的资本。金融机构的税前利润等于当年各项收入扣除利息、费用开支等成本；税后利润等于税前利

润扣除税收；留存盈余等于税后利润扣除红利。内源资本筹集的形式主要有以未分配利润即留存盈余的形式增加资本；增加各种准备金；股票股息（用股票作为股利来发放，可减少留存盈余，增加股本）。

②内源资本支持资产增长的限制因素。内源资本支持资产增长的限制因素主要包括银行及金融当局所决定的适度资本数额；银行所能创造的净收入数额；净收入总额中能够提留的数额。

银行内源资本支持资产增长模型：银行内源资本所支持的银行资产年增长率称为持续增长率，美国经济学家戴维·贝勒（David Belle）1978 年提出了银行资产持续增长模型。与银行资产持续增长率相关的有三大变量：ROA（资产收益率）、DR（银行红利分配比率）、EC/TA（资本比率）。

银行资产的增长率为

$$SG_1 = (TA_1 - TA_0)/TA_0 = \Delta TA/TA_0 \tag{3.8}$$

式中，SG 为银行资产增长率；TA 为银行总资产；ΔTA 为银行资产增加额。

由于资本的限制，银行资产的增长率等于银行资本的增长率：

$$SG_1 = \Delta TA/TA_0 = \Delta EC/EC_0 \tag{3.9}$$

式中，EC 为银行总股本；ΔEC 为银行股本增加额。

当新增加的资本来源于未分配利润时（即来源于内源资本时），有

$$SG_1 = \frac{EC_1 - EC_0}{EC_0} = \frac{[EC_0 + ROA \times (1 - DR) \times TA_1] - EC_0}{EC_0}$$
$$= \frac{ROA \times (1 - DR)}{EC_1/TA_1 - ROA \times (1 - DR)} \tag{3.10}$$

式中，ROA 为资产收益率；DR 为银行红利分配比率；（1 - DR）为留存盈余比。公式表明银行资产持续增长率与三大变量 ROA、DR、EC/TA 之间的数量关系。当其中三个变量确定后，可由公式获得其余一个变量的确切值。

当银行资产增长率、资本比率和红利分配比率已知时，可以计算出银行资产收益率为

$$ROA = \frac{\dfrac{EC_1}{TA_1} \times SG_1}{(1 + SG_1)(1 - DR)} \tag{3.11}$$

当银行资产增长率和收益率、资本比率一定时，银行的红利分配比率为

$$DR = 1 - \frac{\dfrac{EC_1}{TA_1} \times SG_1}{ROA \times (1 + SG_1)} \tag{3.12}$$

当资产收益率、红利分配比率和资产增长率一定时，资本比率为

$$\frac{EC_1}{TA_1} = \frac{ROA \times (1 - DR)}{SG_1} + ROA \times (1 - DR) \tag{3.13}$$

还可将外源资本的因素也考虑在内，公式可以写为

$$SG_1 = \frac{ROA \times (1 - DR) + \frac{\Delta EK}{TA_1}}{\frac{EC_1}{TA_1} - ROA \times (1 - DR)} \tag{3.14}$$

式中，ΔEK 为外源资本增加额。

【例 3 – 2】 假设某银行的资产总额为 100 亿元，原有资本为 4 亿元，红利分配比率为 40%，未分配利润为 4 亿元，资本比率为 8%。

求： 当资产增长率为 8% 时，其他条件不变，需要多高的资产收益率？

解：

$$ROA = \frac{(EC_1/TA_1) SG_1}{(1 + SG_1)(1 - DR)} = 0.99\%$$

当资产收益率为 0.99%，资本比率不变，实现 12% 的资产增长需要多高的红利分配比率？

解：

$$DR = 1 - \frac{(EC_1/TA_1) SG_1}{ROA(1 + SG_1)} = 13.42\%$$

当资产收益率不变，红利分配比率不变，资本比率不变时，支持 12% 的资产增长所需外源资本的数量是多少？

解：

将上述数据代入公式（3.14）可得

$\Delta EK = 0.33$（亿元）

③影响内源资本的因素。影响内源资本的因素主要包括银行的资产收益率与股息支付之间的比例、股息率稳定性的要求、银行资产的流动性、还债需要与举债契约的限制、银行进入资本市场筹资的难易程度、股息所得税率、金融监管当局对准备金的要求等。

④内源资本策略。当银行的资产收益率大于资金边际成本时，多提少分；当资产收益率大于留存盈余成本时，多提；无论资产收益率升降，都按大体相同的股息率支付；资产流动性高时，增支少提；有巨额债务时，多提；进入市场较容易时，少提多分。

⑤内源资本筹措的优缺点。内源资本筹措的优点有：成本较低；不会影响现有股东权益；风险小，不受外部市场影响。其缺点有：收益必须交税；来源受利率和经济条件的影响；数量上受银行经营状况的限制；种类上受法规的限制。

（2）外源资本筹集策略。外源资本来源主要有普通股、优先股、资本票据、资本性债券、出售资产、售后回租、股票与债券的互换、持股公司债券。

①发行普通股。发行普通股的优点主要表现在以下几个方面：不需要偿还本金；股息和红利不固定；股本可以用于弥补贷款损失；收益率比优先股和债券高；市场性较好；股东较多，顾客基础好；股本越大，对债权人的保障程度越高；较易以低成本筹资

等。但是发行普通股也存在一定的缺陷：发行成本比较高；影响股东对银行的控制权；对股东权益产生稀释作用，造成每股收益率、每股净资产的下降，引起股票行市的下跌；股息在税后支付，资金成本比较高等。

②发行优先股。发行优先股的优点表现在：股息固定，银行可获得杠杆收益；不参与红利分配，不会降低原股东的每股分红水平；不享有决策投票权，不会削弱原股东对银行的控制力；可转换优先股，运用灵活，风险度小，颇受欢迎；没有规定赎回条款，不须还本，永久使用；没有盈利时，可以不支付或推迟支付股息，不会给银行带来债务危机；成本比普通股低。但是发行优先股票也存在缺点：股息固定，当银行的总资本收益率下降时，又会发生杠杆作用，使普通股收益率的下降幅度超过总资本收益率下降幅度，影响普通股股东的权益；可转换优先股，可视市场行情变动进行有利于自己的转化，增加了银行经营中的不确定性；发行过多，会相应降低普通股在资本总量中的比例，银行的信誉会削弱。股息可在税后支付，不具有减税作用，资金成本比较高。

③发行资本票据和资本性债券。发行资本票据和资本性债券的优点有：发行手续简便，发行成本比较低；利息固定，当银行利率上升时，能带来杠杆效益；投资者是债务人，没有权利参与银行的经营决策，不会影响原来股东对银行的控制权；利息可在税前支付，税后资本成本比优先股票和普通股票低，具有省税效应；投资者收回债息可免税，增加了债券的吸引力；不必保持存款准备金和参加存款保险，使银行经营成本相对降低。但是发行资本票据和资本性债券也存在缺点：对发行资本债券可否算入资本有限制性的规定；不是永久性的资本，本息必须按时归还，拖欠会造成财务危机；股息固定，负担不小，当银行资本收益率下降时，还会以杠杆作用造成普通股票收益率的加速下降，影响股票价格；发行一定量债券后，难以再发行新的债券，且比例过高，承担较大经营风险，影响信誉，增加筹资成本；要按时偿付，须建立偿债基金，增加周转性压力。

2. 风险资产管理策略

（1）压缩风险资产规模。通过出售部分高风险或有问题或市价水平较高的金融资产，以减少资产规模。适当降低现金库存量；进行有效的证券投资组合；可参考存贷比确定贷款规模。更为直接的是加大处理不良资产的力度，直接缩小资产总规模。近年来，商业银行纷纷加大处理不良贷款的力度。在四大国有资产管理公司的运营下，不良资产的清收和变现都取得明显进展。由于处理不良资产往往遵循先易后难的原则，因此剩下的不良资产的清收处理难度更大。对此，在处理不良资产的方式上，应突破国别限制，加强与国内外机构（特别是有不良资产处置国际经验的境外机构）的合作，积极探索招标拍卖、资产推介、打包处置、国际招标、资产证券化等处置方式，开创多元化的资产处置格局。但是对于我国商业银行而言，不可过分依赖通过剥离不良资产来减少风险资产总规模的方法，而且我国国有商业银行股份制改造后，可以剥离的不良资产也是非常有限的。利用集中清收盘活资产，这是商业银行处置不良资产普遍采用的方法。主要以压缩不良资产余额为重点开展不良资产清收攻坚战，调整经营绩效计量方式和有

关资源配置政策，引导各级部门关注不良资产结构和潜在损失的变化，促进银行资产质量的切实提高。

（2）调整风险资产结构。在总规模不变的前提下，通过调整资产组合，选择风险权数小，风险缓释作用大的资产来达到相对缩小分母的目的。调整资产结构，降低资产风险权数。

第一，进行投资组合，减少风险大的证券。因为按照"高风险、高收益，低风险、低收益"的黄金法则，如果一笔资产业务的收益率高，较其他业务更高的风险度依然是可接受的。提高风险资产收益率指标的根本驱动力在于：未分配利润在资产负债表中出现在所有者权益项中，归入核心资本，是商业银行充实核心资本的重要来源。增加利润就可以有效弥补核心资本的不足，缓冲资产规模扩大对股本、资本公积等其他核心资本的占用。由于通常风险与收益成正比，低风险的资产往往也会带来较低的收益，那么商业银行在缩小风险加权资产的同时也可能带来资本的减少。所以我国商业银行要进行综合分析，使资本的增加幅度高于风险资产的增长幅度，以达到提高资本充足率的目的。

第二，进行贷款组合，减少风险大的贷款。降低高风险资产比例，提高信贷资金存量，调整存贷比。具有风险的资产占绝大多数，自然提升了资产的风险水平；未缓释风险资产信贷资金充沛与否是目前影响支行风险资产分布的主要因素，而存贷比则成为这一因素的外在表现。存贷比低，表明存款资金较为富余，支行会将多余资金上拆总部以获取利息。由于内部资金拆出属于风险加权资产测算表中的零风险项目，有助于降低风险资产比例；反之，存贷比较高的支行，资金大量拆入用于贷款，使资产规模过度膨胀，资产结构中无风险项目占比下降，导致风险资产比例上升。积极拓展个人住房抵押贷款，增加对中央财政投资的公共企业贷款，可降低贷款风险水平。在拓展贷款业务时，尽力争取符合规定的质押或担保方式，增加风险缓释量。对贷款的缓释项目，即有质押、担保方式的贷款，可享有与质押物或保证人相同的优惠风险权数，风险缓释对降低风险资产比例的作用毋庸置疑。

⚙ **本章小结**

资本是指资本所有者为金融机构获取利润所投入的自有资本和通过各种途径集中到金融机构的货币资本。从银行资本来看，大体可分为会计资本、经济资本、监管资本。会计资本是直接反映在资产负债表上的银行资本，即银行的总资产减去总负债的余额。经济资本是银行抵御非预期风险的资本。监管资本是银行监管机构对各商业银行实施监管的资本要求，通常用于计算资本充足率。商业银行资本一般包括股权类资本、盈余类资本、债务类资本和储备类资本几个部分。

金融机构资本充足性指资本数量必须超过金融监管当局所规定的能够保障正常营业并足以维持充分信誉的最低限度；同时，现有资本或新增资本的构成，应该符合银行总体经营目标或需增资本的具体目的。

金融机构资本管理的类型包括监管资本管理和经济资本管理；资本管理流程包括明

确资本管理总体目标、测算资本需要量、确定内部筹资方案、选择外部筹资方式；资本筹集策略包括内源资本筹集策略和外源资本筹集策略；风险资产管理策略包括压缩风险资产规模和调整风险资产结构。

 复习思考题

1. 会计资本、经济资本、监管资本有什么不同？
2. 商业银行资本一般包括哪几个部分？
3. 《巴塞尔协议》对资本充足性是如何规定的？
4. 制订资本管理计划主要包括哪些具体步骤？
5. 我国目前商业银行资本充足率的现状如何？应采取怎样的管理策略？

案例讨论

重庆银行"龙虾三吃"的资本管理战略

重庆银行成立于 1996 年 9 月 27 日，由老重庆市 35 家城市信用合作社的原股东、10 家地方财政局、39 家企事业单位，共同以发起方式设立的股份制商业银行。2007 年 8 月，经中国银监会批准，更名为"重庆银行股份有限公司"。

由于承接了城市信用社的不良资产包袱和化解信用风险的历史责任，重庆银行从一开始就面临重重压力和困境，比较突出的有三个方面：一是资产质量极差。1996 年是城市合作银行组建之年，当年财务报表反映的年末资产总额为 46.8 亿元，存款 40.4 亿元，贷款 27.3 亿元，不良贷款 5.3 亿元，不良贷款率 19.37%。2000 年不良贷款达到 33.67 亿元，不良贷款率 57.4%，虽经 2001 年核销，但力量有限，仍然高达 48.01%。截至 2002 年年底，全行总资产 148.7 亿元，按五级分类，不良资产 39.1 亿元，不良资产占比 49.3%，其中不良贷款 33.1 亿元，非信贷不良资产 6 亿元，而股本总额仅 2.88 亿元，扣除拨备后模拟的资本充足率为 −27.1%，每股净资产为 −7.4 元。二是资本规模小，资本充足率低，经营管理困难重重。1996 — 2002 年净利润的平均增长速度为 −16%。三是面临退市风险。2002 年 6 ～ 12 月，人行重庆营管部派驻整改小组督促整改；2003 年被评为五类行，银行实施六类行监管；2004 年 7 月中国银监会对重庆银行亮出黄牌，提出了退市警告。

2003 年 2 月 8 日，重庆市政府提出了重庆银行改革发展的"三步走"战略，即增资扩股、资产重组、引资上市，并将其形象地概括为"龙虾三吃"。增资扩股、资产重组、引资上市三个步骤，每个步骤紧密相联，环环相扣，构成一个严密的整体。为了化解退市风险，经重庆市政府和中国银监会批准，重庆银行于 2003 年 10 月通过动员国有和民营企业，完成了第一次增资扩股，资本从不到 3 亿元增加到 15.18 亿元。后来通过送配股，到 2005 年上半年，股本总额达到 16 亿元。2005 年，国家开发银行重庆分行向

重庆渝富公司发放 21 亿元的收购重庆银行不良资产的专项重组贷款。作为对国家开发银行的补偿条件，又向重庆地产集团和水利投资集团发行各 2 亿元的软贷款，用于代持本行股份，待将来政策允许时，以市价转让给国家开发银行；向渝富公司发放 4 亿元软贷款，用于参股重庆银行，待将来重庆银行引进海外战略投资者时，出售给外资银行，其本金和溢价收入偿还部分软、硬贷款。

2005 年 12 月，地产集团和水利投资集团用 4 亿元购买本行新增发行的 4 亿元股份，本行总股份增加到 20 亿元。同时，为了配合政府化解不良贷款的措施，全体新老股东减持约 20% 即 4 亿元股份，用于核销 4 亿元不良资产，总股本再次回归到 16 亿元。以渝富公司收购本行不良资产为条件，2006 年 6 月重庆银行以 1∶1 的价格，向其定向新增发行 4 亿元股份，总股本再次达到 20 亿元。2007 年 6 月，渝富公司根据股份转让协议，以 2.02 元/股的价格，向香港大新银行出售了约占本行总股本 17% 即 343 505 163 股股份，交易资金为 693 880 429 元。

三次不良资产处置情况是：第一次，2004 年 8 月 20 日，由重庆渝富公司向重庆银行贷款 12.5 亿元用于收购重庆银行等额坏账；重庆银行 2004—2009 年的应缴市级地方税收，由市财政列支给渝富公司用于支付贷款利息和部分本金。渝富公司向本行贷款 12.5 亿元，收购了 12.5 亿元的不良资产。第二次，重庆银行在全国开创了全体新老股东减持 19.923% 共计 4 亿元股份，核销 4 亿元不良资产的先例。第三次，渝富公司用国家开发银行的 10 亿元贷款再次收购了本行 10 亿元的不良贷款，然后由重庆银行处置回收 6 亿元，渝富公司用增配的 4 亿元股出售给战略投资者，溢价回收不低于 4 亿元。

2005 年 9 月正式启动了引进海外战略投资者的工作。重庆银行通过雷曼向欧洲、亚洲、澳洲和美国、加拿大的 70 家银行及全球 7 家投资银行发出了招股的信息备忘录。

——资料来源：重庆银行内部资料。

思考题：

1. 重庆银行改革发展的"三步走"战略是什么？为什么要选择这个资本管理战略？
2. 重庆银行三次增资扩股的内容是什么？扩股对重庆银行有哪些利弊？

第4章　金融机构负债业务管理

学习目的

知识要点	掌握程度
金融机构负债业务管理概述	了解金融机构负债业务的含义与作用；熟悉金融机构负债业务的构成；熟悉金融机构各种类型负债的含义和来源；掌握金融机构负债业务管理的基本原则
金融机构负债管理理论和方法	了解金融机构负债管理理论的定义；熟悉存款理论、购买理论和销售理论的含义和特征；掌握负债管理方法中储备头寸负债管理法、贷款头寸管理法的内容和应用
金融机构负债资金计划与资金成本计算	了解金融机构负债资金计划的制订步骤和措施，明确发展性资金需求、流动性资金需求、利率敏感组合资金需求、再筹资资金需求的定义；熟悉金融机构负债资金来源计划的主要内容；掌握金融机构的负债资金成本的计算方法和应用
金融机构负债业务管理策略	了解和熟悉负债规模、负债结构、负债成本、负债产品创新、负债筹措时机等方面的管理策略

4.1　金融机构负债业务管理概述

金融机构的负债业务是给金融机构带来收益、创造财富的基石。不同的金融机构其负债业务略有区别，从商业银行、证券公司、保险公司三大机构的负债组成情况来看，商业银行的负债主要包括存款负债、借款负债；证券公司的负债包括同业拆借、信贷融资、回购协议等；保险公司的负债包括保费收入、承保盈余等。随着互联网与金融的结合，传统金融机构的负债业务管理也受到了很大挑战，管理好金融机构的负债已经成为迫在眉睫的任务。

4.1.1　金融机构负债业务的含义及作用

1. 金融机构负债业务的含义

金融机构的负债业务是金融机构所承担的尚未偿还的、能够以货币计量的、必须用自己的资产和提供的劳务去偿付的业务。它代表金融机构对其债务人所承担的全部经济责任，是支撑金融机构资产业务的重要资金来源。负债业务有广义和狭义之分，广义负债业务是指除自有资金外的一切资金来源，包括资本性债务；狭义的负债业务是指资本性债务，如资本票据、资本债券等。

要正确理解负债业务的含义，必须掌握以下几个方面的内容。

（1）现实的经济义务。它必须是现实的优先存在的经济义务，过去发生的、已经了结的经济义务或将来可能发生的经济义务都不包括在内。

（2）能以货币计量。它的数量必须是能够用货币来确定的，一切不能用货币计量的经济义务都不能称为负债。

（3）用资产或劳务偿付。负债要用金融机构自己的资产和提供的劳务去偿付。

（4）负债偿付后才消失。负债只有偿付以后才能消失，以债抵债只是原有负债的延期，不能构成新的负债。

2. 金融机构负债业务的作用

（1）负债是金融机构经营的先决条件。金融机构通过负债业务广泛地筹集资金，表现为"借者的集中"，然后才可能成为"贷者的集中"，然后通过资产业务有效地运送出去，因此负债业务是金融机构开展资产业务的基础和前提。当前，根据《巴塞尔协议Ⅲ》的有关内容，继续推行总资本不得低于 8% 的监管要求，因此银行负债提供了金融机构绝大部分的资金来源。负债规模制约着资产规模，其中负债的结构，包括期限结构、利率结构、币种结构等，它决定着资产的运用方向和结构特征。同时负债业务是金融机构开拓中间业务的基础，因为信用中介把借者和贷者有机地联系在一起，进而为金融机构开拓和发展中间业务创造了有利的条件。

（2）负债业务是金融机构生存发展的基础。因为金融机构唯有通过负债业务才能聚集起大量可用资金，以确保合理贷款的资金需求和存款提取、转移的资金需求。同时，负债是决定银行盈利水平的基础：一方面在资产价格水平一定的情况下，负债成本的高低决定了金融机构盈利水平的高低；另一方面金融机构负债所聚集的资金一般不直接投资于生产经营，而是贷放给企业，金融机构只能获取所贷放资金的一部分收益。这两方面都决定了金融机构资产的盈利水平要远远低于一般工商企业，金融机构要获取社会平均利润，必须尽量扩大负债规模，使资产总额几倍于自有资本。因此负债是金融机构发展的基础，对金融机构来说是至关重要的。

（3）负债是保持流动性的手段。流动性是指金融机构满足客户提取现金、到期支付债务和借款人正常贷款要求的能力。金融机构的清偿能力，一般由金融机构的资产和负债的比例与结构所决定。只要金融机构能迅速将其资产变卖或能获得其他机构在信用支付方面的保证，就可保持其清偿能力。从金融机构自身的角度看，流动性是金融机构经营管理中必须坚持的核心原则，而负债是解决流动性的重要手段。负债业务能够保持金融机构对到期债务的清偿能力，也为满足合理的资金需求提供了大量资金来源。

（4）负债是推动社会经济发展的动力。金融机构通过负债业务把社会各方面的闲置资金集中起来，形成一股巨大的资金力量，能在社会资金存量不变的情况下扩大社会生产资金的总量。如商业银行以企业存款、个人存款等形式聚集企业、事业、机关团体、城乡居民的资金，这就会成为我国实体经济建设的主要资金来源；证券公司聚集客户的保证金，这成为证券市场投资的资金来源；保险公司聚集保费收入，这成为组织经济补偿的资金来源；基金管理公司聚集社会资金，这成为证券投资的资金来源等。金融机构的负债业务极大地推动了社会经济的健康持续发展。

（5）负债构成社会流通中的货币量。社会流通中的货币量由现金和银行存款组成。现金是中央银行的负债，存款是商业银行的负债。如果贷款量增长了，存款量没有相应扩大，则会导致社会上现金流通量的增加。因此，稳定负债对稳定社会货币流通量有着决定性的作用。

（6）负债是金融机构与社会各界联系的渠道。金融机构作为国民经济的综合部门和资金运用的枢纽，成为社会资金的集散地，社会上所有经济单位的闲散资金和货币收支都离不开金融机构的负债业务。市场的资金流向，企业的经营活动，机关事业单位、社会团体和居民的货币收支，每时每刻都反映在银行的账面上。从社会服务的角度看，通过负债业务，商业银行可以为社会各类经济单位办理闲散资金存款，为社会各界提供金融投资场所及有关服务，增强了货币资金保管的安全性和投资的增值性。通过在银行的存款账户办理转账结算和资金划拨，既可加速货币资金的周转速度，又可减少现金的使用，节省流通费用。因此，负债业务是商业银行进行金融服务和发挥反映、监督职能的主要渠道。

4.1.2　金融机构负债业务的构成

1. 商业银行负债业务的构成

商业银行的负债是商业银行所承担的一种经济义务，银行必须用自己的资产和提供的劳务去偿付。主要包括存款负债、非存款负债或借款负债及其他负债。

（1）存款负债。负债业务是商业银行为了弥补资金活动超出自身资本缺口形成的。存款负债是负债业务的一种，是商业银行所吸收的各种活期存款、定期存款和储蓄存款。存款负债占负债业务的比例是 70% ~ 80%。存款负债来源于企业生产服务过程中暂时闲置的资金、居民消费节余和待用资金、派生存款及其他存款，如政府部门和事业单位的周转资金、银行同业存款、代收款项等。但是存款负债中的活期存款极不稳定，因为存款只是存款人暂时放在银行的资金，存款人可以随时存入取出，且数量不受限制，是造成银行资金供给不足的一个因素。虽然存款负债始终是商业银行的主要负债，它在银行全部经营业务中是起支配作用的基础部分，但存款是银行的被动负债，存款市场属于银行经营的买方市场。商业银行存款负债的种类如图 4-1 所示。

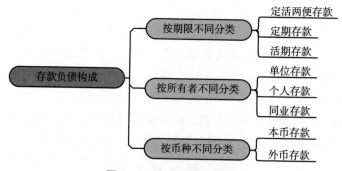

图 4 - 1　存款负债的种类

①按期限不同分为定期存款、活期存款和定活两便存款。

a. 定期存款是存款客户与商业银行事先商定好存款期限及利率，到期银行需对客户还本付息的存款。双方商定的期限一般较长，若客户需提前支取，则会遭受相应的损失。定期存款负债的特征表现在：一是流动性小、稳定性强，是商业银行获得稳定资金来源的重要手段；二是手续简单、费用较低、风险性较小，由于定期存款的存取是一次性办理的，在存款期内没有其他服务，因此除利息以外没有其他的费用；三是定期存款所要求的存款准备金率低于活期存款。

b. 活期存款是与定期存款相对应的存款，活期存款中的"活"字则体现在此账户支持随时提取或支付，方便快捷。此外，活期存款具有很强的派生能力，流动性强，所需对客户支付的利息也相对较少，是一条成本低、风险小的融资渠道。活期存款负债的特征：一是具有货币支付手段和流通手段的功能，能提高银行的信用创造能力。当存户用支票提款时，它只是作为普通的信用凭证；当存户用支票向第三方履行支付义务时，它就作为信用流通工具。二是具有很强的派生能力，能有效提高银行的盈利水平。由于活期存款存取频繁，流动性风险较大，而且需要提供多种服务，如存取、转账、提取和支票等，因此，活期存款的营业成本较高。

c. 定活两便存款是银行最基本、常用的存款方式，客户可随时存取款，自由、灵活调动资金，是客户进行各项理财活动的基础。该种存款具有活期存款可随时支取的灵活性，又能享受到接近定期存款利率的优惠。

②按所有者不同分为单位存款、个人存款和同业存款。

a. 单位存款是各级财政金库和机关、企业、事业单位、社会团体、部队等机构，将货币资金存入银行或非银行金融机构所形成的存款。

b. 个人存款是指自然人将其所有或持有的货币资金存入银行所形成的存款，这类存款具有自愿性、有偿性。

c. 同业存款是指针对商业银行、信用社及财务公司、信托公司等非银行金融机构开办的存款业务，属于对公存款种类，一般情况下会对其进行利率浮动，浮动比例会与银行协商。

③按币种不同分为本币存款和外币存款。

a. 本币存款是指以本国货币表示的各种存款，是指银行和其他金融机构在截至某一时点的以本币币种存储金额的总和，包括储蓄和对公的活期存款、定期存款、存放同业及存放中央银行等本币存款之和。

b. 外币存款是指以可兑换外国货币表示的银行各种存款，主要有外币的活期存款、储蓄存款和定期存款等，它是外汇价值的主要表现形式。银行通过对外汇存款的运用可以带来丰厚的利润。外币是"外国货币"的简称，是指本国货币以外的其他国家或地区的货币。它常被用于企业因贸易、投资等经济活动引起的对外结算业务。

（2）非存款负债或借款负债。非存款负债是指商业银行主动通过金融市场或直接向中央银行融通资金。非存款负债包括同业拆借、中央银行再贴现、回购协议、欧洲货币市场借款和发行中长期债券。借款负债则是银行的主动负债，它属于银行经营的卖方市场。银行是否借入资金主要取决于银行经营的需要和银行经营者的主观决策。对银行经营者来说，借入负债比存款负债具有更大的主动性、灵活性和稳定性。借款负债是商业银行通过向金融市场或中央银行直接借款所形成的负债，是一种主动负债。它主要有以下五种形式。

①同业拆借。同业拆借是商业银行之间或商业银行与其他金融机构之间相互融资，其只能解决短期的资金余缺，不能长期使用，更不能用于投资固定资产。同业拆借负债的特征：一是融通资金的期限比较短。因为同业拆借资金主要用于金融机构短期、临时性资金需要；二是同业拆借的参与者是商业银行和其他金融机构。参与拆借的机构基本上在中央银行开立存款账户，在拆借市场交易的主要是金融机构存放在该账户上的多余资金。三是同业拆借基本上是信用拆借。拆借活动在金融机构之间进行，市场准入条件较严格，金融机构主要以其信誉参与拆借活动。四是利率相对较低。一般来说，同业拆借利率是以中央银行再贷款利率和再贴现率为基准，再根据社会资金的松紧程度和供求关系由拆借双方自由议定的。

②向中央银行借款。中央银行是"银行的银行"，担负着向商业银行提供贷款的责任。商业银行向其借款主要有再贴现和信用借款两条途径，而这两条途径均具有很强的存款派生能力，因此，中央银行对借款资金数量、再贴现期限等多方面具有严格限制，不到万不得已，一般不会使用。

③回购协议。回购协议是一种获取短期资金融通的融资方式，短则隔夜，长也只有几个月。其需要金融资产作为抵押品，通过暂时出售金融资产获取资金并按协议规定的时间和价格买回之前出售的金融资产的方式。

④公众借款。商业银行通过发行金融债券融资，面对的对象主要是企业或个人。

⑤境外借款。境外借款是向境外的国际金融市场借入境外货币，如向欧洲货币市场借款。

（3）其他负债。其他负债包括应付工资、应付利息、应付税收等内容。其中，应付工资是银行对单位员工个人的一种负债，是银行使用职工的知识、技能、时间、精力所给予职工的一种补偿（报酬）。目前"应付职工薪酬"科目除核算工资、福利费以外，还包括工会经费、职工教育经费、社会保险、住房公积金等。

中国工商银行 2018 年负债见表 4 - 1。

表 4 - 1   中国工商银行 2018 年负债   单位：元

项目	2018 年 12 月 31 日		2017 年 12 月 31 日	
	金额	占比/（%）	金额	占比/（%）
客户存款	21 408 934	84.4	19 562 936	81.7
同业及其他金融机构存放和拆入款项	1 814 495	7.2	1 706 549	7.1
卖出回购款项	514 801	2	1 046 338	4.4
已发行债务证券	617 842	2.4	526 940	2.2
其他	998 585	4	1 103 224	4.6
负债总计	25 354 657	100	23 945 987	100

资料来源：中国工商银行 2018 年年度报告。

2. 证券公司负债业务的构成

证券公司的负债是指证券公司所承担的能以货币计量、需以公司资产偿还的债务。证券公司的负债总额由两部分组成：一部分为流动负债，即将在一年内偿还的债务，包括短期借款、应付票据、应付账款、应付工资、应交税收等；另一部分为长期负债，指偿还期在一年以上的债务，包括长期借款、应付债券、长期应付款项等。概括而言，从来源看主要包括同业拆借、信贷融资和回购协议等。

（1）同业拆借。同业拆借或称同业拆款、同业拆放、资金拆借，又称同业拆放市场，它是金融机构之间进行短期、临时性头寸调剂的市场。它是指具有法人资格的金融机构及经法人授权的金融分支机构之间进行短期资金融通的行为，在一些国家特指吸收公众存款的金融机构之间的短期资金融通，目的在于调剂头寸和临时性资金余缺。金融机构在日常经营中，由于存放款的变化、汇兑收支增减等原因，在一个营业日终了时，往往出现资金收支不平衡的情况，一些金融机构收大于支，另一些金融机构支大于收，资金不足者要向资金多余者融入资金以平衡收支，于是产生了金融机构之间进行短期资金相互拆借的需求。资金多余者向资金不足者贷出款项，称为资金拆出；资金不足者向资金多余者借入款项，称为资金拆入。

（2）信贷融资。信贷融资是指证券公司为满足自身经营的需要，同金融机构（主要是银行）或者信誉比较好的融资公司签订协议，借入一定数额的资金，在约定的期限还本付息的融资方式。向金融机构申请贷款是证券公司融资的主要方式。信贷融资按期限不同可以分为短期贷款、中期贷款、长期贷款；按有无担保品可以分为信用贷款、担保贷款；按资金来源不同可以分为政策性银行贷款、商业银行贷款、保险公司贷款等。信贷融资比债券融资更加迅速方便。我国证券公司发行债券通常需要向有关管理机构申请报批等，同时还要做一些印刷、宣传等准备工作，而申请信贷可由借贷双方直接协商而定，手续相对简便得多。

（3）回购协议。回购协议也称正回购协议，广义上是指有回购条款的协议；狭义指在回购协议市场出售证券等金融资产时签订的协议，约定在一定期限后按原定价格或约定价格购回所卖证券，以获得即时可用资金；协议期满时，再以即时可用资金做相反交易。回购协议从即时资金供给者的角度来看又称为"反回购协议"或"逆回购协议"。回购协议的特点：一是将资金的收益与流动性融为一体，增加了投资者的兴趣。投资者完全可以根据自己的资金安排，与借款者签订"隔日"或"连续合同"的回购协议，在保证资金可以随时收回移作他用的前提下，增加资金的收益。二是增强了长期债券的变现性，避免了证券持有者因出售长期资产不易变现而可能带来的损失。三是具有较强的安全性。回购协议一般期限较短，并且又有 100% 的债券作抵押，所以投资者可以根据资金市场行情变化及时抽回资金，避免长期投资的风险。四是较长期的回购协议可以用来套利。如以较低的利率用回购协议的方式取得资金，再以较高利率贷出，可以获得利差。

证券公司负债构成见表 4-2。

表 4-2		中信证券负债构成		单位：元
报表日期	2018/12/31	2018/9/30	2018/6/30	2018/3/31
短期借款	565 670.98	624 386.90	708 097.65	937 606.44
其中：质押借款	—	—	—	—
应付短期融资款	1 805 934.48	1 216 670.29	2 869 219.01	4 166 444.92
拆入资金	1 931 486.67	1 422 100.08	883 896.61	460 000.00
交易性金融负债	4 764 583.85	5 303 913.31	4 960 623.38	4 712 072.77
衍生金融负债	931 189.89	869 734.80	760 052.30	1 263 467.33
卖出回购金融资产款	12 166 902.71	9 064 621.31	9 978 953.21	12 002 467.79
代理买卖证券款	9 777 399.72	10 731 262.36	13 035 208.00	11 746 267.90
代理承销证券款	14 750.68	14 957.33	10 971.66	8 634.93
应付职工薪酬	1 209 399.36	1 125 899.07	1 061 748.46	1 198 669.48
应交税费	287 299.76	180 915.70	155 406.33	168 184.95
应付账款	3 794 193.19	3 442 412.65	3 535 787.24	3 034 257.38
应付利息	—	281 903.64	247 874.37	317 175.79
长期借款	148 990.60	112 012.11	111 838.77	111 838.77
应付债券款	11 659 170.13	10 644 333.57	10 949 440.65	9 628 318.94
递延所得税负债	196 760.76	256 847.30	282 989.07	306 227.26
预计负债	648.55	44 215.22	44 215.22	44 215.22
其他负债	339 997.00	442 123.75	830 564.82	345 125.22
负债合计	49 630 122.12	45 778 309.40	50 426 886.73	50 450 975.09

资料来源：中信证券 2018 年年度报告。

3. 保险公司负债业务的构成

对保险公司而言，除自有资金外，其他资金均为企业的负债。它包括各项保费收入和储金、各项借入资金、与其他金融机构往来资金、各种应付（包括融资租入固定资产应付款）和预收款项及其他负债。

（1）保费收入。保费收入是保险公司为履行保险合同规定的义务而向投保人收取的对价收入。保费收入所带来的经济效果是现金资产的流入，并且保险公司利用资金流入与流出的时间差，通过资金运用以及对保险风险的集中与分散的管理，形成损益，与其他行业存在明显的差异。同时，短期保险业务保费收入与长期保险业务保费收入也存在内涵上的差异。对于短期保险业务，保险人所收到的保费由于保险期间与会计期间的不一致，造成当期所收取的保费与保险风险时间上的不匹配，因此，根据权责发生制的会计基础，保险风险未经过期间的收入应通过负债进行相应的调整。对于长期保险业务，实行均衡保费方式，但由于保险风险的不均衡性，造成投保人所缴纳的保费与保险实际需要的保费在保险初期存在一定的差异，在财务上产生保费的溢缴情况，其溢缴保费是保险负债的重要组成部分。

（2）承保盈余。承保盈余是保险公司平时的保险收支结余，即承保盈余＝保费收入－保险赔款支出－各种准备金。财产保险和短期人身保险的承保盈余就是保费收入减去保险赔款支出，再扣除各种准备金后的余额。人寿保险的承保盈余包括死差益、利差益、费差益及解约失效收益等。

（3）其他投资资金来源。保险资金的来源可从不同角度分析，其基本来源有准备金和其他投资资金，以及结算中形成的短期负债、企业债券等。

①准备金。责任准备金是保险公司按法律规定为在保险合同有效期内履行经济赔偿或保险金给付义务而将保费予以提存的各种金额。准备金一般包括未到期责任准备金、未决赔款准备金和总准备金。在我国准备金则包括未到期责任准备金、未决赔款准备金和保险保障基金。

②其他投资资金。在保险经营过程中，还存在其他可用于投资的资金来源，主要包括结算中形成的短期负债、未分配利润、公益金、企业债券等。这些资金可根据其期限的不同作相应的投资。

a. 短期负债。短期负债也称流动负债，是指将在一年（含一年）或者超过一年的一个营业周期内偿还的债务，包括短期借款、应付票据、应付账款、预收账款、应付工资、应付福利费、应付股利、应交税金、其他暂收应付款项、预提费用和一年内到期的长期借款等。

b. 企业债券。企业债券通常又称为公司债券，是企业依照法定程序发行，约定在一定期限内还本付息的有价债券。公司债券的发行主体是股份公司，但也可以由非股份公司的企业发行债券，所以，一般归类时，公司债券和企业发行的债券合在一起，可直接称为公司（企业）债券。

平安保险公司负债见表4－3。

表4－3		平安保险公司负债		单位：元
报表日期	2018/12/31	2018/9/30	2018/6/30	2018/3/31
短期借款	9 362 700.00	9 380 200.00	10 055 700.00	9 693 500.00
拆入资金	2 460 600.00	2 343 200.00	2 543 500.00	1 907 900.00
交易性金融负债	1 697 500.00	1 599 300.00	1 870 900.00	1 502 900.00
衍生金融负债	2 224 700.00	2 152 100.00	1 989 000.00	2 292 200.00
卖出回购金融资产	18 902 800.00	10 126 100.00	9 636 100.00	11 016 800.00
预收账款	—	326 900.00	284 600.00	479 800.00
预收保费	4 722 700.00	1 839 200.00	1 943 900.00	1 821 400.00
应付手续费及佣金	1 119 500.00	1 136 800.00	1 161 200.00	1 120 400.00
应付分保账款	1 058 700.00	1 297 200.00	1 293 400.00	1 205 700.00
应付职工薪酬	3 599 900.00	3 380 700.00	3 025 400.00	2 869 900.00
应交税费	3 999 500.00	3 121 200.00	2 493 700.00	4 639 900.00
应付利息	—	3 365 900.00	3 464 200.00	3 486 100.00
应付赔付款	5 167 900.00	4 919 600.00	4 847 600.00	4 685 900.00
应付保单红利	5 259 100.00	5 119 200.00	5 000 500.00	4 842 300.00
保户储金及投资款	62 291 500.00	61 340 100.00	59 964 500.00	58 163 600.00
未到期责任准备金	—	—	—	—
未决赔款准备金	—	—	—	—
寿险责任准备金	—	—	—	—
长期健康险责任准备金	—	—	—	—
长期借款	14 806 900.00	13 138 800.00	12 432 000.00	12 044 800.00
应付债券	55 687 500.00	47 663 000.00	49 538 700.00	46 956 100.00
独立账户负债	3 630 800.00	3 915 400.00	4 059 600.00	4 254 000.00
递延所得税负债	1 847 600.00	2 219 100.00	2 108 400.00	2 291 700.00
预计负债	—	—	—	—
其他负债	21 453 200.00	24 142 100.00	26 513 500.00	26 476 600.00
负债合计	645 931 700.00	626 049 900.00	621 633 900.00	610 835 300.00

资料来源：平安保险公司2018年年度报告。

4.1.3 金融机构负债业务管理的基本原则

1. 金融机构负债业务管理的含义

金融机构的负债业务管理是指金融机构管理者对其持有的负债的类型、数量及其组合做出决策的一种综合性资金管理方法。有效的负债管理能以尽可能低的成本获取所需的资金，为金融机构的盈利目标打下基础。此外，其能避免过多购入资金，减少因应付负债提取而对大量流动性资产的需求，维护金融机构资产的流动性。

2. 金融机构负债业务管理的基本原则

金融机构负债业务管理的目标是为金融机构争取流动性大、稳定性强、吸存方式灵活多样的各种资金来源，以扩大金融机构的资产运用能力。同时，还要不断调整负债结构，以短续长，以小聚多，来适应资产结构的需要和收益的实现。因此，金融机构负债业务管理必须遵循以下基本原则。

（1）依法筹资原则。金融机构经营的高风险决定了金融机构在筹资过程中必须严格遵循有关法律法规，不能进行违法筹资和违规筹资活动。依法筹资包括对三个方面的限定：首先，金融机构必须通过法律规定的渠道和在法律规定的范围进行筹资，不能超范围吸收资金；其次，金融机构在筹资时应当遵循相关的利率政策；最后，不能以不正当的手段吸收资金，否则将承担相关法律责任。

（2）成本控制原则。金融机构的经营目标是获得盈利，负债业务能为金融机构提供经营的资金来源，也会给金融机构带来经营成本和利息费用。金融机构以负债形式筹集资金时，必须考虑金融机构的成本负担能力和经营效益。金融机构负债管理的目的是以较少的成本获得尽可能大的资金来源，从而获得较高的利润。所以，成本控制在负债管理中是一项重要内容。

（3）结构合理原则。金融机构的负债具有不同来源、不同期限、不同工具的特点，因此它们也有不同的成本和风险。所以金融机构在负债管理中，必须综合考虑各方面因素，建立一个合理、稳定的负债结构。

4.2 金融机构负债管理理论和方法

金融机构负债管理理论是随着金融机构的发展和金融工具的创新而不断发展完善的，负债管理理论包括存款理论、购买理论、销售理论等。保险业在负债管理方面的研究则起步较晚。金融机构负债管理方法主要有储备头寸负债管理法和贷款头寸负债管理法。

4.2.1　负债管理理论

1. 负债管理理论的产生和发展

（1）负债管理理论的产生。负债管理理论产生于 20 世纪 50 年代末期，盛行于 60 年代。当时，世界经济处于繁荣时期，生产流通规模不断扩大，对银行的贷款需求也不断增加。在追求利润最大化的目标下，银行希望通过多种渠道吸收资金、扩大规模。与此同时，欧洲货币市场的兴起，通信手段的现代化，存款保险制度的建立，大大方便了资金的融通，刺激了银行负债经营的发展，也为负债管理理论的产生创造了条件。负债管理理论的产生是与 20 世纪五六十年代的经济、金融环境的变化相适应的。其产生的原因有以下几个方面。

①金融市场和非银行金融机构迅速发展。伴随西方各国在第二次世界大战后经济的稳定增长，金融市场迅速发展，非银行金融机构与银行业在资金来源的渠道上展开了激烈的争夺。银行为了在竞争中谋求生存与发展，必须开辟新的资金来源渠道，扩大资产规模，提高盈利水平。

②各国都加强了金融管制。20 世纪 30 年代美国的大危机之后，各国都加强了金融管制，制定银行法，对利率实施管制。尤其是存款利率的上限规定，使银行不能以利率手段来吸取更多的资金。20 世纪 60 年代以后，西方各国普遍出现通货膨胀，货币市场利率不断攀升，吸引了大量投资者，投资渠道的多元化使银行存款受到威胁。在这种情况下，银行不得不调整管理策略，从各种渠道来筹措资金。

③金融创新为商业银行扩大资金来源提供了可能性。1961 年花旗银行率先发行了大额可转让定期存单，随后又出现了诸如回购协议等多种新的融资工具。这些流动性很强的新型融资工具极大地丰富了银行的资金来源渠道，为银行主动型负债创造了条件。

④西方各国存款保险制度的建立和发展，也激发了银行的冒险精神和进取意识。在这种背景和经济条件下，20 世纪六七十年代负债管理理论盛行一时。

（2）负债管理理论的发展。

①存款理论。存款理论是商业银行负债业务管理的重要理论，它强调依靠客户的意愿组织存款，遵循安全的原则管理存款，根据存款的状况安排贷款，参考贷款的收益支付利息；不赞成盲目发展存款和贷款，不赞成冒险谋取利润和支付代价。

存款理论的基本观点是：第一，存款是商业银行最主要的资金来源，是其资产业务的基础；第二，尽管银行可以采用许多方法去争取存款，但存款能否形成最终决定于存款人的意志，即存与不存、存多存少都是存款人自主决策的结果；第三，银行在吸收存款过程中是被动的，为保证银行经营的安全性和稳定性，银行的资金运用必须以其吸收存款沉淀的余额为限；第四，存款应当支付利息，利息作为对存款人放弃存款流动性的报酬，付出的利息构成银行的成本，因为无论是存款人还是商业银行都十分关心存款的安全问题；第五，在正常情况下，存款是具有稳定性的，即使是活期存款也应有一个相对稳定的余额可以运用。第六，存款可以分为初始存款和派生存款两类，利用支票账户创造派生存款，使商业银行具有扩张信用的功能，但这种功能要受中央银行货币政策的制约。

存款理论的主要特征是它的稳健性和保守性，强调应按照存款的流动性来组织贷款，将安全性摆在首位，反对盲目存款和贷款，反对冒险谋取利润。

存款理论的缺陷在于它没有认识到银行在扩大存款或其他负债方面的能动性，也没有认识到负债结构、资产结构及资产负债综合关系的改善对于保证银行资产的流动性、提高银行盈利性等方面的作用。

②购买理论。购买理论认为银行对负债并不是消极被动和无能为力的，银行的流动性不仅可以通过加强资产管理获得，而且银行完全可以采取主动地负债、主动地购买外界资金等手段实现。因此，银行没有必要保持大量高流动性资产，而应将它们投入高盈利的贷款或投资之中，一旦出现流动性需要，随时可通过负债管理来满足。

购买理论的基本观点：第一，商业银行对存款不是消极被动的，而是可以主动出击，购买外界资金，除一般公众外，同业金融机构、中央银行、国际货币市场及财政机构等，都可以视为购买对象；第二，商业银行购买资金的基本目的是增强其流动性；第三，商业银行吸收资金的适宜时机是在发生通货膨胀时。此时，实际利率较低甚至为负数，或实物投资不景气而金融资产投资较为繁荣，通过刺激信贷，扩大信贷规模以弥补利差下降的银行利润。

购买理论的最主要特征在于其主动性，银行应以积极的姿态，主动地负债，主动地购买外界资金。它是在存款理论之后出现的一种负债理论。购买理论对存款理论做了很大的否定，认为银行对负债并非消极被动，无能为力，而是完全可以主动出击的；银行购买外界资金的目的是保持流动性，银行在负债方面有广泛的购买对象，最主要的手段是直接或间接提高资金价格，如高利息、隐蔽补贴、免费服务等高于一般利息的价格。

③销售理论。销售理论是产生于 20 世纪 80 年代的一种银行负债管理理论。在金融改革和金融创新风起云涌，金融竞争和金融危机日益加剧的条件下，现代企业营销思想注入银行负债经营中，标志着负债管理理论发展的时代属性和新趋势。

销售理论的基本观点是：银行是金融产品的制造企业，银行负债管理的中心任务就是迎合顾客的需要，努力推销金融产品，扩大商业银行的资金来源和提高收益水平。该理论是金融改革和金融创新的产物，它给银行负债管理注入现代企业的营销观念，即围绕客户的需要来设计资产类或负债类产品及金融服务，并通过不断改善金融产品的销售方式来完善服务。

销售理论的最主要特征是推销金融产品和金融服务的营销策略。为此，银行应做到客户至上，竭诚为客户提供金融服务；善于利用服务手段达到吸收资金的目的，这就是要做到围绕客户的需要来设计服务，通过改进销售方式来完善服务。最为重要的是，销售观念要贯穿负债和资产两个方面，将资产与负债联系起来进行营销活动的筹划。

购买理论和销售理论都是从盈利性出发的，即为了满足商业银行追求最大限度盈利的要求，主动地通过从同业金融机构、中央银行、国际货币市场及财政机构借入（即购入）资金，或者为了迎合客户的需要，通过努力推销可转让存款单、回购协议、金融债券等金融产品，扩大零售银行资金来源，保证流动性，以提高银行的经济效益。购买理论和销售理论的出现促进了零售银行负债业务的创新，一些新的零售负债业务品种（如大额可转让存单等）应运而生。

2. 负债管理理论的评价

负债管理理论是以负债为经营重点，即以借入资金的方式来保证流动性，以积极创造负债的方式来调整负债结构，从而增加资产和收益。这一理论认为银行保持流动性不需要完全靠建立多层次的流动性储备资产，一旦有资金需求就可以向外借款，只要能借款，就可通过增加贷款获利。负债管理就是对资产负债表中负债项目的管理，即资金来源的管理，负债管理的基本目标是在一定的风险水平下，以最低的成本获取所需的资金。而负债管理的具体目标有负债数量稳步增长、负债成本下降、负债结构合理。

（1）负债管理理论的优点。负债管理理论主张以负债的方法来保证银行流动性的需要，使银行的流动性与盈利性的矛盾得到协调。同时，使传统的流动性为先的经营管理理念转为流动性、安全性、盈利性并重；使银行在管理手段上有了质的变化，将管理的视角由单纯的资产管理扩展到负债管理，使银行能够根据资产的需要来调整负债的规模和结构，增强了银行的主动性和灵活性，提高了银行资产盈利水平。

（2）负债管理理论的缺陷。负债管理过度依赖货币市场借入资金来维持银行的主动性，必然会受货币市场资金供求状况的影响，外部不可测因素的制约增加了银行的经营风险，借入资金要付出较高的利息，增加了银行的经营成本。因此，负债管理理论仍存在以下几个方面的缺陷：一是提高了银行的融资成本，因为借款成本通常要比存款利率高；二是增加了经营风险，市场是变幻难测的，当银行不能从市场借到相应的资金时，就可能会陷入困难；三是不利于银行稳健经营，短期资金来源比例增大，借短放长的问题日趋严重，银行如果不注意补充自有资本，那么风险会大大增加。

4.2.2　负债管理方法

1. 储备头寸负债管理法

储备头寸负债管理通过借入资金满足短期流动性需要，补充一级储备，以满足存款的提取和增加的贷款需求。这一方法可以使得商业银行有较高比例的收入资产，提高预期收入。但是，由于借入资金的成本难以确定，资金的借入有一定难度，因此会产生一定的风险。

储备头寸负债管理法是通过增加短期负债为银行有计划地提供流动性资金的管理方式，如图 4-2 所示。与资产管理的各种方法相比，储备头寸负债管理方法使银行增加了两个风险：一是借入资金的成本不能确定；二是有时可能借不到资金。

例如，在美国，储备头寸负债管理的主要工具是购买期限为一天的联储资金，或使用回购协议。这样，当一家银行的储备由于存款人提款或增加了对有收益的资产投放而暂时不足时，可通过购买联储资金来补充；而当储备有暂时盈余时，就售出联储资金。从这一点来说，这种负债管理方法提高了资金的运用效率，也减缓了银行体系由于储备的突然减少带来的震动性影响。但切不可把这种短期借入作为长期资金来源，因为一旦这些银行管理上出现问题并被公众知道时，它们就不可能在联储资金市场上再借到资金，结果就会面临破产。

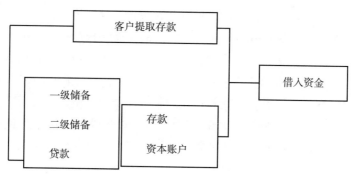

图 4 - 2　储备头寸负债管理法

2. 贷款头寸负债管理法

贷款头寸负债管理，首先通过不同利率来取得购入资金，以扩大银行贷款；其次，通过增加银行负债的平均期限，减少存款的可变性，从而降低银行负债的不确定性，如图 4 - 3 所示。贷款头寸负债管理是一种银行行业常用术语。它扩大了银行业务范围和创新了经营思想。贷款头寸负债管理是持续扩大银行资产负债规模的方法。银行发行大额可转让定期存单使用的就是此种管理方法。

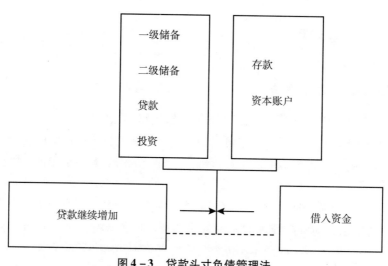

图 4 - 3　贷款头寸负债管理法

贷款头寸负债管理由两部分组成：计划部分，这一部分是银行有计划的经营安排，即增加负债，扩大贷款规模，获取利润；灵活反应的部分，这是银行经理人员用于抵销外部干扰对资产负债所造成的不良影响而采用的平衡砝码。

4.3　金融机构负债资金计划与资金成本

金融机构负债业务管理从制订资金计划开始，在明确发展性资金、流动性资金、利率敏感组合资金、再筹集资金等需求的基础上，确定资金来源目的、预计资金来源规模与种类、确定资金期限、确定资金来源控制与管理权限等资金来源计划，认真核算负债资金成本。

4.3.1　金融机构负债资金计划的制订

1. 明确资金需求

金融机构负债资金计划的制订必须建立在明确资金需求的基础上，金融机构的资金主要包括发展性资金需求、流动性资金需求、利率敏感组合资金需求和再筹资资金需求等方面。

（1）发展性资金需求。发展性资金是金融机构在发展过程中用来进行技术开发、产品研发、市场开拓的资金。这部分资金的需求量很大，为了实现金融机构总体计划所确定的资产增长目标、预期利润目标，仅仅依靠金融机构自身的力量是不够的，因此可以采取增资扩股、银行贷款的方式解决。

（2）流动性资金需求。流动性资金需求是指金融机构能够随时应付客户提取资金，满足必要资产需求的能力。从保证这种支付能力来说，流动性应包含两种意义：一是指资产的流动性；二是指负债的流动性。资产的流动性是指在金融机构资产不发生损失的情况下迅速变现的能力；负债的流动性是指金融机构能以较低的成本随时获得所需要的资金的能力。从存量角度看，流动性是所持资产的变现能力。从流量角度看，流动性又是获得资金的负债能力。概括地讲，金融机构的流动性资金需求，是指金融机构资产在亏损状态迅速变现的能力，或者说是以现金资产来保证必要的支付能力。

（3）利率敏感组合资金需求。利率敏感性指的是资产的利息收入与负债的利息支出受市场利率变化影响的程度，以及它们对市场利率变化的调整速度。如果利率浮动的资产和负债，其利率随市场利率的变化而变化，那么它就是利率敏感性资产和负债；相反，利率固定的资产与负债就不是利率敏感性的。利率敏感性分析通过资产与负债的利率、数量和组合的变化来反映利息收支的变化，从而分析它们对利息差和收益率的影响，并在此基础上采取相应的缺口管理。利率敏感性缺口等于一个计划期内利率敏感性资产与利率敏感性负债之间的货币差额。通过对利率的预测，可以采用不同的缺口战略，从而实现利润最大化：如果预测利率上升，可采用正缺口战略；如果预测利率下降，可以采用负缺口战略；如果预测利率不变，则可以采用零缺口战略。为达到筹资组合、降低利率风险的目的，会形成对某特定类型负债的特别需求。

（4）再筹资资金需求。再筹资资金需求指当某一项资金来源到期后，必须重新筹集该类资金形成的需求。再融资可以通过配股、增发和发行可转换债券等方式在证券市场上进行融资，也可以通过银行贷款方式进行间接融资。

2. 资金来源计划的主要内容

（1）确定资金来源应达到的目的。负债资金来源计划的第一步就是对各种资金的资格进行验收，确定资金来源的安全性及持续性是负债资金来源计划的奠基石。

（2）预计资金来源规模与种类。金融机构对负债应该提前知道资金的来源，并对负债资金来源计划的资金规模提前做好部署，对哪一类进行负债应该提早思考。

（3）保证重点项目的资金使用。风险的控制是金融机构负债管理的核心部分，金融机构应该控制大额项目的风险，清楚其重点项目的去向和收益率，以达到理想的收益。

（4）确定各种资金的期限。风险管理的本质就是控制资金的金额和期限，合理的组合资产可以使得负债资金有很好的流动性，使得负债利用率最高。

（5）确定资金来源控制与管理权限。对于各种资金来源应该设置一定的控制与管理权限，明确责任，控制成本，控制使用方向。

4.3.2　金融机构负债成本计算

1. 负债成本的构成

负债成本是金融机构成本的主要组成部分，是金融机构在组织资金来源过程中所花费的开支。负债成本包括利息成本和非利息成本两大部分，其中非利息成本又包括劳务费、印刷费、广告费、差旅费、设备费和房屋租赁费等。金融机构负债成本管理中涉及的成本概念主要有以下几个：利息成本、营业成本、资金成本、可用资金成本、相关成本、加权平均成本、边际存款成本构成。

（1）利息成本。利息成本指银行按约定的存款利率与存款金额的乘积，以货币形式直接支付给存款人的报酬。存款利率有固定利率和可变利率之分。目前我国的存款一般按固定利率计息。可变利率则是按一定期限浮动的利率，通常以市场不断变化的某种利率为基础，如美国以国库券利率为基础。

（2）营业成本。营业成本也称为其他成本或服务成本，指除利息以外的其他所有开支，包括柜台和外勤人员的工资、广告宣传费、折旧摊提费、办公费，以及为存户提供其他服务的费用等。营业成本又可进一步划分为变动成本、固定成本和混合成本等。在我国，由于利息成本基本由国家统一规定，营业成本就成为银行成本控制的重点。

（3）资金成本。资金成本指为服务客户存款而支付的一切费用，包括利息成本和营业成本之和。资金成本率计算公式为

$$资金成本率 = \frac{利息成本 + 营业成本}{吸收的全部存款资金} \times 100\%$$

（4）可用资金成本。可用资金成本也称为银行的资金转移价格，指银行可用资金所应负担的全部成本。它是确定银行营利性资产价格的基础，因而也是银行经营中资金成本分析的重点。因为银行所吸收的存款资金不能全部用于营利性资产，只有在扣除法定存款准备金和必要的超额准备金后，才能用于贷款和投资。

（5）相关成本。相关成本指与增加存款有关，但未包括在以上四种成本之中的支出。它主要有以下两种。

①风险成本。风险成本指因存款增加引起银行风险增加而必须付出的代价。如利率敏感性存款增加会增加利率风险，可变利率存款取决于市场利率变动的风险，保值储蓄贴补率取决于物价指数上涨的风险等。存款总额增加提高了负债与资金的比例，从而使资本风险增加等。

②连锁反应成本。连锁反应成本指银行因新吸收存款增加了服务和利息支出，而引起对原有存款增加的开支。如过去我国定期储蓄存款的利率就高不就低，提高利率时，不仅新增存款的利率提高，而且已有全部存款的利率都相应提高，从而增加了银行的利息支出。

（6）加权平均成本。加权平均成本是指存款资金的每单位平均借入成本。其计算公式为

$$银行全部存款资金的加权平均成本 = \frac{\sum 每种存款资金来源的量 \times 每种存款的单位平均成本}{各类存款资金来源的总量}$$

$$X = \frac{\sum fx}{\sum f}$$

式中，X 为银行全部存款资金的加权平均成本；f 为每种存款资金来源的量；x 为每种存款的单位平均成本。

（7）边际存款成本。边际存款成本是指银行增加最后 1 个单位存款所支付的成本。其计算公式为

$$边际存款成本 = \frac{增加利息 + 新增营业成本}{新增存款资金}$$

2. 负债成本的分析方法

金融机构进行负债成本分析的目的有两个：一是在资金市场上寻求成本最低的资金组合；二是确定银行资产要求的最低回报率。主要的负债成本分析方法包括平均历史成本法、边际成本法和加权平均预计成本法三种。

（1）平均历史成本法。资金的平均成本是指银行为筹集单位资金所花费的成本。银行通常根据历史数据计算各种资金来源的平均成本。

$$银行负债平均成本 = \frac{利息支出 + 非利息支出 - 非利息收入}{负债平均余额} \times$$

$$(1 - 浮差比率) \times (1 - 存款准备金率)$$

$$单项资金来源的平均历史成本率 = \frac{利息支出 + 非利息支出}{可投资资金金额}$$

$$全部资金来源的加权平均历史成本率 = \sum c_i w_i$$

式中，c_i 为第 i 种资金来源的平均历史成本率；w_i 为权数，等于第 i 种资金来源在银行获得的资金总额中所占的比例。

【例 4 - 1】G 银行的负债项目表见表 4 - 4。

表 4 - 4   G 银行的负债项目表

银行资金来源	平均金额/万美元	平均利率/（%）
非付息活期存款	10 000	0
付息交易账户	20 000	7
储蓄存款	10 000	5
定期存款	50 000	8
货币市场借入资金	10 000	6

此外，银行为吸收资金还要支出一些营业成本，假设这些支出总共为 1 000 万美元。这些资金能用于贷款和投资的比例为 75%。计算：①银行资金的平均利息率。②银行资金的全部成本率。③银行可用资金成本率。

解： ①银行存款及借入资金总额 = 10 000 + 20 000 + 10 000 + 50 000 + 10 000 = 100 000（万美元）

银行存款及借入资金的利息总额 = 10 000 × 0 + 20 000 × 7% + 10 000 × 5% + 50 000 × 8% + 10 000 × 6% = 6 500（万美元）

银行资金的平均利息率 = 6 500 ÷ 100 000 × 100% = 6.5%

②银行资金的全部成本率 = （6 500 + 1 000）÷ 100 000 × 100% = 7.5%

③银行可用资金成本率 = [（6 500 + 1 000）÷（100 000 × 7.5%）] × 100% = 10%

平均历史成本法适用于评价银行过去的经营状况，既可以对不同银行的各种负债成本进行横向对比分析，也可以对同一银行历年负债成本的变动进行纵向比较分析。但是它也有不足，即没有考虑到未来利息成本的变动，从而不适用于对未来资产业务的可行性研究。下面介绍的边际成本法可以弥补这一缺陷。

（2）边际成本法。银行负债的边际成本是指银行每增加 1 个单位的资金需支付的成本。与之对应的银行资产的边际收益是指每增加 1 个单位的资产带来的额外收益。银行可以通过比较负债的边际成本和资产的边际收益来决定是否筹集新的资金。只有当银行资产的边际收益大于负债的边际成本时，银行的筹资行为才是可行的。负债的边际成本是指通过吸收存款或主动借款获得 1 个单位新增可投资资金所要付出的融资成本。

$$单项债务资金的边际成本率 = \frac{利率 + 非利息成本率}{1 - 用于非盈利性资产的资金比例}$$

$$全部资金来源的加权平均边际成本率 = \sum w_j k_j$$

式中，k_j 为第 j 种资金来源的个别筹资成本；w_j 为权数，等于预计从该来源筹集的资金金额除以负债和股本的总额。

【例 4 - 2】单一来源资金的边际成本率计算。

假如某银行决定通过发行 90 天期的定期存单筹措 100 万美元资金。90 天期定期存单的现行市场利率为 9%，发行与办理费用（服务成本）的年利率为 0.26%，广告与推销费用（购置成本）的年利率为 0.4%，存款保险公司的存款保险费率为 0.04%，法定准备金比率为 3%。要求计算资金边际成本率。

解：

$$资金边际成本率 = \frac{利息成本 + 购置成本 + 服务成本 + 存款保险费}{1 - 法定存款准备金比率}$$

$$= \frac{9\% + 0.4\% + 0.26\% + 0.04\%}{1 - 3\%}$$

$$= 10\%$$

【例 4 - 3】多种来源资金加权平均的边际成本率计算，见表 4 - 5。

表 4 - 5　　　　　　　　　　　　　　W 银行负债项目表

银行资金来源	平均金额/万美元	利息和非利息成本率占各种资金来源的比例/（%）	法定准备金、保险费和应收款等扣除占各种资金成本的比例/（%）
新增加资金总额	40 000	—	—
支票存款	10 000	10	15
定期和储蓄存款	20 000	11	5
货币市场借入资金	5 000	11	2
股东资本	5 000	22	0

要求： 计算资金边际成本率。

解： 加权平均的边际成本率 $= \dfrac{1}{新增加资金总额}$ [支票存款新增加资金总额 ×

$\dfrac{支票存款利息与非利息成本率}{1 - 法定存款准备金等扣除率} +$

定期和储蓄存款新增加资金总额 ×

$\dfrac{定期和储蓄存款利息与非利息成本率}{1 - 法定存款准备金等扣除率} +$

$$货币市场借入资金新增加资金总额 \times$$

$$\frac{货币市场借入资金利息与非利息成本率}{1 - 法定存款准备金等扣除率} +$$

$$股东资本新增加资金总额 \times$$

$$\left.\frac{股东资本利息与非利息成本率}{1 - 法定存款准备金等扣除率}\right]$$

$$= 1/40\,000\left[\,(10\,000 \times 10\%)/(1 - 15\%) + (20\,000 \times 11\%)/(1 - 5\%) + (5\,000 \times 11\%)/(1 - 2\%) + (5\,000 \times 22\%)/(1 - 0\%)\,\right] = 12.88\%$$

4.4 金融机构负债业务管理策略

金融机构的负债通常按照期限分为短期负债和长期负债，短期负债是一年以内的负债，长期负债是一年以上的负债。无论是短期负债还是长期负债，在负债规模、负债结构、负债成本、负债产品创新、负债筹措时机等方面采取不同的策略是提高金融机构负债业务管理效率的关键。

4.4.1 负债规模管理策略

1. 影响负债规模的因素

（1）经济发展水平。经济发展水平高的国家或地区，由于企业经济效益比较好，居民的收入水平较高，银行吸收的存款多，负债规模会扩大。从银行存款规模的影响来看，宏观上，一国存款的供给总量主要取决于该国国民经济发展的总体水平，企业存款的增减变动，则主要取决于社会再生产的规模和企业经营状况；个人存款的增减变动，则主要取决于收入水平。企业经营状况好，个人收入水平高都有可能增加银行的存款规模。此外，在经济发展水平高的国家或地区，如果金融机构要通过金融市场融入资金也比较容易，借款负债或非存款负债也会增加。

（2）各种政策法规。中央银行在实施货币政策对经济进行调控时，不同的政策措施，如提高或降低法定存款准备金率和再贴现率，在公开市场上买进或卖出有价证券，都会直接或间接地影响金融机构的负债规模。国家的税收政策也会对金融机构的负债规模产生影响，主要体现在税种的设置和税率的高低上，如对储蓄存款征收利息税、财产税、遗产税等税种，都会对储蓄存款产生直接的影响。如果国家制定一些约束或规范金融机构的金融法规，如对业务范围、机构设置、利率进行限制等，也会在一定程度上影响金融机构的负债规模。

（3）市场利率水平和服务收费。在市场经济条件下，市场利率水平直接影响着金融机构负债规模，如银行的存款利率高，对社会公众的吸引力大，存款市场份额就可能增大，存款负债就会增加；如果市场利率低，金融机构融资成本低，可能会增大借款规模。金融机构的服务收费标准也会影响负债规模，如银行按照地域服务成本收费，实际是对存款人暗中进行利息补贴；按服务成本收费，也是对存款人的一种优惠，都会在一定程度上吸引存款人，增加存款负债。

（4）资产规模和信誉。金融机构的资产规模和资产质量是其实力和信誉的标志，对金融机构的负债规模有直接影响。客户愿意把自己的资金投向资产规模大和信誉好的金融机构，这类金融机构的负债规模就会增加；反之，资产规模小和信誉差的金融机构就比较难于筹集到资金。

（5）负债产品和服务质量。负债产品多样和新颖也能吸引客户，无论是存款负债还是借款负债，负债产品的不断创新和多种多样都会带来负债规模的扩大。例如，银行推出可转让存单、货币市场存款、协定存款等创新产品，都会带给客户方便和利益，扩大存款规模。此外，随着计算机网络技术的发展，电子银行、网络银行、智能银行等的出现和应用，促进了金融机构服务的自动化，大大方便了客户存取资金和结算，服务更加方便、快捷、廉价、优质，可促进负债规模的扩大。

2. 优化负债规模管理策略

（1）根据盈利资产规模确定负债规模。虽然负债规模决定和制约着资产规模，金融机构一般通过扩大负债规模来扩大资产规模，进而增加效益，但资产规模却在很大程度上决定和引导着负债规模。当资产规模大且盈利水平高时，可以适当扩大负债规模；否则，可以减小负债规模。

（2）根据边际成本收益曲线确定负债规模。边际成本指的是每一单位新增生产的产品带来的总成本的增量。边际收益是指增加一单位产品的销售所增加的收益，即最后一单位产品的售出所取得的收益，利润最大化的一个必要条件是边际收益等于边际成本，此时边际利润等于零，达到利润最大化，因此可以根据边际成本收益曲线确定适度的负债规模。

（3）负债规模保持适度，控制在最佳量上。从银行经营管理的角度看，一家银行的存款量应限制在其贷款的可发放程度及吸收存款的成本和管理负担之承受能力的范围内。如超过这一程度和范围，就属于不适当的存款增长，反而会给银行经营带来困难。因此，银行对存款规模的控制，要以存款资金在多大程度上被实际运用于贷款和投资为评判标准。若存款的期限结构既能满足银行资产业务的需要，又能适当降低成本，存款的品种结构既能满足资产结构的要求，又能满足客户的多样化需求，其规模就是合理的规模。另外，借款是金融机构实现流动性、盈利性目标所必需的，然而并非借款越多越有利，因为借入资金有时比吸收存款付出的代价更高。如果借款付出的代价超过因扩大资产规模而获取的利润，则不宜继续增加借款，而应通过调整资产结构的方法来保持流动性，或者通过进一步挖掘存款潜力的方法扩大资金来源。在资产负债管理中，必须全面权衡流动性、安全性、盈利性三者之间的利弊，测算出一个适度的借款规模。

4.4.2 负债结构管理策略

1. 负债结构的种类

负债结构是指金融机构不同种类、期限的负债在负债总额中所占的比率。负债结构包括负债的期限结构、利率结构、币种结构、成本结构等。负债结构决定着资产的运用方向和结构特征。负债结构是否合理，对资产结构的确定，以及整个金融机构的经营管理都有重要的影响。因此，金融机构必须重视对负债结构的调整，保持不同种类和期限负债的合理比率。例如，资本与负债的比率，存款负债占总负债的比率，定期存款和活期存款各占的比率，对中央银行负债和对同业负债的比率，高息、低息、无息的负债与总负债的比率，自身业务负债与代理业务负债的比率，多次还本付息负债的比率等。合理配置负债结构，除负债结构本身外，在某种程度上还取决于资产结构的合理匹配。资产与负债是商业银行经营中同一事物的两个方面。所以在搞好负债结构调控的同时，还应注意资产结构的合理安排。

（1）期限结构。期限结构是理论上的零息债券收益率曲线，或即期利率曲线，是债券市场相对定价的一个基准。如果市场上有完整的零息债券收益率曲线，则任何债券的未来现金流都可以用该曲线上相应的收益率去分别贴现，求和可得到该债券的价值。

（2）利率结构。利率结构是指利率体系中各种利率的组合情况。利率结构包括风险结构和期限结构。利率的风险结构是指期限相同债券在违约风险、流动性和所得税规定等因素作用下各不相同的利率间的关系；利率的期限结构是指债券的到期收益率与到期期限之间的关系。

（3）币种结构。币种结构是指外汇储备的币种构成及各币种在外汇储备总额中所占的比例。这些币种汇率的变动，会导致不同币种的债务发生变化。因此，我们要研究的外债币种结构的核心问题是如何在汇率不定的情况下保持合理的币种结构，从而避免因不同币种汇率的变化所导致的损失。

（4）成本结构。负债资金成本主要包括利息成本、营业成本等。利息成本是按约定的货币形式直接支付给客户的报酬，营业成本是花费在吸收负债上的除利息之外的一切开支，包括广告费、职员薪金、设备折旧、办公费用等。成本结构是指各类成本在总资金成本中所占的比例或各成本项目占总成本的比例。

2. 影响负债结构的因素

影响负债结构的主要有以下因素。

（1）经营规模的大小。金融机构经营规模不同，资金波动性程度也不同，因为金融机构不同种类的负债具有不同的波动性。经营规模大的金融机构波动性负债比例可以稍大一些，但规模小的金融机构，波动性大的负债就应该少一些，以免给金融机构资金运用带来困难。

（2）资产运用的特点。在金融机构业务中，有些项目是因为有了某种资产才寻求对应的负债，从这个意义上讲，要求依据资产的运用安排负债的结构，以使可供长期支配的资金来源与被长期占用的资金保持基本平衡；可供金融机构短期支配的资金来源与被短期占用的资金保持基本平衡。

（3）资本的实力和结构。若金融机构资本实力雄厚，核心资本所占比例较大，满足存户提现的能力较强，则波动性较大的负债（主要指活期存款）比例就可以高一点；相反，资本实力较弱，核心资本较少，为了保证金融机构支付的需要，应尽量扩大波动性较小的负债比例（主要指定期存款），以增加负债的稳定性。

3. 优化负债结构管理策略

金融机构的负债渠道很多，如何安排各种负债在总负债总额中的比例，是一个重要的经营策略。从资金来源的成本结构看，一般应尽可能地多利用一些低息借款，少利用高息借款以降低负债成本。但在资产预期效益较高，低息借款又难以争取时，也可适当借入一些利息较高的资金。从国内外资金市场的借款成本看，如果从国际金融市场借款较国内便宜，可适当提高国际金融市场借款的比例；反之，则应降低它的比例。从中央银行的货币政策看，如中央银行提高再贷款利率和再贴现率，此时应减少向中央银行借款的比例；反之，则可适当增加向中央银行借款的比例。

4.4.3　负债成本管理策略

金融机构对负债的成本控制，主要取决于银行的利息成本、营业成本和风险成本等。商业银行控制负债成本的基本途径有两条：一是控制利率水平；二是控制其他成本支出。

1. 利息成本控制策略

在一个自由竞争的成熟的金融市场上，各类负债具有一个均衡的利率水平，各家商业银行付给客户的利息相差很大。因此，商业银行一般用间接的方法来控制利率水平。例如，商业银行可以组织本单位的研究力量或利用其他研究机构的研究成果来预测未来的利率走向。如果预测未来的利率是上升的，那么在给负债定价时，用固定利率代替浮动利率是减少利息支出的好方法；相反，如果预测未来的利率水平是下降的，那么商业银行就应该尽量采用浮动利率来给负债定价。又如，商业银行可以采取较为积极的筹资战略，多利用不太稳定而成本低的资金，而少利用稳定而成本高的资金，保持一个合理的负债结构。另外，商业银行可以提供优质的服务来弥补自身负债价格较低的不足，或者大规模调节负债结构，从而减少公众所要求的风险溢价。

2. 其他成本控制策略

控制其他成本支出的方法和思路有很多，如精简人员、提高管理水平、改善决策水平、使用先进的科学技术、注重规模经济等。适当精简人员可以节省工资、福利费用；提高管理水平可以节约管理费用；利用科学技术和各种自动化工具，特别是利用计算机技术、通信技术、云计算、大数据、互联网等，会大大减少手工劳动，大幅度地降低劳动成本和管理费用；注重规模经济会摊薄经营成本。

4.4.4　负债产品创新管理策略

金融机构要吸引更多的客户，必须对负债产品进行创新。创新主要体现在对产品基础要素的创新和产品的重新组合上。其创新点的政策突破口主要包括以下方面：期限、额度、计息方式、组合方式等。

1. 西方国家存款负债产品创新策略

（1）将传统存款产品的特征重新组合，创造出兼具两方面或多方面优势的存款产品。如可转让支付命令书账户、超级可转让支付命令书账户、现金管理账户、可支付利息的交易账户、股金汇票账户等。

（2）将存款产品与直接融资产品的特性进行某种组合，创造出在收益和安全性方面均有所兼顾的负债产品。

（3）在细分客户的基础上，开发针对特殊目标人群的负债产品。例如，理财服务，其形式：一种设计、开发收益较存款利率高的集合理财产品；另一种以一一对应的形式为其设计投资方案，力求使投资的风险、收益及流动性与客户的特殊需求相匹配。

（4）针对客户的融资需求，设计、开发对应的融资产品，包括融资方案的设计、融资产品的开发及市场推广、资金的后续管理等。

2. 存款负债产品的创新

目前，随着产品创新实践的推进，银行存款产品将更多的因素包含在产品定义中，除了目标客户、期限、利息、支取方式之外，还包括起存金额、续存的要求、漏存的应对措施、币种、日均余额、优惠、惩罚、对监管的规避、对客户行为的鼓励和引导、存款载体、存款凭证的转让性、存款凭证的样式、服务渠道、配套的服务、附加的服务等。

（1）从客户的维度进行负债端产品的创新。

①针对个人客户的负债端产品创新。通过对目标客户的收入状况、消费习惯、现金流结构、储蓄动机、心理特征等的分析，掌握客户的目标函数，在充分细分客户的基础上进行产品设计。例如，很多商业银行针对有子女上学的家庭推出了教育储蓄产品。汉口银行还推出了教育储蓄产品的升级版——学业特惠储蓄。有的商业银行针对家长给子女零花钱、压岁钱的情况设计了零花钱或压岁钱储蓄计划。国外商业银行在该主题下的创新包括子女入学储蓄、生产基金储蓄、青年结婚储蓄等。

②针对企业客户的负债端产品创新。不同的企业、不同的单位，其现金流结构差别

较大，所以对存款产品的要求也不尽相同。例如，很多商业银行针对资金往来频繁的企业，推出了智能通知存款。

③针对同业客户的负债端产品创新。目前商业银行提供的产品差异性不足，难以体现客户的独特需求。从趋势上看，无论是针对存款类机构的存款还是针对非存款类机构的存款，商业银行将在市场细分的基础上，推出更多的体现客户个性的负债产品。

（2）从产品定义的维度进行负债端产品的创新。

①通过对产品定义中某一个要素进行拓展与重设，创新负债产品。一是与综合贡献度进行挂钩，如与日均余额、虚拟利润等进行挂钩；二是与信贷等服务的准入进行间接挂钩，并进行利息抵扣，即客户活期账户的利息可以抵扣贷款利息，如天津银行的存抵贷产品；三是与期限等进行挂钩，鼓励长期存款。四是对利息支付方式进行创新，如平安银行的"金抵利"产品。

②通过产品定义中多个维度的不同设置与组合，创新负债产品。该产品的定义中就包含了服务对象、凭证的种类与样式、起存金额、存期、结息方式等要素。如商业银行满足客户馈赠亲友、收藏、留念等需求推出了礼仪存单产品——南京银行金梅花贺喜存单、中国银行的礼仪存折、纪念存单等。

③通过将资财管理的服务内置到产品定义中，创新负债产品。商业银行不断地将账户功能、附件服务等要素定义到产品中，形成一种新的产品，如重庆银行"懒得缴"产品。有的商业银行甚至将一些公益性的要素添加到产品定义之中，如贵阳银行推出的一款爱心存款产品。

（3）从内涵与附加服务的维度进行负债端产品的创新。

①通过将账户定义、功能的拓展内置到产品的定义之中，创新存款产品，如汉口银行针对企业客户推出法人一户通智能账户、中国银行的个人联名账户产品，可以为 2～3 人设置共管账户。农业银行推出的"聪明账"产品。

②通过将特定的附加服务内置到产品定义中，创新存款产品。一是在提供汇款、转账、支票等常规服务之外，提供一些定制化的特色服务，如预约转账、代缴代扣、消费延付等；二是围绕存款账户提供航空、旅游、客运、饮食、医疗、购物等服务，如江苏银行与江苏联通合作推出的"沃联赢"个人存款担保优惠购机服务。

③通过将资产与财务管理的服务内置到产品定义中，创新存款产品。即按照客户约定，为客户建立存款投资、理财的便利，目前有"存款＋理财""存款＋余额理财""存款＋股票市场""存款＋基金""存款＋特定投资"等产品，如广发银行推出"智能金账户"产品，有些银行推出保本类结构化存款产品。

3. 非存款负债或主动负债产品的创新

（1）积极梳理和利用政策制定者及市场提供的标准化负债产品。

①梳理和利用中央银行发行的负债工具，包括再贷款、再贴现及常备借贷利率（Standing Lending Facility，SLF）、短期流动性调节工具（Short-term Liquidity Operations，SLO）等。

②梳理和利用国内外金融市场的标准工具，包括次级债、一般金融债、专项金融债（三农专项金融债、小微企业专项金融债）、中长期债券、国际金融市场负债工具（欧洲货币存款、海外存款证、中期票据）等市场化主动负债工具。

（2）在同业负债产品方面，开展创新。目前同业负债产品有同业拆借、同业借款、债券正回购、票据转出、大额同业存款、协议存款、同业存单等。商业银行将利用产品定义要素的组合、拓展和增加特色服务等方式，强化该领域的创新。例如，农业银行专门针对农信社推出了约期存款。

（3）面向公众开展主动负债产品创新。商业银行可以向公众发行预先定义好的负债产品，如大额可转让存单。

4.4.5 负债筹措时机管理策略

1. 短期借款的时机选择

商业银行有效利用短期借款，有时机选择的问题。

（1）根据资产的平均期限来利用短期借款。

银行应根据自身在一定时期资产结构及其变动趋势，或资产的平均期限，来确定是否利用和在多大程度上利用短期借款。如某一时期银行资产的平均期限较短，有相当能力应付流动性风险，且当时市场利率较高，就没有必要扩大短期借款；如情况相反，则必须注重短期借款的运用。

（2）根据金融市场利率来选择借款时机。在市场利率较低时，适当多借入一些资金；反之，市场利率高时，则少借或不借。

（3）中央银行货币政策的变化控制短期借款的程度。当中央银行采取紧缩的货币政策时，不但再贷款和再贴现的成本会提高，其他短期借款的成本也会相应提高，此时需适当控制借款；反之，则可考虑多借入一些款项。

2. 长期借款的时机选择

金融机构的长期借款主要是发行金融债券，应该选择金融市场资金供给大于需求、利率较低的时机发行债券。发行国内债券由于利率相对稳定，时机的选择主要取决于资金供给的充裕程度。由于国内债券的发行对象主要是个人，可选择第一季度末或6月初居民无较大或集中消费的时期，在每年7月国债还本付息时或在年终分配时抓紧推销金融债券。

⚙ 本章小结

金融机构的负债业务是给金融机构带来收益、创造财富的基石，不同的金融机构其负债业务略有区别，从商业银行、证券公司、保险公司三大机构的负债组成情况来看，商业银行的负债主要包括存款负债、借款负债；证券公司的负债包括同业拆借、信贷融资、回购协议等；保险公司的负债包括保费收入、承保盈余等。

金融机构负债管理理论是随着金融机构的发展和金融工具的创新而不断发展完善的，负债管理理论包括存款理论、购买理论、销售理论等。保险业在负债管理方面的研究则起步比较晚。金融机构负债管理方法主要有储备头寸负债管理法和贷款头寸负债管理法。

了解金融机构负债资金计划制订步骤和措施，明确发展性资金需求、流动性资金需求、利率敏感组合资金需求、再筹资资金需求定义；熟悉金融机构负债资金来源计划的主要内容；把握金融机构的负债资金成本计算方法和应用。

金融机构的负债通常按照期限分为短期负债和长期负债，短期负债是一年以内的负债，长期负债是一年以上的负债，无论是短期负债还是长期负债，在负债规模、负债结构、负债成本、负债产品创新、负债筹措时机等方面采取不同的策略是提高金融机构负债业务管理效率的关键。

 ## 复习思考题

1. 金融机构负债业务包括哪几个方面？银行、证券公司、保险公司的负债业务构成有什么不同？
2. 金融机构负债管理理论包括哪些？负债管理方法有哪些？
3. 试用平均历史成本法分析某金融机构的负债成本并提出相应建议。
4. 金融机构负债业务经营管理策略主要包括哪些？
5. 目前我国股份制商业银行应该采用什么方法来管理负债业务？为什么？

 ## 案例讨论

从中信银行的"配套战"案例解读大额存单怎么玩

2015 年 6 月 11 日，中信银行宣布将于 6 月 15 日起推出首期单位大额存单和个人大额存单产品，以满足对公客户和个人客户多样化的投资需求，顺应利率市场化趋势。中信银行也成为全国首批发行大额存单的商业银行之一。中信银行此次推出的单位大额存单产品起点金额 1 000 万元人民币，以 100 万元递增；个人大额存单产品起点金额 30 万元人民币，以 1 万元递增。产品期限分为 3 个月、6 个月和 12 个月，采取固定利率模式可有效抵抗降息风险，利率较基准利率上浮 40%。大额存单为电子化方式发行，非纸质存单，客户可在中信银行网点或网上银行购买。

从腾讯财经反馈的情况看，中信银行一日内共发行超过 50 亿元大额存单，一年期单位大额存单更是被抢光。截至 6 月 15 日下午 17 点，中信银行共发行 50.62 亿元大额存单产品。其中，个人大额存单销售 3.69 亿元，单位大额存单共销售 46.93 亿元。值得注意的是，该行一年期单位大额存单 10 亿元额度全部售罄。

利率市场化叠加金融脱媒，不顾成本的规模驱动和高息拉存款对经营银行而言已是慢性自杀。大额存单落地不是比赛谁利率高、谁做得快，而是在银行"综合金融服务"工具箱里，又多了一个有效工具。在中信银行"入围"9 家大额存单的试点银行中，沈阳分行综合营销有了一个亮点：企业"内保"部分存在中信银行的保证金，收益就可以达到上浮 40%；而配套营销客户的还有"外贷"一端，中信银行牵头为企业在境外对接了某外资银行 1.7% 年化利率的低息贷款。在此框架下，一家抚顺企业拟在中信银行沈阳分行存入 1 亿元大额存单人民币保证金，中信银行沈阳分行开具保函，某外资银行将给予企业境外主体 1 500 万美元贷款。对银行而言，意味着可能赚取中间业务收入。"这单融资设计相当于为企业添了利，企业就愿意支付一定的手续费，这就进入了我们的中收。"上述分行人士称。

一个问题是，原有的"工具篮"中有结构化存款和理财存款，这些都能给企业提供收益，大额存单的市场需求何在？"结构化存款和理财存款因其具体产品不同质押担保效力受到一定制约。"上述分行人士说。因此，大额存单在信用担保类业务中有较大的需求空间。而据"愉见财经"采访获悉，在一些银行的业务中，结构化存款还可作为一定担保条件使用，但质押率通常要打折，外币结构化存款尤其如此。把一单业务提到意义层面来看，"大额存单成了协同营销的纽带"。中信银行沈阳分行一名管理层人士这样思考此业务契机："一个新产品，让五个业务部门、各个渠道联动起来，带动了跨板块营销。"

——资料来源：中信银行官网。

思考题：

1. 我国银行业存款类金融机构推出大额存单的原因是什么？大额存单推出会带来怎样的社会经济效应？

2. 目前大额存单的市场需求如何？你认为大额存单的未来市场前景将会怎样？

第5章　金融机构资产业务管理

 学习目的

知识要点	掌握程度
金融机构资产业务管理概述	了解金融机构资产业务管理的含义、构成和管理的基本原则，重点了解商业银行、证券公司和保险公司的资产构成；熟悉现金资产、信贷资产、投资资产等的基本概念、性质；掌握金融机构业务运行中不同资产的属性
金融机构的资产管理理论和方法	了解商业性贷款理论、资产转移理论、预期收入理论的历史背景、基本思想和优缺点。熟悉金融机构的资金汇集法、资金转换法、线性规划法等资产管理方法的内容、特点和所适用的领域
金融机构资产业务管理策略	了解金融机构的现金资产管理原则、影响因素和管理策略；熟悉贷款资产管理原则、贷款政策、贷款流程、贷款信用分析等内容；掌握证券投资的类型与证券投资管理策略

5.1　金融机构资产业务管理概述

　　金融机构的资产业务是指其资金运用业务，包括银行信贷、长期投资、短期资金运用与流动性管理等。金融机构的资产业务是金融机构的重要盈利来源。长期以来，金融机构在其资产业务活动过程中形成了许多不同的资产业务种类，资产构成越来越多元化，资金运用过程中如何协调盈利性、安全性和流动性之间的矛盾，已经成为金融机构提高盈利水平的关键。

5.1.1　金融机构资产业务管理的含义与作用

1. 金融机构资产业务管理的含义

　　金融机构的资产业务是金融机构运用资金的业务，是金融机构的表内业务，也是金融机构自身生存和发展所需的重要收入来源。资产业务的种类很多，就商业银行而言，长期资金运用主要表现为银行贷款和长期投资，短期资金运用主要为同业存款和库存现金；保险公司的资金运用有银行存款、买卖债券、股票、证券投资基金份额等有价证券、投资不动产等；具有自营业务资格的证券公司可以投资上市证券、私募债券、股票、银行间上市证券、柜台交易的证券、衍生金融产品交易。

金融机构的资产业务管理就是指金融机构根据自己的经营目标，主动安排自己的资金运用，合理安排资产结构，通过资产业务获得尽量高的利润，并保证资产的流动性和安全性，合理配置资金的过程。金融机构管理的关键就在于资产业务管理，在既定负债所决定的资产规模前提下，根据资金来源情况安排资金运用；在资金来源不变的情况下，遇到客户提现或借款时，如何在资产项上做相应增减，改变资产组合，实现资产结构的最优化，直接关系着金融机构的生存和发展。例如，银行资产业务管理就包括银行资产结构的调整、贷款种类的设置、贷款原则的确定、贷款及投资方法的选择、贷款利率的制定、资产的评估、资产风险的处置、本金和利息的回收、贷款和投资等计划的编制和执行等内容。

2. 金融机构资产业务的作用

（1）资产业务是金融机构的重要盈利来源。商业银行通过开展贷款、证券投资等资产业务，能够直接获取利息收入和价差收入；证券公司通过自营资金的运用，赚取低买高卖的价差收入；保险公司通过保险资金的有偿运用，开辟了保险公司创造收益的第二条有效途径。因此，各类金融机构开展的资产业务成为金融机构的重要盈利来源。

（2）资产业务是支持和促进国民经济发展的动力。商业银行的贷款业务一直是其核心的资产业务，是银行为现代社会经济的运行和发展所提供的最重要的服务。商业银行通过直接贷款给国民经济各部门，满足了各个经济主体在生产经营过程中的资金需求，极大推动了实体经济的运行和发展；证券公司通过自营、基金管理、风险投资等业务将资金投入国民经济的实体经济部门中，使企业获得了发展和壮大所需要的资金，保障了企业的正常资金需要并促进了企业经济效益的提高；保险公司通过大规模资金的运用，如不动产投资、证券投资、项目投资等投资活动，将资金向国民经济的许多行业渗透，使保险资金能够再作用于实际生产部门或实际经济领域，最终促使国民经济增长。

（3）资产业务促进了金融市场快速健康发展。商业银行、证券公司、保险公司、信托公司、基金管理公司等金融机构通过各种证券投资活动，成为金融市场的重要参与者，也是金融市场上最有实力的机构投资者。它们通过货币市场的操作进行流动性管理，通过资本市场的操作获取利差收入和利息、红利等基本收入，由于这些金融机构具有资金规模大、专业化操作、有效风险管理等特点，对于金融市场的快速健康发展起着非常重要的作用。

（4）资产业务是调节经济结构的重要手段。金融机构在资金运用过程中，通过分散、有选择地进行贷款和投资，将资金投向增长潜力大的新兴行业和发展前景好的企业，特别是对高新技术企业的支持，这促进了产业的升级换代和经济结构的优化。另外，还可以通过资金规模、利率水平、资产组合、获得资格条件的限制等来实现资金分布和资源配置，达到调节经济结构的目的。

5.1.2　金融机构资产业务的构成

现阶段我国金融领域的主要金融机构有商业银行、证券公司、保险公司、信托公司、基金管理公司等，无论在哪一类金融机构中，资产业务管理都是极为重要的金融服务。金融机构的资产主要包括库存现金、银行存款、其他货币资金、应收票据、贷款、股权投资、债权投资和衍生金融工具形成的资产等。金融机构作为经营货币与风险的企业，与一般实业企业侧重于存货和固定资产方面资产减值计量不同，以银行为例，其资产减值计量主要侧重于贷款等金融工具。根据初始确认时金融资产可分为：以公允价值计量且其变动计入当期损益的金融资产、持有至到期投资、贷款和应收款项、可供出售的金融资产几大类。

1. 商业银行的资产构成

目前，银行类金融机构是我国金融体系的中枢机构，商业银行资产结构对其自身经营和发展及整个金融市场的重要性不言而喻。因此，对商业银行的资产结构现状进行分析是极为有用的。工商银行、农业银行、中国银行、建设银行的资产结构中贷款和投资构成其盈利性资产的主体，两项资产合计比例都达到70%以上的水平。其中，贷款及垫款在商业银行资产结构中占据绝对地位。在银行商业化经营的初期，放款型资产占比极大，后随金融市场急速发展和商业银行改制的不断深化，我国商业银行中的放款型资产占比降至一半左右。在 2017 年的大中型银行资产构成中，发放贷款及垫款占比47.85%；现金及存放在中央银行款项占比12.72%；持有至到期投资占比11.07%；可供出售金融资产占比6.8%；应收投资款项占比3.65%；存放同业及拆出资金占比2.57%；交易性金融资产占比2.26%；其他资产占比13.08%。按商业银行经营管理的要求划分，商业银行的资产可分为现金资产、信贷资产、投资资产、固定资产/无形资产和其他资产五类。

（1）现金资产。现金资产是指商业银行随时可以用来应付现金需要的资产，是银行资产业务中最富流动性的部分。它一般包括库存现金、在中央银行的存款、存放同业存款和在途托收现金四部分。

现金资产具有高流动性、低盈利性的特征，是银行流动性的第一道防线。从经营的观点出发，银行一般应尽可能地把它降低到法定的最低标准。现金资产没有利息收入，只要不造成交易障碍，银行总是尽可能少地保留现金。但是，拥有现金资产太少对清偿能力会产生潜在的不利影响，并增加借款成本。故银行现金资产应保持在一个合理适度的水平。因此，可以说现金资产管理是银行资产管理的基石和保障。

（2）信贷资产。信贷资产又称为信贷业务或贷款业务，是指银行所发放的各种贷款所形成的资产。商业银行信贷业务可以根据表内外、性质用途、期限、担保方式、资金来源等方式进行分类。根据其财务报表的分类，即可了解各商业银行在不同信贷业务上的侧重。

我国商业银行信贷资产是商业银行资产业务中最重要的项目，具有比例大、不良资产占比较高的特点。在深化改革的影响下，差异化、特色化的金融服务的发展优势日益凸显，商业银行传统的依靠贷款总量获取利润的方式逐渐被淘汰。商业银行传统的信贷业务和存款业务是被动型的业务，不能与当下深化金融改革的大环境相适应。商业银行传统的信贷业务中的大部分资金投放于煤炭、钢铁等高污染行业，这些行业周期长、盈利差的特点容易带来银行坏账。商业银行之前获得的存款主要是短期性的，中长期贷款的占比较高，很容易造成银行信贷资产的不稳定。商业银行的信贷资产业务应避免资金密集度过高，尽可能将资金投放于生产效率高的环境友好型企业，大力支持实体经济的发展。与国际上许多发达国家相比，我国的金融行业起步较晚，许多银行信贷资产业务的处理及规则制定都借鉴于国外，致使国内的宏观监控存在滞后性，无法及时制定相关的法律制度，也带来许多不可预测的信贷风险。

（3）投资资产。投资资产是指金融机构将一定数量的货币资金、股权、实物资产和无形资产等对外进行各种形式的投资活动（权益性投资、债权性投资和混合性投资），以换取另外一项资产并在未来期间获取相应收益的行为所形成的资产。商业银行投资资产具体可分为交易性金融资产、可供出售金融资产、长期股权投资及持有至到期投资。

（4）固定资产/无形资产。固定资产是指银行为经营管理而持有的使用年限超过1年且单位价值较高的有形资产。作为银行持续经营和开展各项业务的实物载体，固定资产在为银行创造良好的经营环境、提高竞争力、拓展业务空间等方面发挥了重要作用。固定资产管理也构成了银行内部控制体系的重要组成部分。

商业银行无形资产主要是指经营权、服务标记、宣传口号、规章制度、管理方法、人员素质、劳力组合、电话号码、账号、密押、联行行号等经营要素中的一切软件和秘诀，以及商业银行在社会上的知名度和信誉度等。商业银行的无形资产是一种特殊的资产，它既有资产共同性，也有其自身的特殊性。

（5）其他资产。商业银行其他资产包括存出保证金、应收股利、其他应收款和抵押资产等。

银行的资产构成见表5-1。

表5-1　　　　　　　　　　　　　　　　银行的资产构成

银行资产	构成
现金资产（约25%）	库存现金、存放中央银行款项、存放同业款项、在途资金
信贷资产（50%～70%）	商业贷款、农业贷款、个人消费贷款、不动产贷款
投资资产（10%～25%）	交易性金融资产、可供出售金融资产、持有至到期投资、长期股权投资

续表

银行资产	构成
固定资产/无形资产	建筑物、机器设备、运输工具等；专利权、非专利技术、商标权、著作权、特许权、土地使用权等
其他资产	存出保证金、应收股利、其他应收款和抵押资产等

注：根据相关资料整理与绘制而成。

2. 证券公司的资产构成

作为资本市场的重要组成部分，证券公司为金融产品的供给方与需求方提供金融支持，提高了金融市场的流动性、多样性和开放性。证券公司服务的对象和提供的产品极大地拓宽了证券金融所涉及的领域。因此，证券公司在国民经济的发展中发挥了不可替代的作用。证券公司总资产分为金融类资产和非金融类资产。同时，将证券公司金融类资产与业务归口匹配，可将金融资产分为六类，分别为自有货币资金、买入返售金融资产、权益类证券投资、固定收益类证券投资、长期股权投资和融资融券。这里仅对货币资金、金融产品和非流动资产进行进一步的阐述。

（1）货币资金。货币资金是指以货币形态存在的资金，包括现金、银行存款和其他货币资金。货币资金是证券公司资金运动的起点和终点，是证券公司经营的先决条件。随着再生产过程的进行而形成频繁的货币收支。

货币资金可以立即投入流通，用以购买商品、劳务或偿还债务；是唯一代表现实购买力水平的标志，也是唯一可转换成其他任何形式资产的流动性资产。货币资金的流动性是流动资产中最强的。证券公司货币资金是指其在经营过程中处于货币形态的资产，包括客户资金存款和结算备付金。根据货币资金存放地点及其用途的不同，可分为库存现金和银行存款。一般而言，证券公司涉及的货币资金业务主要是货币资金的收入与货币资金在其不同项目之间的流动及零星备用金业务。

（2）金融产品。金融产品是指资金融通过程的各种载体。金融产品就是金融市场的买卖对象，供求双方通过市场竞争原则形成金融产品的价格，如利率或收益率，最终完成交易，达到融通资金的目的。证券公司金融产品包括交易性金融产品、衍生金融产品、可供出售的金融产品、持有至到期金融产品。根据《关于证券公司证券自营业务投资范围及有关事项的规定》，对于具有自营业务资格的证券公司而言，其可以投资的品种有：①已经依法可以在境内证券交易所上市交易和转让的证券；②已经在全国中小企业股份转让系统挂牌转让的证券；③已经依法可以在符合规定的区域性股权交易市场挂牌转让的私募债券，已经在符合规定的区域性股权交易市场挂牌转让的股票；④已经依法可以在境内银行间交易的证券；⑤经国家金融监管部门或者其授权机构依法批准或备案发行并在境内金融机构柜台交易的证券。具备证券自营业务资格的证券公司可以从事金融衍生产品交易；不具备证券自营业务资格的证券公司只能以对冲风险为目的，从事金融衍生产品交易。

金融产品的特点包括收益性、风险性和流通性。绝大多数的金融产品都可以在次级市场上自由流通，具有较好的流通性。而金融产品的收益性和风险性也是一致的，高收益率的金融产品具有较高的风险。

（3）非流动资产。非流动资产是指不能在一年或者超过一年的一个营业周期内变现或者耗用的资产，是相对于流动资产而言的一个概念。资产表中应收利息之前的是流动资产，之后的属于非流动资产，它具有占用资金多、周转速度慢、变现能力差等特点。

证券公司的资产构成见表 5 - 2。

表 5 - 2　　　　　　　　　　　证券公司的资产构成

证券公司资产	构成
货币资产（50% ~70%）	客户资金存款、结算备付金
金融产品（10% ~26%）	交易性金融产品、衍生金融产品、可供出售的金融产品、持有至到期金融产品
非流动资产	资产表中应收利息之后的属于非流动资产，包括固定资产/无形资产、其他资产

注：根据相关资料整理与绘制而成。

3. 保险公司的资产构成

保险公司的资产从形式上看，主要有存款、证券投资、贷款、不动产投资、项目投资、基金投资、股票持有、房地产、办公品、现金等形式。下面主要介绍前五项。

（1）存款。存款分为银行存款和信托存款。保险公司将资金存入银行并获取利息收入。这种资金运用形式将银行作为保险资金投资的中介，其特点是安全性最高，但收益最低，不可能带来保险资金运用真正意义上的投资利润和扩大保险基金的积累。由于目前我国各保险公司的资金运用的渠道尚不宽，所以银行存款仍在保险资金运用中占据较大比例。今后随着投资渠道的放宽，银行存款数额将减少。信托存款的收益率视存款资金运用的效果而定，但一般高于银行存款利率，风险也相对较大。

（2）证券投资。证券投资是为取得预期收入而买卖有价证券的活动。证券投资作为各国保险公司资金运用的主要方式，有债券投资、股票投资、证券基金投资三大类。由于有价证券可用于贴现、抵押，在二级市场上流通收益较高，具有集流动性、安全性和盈利性为一体的特点，因而是较为理想的投资方式。

保险公司的投资资产包括固定收益类资产、权益类资产和其他金融资产。固定收益类资产是指具有明确存续到期时间、按照预定的利率和形式偿付利息和本金等特征的资产。权益类资产包括上市权益类资产和未上市权益类资产。其他金融资产是指风险收益特征、流动性状况等与上述各资产类别存在明显差异，且没有归入上述各大类的其他可投资资产。

（3）贷款。贷款是保险公司将保险资金提供给需要者的一种放款或信用活动。贷款的收益率比存款高，风险相对较高，流动性也相对较低。作为保险公司资金运用的主要方式之一，贷款形式可分为信用贷款、质押贷款、抵押贷款。信用贷款风险最大，现在国内的保险公司有些在积极尝试对个人的信用贷款，目前效果不错。

（4）不动产投资。不动产投资是指保险公司将保险资金用于购买土地、房产或其他建筑物，并从中获取利润的投资形式。保险公司的不动产投资在 19 世纪中叶即已出现，进入 20 世纪以来，开始为一些保险公司所重视。英国保险公司投资不动产的资金占总资产的 20% 左右，美国为 5% ~ 15%。不动产投资的流动性不强、风险较大，有时收益很高，但不动产变现能力较差，若投资比例过大会影响偿付能力。我国保险公司在 20 世纪 90 年代曾有过教训。

（5）项目投资。项目投资是保险公司的直接投资，保险公司将保险资金用于企业或项目的经营与生产或开发中去，并获得投资收益。《保险法》尚未说明保险公司可以直接投资，但当前已有舆论呼吁将保险资金投入高新技术领域中去。随着投资渠道的逐步放宽，项目投资将成为保险资金运用的一种方式。

保险公司的资产构成见表 5 - 3。

表 5 - 3　　　　　　　　　　　　　保险公司的资产构成

保险公司资产	构成
存款	库存现金、可以随时用于支付的存款、定期存款、准备金
证券投资	固定收益类资产、权益类资产、其他金融资产
贷款	信用贷款、质押贷款、抵押贷款
不动产投资	购买或投资的土地、建筑物及其他依附于土地上的定着物等
项目投资	将保险资金用于企业或项目的经营与生产或开发中去，并获得投资收益

注：根据相关资料整理与绘制而成。

商业银行、证券公司和保险公司类金融机构的资产构成见表 5 - 4。

表 5 - 4　　　　　　　　　　　　　三类金融机构资产构成

商业银行资产构成	证券公司资产构成	保险公司资产构成
现金及存放中央银行款项	货币资金	货币资金
存放同业及其他金融机构款项	其中：客户资金存款	拆出资金
拆出资金	结算备付金	交易性金融资产
交易性金融资产	其中：客户备付金	衍生金融资产
衍生金融资产	拆出资金	买入返售金融资产
买入返售金融资产	交易性金融产品	应收利息
应收利息	衍生金融产品	应收保险费
发放贷款和垫款	买入返售金融产品	应收代位追偿款

商业银行资产构成	证券公司资产构成	保险公司资产构成
可供出售金融资产	应收利息	应收分保账款
持有至到期投资	存出保证金	应收分保未到期责任准备金
应收款项类投资	可供出售金融产品	应收分保未决赔款准备金
长期应收款	持有至到期金融产品	应收分保寿险责任准备金
长期股权投资	长期股权投资	应收分保长期健康险责任准备金
固定资产	投资性房地产	保户质押贷款
无形资产	固定资产	定期存款
递延所得税资产	在建工程	可供出售金融资产
其他资产	无形资产	持有至到期投资
	其中：交易席位费	长期股权投资
	商誉	存出资本保证金
	递延所得税资产	投资性房地产
	其他资产	固定资产
		无形资产
		独立账户资产
		递延所得税资产
		其他资产

注：根据相关资料整理与绘制而成。

5.1.3 金融机构资产业务管理的基本原则

1. 安全性原则

安全性原则是金融机构资金运用的最基本原则。因为金融机构的资金来源于债权人、自身盈余，而不是金融机构可无限期使用的闲散资金。这种资金的绝大部分是金融机构的负债，是到期需要归还的，所以对这种资金的运用首先要有安全性。如果不顾资金运用的安全性，一味地为获取暴利冒险贷款和投资，就有可能造成不良贷款和投资亏损，无法收回贷款和投资资金，从而不能进行负债的到期支付，使金融机构经营陷入困境。

2. 收益性原则

金融机构运用资金以获得收益是其直接目的。因此，在资金运用安全性的前提下，力求理想的收益是金融机构资金运用的又一个重要原则。在投资活动盛行和市场竞争日益加剧的情况下，资金运用的收益性越来越受到重视，它也将成为金融机构能否持续经营的关键因素。例如，在人寿保险方面，由于保险期限的长期性，资金运用具有相对优势。但是，在收取保险费、组织保险基金时，事先根据金融市场的存款利率，把一部分获利返还给被保险人。在这种情况下，如果保险公司不坚持资金运用的收益性原则，就不能在高于一般利率的前提下运用资金，则无收益可言，也就失去了资金运用的意义。

3. 社会性原则

资金运用的社会性原则，也称资金运用的公共性原则。根据这一原则，资金运用的客观效果必须有利于社会的发展。运用资金只求一时获利，不顾社会效果是不可取的。因此，金融机构在资金运用中应从社会的角度出发，充分发挥其社会效益。

4. 合法性原则

金融机构的资金运用同其他资金的运用一样，必须符合国家有关资金运用的法规和政策，只有依法投资才能获得法律保障；否则，不仅不能保证金融机构资金运用的利益，还会有害于社会公共利益。因此，依法贷款和投资是金融机构运用资金的重要原则。

5. 流动性原则

资金运用的流动性是指用于各项贷款和投资的资金，既能及时变为现金，又能使这种现金及时掌握在债权人手里。这是金融机构资金运用上较为特殊的一条原则。例如，商业银行的活期存款要求随时支取，及时满足提款的流动性需要；保险公司流行性的要求也高，它是由保险事故发生的偶然性和保险公司随时赔付，迅速履行约定义务决定的。如果保险公司不坚持资金运用的流动性原则，那么在发生保险事故需要赔付时，保险公司就会无力偿还。这不仅有损于保险公司的信誉，更使被保险人蒙受损失。

金融机构资金运用的流动性是资金运用安全性的可靠保证。投资若能越快变为现金，资金回收就越有保障。同时，资金运用的流动性也为运用资金的收益性提供了条件，流动性越强，可运用资金数额就越大，其收益也越高。上述五个原则是相互联系、相互制约的，安全性与收益性原则是从金融机构的角度考虑的，社会性和合法性原则是从社会或公共利益的角度考虑的，而流动性原则是实现前四个原则的可靠保证。它们在一定场合下会有矛盾，但其根本目的是一致的，都是为了提供更多的、更好的金融服务，因此，经过协调是可以做到整体最优化、全局最优化的。

5.2 金融机构资产管理理论和方法

资产管理理论是最传统的商业银行管理理论，主要研究如何把筹集到的资产恰当地分配到现金资产、证券投资、贷款和固定资产等不同资产上。商业银行可以主动安排自己的资金运用，合理安排资产结构，通过资产业务获得尽量高的利润，并保证资产的流动性和安全性。随着经济发展，商业银行资产管理理论历史上依次经历了商业性贷款理论、可转换理论、预期收入理论的演变过程。同时，在不同的资产管理理论指导下产生了不同的管理方法。

5.2.1 资产管理理论

1. 商业性贷款理论

商业性贷款理论也称自偿性贷款理论，它是商业银行资产理论中的一部分。该理论认为，为保证商业银行资金的高度流动性，其贷款应是短期的和商业性的。又由于该理论强调商业银行贷款以商业行为为基础，且有真实商业票据作抵押，因此也有"真实票据论"之名。而根据约翰·劳（John Law，1705）提出的真实票据理论：货币作为交易媒介，根据从商品和服务的实际交易中产生的短期商业汇票来发行，这样货币就不会超量发行。换句话说，若贷款的发放在实际商品交易的基础上进行，则不可能出现导致通货膨胀的过多发行。"真实票据论"的核心是：要求交易媒介的供给是随交易的合理需求而变动。真实票据论是在英国银行业模式下发展形成的，美国商业银行效仿英国实践模式形成的变体称为商业贷款理论。

商业性贷款理论是最早的资产管理理论，由18世纪英国经济学家亚当·斯密在其《国富论》一书中提出。其论述为：①商品生产和商品交换的广度和深度有限；②一般企业的运营资金多数来自自有资本，只有临时或季节性不足时才借款；③银行的资金来源主要是活期存款，定期存款和储蓄存款不多。资金来源的性质和结构决定资金运用的方式，资金来源的高流动性决定资金运用的高流动性。商业性贷款理论的主要内容可以概括为以下几点：①商业银行只能发放短期的与商业周转有关的、与生产物资储备相适应的有偿性贷款，而不能发放不动产等长期贷款；②银行贷款应该以商业行为为基础，以商业票据为凭证。银行一般采用票据贴现的方式，或者票据抵押贷款，因为票据本身是购买商品和流通商品的证据，具有自偿性。

该理论为现代商业银行经营管理作出了巨大的贡献。首先，该理论强调了资金运用受制于资金来源的性质和结构。这一原则已成为商业银行进行资金运用所遵循的基本准则；其次，该理论强调银行应保持资金的高度流动性，以确保商业银行安全经营，这为银行降低经营风险提供了理论依据。在该理论形成初期是较为合理的，当时美、英等国还未设立中央银行，商品经济还不够发达，金融市场规模还不够大，因此银行发放商业短期贷款是符合现实的。主张信贷服务于商品交易，有利于商品生产和商品交易的发展。至今该理论尚有一定影响，在英、美国家，中小商业银行的资产构成中短期贷款的比例依然较大。作为最早探索货币发行的理论——真实票据论，从表面上看，通过短期商业汇票的签发来保证货币发行与实际的商业需求相一致，但实际上，商业票据的签发受制于价格水平、票据的周转率、贷款的利率及贷款期限，因而，基于该理论的货币发行并不能对流通中的货币作出适量约束，不能保证货币不会过多。因此，随着资本主义的发展，商业性贷款理论的局限性逐渐显露出来。首先，该理论没有认识到活期存款余额具有相对稳定性，而使银行资产过多地集中于盈利性较差的短期自偿性贷款上。尽管活期存款流动性很强，但按"续短为长"的原理，在活期存款的存取之间，总会存在一个相对稳定的余额。这部分资金可用于发放长期贷款而不会影响其流动性。其次，该理论忽视了贷款需求的多样性。商业性贷款理论不主张发放不动产贷款、消费贷款、长期性设备贷款和农业贷款，这样就限制了商业银行自身业务的发展和盈利能力的提高。最后，该理论忽视了贷款清偿的外部条件。贷款的清偿受制于外部的市场状况。在经济萧条时期，就难以自动清偿，因此短期自偿性贷款的自偿能力是相对的，而不是绝对的。

2. 资产转移理论

资产转移理论简称转移理论，也称转换能力理论，是一种关于保持资产流动性的理论。这一理论指出：银行流动性取决于其资产的迅速变现能力，因此保持资产流动性的最好方法是持有可转换资产。最典型的可转换资产是政府发行的短期债券。

第二次世界大战以后，美国因军费需要，大量发行公债。由于政府公债在二级市场上很容易变现，当时的一些商业银行大量购买政府公债，银行持有的短期国库券和其他证券都增加了，相应地，银行对保持资产流动性有了新的认识。在 20 世纪 20 年代，为适应金融市场尤其是短期证券市场的发展与完善，该理论应运而生，为银行保持流动性提供了新的思路和途径。该理论最先是美国经济学家莫尔顿在 1918 年的《政治经济学杂志》上发表的《商业银行及资本形成》一文中提出。

商业银行能否保持流动性，关键在于其资产的迅速变现能力，只要银行的资产在需要时能够不受损失地迅速变现，银行的流动性就有较大的保证。为保证商业银行资金高度的流动性，其贷款应是短期的和商业性的。但资产转移理论的成立是建立在二级市场的证券价格相对稳定的基础之上的。为了应付提存所需保持的流动性，商业银行可以将其资金的一部分投资于具备转让条件的证券上。这类资产一般具有以下特点：①信誉高，如国债或政府担保债券及大公司发行的债券；②期限短，流通能力强；③易于出售。由于这些盈利资产能够随时出售，转换为现金，所以贷款不一定非要局限于短期和自偿性投放范围。显然，这种理论是以金融工具和金融市场的发展为背景的。

资产转移理论的出现，使商业银行资产业务的范围扩大，资金经营更加灵活多样，特别是找到了保持银行资产流动性的新方法。它比商业性贷款理论前进了一步，对现代银行的资产流动性管理发挥了重要作用。同时资产转移理论扩大了银行资产应用的范围，丰富了银行资产结构，突破了商业性贷款理论拘泥于短期自偿性贷款的资金应用限制，是银行经营管理的一大进步。具体可以阐述为：①使银行把一部分注意力从贷款转向投资，使银行资产多样化；②银行开始建立以流动性资产为内容的二级准备，实现了流动性和盈利性的良好结合。

该理论也有其缺陷，它要求以充足的短期证券为条件，且商业银行的资产变现极大程度上受限于银行之外的市场，因此这种流动资产受市场影响较大。具体阐述为：①证券价格受市场波动的影响很大，当银根紧缩时，资金短缺，证券市场供大于求，银行难以在不受损失的情况下顺利出售证券；②当经济危机发生，使证券价格下跌时，银行大量抛售证券，却很少有人购买甚至不购买证券，这与银行投资证券以保持资产流动性的初衷相矛盾。

3. 预期收入理论

预期收入理论是认为借款人的预期收入可以作为衡量偿还贷款能力标志的理论。银行可基于借款人未来收入而估算其还债能力，并据此安排其放款的期限和结构，以便能维持银行的资金安全性、流动性和盈利性。

预期收入理论产生于20世纪40年代，由赫伯特·普罗克诺于1949年在《定期放款与银行流动性理论》一书中提出。该理论产生于第二次世界大战后西方各国经济的恢复和发展的背景之下，当时贷款需求和投资需求的增长，尤其是生产资料的更新需求增长，需要期限较长的贷款。

该理论的理论依据为只要借款人有可靠的预期收入，贷款的偿还就有保障，即使发放长期贷款也不会影响银行的流动性，突破了传统的资产管理理论依据资产的期限和可转换性来决定资金运用的做法，拓展了银行经营管理的思路。预期收入理论指出现代银行承做多种放款，且借款人以分期付款方式偿还贷款也相当普遍，故银行以借款人未来收入为基础而估算其还债计划，并据以安排其放款的期限结构，便能维持银行的流动性。具体可以阐述为以下几点：①银行的流动性应着眼于贷款的按期偿还或资产的顺利变现，而无论是短期商业贷款还是可转让资产，其偿还或变现能力都以未来收入为基础。②只要未来收入有保证，就可以保证银行资产的流动性。

预期收入理论为银行拓展盈利性的新业务提供了理论依据，使银行资产运用的范围更为广泛，巩固了商业银行在金融业中的地位。因此，它对银行的经营管理具有极大的积极意义。首先，它提出了贷款清偿取决于借款人的预期收入，这是银行信贷经营管理的一个重要进步，深化了人们对银行贷款清偿的认识；其次，它促进了商业银行贷款形式的多样化，从而增强了商业银行的竞争力，突出了商业银行在经济活动中的重要地位；最后，它促进了生产和消费规模的扩大，加强了商业银行对国民经济的渗透力。预期收入理论仍然存在不足之处：第一，把预期收入作为资产经营的标准，而预期收入状况由银行自己预测，不可能完全精确。因此，借款人实际未来收入与银行的主观预测量之间会存在偏差，从而使银行的经营面临更大的风险；第二，在贷款期限较长的情况下，不确定性因素增加，债务人的经营情况可能发生变化，到期并不一定具有偿还能力；第三，长期借贷会增加银行的信贷危机，如果暴发银行危机，会产生很大范围的消极影响。

5.2.2　资产管理方法

1. 资金汇集法

资金汇集法又称资金集中法或资金总体法，是 20 世纪三四十年代西方商业银行资金管理中普遍运用的一种传统的资产管理方法。它是指商业银行将各种不同渠道形成的各项负债集中起来，然后依据资金需要的轻重缓急排的先后次序，把资金分配到最能满足预定的流动性和盈利性需要的资产上。具体如何分配，多少用于准备金，多少用于放款，多少用于证券和固定资产投资，并无固定比例。一般说来，首先要满足第一准备金和第二准备金的需要，保证流动性和安全性；其次是放款，因为放款是商业银行的重要职能，有多余的资金才能进行证券和固定资产投资。

商业银行主要的资金来源有活期存款、储蓄存款、定期存款、借入款、票据及信用债券、股东产权。其资金运用的顺序主要是第一准备金、第二准备金、各种贷款、有价证券和固定资产等。

（1）第一准备金。一般归在资产栏目中的"现金项目"上，包括商业银行库存现金、存放在中央银行及其他金融机构的存款、应收现金等，这部分主要用于应付银行日常营业提款和支票清算等，是商业银行资产流动性最强的部分，各国政府或货币当局常以法律形式要求第一准备金需达到一定比例。

（2）第二准备金。这部分资产是指非现金的流动资产，一般可迅速地转换成现金，并且有一定的收益。这样它既可以补充第一准备金的不足，又能兼顾银行资金运用的盈利性。这部分准备金主要由国库券、政府机构债券、银行承兑票据、活期贷款等构成，其规模受存贷款变化的程度和额度等多种因素的影响。第二准备金和第一准备金共同保证银行资金的流动性。

（3）各种贷款。这部分资产是银行资产中规模最大也是最重要的部分，还是银行取得盈利的主要资产。各种贷款是商业银行在满足了第一准备金和第二准备金后，在可能的资金实力范围内，依据有关的贷款原则和条件发放的。

（4）有价证券和固定资产。有价证券和固定资产是在满足贷款需要后，以剩余资金部分进行的较长时期的投资，主要是公开市场上的长期证券和利厚的产业，这是银行资金的更直接和高效的运用。

资金运用的顺序如图 5-1 所示。

资金汇集法虽然为银行的资产管理提供了一般原则，强调了资产流动的重要性，但它忽视了各种不同资金来源具有不同流动性要求这一事实。在一定条件下，它会造成银行盈利减少。例如，20 世纪 50 年代和 60 年代，美国商业银行的储蓄存款和定期存款大幅度增加，这些存款的流动性较小，但商业银行仍按照原来的模式进行资产分配，未能很好地利用资金。不仅银行的收入减少，而且不能充分满足社会的信贷需求，不利于经济发展。这种方法存在一定的缺陷，如未揭示资金分配本身与负债来源间的内在联系；

资金分配不能适应变化的流动性和盈利性的要求；片面地注意银行的资金流动性而忽视了资金的高收益能力；没有提供把握判断资金流动性的具体标准，如没有规定一级或二级准备金应占的比例；忽视了各类贷款所提供的资金流动性等。

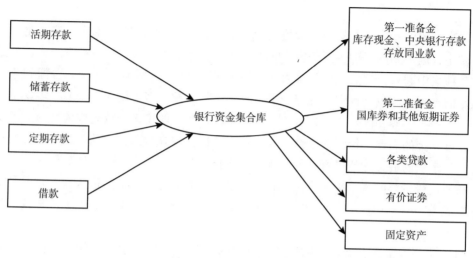

图 5-1　资金汇集法

2. 资金转换法

资金转换法又称资金分配法、资金配置法，是 20 世纪 50 年代在商业银行资金管理中广泛运用的方法，当时商业银行的负债结构发生了变化，金融创新大量涌现。由于这些新情况的出现，资金汇集法的运用出现了困难，商业银行就对资金汇集法进行改进并发展为一种新的资产负债管理方法，即资金转换法。资金转换法是指商业银行在选择资产种类时首先直接考虑负债结构的特点，包括各负债项目的法定准备金和周转速度等因素，然后据以对资金来源进行分类，并确定相应的资金分配方向。

在运用这种方法时首先要对不同的资金来源区别对待、分别处理，然后对资金来源和运用的项目进行分类，再按每种资金来源自身流动性和对流动性的要求，将它们分别按不同比例分配到不同的资产形式中去。其具体包括以下做法。

（1）活期存款。活期存款的流动性较高，存款准备金比例也比较高，所以大部分用于第一准备金和第二准备金，小部分用于贷款。

（2）储蓄存款和定期存款。储蓄存款和定期存款相对于活期存款而言流动性较低，其存款准备金比例也较低，所以大部分用于贷款和证券投资，小部分用于补充一级准备金和二级准备金。

（3）后偿票据、信用债券和股东产权。后偿票据和信用债券不需要法定准备金，而且期限也较长；股东产权一般不用偿还。这两部分可用于长期贷款、证券投资和固定资产等方面。

资金转换法如图 5 - 2 所示。

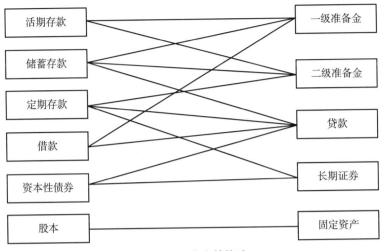

图 5 - 2　资金转换法

资金转换法是根据各种不同负债来源的存款准备金比例及该类负债来源的周转速度来确定相应的资金分配的，这种方式可以减少银行所掌握的流动准备金的平均数额，从而相应增加对贷款及投资账户的资金分配，通过周转速度和流动性把资产和负债有机地联系起来，保持两者在规模和结构上的一致性，有利于提高银行的盈利能力。但资金转换法也存在弊端。一是资金流动性的确定欠精确和合理。这种方法在实施中资金流动性的确定是根据存款周转率而不是根据存款的实际变动情况，而事实上即使是同一类负债来源其周转速度也不尽一致，由此可见，资金流动性就不太精确和合理。二是单纯强调负债的流动性，忽视了资产流动性的要求。这种方法将全部贷款都不作为单一不流动的资产来看待，事实上不同贷款有其相应的流动性。三是片面强调平均流动性要求，而没有注意边际流动性要求。因而常常会引起流动性供需在时间上、结构上的不平衡等。上述弊端的存在使得资金转换法很难满足商业银行管理及业务发展的需要。

3. 线性规划法

线性规划法是在具有确定目标，而实现目标的手段和资源又有一定限制，目标和手段之间的函数关系是线性的条件下，从所有可供选择的方案中求解出最优方案的数学分析方法。它用以解决关于资源合理利用，诸如怎样取得最低成本的资源配合方式或最大利润的生产结构等问题。线性规划法也称为管理科学方法，就是一种较为有效的方法，20 世纪50 年代，它被银行用来解决在一些变量受约束时，线性函数值如何取得最优的问题。

在银行资产管理中，其通过建立线性规划模型来解决银行的资产分配问题，其步骤可以分为四步。

（1）建立模型目标函数。由于在确定目标函数中运用"股东财富最大化"概念极为困难，该目标函数通常使用更为常用的术语定义。一般来说，银行企图最大化的目标函数包括各类资产收益率、净收益等，银行把它们作为股东财富最大化的近似反映。

（2）选择模型中的变量。主要考虑决策变量和预测变量这两类变量。决策变量是那些银行可以进行控制，而且银行企图优化其组合数额的资产和负债项目，如同业拆借、国库券、贷款和资本债券等。预测变量是银行不能进行控制，并主要由银行外部事件决定的因素，如利率、现金流量、存款和放款种类等。

（3）确定约束条件。在银行业务经营中，存在着许多限制性因素，如法律限制、流动性要求、资本充足率要求等。因此在线性规划模型中，银行应当确定各种限制性因素的范围和极限值。

（4）求出线性规划模型的解。建立完模型后，把各项数值输入计算机进行运算，求出银行以何种比例分配资金，才可以使银行利润或股东财富最大化。

下面以一个简单的例子来说明。

设一家银行资金总来源为 2 000 万货币单位，这些资金的运用可以作为贷款（x_1），也可以作为二级准备金，即短期证券（x_2）来持有。设贷款收益率为 10%，短期证券收益率为 6%。又假定高级管理人员确定的流动性标准是，总资产中每 10 货币单位至少有短期证券 2 货币单位。在本例中，即短期证券与总贷款的比例至少要大于或等于 25%（为了简单起见，法定准备金、存款成本等因素不予考虑）。

把以上所考虑的因素以下列数学方式表达。

目标函数和约束：

$$最大化\ Z_{max} = 0.10x_1 + 0.06x_2 \qquad 定义目标函数$$

$$服从于约束条件\begin{cases} x_1 + x_2 \leqslant 2\ 000\ 万 & 总量约束 \\ x_2 \geqslant 0.25x & 流动性约束 \\ x_1 \geqslant 0,\ x_2 \geqslant 0 & 非负约束 \end{cases}$$

再以更直观的几何图形来表示，如图 5-3 所示。

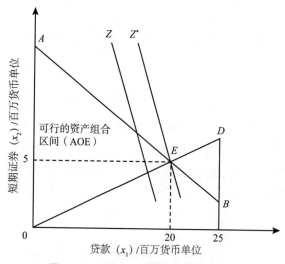

图 5-3　线性规划模型下的资金配置

目标函数 Z 表明各种收益资产对银行总收益贡献的均衡点的组合的轨迹,在图 5-3 中表现为一条常规利润线。在目标函数曲线 Z 上的每一点都代表产生同样总收益的贷款与二级准备金的不同组合的均衡。

第一个约束条件 $x_1 + x_2 \leq 2\,000$ 表明,银行贷款和准备金受到所获总资金来源的制约,可行的资产选择必须位于或受限于三角形 AOB 内。

第二个约束条件 $x_2 \geq 0.25x$ 表明,二级准备金必须等于或大于总贷款的 25%,以符合流动性标准。因此,可行的资产组合必须处在或高于 OD 线。

第三个约束条件 $x_1 \geq 0$,$x_2 \geq 0$ 表明,贷款和短期证券不可能是负数。

由于求最优解的方程是二元方程,所以一个方程会有无穷解,三角形 AOE 区域描绘了满足三个约束的所有资产组合点。

为了确定最佳资产组合,通过反复式验,利润函数向右上方移动。Z 函数向右上方移动代表更高水平的总利润。在 E 点上,所选择的贷款和二级准备金组合在满足了三个约束条件的同时,使银行的收益最大化,该点被称为最佳资产组合点。在这一点上,资金管理者投资 500 万货币单位在短期证券上,贷款 2 000 万货币单位,目标函数 Z^* 代表总收益 280 万货币单位,不可能有其他的点在满足所有约束条件下超过该收益。

线性规划法是决策系统的静态最优化数学规划方法,它作为经营管理决策中的数学手段,在现代决策中的应用是非常广泛的。在一些拥有专业技术人员的大银行中已获得成功,他们把分析技术理想地结合到决策过程中,使银行资产管理的科学性得到了极大的提高。但是,这种方法对于数据的准确性要求较高,只能对线性的问题进行规划约束,而且计算量大,对一些小银行的效果并不令人满意。

5.3　金融机构资产业务管理策略

资产业务管理的重点主要放在现金资产、贷款资产、证券投资资产等资产的管理上,现金资产是金融机构流动性管理必需的资产;贷款资产是银行占比最大的盈利资产,证券公司与保险公司也有一定规模的贷款资产;证券投资资产对于证券公司与保险公司来说占有相当的比例,银行的证券投资也在逐年增加。贷款资产和证券投资资产是金融机构十分重要的盈利资产,直接关系到金融机构的盈利水平和持续健康发展。这里重点介绍现金资产、贷款资产、证券投资资产的管理策略。

5.3.1　现金资产管理策略

1. 现金资产管理的目的和原则

现金资产管理是指商业银行对维持其流动性而必须持有的资产进行合理运营与管理,它是银行信誉的基本保证。其目的为在确保银行流动性的前提下,尽可能地降低现金资产占总资产的比例，使现金资产达到适度的规模。

其原则包括适度存量控制原则、适时流量调节原则和安全性原则。

（1）适度存量控制原则。将现金存量控制在适度的规模上是现金资产管理的首要目标。除总量控制外，合理安排现金资产结构也具有非常重要的意义。银行现金资产由库存现金、在中央银行存款、同业存款和在途资金四类资产组成。这四类资产从功能和作用来看又各自具有不同的特点，其结构合理有利于存量最优。因此，在存量适度控制的同时也要注意其结构的内在合理性。

（2）适时流量调节原则。商业银行的资金始终处于动态过程之中。随着银行各项业务的进行，银行的经营资金不断流进流出，最初的存量适度状态就会被新的不适度状态所代替。银行必须根据业务过程中现金流量变化的情况，适时地调节现金资产流量，以确保现金资产的规模适度。因此，适时灵活地调节现金资产流量是银行管理者必须面对的日常工作，也是银行维持现金资产存量适度的必要保障。

（3）安全性原则。库存现金是银行现金资产的重要组成部分，用于银行日常营业支付使用，是现金资产中唯一以现钞形态存在的资产。因此，对库存现金的管理应强调安全性原则。库存现金的风险主要来自被盗、被抢或自然灾害。同时，工作人员的失误，如清点、包装差错或者是工作人员恶意挪用、贪污等都会给银行带来损失。银行在库存现金管理过程中，必须健全安全保卫制度，全面提高工作人员的职业道德和业务素质，确保资金安全。

2. 库存现金管理

（1）准确确定库存现金的规模。

第一，库存现金需要量的匡算。

$$库存现金需要量 = 即期现金支取水平 \times 库存现金周转时间 \pm 其他因素$$

式中，即期现金支取水平＝前期平均现金支出水平×保险系数×历史同期平均发展速度。

其中：前期平均现金支出水平＝前30天现金支出累计发生额/30。

$$保险系数 = 标准差 \times 置信概率度$$

$$标准差 = \sqrt{\sum (每天现金支出额 - 平均现金支出额)^2/30}$$

（置信概率度根据要求的数字准确程度来确定，如果要求数字的准确性达到95%，则置信概率为0.95，以0.95作为$F(t)$去查正态概率表，得$t=1.96$，此t即为置信概率度。）

$$历史同期平均发展速度 = \sqrt[考察年数-1]{\frac{上年同月现金支出累计发生额}{最早年份同月现金支出累计发生额}}$$

第二，最适送钞量的计算。

设T为总成本，A为一定时期内的现金收入（或支出）量，Q为每次运钞量，P为每次运钞费用，C为现金占有费用，A/Q为运钞次数，$Q/2$为平均库存量，$P \cdot A/Q$为

全年运钞总费用，$C \cdot Q/2$ 为库存现金全年平均占用费，则可得公式为

$$T = C \cdot Q/2 + P \cdot A/Q$$

根据该公式，求成本最小时的运钞量，即求 T 对 Q 的一阶导数为

$$T' = \frac{\mathrm{d}T}{\mathrm{d}Q} = \frac{C}{2} - \frac{A \cdot P}{Q^2}$$

令 $T' = 0$ 则 $\dfrac{C}{2} - \dfrac{A \cdot P}{Q^2} = 0$，$Q^2 = \dfrac{2A \times P}{C}$，$Q = \sqrt{2A \times \dfrac{P}{C}}$。

【例 5 – 1】某银行市分行在距中心库 30 千米外设一分支机构，根据往年有关数据测算，年投放现金量为 1 825 万元，平均每天投放 5 万元（全年 365 天）。每次运钞车需支出燃料费、保安人员出差补助费约 50 万元，资金占用年费率为年利率 6.6%，代入公式得

$$Q = \sqrt{\frac{2 \times 1\ 825 \times 0.0050}{6.6\%}} = 16.63\ （万元）$$

即每次运钞 16.63 万元，大约每 3 天送一次，按此计算总费用为

$$Q = C \times \frac{Q}{2} + P \times \frac{A}{Q} = \frac{6.6\% \times 16.63}{2} + \frac{1\ 825 \times 0.0050}{16.63} = 1.0975\ （万元）$$

如果每天运钞一次，每次运钞 5 万元，总费用为

$$\frac{5 \times 6.6\%}{2} + \frac{1\ 825 \times 0.0050}{5} = 1.99\ （万元）$$

如果每星期运钞一次，每次运钞 35 万元，总费用为

$$\frac{35 \times 6.6\%}{2} + \frac{1\ 825 \times 0.0050}{35} = 1.416\ （万元）$$

3 种方案相比，第 1 种方案费用最少，应当 3 天运钞一次，每次运钞 16.63 万元现金。

第三，现金调拨临界点的确定。

现金调拨临界点 = 平均每天正常支出量 × 提前时间 + 保险库存量

保险库存量 = （预计每天最大支出 – 平均每天正常支出）× 提前时间

上例中，平均每天正常支出 5 万元，预计最大支出量 7 万元，提前 1 天运钞，则

保险库存量 = （7 – 5）× 1 = 2（万元）

现金调拨临界点 = 5 × 1 + 2 = 7（万元）

（2）应将库存现金状况与有关人员的经济利益挂钩。在对营业网点适度的库存现金规模作出测算的基础上，银行应将网点实际库存状况与适度库存现金量进行比较，并根据其库存现金量掌握的好坏与经济利益挂钩。

（3）应实现现金出纳业务的规范化操作。银行库存现金量的大小，在很大程度上取决于对公出纳业务现金收支的规范化程度。因此，银行应尽可能在对公现金出纳业务中实现规范化操作。

（4）要掌握现金收支规律。储蓄业务的现金收支一般具有以下规律：一是在营业过程中，客户取款和存款的概率在正常情况下基本相等；二是在正常情况下，上午取款的平均数一般大于下午；三是在一般情况下，每个月出现现金净收入和净支出的日期基

本固定不变。

（5）解决压低库存现金量的技术问题。第一，要掌握好现金的票面结构；第二，要充分发挥中心库的调剂作用；第三，各营业网点的出纳专柜要建立当天收现当天清点，消灭主币封包、下班前各档并存的做法，尽可能把当天收进的现金全部用来抵用第二天的现金支出；第四，创造条件，使储蓄所上交的现金在当日入账；第五，对回收的残破币及时清点上缴，以减少库存现金。

3. 存款准备金管理

存款准备金管理包括满足法定存款准备金要求和超额存款准备金的适度规模控制两个方面。

（1）法定存款准备金的管理。

①法定存款准备金的相关规定。法定存款准备金是指法律规定金融机构必须存放在中央银行的这部分资金。中央银行在国家法律授权中规定金融机构必须将自己吸收的存款按照一定比率交存中央银行，该比率就是法定存款准备金率，按该比率交存中央银行的存款为"法定存款准备金"存款。

法定存款准备金的规定主要包括以下内容。第一，规定法定存款准备金率。第二，规定可充当法定存款准备金的标的。第三，规定存款准备金的计算、提存方法。第四，规定存款准备金的类别，一般分为三种：活期存款准备金、储蓄和定期存款准备金、超额准备金。

②法定存款准备金的计算方法主要有以下两种。

第一，滞后准备金计算法，如图 5 - 4 所示。根据前期存款负债的余额确定本期准备金需要量的方法。可根据两周前的 7 天为基期，以基期的实际存款余额为基础，计算准备金持有周应持有的准备金的平均数。该方法适用于非交易性账户存款的准备金计算。

图 5 - 4　滞后准备金计算法

第二，同步准备金计算法（无时差），如图 5 - 5 所示。根据本期存款负债的余额确定本期准备金的需要量的方法。确定两周为一个计划期，计算 14 天中银行交易性账户存款的日平均余额。这 14 天中准备金的平均余额以 2 月 5 日到 2 月 18 日的存款平均余额为基础计算。该法适用于交易性账户存款的准备金计算。

图 5-5 同步准备金计算法

③法定存款准备金的管理策略。

第一，准确计算法定存款准备金的需要量；第二，选择恰当的法定存款准备金的计算方法；第三，按时向中央银行上缴法定存款准备金。

（2）超额存款准备金的管理。

超额存款准备金=存款准备金-法定存款准备金。超额存款准备金一般包括借入准备金和非借入准备金。借入准备金是商业银行由于准备不足向拥有超额存款准备金的银行借入的货币资金。超额存款准备金中扣除借入准备金，即为非借入准备金，又称自有准备金。超额存款准备金增加，往往意味银行潜在放款能力增强，若这一部分货币资金不予运用，则意味着利息的损失。同时银行为了预防意外的大额提现等现象发生，又不能使超额存款准备金为零，这就成为银行经营管理中的一大难题，也是一门艺术。银行一般保持超额存款准备金的目的有三个：一是用于银行间票据交换差额的清算，二是应对不可预料的现金提存，三是等待有利的贷款或投资机会。

①影响超额存款准备金需要量的因素。

第一，存款波动。

$$每旬（月）关键性存款降幅=旬（月）中累计存款降幅-其他因素（如贷款收回）$$

$$前3旬（月）平均关键存款降幅=前3旬（月）累计关键存款降幅/3$$

$$保险系数=标准差×置信概率度$$

$$标准差=\sqrt{\frac{\sum（每旬（月）关键存款降幅-前三旬（月）平均关键存款降幅）^2}{3}}$$

$$历史同期平均发展速度=\sqrt[考察年数-1]{\frac{去年同期关键存款降幅}{最早年份同期关键存款降幅}}$$

$$本旬（月）存款波动=前3旬（月）平均关键存款降幅×保险系数×历史同期平均速度$$

第二，贷款的发放与收回。贷款发放对超额存款准备金的需要量=用于对他行支付的贷款+（用于对本行支付的贷款-已收回贷款）×法定存款准备金率。

第三，其他因素。如中央银行借款、同业往来、法定准备金、信贷资金调拨、财政性存款、同业拆借、短期证券回购及商业票据交易、通过中央银行融资、商业银行系统内的资金调度、出售其他资产。

$$超额存款准备金需要量=存款波动时准备金需要量+贷款波动时准备金需要量+考虑其他因素时准备金需要量$$

②超额存款准备金的管理策略。

超额存款准备金是商业银行最重要的可用头寸，是银行用来投资、贷款、清偿债务和提取业务周转金的资金。商业银行应在准确预测其需要量的基础上，及时进行头寸调度，以保持超额存款准备金规模的适度性。商业银行头寸调度的渠道和方式主要有同业拆借、短期证券回购及商业票据交易、通过中央银行融资、银行系统内的资金调度和出售其他资产等。

4. 存放同业存款的管理

存放同业存款是指商业银行存放在其他银行和非银行金融机构的存款。这是我国商业银行的现金资产之一。

（1）影响存放同业存款需要量的因素。

①使用代理行的服务数量和项目。②代理行的收费标准。③可投资余额的收益率。

【例5-2】表5-5是某银行同业存款需要量的测算表。假设该银行在1个月中需要购买代理行的以下一些业务：支票清算10 540笔，每笔收费标准是0.045元；电子转账28笔，每笔收费标准是1.50元；证券保管7笔，每笔收费标准为3.00元；另外，代理行还为该行提供数据处理和计算机软件服务，其获得该行手续费100元。在表5-5中假设代理行同业存款的准备金率为12%，平均浮存（即托收未达款）为7 200元，可投资余额的年收益率为8%。

表5-5 　　　　　　　　同业存款余额需要量测算表

1. ×月份代理行提供的服务项目	成本/元
支票清算（10 540笔　每笔0.045元）	474.30
电子转账（28笔　　　每笔1.50元）	42.00
证券保管（7笔　　　　每笔3.00元）	21.00
数据处理及计算机软件服务	100.00
总计	637.30
2. 代理行收益项目	收益/元
计算机服务手续费	100.00
应从同业存款中获得的投资收益	537.30
总计	637.30
3. 同业存款余额需要量测算	同业存款余额/元
投资收益＝投资收益率×$\frac{30}{360}$×（同业存款余额浮存－应提准备金）	100 059

在表5-5中，代理行为该行提供的服务的总成本是637.30元，代理行已经通过现金方式收取了该行100元的计算机服务手续费。为达到收支平衡，代理行还需要从同业

存款的投资中获得 537. 30 元的收益。但不是所有的同业存款，代理行都可以用来投资，还需要扣除浮存和应提准备金。这样，通过上述公式的计算，该银行需要在代理行存放至少 100 059 元的存款。

（2）存放同业存款的管理策略。第一，准确预测存放同业存款的需要量，将存款控制在最低程度，存款过多，会使银行付出一定的机会成本，过少又会影响银行委托他行代理业务的开展，因此规模应适度；第二，进行成本与效益分析比较，对单项服务收费标准进行讨价还价；第三，优选代理行。

5.3.2　贷款资产管理策略

1. 贷款资产管理原则

为规范金融机构的贷款业务，建立健全贷款管理秩序，维护借贷双方合法权益，《贷款通则》规定，金融机构经营贷款业务，应当遵守以下原则。

（1）合法原则。金融机构经营贷款业务，应当遵守法律、行政法规和中国人民银行发布的行政规章。《中华人民共和国商业银行法》第三十四条规定："商业银行根据国民经济和社会发展的需要，在国家产业政策指导下开展贷款业务。"

（2）自主经营原则。金融机构有权根据自身信贷资金的营运状况、贷款项目的盈利前景、借款人的资信情况和偿还能力等，依法自主决定贷与不贷、贷多贷少。《中华人民共和国商业银行法》第四十一条规定"任何单位和个人不得强令商业银行发放贷款或者提供担保。商业银行有权拒绝任何单位和个人强令要求其发放贷款或者提供担保。"

（3）效益性、安全性、流动性原则。金融机构发放贷款，应在法律允许的范围内努力追求自身经济效益的最大化，并充分考虑社会效益。金融机构发放贷款，应严格审查，加强管理，积极运用法律手段确保贷款债权的安全，预防和控制贷款风险，避免发生贷款损失。金融机构经营贷款业务，应按照资产负债比例管理的有关规定，控制中长期贷款的比例，加强资产的流动性管理。

（4）平等、自愿、公平、诚信原则。此项原则是金融机构在贷款业务中，处理与借款人及其他有关当事人（如保证人、抵押人、出质人）关系的基本准则。当事人因借贷、担保而发生的法律关系，本质上是平等主体之间的民事法律关系。

（5）公平竞争原则。此项原则是金融机构在开展贷款业务中，处理与同业之间关系的基本准则。金融机构应当公平竞争，相互协作，不得从事不正当竞争。在贷款业务上的不正当竞争，主要表现为违反规定擅自提高或降低贷款利率，或者变相提高或降低贷款利率。

（6）有担保原则。《中华人民共和国商业银行法》和《贷款通则》规定，金融机构发放贷款，除委托贷款外，借款人应当提供担保。

2. 贷款流程管理

商业银行贷款流程依次为贷款申请、贷款调查、对借款人进行信用评估、贷款审批、借款合同的签订和担保、贷款发放、贷后检查、贷款收回。

（1）贷款申请。借款人开立结算账户，建立信贷关系；借款人申请贷款必须填写《借款申请书》；借款申请书一般包括借款人姓名、性质、经营范围、申请贷款的种类、期限、金额、方式、用途、还本付息计划等。

（2）贷款调查。银行在接到《借款申请书》后，应指派专人进行调查。调查主要有两个方面的内容：借款申请书内容的调查和贷款可行性调查（包括借款人的品德、借款的合法性、借款安全性、借款的盈利性）。调查完毕后，形成调查报告。

（3）对借款人进行信用评估。在贷款调查的基础上，还要利用掌握的资料，对借款人进行信用评估，划分信用等级。信用评估可以由银行独立进行，也可由专门的应用评估机构进行。

（4）贷款审批。银行要按照"分级负责、集体审定、一人审批"的贷款审批制度进行贷款决策；逐笔逐级签署审批意见并办理审批手续；有条件的银行，应建立贷款审查委员会，进行集体决策。

（5）借款合同的签订和担保。贷款申请经审查批准后，必须按有关法律法规由银行与借款人签订借款合同；借款合同的文本由银行拟订，报中国人民银行审定后自行印刷；保证贷款，必须签订"保证合同"；抵押和质押贷款，必须签订抵押合同和质押合同。

（6）贷款发放。借款合同生效后，银行就应按照合同规定的条款发放贷款；在发放贷款时，借款人应填好借款借据，经银行经办人员审核无误，并由信贷部门负责人或主管行长签字盖章，送银行会计部门，将贷款足额划入借款人账户，供借款人使用。

（7）贷后检查。检查的主要内容：是否按合同规定用途使用贷款；借款人资产负债结构的变化情况；还款资金来源落实情况；对检查的结果形成贷款检查报告，提出相应的处理意见。

（8）贷款收回。贷款到期后，借款人应主动及时归还贷款本息；如因客观情况变化不能按期归还，借款人应向银行提出展期申请。

贷款流程如图 5-6 所示。

3. 贷款定价管理

在贷款定价时应该遵循利润最大化、扩大市场份额、保证贷款安全及维护银行形象等基本原则。贷款价格由贷款利率、承诺费、补偿余额、隐含价格组成。在贷款定价中，需考虑资金成本（主要是可用资金成本）、贷款风险程度（风险补偿）、贷款费用（贷款手续费、营业费及管理费）、借款人的信用及其与银行的关系、银行贷款的目标收益率、贷款供求状况等多种影响因素。贷款定价法主要包括贷款目标收益率定价法、基准利率定价法、成本加成定价法、客户盈利性分析法。

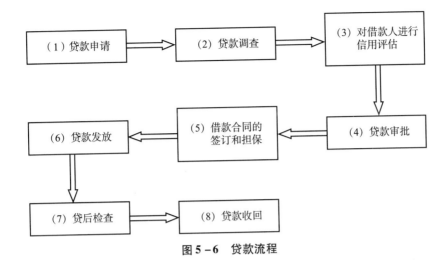

图 5-6　贷款流程

（1）贷款目标收益率定价法。贷款目标收益率定价法是根据银行贷款的目标收益率来确定贷款价格的方法。在为一笔贷款定价时，贷款主管人员必须考虑发放贷款的预期收益、给借款人提供资金的成本、管理和收贷费用及借款风险等。贷款目标收益率定价法的计算公式为

$$税前产权资本（目标）收益率 = \frac{贷款收益 - 贷款费用}{应摊产权资本}$$

式中，贷款收益 = 贷款利息收益 + 贷款手续费；

贷款费用 = 借款者使用的非股本资金的成本 + 贷款管理费；

应摊产权资本 = 银行全部产权资本对贷款的比例 × 未清偿贷款余额。

【例 5-3】假定银行对某客户以 6% 的年利率发放一笔 500 万元的贷款。借款人使用的资金净额的银行成本为 4%，贷款管理费总共为 1 200 元。已知贷款资金净额占分配贷款资金的 10%，如果借款人所使用的贷款资金净额等于未归还的贷款余额（500 万元）。要求：①计算银行税前目标收益率。②假定银行要求客户存入 10% 的补偿余额，补偿余额的投资收益率为 8%，应该如何定价？

解：①银行税前目标收益率 $= \dfrac{贷款收益 - 贷款费用}{应摊产权资本}$

$$= \frac{500 \times 6\% - (500 \times 4\% + 0.12)}{10\% \times 500} = 19.76\%$$

②补偿余额 $= 500 \times 10\% = 50$（万元）

补偿余额的投资收益 $= 50 \times 8\% = 4$（万元）

由于银行税前目标收益率 =（贷款收益 - 贷款费用）/应摊产权资本

设 R 为贷款利率，那么

$$19.76\% = \frac{500 \times R + 50 \times 8\% - (500 \times 4\% + 0.12)}{10\% \times 500}$$

$R = 5.2\%$

（2）基准利率定价法。基准利率定价法是选择合适的基准利率，银行在此之上加一定价差或乘上一个加成系数的贷款定价方法。基准利率可以是国库券利率、大额可转让存单利率、银行同业拆借利率、商业票据利率等货币市场利率，也可以是优惠贷款利率，即银行对优质客户发放短期流动资金贷款的最低利率。由于这些金融工具或借贷合约的共同特征是违约风险低，因此它们的利率往往被称为无风险利率，是金融市场常用的定价参照系，故也被称为基准利率。对于所选定的客户，银行往往允许客户选择相应期限的基准利率作为定价的基础，附加的贷款风险溢价水平因客户的风险等级不同而有所差异。

根据基准利率定价法的基本原理，银行对特定客户发放贷款的利率公式一般为

贷款利率 = 基准利率 + 借款者的违约风险溢价 + 长期贷款的期限风险溢价

公式中后两部分是在基准利率基础上的加价。违约风险溢价的设定可使用多种风险调整方法，通常是根据贷款的风险等级确定风险溢价。不过，对于高风险客户，银行并非采取加收较高风险溢价的简单做法，因为这样做只会使贷款的违约风险上升。因此，面对较高风险的客户，银行大多遵从信贷配给原则，对此类借款申请予以回绝，以规避风险。如果贷款期限较长，银行还需加上期限风险溢价。

在 20 世纪 70 年代以前，西方银行界在运用基准利率定价法时普遍以大银行的优惠利率作为贷款定价基准。进入 70 年代，由于银行业日趋国际化，优惠利率作为商业贷款基准利率的主导地位受到伦敦银行同业拆借利率的挑战，许多银行开始使用伦敦银行同业拆借利率作为基准利率。伦敦银行同业拆借利率为各国银行提供了一个共同的价格标准，并为客户对各银行的贷款利率比较提供了基准。

西方商业银行普遍使用优惠乘数法，优惠乘数是在优惠利率基础上乘以一个系数而形成的利率。不同借款人，其风险等级是不同的。银行为控制信用风险，根据借款人的风险等级来确定该借款人所适用的优惠利率，优惠利率不同，优惠乘数也不同。其确定基础是客户信用等级。为了防止利率剧烈变动给借贷双方带来利率风险，可以在协议中约定上下限。

（3）成本加成定价法。成本加成定价法是以借入资金的成本加上一定利差来决定贷款利率的方法。成本加成定价法贷款预期年化利率的计算公式为

贷款预期年化利率 = 筹集资金的边际利息成本 + 经营成本 +

预计补偿违约风险的边际成本 + 银行目标利润水平

银行要准确掌握贷款资金的利息成本和经营成本并非易事，为此，需要一个精心设计的管理信息系统。首先，银行要归集各种债务资金的边际成本数据，计算出全部新增债务资金的加权平均边际成本，作为贷款定价的基础。其次，银行需要开发贷款经营成本的系统性测算和分解方法，将不同岗位职员的工薪和福利、经常性开支、设备成本及其他费用支出分摊到每笔贷款业务上。在计算违约成本时，银行可以将贷款划分为不同的风险等级，再根据历史资料计算各风险等级贷款的平均违约率，据此确定贷款的违约风险补偿费率。目标利润是银行为股东提供所要求的资本收益率而预期要实现的贷款利润率。

例如，一笔贷款金额为 100 万元，如果银行为了筹集该笔资金以 8% 的利率发行存单，那么，筹集资金的边际成本就是 8%，银行发放和管理这笔贷款的经营成本为 2%，为了补偿该笔贷款可能发生的违约风险损失为 2%，银行预期的利润水平为 1%，则该笔贷款的利率就应该为 8% +2% +2% +1% =13%。

成本加成定价法考虑了贷款的融资成本、经营成本和客户的违约成本，具有一定的合理性。不过，这种定价方法也有缺陷，考虑到承诺费、服务费和补偿余额等因素，贷款价格主要依据资金总成本及一定的利润目标来确定。它要求银行能够准确地认定贷款业务的各种相关成本，这在实践中有相当的难度。而且，它没有考虑市场利率水平和同业竞争因素，而事实上，在激烈的竞争中，银行并非是完全的价格制定者，而往往是价格的接受者。

（4）客户盈利性分析法。客户盈利性分析法的基本框架是评估银行从某一特定客户的银行账户中获得的整体收益是否能实现银行的利润目标，因此也称账户利润分析法。其主要思想是认为贷款定价实际上是客户关系整体定价的一个组成部分，银行在对每笔贷款定价时，应该综合考虑银行在与客户的全面业务关系中付出的成本和获取的收益。银行要将该客户账户给银行带来的所有收入与所有成本，以及银行的目标利润进行比较，再测算如何定价。计算公式为

账户总收入大于（小于、等于）（账户总成本 + 目标利润）

如果账户总收入大于账户总成本与目标利润之和，意味着该账户所能产生的收益超过银行要求的最低利润目标。如果公式左右两边相等，则该账户正好能达到银行既定的利润目标。假若账户总收入小于账户总成本与目标利润之和，有两种可能的情况：一是账户收入小于成本，该账户亏损；二是账户收入大于成本，但获利水平低于银行的利润目标。在这两种情况下，银行都有必要对贷款重新定价，以实现既定盈利目标。下面逐一介绍公式中每项要素的构成和计算方法。

①账户总成本。账户总成本包括资金成本、所有的服务费和管理费及贷款违约成本。资金成本即银行提供该笔贷款所需资金的边际成本，这里使用的是债务资金的加权边际成本。服务和管理费用包括该客户存款账户的管理费用、客户存取款项、签发支票的服务费用、贷款的管理费用（如信用分析费用、贷款回收费用和质押品的维护费用等）及其他服务项目的费用。贷款违约成本是银行基于贷款风险度量估算出的类似贷款平均潜在违约损失。

②账户总收入。账户总收入包括银行可以从客户的账户中获得的可投资存款的投资收入、表内外业务服务费收入和对该客户贷款的利息收入及其他收入等。其中客户账户中的可投资存款额是指该客户在计算期内的平均存款余额扣减托收未达现金、法定存款准备金后的余值。银行求出可投资存款额后，结合一定的存款收益率水平，即可计算出该客户存款给银行带来的投资收入。服务费收入主要是贷款承诺费、结算手续费等。

③目标利润。目标利润是指银行资本要求从每笔贷款中获得的最低收益。目标利润根据银行既定的股东目标收益率（资本的目标收益率）、贷款分配的资本比例（资本与资产比率）及贷款金额确定，其计算公式为

$$目标利润 = \frac{资本}{总资产} \times 资本的目标收益率 \times 贷款额$$

如果银行使用账户利润分析法为新客户的贷款定价，就需预测客户的账户活动，在此基础上估算账户总成本和总收入。银行也可以使用该方法对老客户已发放贷款的价格水平进行评价。总的说来，如果账户净收益等于目标利润，说明贷款定价基本合理；如果客户账户净收入大于或小于目标利润，银行就应考虑对该客户贷款定价作上浮或下浮调整。银行也可以采用提高或降低服务价格的方式来起到调整贷款定价的作用。

4. 贷款信用分析

（1）信用分析内容。信用分析主要是从借款人品格（Character）、借款人的能力（Capacity）、企业的资本（Capital）、贷款的担保（Collateral）及借款人经营的环境条件（Condition）这五个方面进行，即所谓的"五C"分析法。

借款人品格即借款人的声誉，可用来预测履行偿债义务的可能性。借款人的能力指其偿债能力，表示为流动资产的数量和质量与流动负债的比例。企业的资本主要衡量客户的资本金、有形资产净值、通过一系列的比率表达的财务状况等。贷款的担保是当客户拒付款项或无力偿还贷款时能作为抵押的资产。借款人经营的环境条件指的是能够对客户的偿付能力产生影响的社会经济发展的一般趋势和某些地区或某些领域的特殊发展和变动。

（2）信用分析技术。信用分析技术主要进行财务分析，包括财务报表分析、财务比率分析、现金流量分析三方面。

财务报表分析对报表中的资产项目、负债与资本项目、损益表项目逐一分析。对于资产项目，银行应重点分析的内容包括应收账款、存货、固定资产及投资。对短期负债的分析，既要了解其数额有无漏计，同时还要了解短期负债的期限。对长期借款的分析重点是长期负债的到期日和企业偿还长期负债的安排。对资本的分析应将重点放在两方面：一是企业的资本是否存在虚假成分；二是企业的资本结构。

财务比率分析重点分析企业的偿债能力、营运能力和盈利能力。分析偿债能力的指标包括资产负债率、流动比率、速动比率、经营活动现金偿债率、利息保障倍数。企业的营运能力指标包括应收账款周转率和存货周转率。分析盈利能力需要用到的指标有营业利润率、成本费用利润率、总资产报酬率。财务比率指标及意义见表5-6。

现金流量分析包括现金流入量、现金流出量和净现金流量，同时还要具体分析经营活动、投资活动、融资活动产生的现金流量，见表5-7。通过现金流量分析可判断借款人的还款能力。从总量上分析，净现金流量大于零，有还款能力。从现金流量比率分析，$\frac{净现金流量}{红利 + 到期债务} > 1$，偿付能力强。

表 5 - 6   财务比率指标及意义

财务比率	指标及公式	意义
流动性比率	流动比率 = $\dfrac{流动资产}{流动负债}$	一般在 1.5 ~ 2.5 比较合适，比率高、流动性强、短期偿债能力强
	速动比率 = $\dfrac{速动资产}{流动负债}$	1∶1 较理想。大于 1、偿债能力强
	现金比率 = $\dfrac{现金 + 等值现金}{流动负债}$	应保持在 5% 以上，比率高，流动性强，短期偿债能力强
盈利能力比率	销售利润率 = $\dfrac{销售额 - 税额 - 销售成本}{销售总额}$	比率高、盈利能力强、短期偿债能力强
	资产收益率 = $\dfrac{纯收益}{资产总额}$	比率高、盈利能力强、偿债能力强
	普通股收益率 = $\dfrac{扣除税款和利息后的纯收益 - 优先股股息}{普通股权益额}$	比率高、盈利能力强、短期偿债能力强
	股票市盈率 = $\dfrac{每股市价}{每股盈利}$	倍数小，对权益前景有信心
结构性比率	负债比率 = $\dfrac{负债总额}{资产总额}$	比率高、负债重、偿债能力差
	负债净值比率 = $\dfrac{负债总额}{资本净值}$	比率高、资本承担债务能力差、偿债能力差
	流动负债率 = $\dfrac{流动负债}{全部负债}$	比率高，短期偿债能力差
	流动资产率 = $\dfrac{流动资产}{总资产或总负债}$	比率高，用流动资产还债的能力强
	股东权益比率 = $\dfrac{股东权益}{总资产}$	比率高，说明权益实力强
	财务杠杆倍数 = $\dfrac{总资产}{股东权益}$	比率高、权益获得的杠杆收益越大、但资本承担风险大
	偿还能力比率或利息保障倍数 = $\dfrac{未扣除利息和税金前的利润}{利息费用 + 债务本金 + 优先股股息 + 租赁费用}$	比率高，偿还利息的能力越大

续表

财务比率	指标及公式	意义
营运能力比率	资产周转率 = $\dfrac{销售净额}{资产总额}$	比率高,一定的资产实现的销售多,资产周转快
	固定资产周转率 = $\dfrac{销售净额}{固定资产净值}$	比率高,固定资产利用率高
	存货周转率 = $\dfrac{销售净成本}{平均存货额}$	以次数表示,次数多、变现快、偿债能力强
	平均存货额 = $\dfrac{年初存货额 + 年末存货额}{2}$	
	应收账款周转率 = $\dfrac{销售净额}{应收账款平均余额}$	比率高、收账速度快、偿债能力强
	应收账款账龄 = $\dfrac{360\ 天}{应收账款周转率}$	账龄长、周转慢、资金停留在账上

注:根据相关资料整理与绘制而成。

表 5 - 7 现金流量分析

项目	现金流入	现金流出
经营活动产生的现金流量	销货现金收入、利息与股息收入、减免税、出口退税、其他业务收入	购货支出、营业费用、支付利息、纳税、其他业务支出
投资活动产生的现金流量	出售证券、出售固定资产、收回对外投资	购买有价证券、购置固定资产
筹资活动产生的现金流量	贷款资金、发行股票、发行债券	分配股利、偿还借款本金

注:根据相关资料整理与绘制而成。

5.3.3 证券投资管理策略

1. 证券投资的主要类别

(1)政府债券。政府债券是政府以税收作为信用担保而发行的债券,包括中央政府债券、地方政府债券及政府机构债券。

(2)公司债券。公司债券是企业为了筹集追加资本而发行的一种借款凭证,分为抵押类公司债券和信用类公司债券。前者需要以公司财产作为担保,而后者只需用公司信用作为担保,无须提供实物担保。

(3)金融债券。金融债券是金融机构为了筹措短期流动资金、债务性资本或者大型项目长期投资资金而发行的一种借款凭证。金融债券按照发行主体性质不同可以分为商业银行债券、专业银行债券及政府直属金融机构债券;按照发行目的或资金用途的不同可以分为短期融通债券、银行资本债券及长期投资债券。

（4）公司股票。公司股票是股份公司为了筹集股份资本或追加股份资本而发行的一种投资入股凭证。银行投资或购买公司股票的基本目的通常包括两个：一是通过公司股票投资而成为公司股东，进而参与或控制股份公司经营管理决策；二是作为银行投资获利的手段，即获取股息收益或资本收益。

2. 证券投资管理策略

（1）流动性准备方法。流动性准备方法是商业银行传统证券投资策略的一种，被认为是较保守或消极的投资策略。这种投资策略比较僵硬地看待金融资产的流动性与盈利性之间的替换关系，从而把证券简单地划分为流动性证券和收益性证券两类。其基本思想为：重点满足银行的流动性需要，以流动性需要作为优先顺序安排资金。该方法将银行资产分为四个层次：第一个层次以现金资产为主，即库存现金、在中央银行准备金存款和以清算为目的的存放同业存款，被称为一级准备。一级准备几乎不产生收益，其功能是满足银行日常提存、支付和清算等流动性需求。第二个层次以短期国库券为主，具有风险低、期限短、可销性强和有一定收益的特征，被称为二级准备。二级准备的组成是银行证券投资流动性准备方法的核心，它强调短期证券在作为一级准备的补充，满足流动性需要的同时，为银行带来了一定的利息收入。对银行的季节性资金需求、无法预料的贷款需求增长和其他突发性资金需求靠二级准备的随时变现来满足。第三个层次以各类贷款为主，被称为三级准备。贷款利息是银行资产运用的主要收益来源，然而贷款若能到期正常偿还，也会产生流动性供给，特别是以票据贴现和抵押为基础的商业性贷款，具有自偿性质，甚至可进行再贴现融资。第四个层次以各类中长期债券为主，具有期限长、收益高、可销性弱的特征，被称为投资性准备。如图 5 - 7 所示。

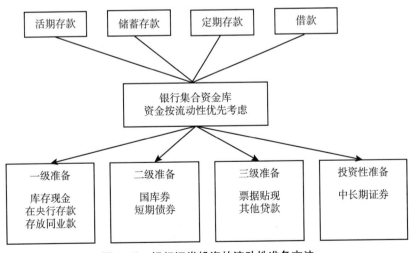

图 5 - 7　银行证券投资的流动性准备方法

　　由于商业银行并非随时都能找到风险较低的贷款项目和客户，有些项目尽管潜在收益较高，但因潜在风险也很高，故银行不敢随意放贷。在未寻找到理想的放款机会时，银行倾向于将剩余资金投向长期证券，以提高资金获利能力。银行投资中长期债券的主要目的是产生收益，而所谓流动性准备的功能只是作为最后的保证。这种方法风险小、流动性高、收益少，较被动和保守。

　　（2）梯形期限法。梯形期限法是相对稳健的方法，它也被称为期限间隔方法。由于该方法中的投资组合类似阶梯形状，故得此名。在利率波动的环境下，银行所投资证券的价格会随利率波动而变化，这对银行证券投资的技术要求很高。由于对利率波动的预测能力和保值技术能力的差异，不同银行可采取相对稳健或相对进取的投资策略。该方法的基本思路是：根据银行资产组合中分布在证券上的资金量，把它们均匀地投资在不同期限的同质证券上，在由到期证券提供流动性的同时，可由占比较高的长期证券带来较高收益率，如图5-8所示。

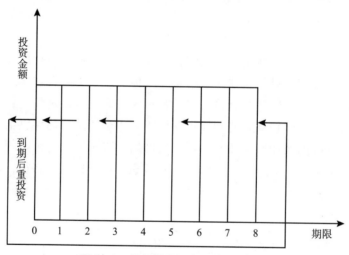

图5-8　银行证券投资的梯形期限法

　　梯形期限法的优点：一是简便易行，容易操作，管理方便，易于把握；二是不需要考虑市场变化，不必对利率进行预测，不必频繁交易，省去市场预测的麻烦；三是可以保证商业银行获得各种证券的平均收益率。但也存在缺点：一是形式僵化，缺少灵活性。当机会到来时，不能把握，错失良机。二是在满足商业银行的流动性需要方面有明显的局限性。按照此方法，一旦商业银行面临较高的流动性需要，短期证券变现不足，就不得不低价出售长期债券，从而遭受损失。

　　（3）杠铃结构方法。杠铃结构方法是指把证券划分为短期证券和长期证券两个组别，银行资金只分布在这两类证券上，而对中期证券一般不予考虑。这种证券组合结构反映在图上形似杠铃，故得此名。杠铃结构方法要求所投长期证券在其偿还期达到中期时就卖出，并将其收入重投资于长期证券。所投短期证券到期后若无流动性补充需要，再行投资于短期证券。短期证券的期限由银行根据货币市场状态和证券变现能力自行决定，但一般在 3 年以内；而长期证券的期限则为 7～8 年。其基本思想为：既要满足银行流动性需要，又要满足盈利性需要，将证券分布在长短期证券上，如图 5－9 所示。

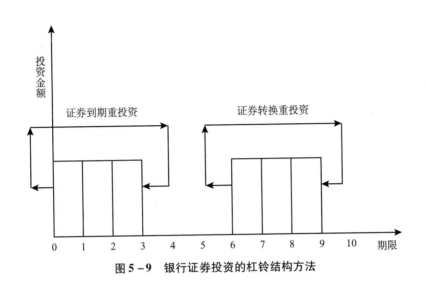

图 5－9　银行证券投资的杠铃结构方法

　　杠铃结构方法能使银行证券投资实现流动性、安全性和盈利性的高效组合。短期证券保证了银行的流动性，长期证券则保证了银行可获取较高的收益率，其投资组合的收益率不低于梯形期限法的投资组合收益率。特别是在利率波动时，投资损益相互抵消。如果市场利率普遍上升，长期证券市价下跌，出售长期证券时资本利得会减少，但到期短期证券的本利和却可以按不断上升的市场利率重投资。当市场利率下降时，到期短期证券本利和重投资的收益率会降低，但长期证券市价上升，出售时的资本利得提高。所以杠铃结构方法比其他投资方法更接近银行流动性、安全性、盈利性原则所要求的效率边界。但该方法对银行的证券转换能力、交易能力和投资经验要求较高。

　　（4）利率周期期限决策方法。在利率波动的环境中，如果银行有较强的对利率预测的专家队伍，就可以采取较为主动和更富有进取性的投资策略。利率周期期限决策方法认为在预测利率将上升时，银行证券管理人员应更多地持有短期证券，减少长期证券。而预测利率处于上升周期转折点并逐步下降时，银行应将证券的大部分转换成长期证券。当利率下降至周期的转折点时，银行再次将证券组合转换成以短期证券为主，如图 5－10 所示。

　　这种投资策略被认为最大限度地利用了利率波动。因为当利率上升时，到期证券的现金流将按不断上升的利率重投资，收益率自然提高。当利率达到上升周期阶段最高点时，银行将证券组合逐步调整到长期证券占较高比例的状态，等待下一轮利率下降周期的出现。但需要良好的运行环境和对利率进行准确预测，流动性较差。

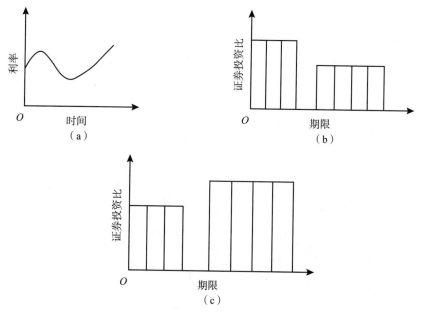

图 5 - 10   银行证券利率周期期限决策方法

本章小结

金融机构的资产包括库存现金、银行存款、其他货币资金、应收票据、贷款、股权投资、债权投资和衍生金融工具形成的资产等。金融资产主要有以下特点：期限性、收益性、流动性、风险性。商业银行资产主要包括现金资产、信贷资产、投资资产、固定资产及其他资产等。现金资产具有高流动性、低盈利性的特征。证券公司资产主要包括货币资金、金融产品和非流动资产等。保险公司的资产主要包括存款、证券投资等。

资产管理理论是最传统的商业银行管理理论，主要研究如何把筹集到的资产恰当地分配到现金资产、证券投资、贷款和固定资产等不同资产上。商业银行资产管理理论主要包括商业性贷款理论、资产转移理论、预期收入理论。金融机构的资产管理方法主要包括资金汇集法、资金转换法和线性规划法。金融机构资产管理具体内容主要包括现金资产管理、贷款资产管理、证券投资管理等。

资产业务管理的重点主要放在现金资产、贷款资产、证券投资资产等资产的管理上，现金资产是金融机构流动性管理必需的资产，贷款资产是银行占比最大的盈利资产，证券公司与保险公司也有一定规模的贷款资产，证券投资资产对于证券公司与保险公司来说占有相当大的比例，银行的证券投资也在逐年增加。贷款资产和证券投资资产是金融机构十分重要的盈利资产，直接关系金融机构的盈利水平和持续健康发展。

复习思考题

1. 金融机构资产业务管理的基本原则是什么？

2. 金融机构的资产业务主要由哪几部分构成？

3. 金融机构资产管理理论和方法包括哪些？

4. 金融机构现金资产业务管理策略包括哪些？

5. 结合实际谈谈金融机构应该如何加强贷款资产管理。

6. 金融机构对证券投资资产应该如何管理才能有效？

 **案例讨论**

招商银行重庆分行"贷"动未来　共赢发展

近年来，招商银行采用"多、快、易、省"的创新办法并凭借多样的融资方式和较快的放贷速度，满足了小微客户多样化的需求，解决了小微企业的融资难题，赢得了越来越多中小微企业主的信任。通过小微企业不同的贷款品种解决了小微企业的六大难题。

一是用"全额贷"解决小微融资额度"少"。为最大限度满足小微企业主资金需求，招商银行重庆分行在传统的足额小微抵押贷款业务外，将贷款成数最高放大至抵押物价值的100%。非足额抵押小微贷款投放占全量小微贷款投放的52%，从融资额度层面满足小微企业资金周转需要。

二是用"信用贷"解决小微融资"难"。招商银行重庆分行根据各小微企业主的实际需求及每一时期的经济走势，制定贴合小微企业主的授信融资政策，积极推进小微信用贷款、积数贷、POS流量贷和供销流量贷等产品，为小微企业提供更为灵活和全面的贷款品种。

三是用"信贷工厂"模式解决小微融资"急"。根据小微企业用款"短、频、急"的特点，招商银行重庆分行小微贷款通过"工厂化、流水作业"的模式，一笔小微贷款从申请到发放最快可在三个工作日内完成，解决了某一时期小微企业主融资急的问题。

四是用"循环授信＋周转易"解决小微融资成本"高"。依托招商银行领先的信息技术手段，通过"循环授信＋周转易"创新性功能设计，以及营业网点、网上银行、电话银行、手机银行构建的立体化服务体系，使客户无论何时、何地、以何种方式都可享受到满意的金融服务，为小微企业的融资提供了极大的便利，实现了贷款按天计息，用一天，算一天，不使用，不收息的真正省钱模式。

五是用"永续贷"解决小微还款压力"大"。为缓解小微企业主到期还贷的资金压力，招商银行重庆分行将产品创新与还款方式相结合，率先推出"永续贷"产品，对于贷款即将到期且贷款期间经营正常的小微客户，分行会主动联系客户并进行额度续期和自动转贷工作，缓解其筹资还款压力。

六是用"闪电贷"解决小微融资"繁"。为方便小微企业主和消费者申请贷款，招商银行最近创新推出行业内首创的全线上贷款产品——"闪电贷"，该产品是招商银行第一款全线上个人网络贷款产品，创新性地将贷款发起端从客户端转移到银行端，由招商银行主动发起，通过手机短信方式向符合授信条件的客户进行贷款授信信息推送，客户通过手机即可实现全流程贷款手续，获得 10 分钟贷款的极致体验。与传统贷款业务相比手续更简单，目前开展的闪电贷品种有"小微 POS 闪电贷""消费代发闪电贷"及"房贷配套闪电贷"三种。

招商银行重庆分行多年来始终坚持小额、分散、标准的发展原则；坚持线下、线上加专营的发展模式；坚持交叉销售、综合经营的发展策略。招商银行未来将继续大力发展小微企业业务，并根据市场和客户需求的变化不断创新小微企业金融产品和服务，帮助小微企业更好更快发展。

——资料来源：牟峰."贷"动未来 共赢发展.重庆商报，2015 年 10 月 23 日.

思考题：

1. 小微企业对金融服务有哪些需求？小微企业群体贷款难究竟难在何处？
2. 招商银行的小微企业贷款产品有哪些？各有什么特色？

第6章　金融机构资产负债综合管理

 学习目的

知识要点	掌握程度
金融机构资产负债综合管理理论	了解资产负债综合管理理论产生的历史背景；熟悉资产负债综合管理理论的主要内容及评价；掌握资产负债综合管理的基本原理以及资产负债综合管理的目标和内容
利率敏感性缺口管理法及其运用	了解利率敏感性缺口管理法的相关概念；熟悉利率敏感性缺口管理策略，掌握利率敏感性缺口管理法在金融机构管理中的具体运用，了解利率敏感性缺口管理法的优缺点
持续期缺口管理法及其运用	了解持续期缺口管理法的相关概念；熟悉持续期缺口管理法的管理策略，掌握持续期缺口管理法的具体运用，了解持续期缺口管理法的优缺点
资产负债比例管理法及其影响	了解资产负债比例管理法的含义；熟悉资产负债比例管理法的主要指标及其影响

6.1　金融机构资产负债综合管理理论

金融机构资产负债综合管理是指商业银行按照某种策略进行资金配置，从而实现安全性、流动性和盈利性的综合目标。它既不是单纯考虑资金运用，也不是单纯考虑资金来源，而是综合考虑资产和负债，按照既定经营目标对整体资金的配置和组合进行调整，从资产、负债平衡的角度去协调银行的安全性、流动性、盈利性之间的矛盾，使银行的经营管理更为科学。

6.1.1　资产负债综合管理理论产生的历史背景

1. 取消或放松利率管制

20世纪60年代开始的负债管理，使银行自有资本的比例越来越小，短期资金的比例越来越大，银行的安全性和流动性受到威胁。70年代中期开始，由于市场利率大幅上升，负债管理在负债成本及经营风险上的压力越来越大。80年代后，西方各国先后取消或放松利率管制，银行界甚至整个金融界出现金融自由化浪潮，种类繁多的浮动利率资产和浮动利率负债产品纷纷涌现。商业银行在金融市场上争取到主动融资权的同时，也面临新的风险，即利率风险。在市场利率波动的环境下，资产和负债的配置状态极有可能对银行利润和经营状况产生很大影响。商业银行资金管理开始把目标转向如何通过协调负债与资产的关系来保持净利息正差额和控制正的自有资本净值，其管理思想是资产负债综合管理。

2. 世界经济出现"滞胀"

20世纪70年代世界经济出现"滞胀"，也称停滞性通胀。滞胀是指在国民生产总值增长率为零或是负增长的情况下，国内发生高通货膨胀率的现象。造成滞胀的两个主要原因：一是经济产能被负面的供给震荡而减少；二是不当的经济政策。在经济出现"滞胀"的情况下，就要求银行控制信贷规模以稳定货币，调整信贷结构以刺激经济增长，银行必须从资产负债双方进行综合考虑和协调。

3. 金融市场快速发展

20世纪70年代以来，金融市场迅猛发展，市场国际化趋势日益明显，主要表现在：一是金融机构跨国化。不仅发达国家在世界金融中心设立了大批的跨国银行，而且发展中国家也在境外设立了一批离岸金融中心和金融机构。二是金融资产经营国际化。欧洲货币市场、欧洲债券市场和全球性股票市场的建立，使人们可在离岸市场上经营世界任何一国的货币金融资产。三是货币国际化。黄金作为世界货币的职能已经蜕化，人们可以通过国际汇兑来转移各国间的货币购买力。不仅美元、德国马克、英镑、日元可作为国际结算货币，而且还有大批中等发达国家甚至发展中国家的货币也逐渐成为可自由兑换的货币，朝着世界货币的方向发展。金融市场的快速发展也为金融机构实现资产负债全面管理提供了条件。

4. 计算机技术在银行的应用

计算机技术的内容非常广泛，可分为计算机系统技术、计算机器件技术、计算机部件技术和计算机组装技术等几个方面。计算机技术包括运算方法的基本原理与运算器设计、指令系统、中央处理器（Central Processing Unit，CPU）设计、流水线原理及其在CPU设计中的应用、存储体系、总线与输入输出。计算机技术在银行业务和管理上的运用越来越广泛，银行经营管理的观念逐渐改变，由负债管理开始转向更高层次的系统管理——资产负债综合管理。

6.1.2 资产负债综合管理理论的主要内容

1. 资产负债综合管理的定义

资产负债综合管理也称多元化管理理论，是指商业银行在可容忍的风险限额内实现既定经营目标，而对自身整体资产和负债进行统一计划、运作、管控的过程，以及前瞻性地选择业务决策的管理体系。资产负债管理有广义和狭义之分。广义的资产负债管理，是指金融机构按一定的策略进行资金配置来实现流动性、安全性和盈利性的目标。狭义的资产负债管理，主要指在利率波动的环境中，通过策略性改变利率敏感资金的配置状况，来实现金融机构的目标，或者通过调整总体资产和负债的持续期，来维持金融机构正的净值。北美精算师协会将资产负债管理定义为：资产负债管理是管理企业的一种活动，用来协调企业对资产与负债所作出的决策；它是在给定的风险承受能力和约束下，为实现企业财务目标而制定、实施、监督和修正企业资产和负债的有关决策的过程。对任何利用投资来平衡负债的机构来说，资产负债管理都是一种重要且适用的财务管理手段。实行资产负债综合管理的理论依据在于资产和负债之间存在着必然的内在联系，根据"资产＝负债＋所有者权益"的平衡公式，资产与负债应保持总量和结构的均衡，才能有效地协调安全性、流动性与盈利性三原则的矛盾。

2. 资产负债综合管理的核心思想

资产负债综合管理理论认为商业银行要实现"三性"的均衡，不能只依靠对资产或负债单方面的管理，必须根据经济环境和商业银行经营情况的变化，应用各种手段对资产和负债进行综合计划、控制和管理，保持总量和结构的平衡；对资产结构和负债结构管理的基础应该是资金流动性管理，管理的目标是要在股东利益、金融管制等条件约束下，在市场利率频繁波动的情况下，使银行利差最大化、波动幅度最小化，即保持利差高水平的稳定，从而在保证流动性和安全性的前提下实现最大限度的盈利。因此，资产负债综合管理理论的初衷是解决利率风险给银行带来的资产和负债的不匹配问题，在融资计划和决策中，银行主动地利用对利率变化敏感的资金，协调和控制资金配置状态，使银行维持一个正的净利息差额和正的资本净值。

银行利率风险产生取决于两个条件：一是市场利率发生波动；二是银行的资产和负债期限匹配不一致。只要这两个条件同时存在，银行就存在利率风险。利率风险的大小取决于市场利率波动幅度的大小及银行资产和负债匹配不一致的程度。在市场经济条件下，由于资金供给和需求的相互作用，市场利率总是在不断波动中。利率风险使银行的财务状况暴露在利率的不利变化之中，过高的利率风险可以对银行的收益和资本造成很大的威胁。利率的变动通过影响银行的净利息收入和其他一些利益敏感性收益和经营费用，最终影响到银行的收益。利率的变动也会影响银行的资产、负债和表外业务工具的价值。所以，一个能将利率风险控制在审慎的水平上的有效利率管理程序对于银行的安全和稳健至关重要。

商业银行的利率风险是指市场利率变动的不确定性给商业银行带来损失的可能性。根据风险来源的不同，利率风险主要分为重新定价风险、收益曲线风险、基准风险和期权性风险。

（1）重新定价风险。重新定价风险来自银行的资产、负债和表外业务头寸的到期日在时间上的不同（固定利率）和重新定价（浮动利率）。由于这些重新定价的不匹配性，当利率发生变化时，它们可以使银行的收益和主要产品的市场价值暴露于不可预测的风险中。例如，用市场利率吸收的短期存款来发放长期的固定利率贷款，在利率提高时，它就会受到由负债到期重新定价而引起的将来收益的减少和资产内在价值的减少。重新定价风险一般通过利率敏感性资产和负债来衡量。此类重新定价的不对称性是银行业务的基础，但在利率变动时，其将会对银行的收入和内在的经济价值产生重要影响。

（2）收益曲线风险。收益曲线反映的是证券的到期期限与到期收益之间的关系，当收益曲线的意外位移对银行的收入或内在经济价值产生不利影响时，就会产生利率风险。例如由一个长期的 10 年期的政府债券与一个短期的一年期的政府债券构成一个资产投资组合，在收益曲线向上倾斜并很陡峭时，前者的内在价值就会大幅度下降。

（3）基准风险。基准风险是指在期限一致情况下，计算资产收益和负债成本时采用不同的基准利率，而当基准利率发生不同幅度的变化时产生的风险。在利率市场化背景下，主要是利息收入与利息支出依据的基准利率发生不一致的变动，导致银行的收益或者经济价值发生损失。当利率发生变化时，这些差异就会导致具有相同到期日或重新定价频率的资产、负债和表外工具之间的现金流量和收益差额发生不可预测的变化。例如，用一个一年期的存款作为资金来源，其利息率每月按伦敦同业拆借利率浮动，将此存款用于一笔一年期的贷款，其利息是每月按国债的发行利率浮动，这两个指标之间的差额会使银行资金配置暴露于风险之中。

（4）期权性风险。期权性风险是指在利率发生不利变化时，商业银行客户凭借所持金融工具中的内含期权，提前偿还贷款或提前提取存款而使银行利息收入减少的风险。期权性风险主要表现为定期存款的提前支取和长期贷款的提前偿还。利率上升时，存款人通过提前支取存款再以更高的利率存入；而利率下降时，经营状况良好的贷款客户则会选择提前偿还本金，以更低的利率进行再融资，使商业银行承担利率变动所带来的风险。

在利率波动环境中，不可预期的利率波动从两个方面给银行带来风险：第一，利率敏感性资产与利率敏感性负债之间的缺口状态，它会使利率在上升或下降时影响银行净利差或利润；第二，利率波动引起表内各项固定利率资产和固定利率负债的市值变动，从而影响按市场价值计算的银行自有资本净值。当浮动利率资产大于浮动利率负债，称为利率敏感性资金正缺口［图 6-1（a）］；当浮动利率资产小于浮动利率负债，称为利率敏感性资金负缺口［图 6-1（b）］。资金缺口越大，利率风险的敞口越大，从而使银行潜在的损失和收益增大。在资金正缺口状态下，如果利率下降，则较多负债的利率固定在较高水平上，较多资产的利率必须随着不断下降的市场利率下调，从而使银行净利差减少。在资金负缺口状态下，如果利率上升，则较多负债的利率必然随着市场利率上升，而较多资产的利率固定在相对低水平上，也会使银行净利差减少。因此，从图 6-1 中可以直观地看到，在利率波动环境中，利率敏感性资产与负债的配置状态极大地影响着银行净利差。如果银行有能力对利率走势进行预测，而且预测准确率很高，那么这类银行可以主动调整利率敏感性资金的配置状态，达到保值避险，甚至利用利率波动实现增加利润的目的。当然，预测错了则银行很可能遭受巨额损失。

（a）利率敏感性资金正缺口　　　　（b）利率敏感性资金负缺口

图 6 - 1　利率敏感性缺口

3. 资产负债综合管理的基本原则

（1）规模对称原则。规模对称原则也称总量对称原则，它要求银行的资产与负债在总量上要对称平衡，负债总量制约资产总量。总量平衡对称不是简单的对称，而是建立在合理经济增长基础上的动态平衡。

（2）结构对称原则。结构对称原则是指商业银行在考虑负债结构、利率水平、流转速度的情况下，对其资产期限与结构进行确定，要求资产各项目与负债各项目之间相互对称和统一平衡。它主要包括两点内容：一是偿还期对称。商业银行为了确保现金流不会出现巨大浮动，保证资产与负债在偿还期内尽量对称；要求资产项目和负债项目保持合理的期限结构；负债期限结构制约资产期限结构，长期资产主要由长期负债和资本支持，短期负债主要用于短期资产。二是成本结构对称。商业银行为了确保资金的安全使用，要求负债成本和资本成本相对称，假如负债成本较高，理论上资产成本也要较高，相反亦然。

（3）增量存量结合原则。增量存量结合原则是指商业银行需要对资产与负债的增量与存量进行综合管理，主要体现在两个方面：一方面提供增量，进而强化资产与负债的增量管理；另一方面强化商业银行资产与负债的存量调整，尽可能减少商业银行的经营风险。

（4）目标互补原则。目标互补原则也称目标替代原则，是指商业银行的盈利性、流动性、安全性均是动态的，并且也是互相替代和补充的。在某些情况下，盈利性的提高可以对流动性、安全性的降低予以弥补。

（5）资产分散原则。资产分散原则是指在负债结构一定的情况下，银行在进行资金分配时，尽量将资金投放在贷款、证券等不同的资产形态上，同时贷款和证券的种类、对象也尽可能地分散。可以将资金分散在不同区域、不同行业、不同币种和不同种类的资产上来分散风险，避免集中投放在某一种贷款或证券上，或集中投放于某一行业或某一企业。

4. 资产负债综合管理的主要内容

资产负债综合管理主要包括以下内容。

（1）在流动性方面，根据经济和金融发展趋势预测某一时期的流动性需求，据此制订获取流动性的计划并付诸实施。流动性计划包括资产流动性计划和负债流动性计划两个方面。

（2）在安全性方面，一是对借款人进行信用分析和对借款项目进行可行性研究，以降低或避免风险；二是对借款进行检查，发现问题并及时解决，避免损失发生；三是增加抵押贷款和担保贷款，减少信用贷款；四是实行资产分散化，以分散风险；五是运用市场手段，转移风险资产。

（3）在盈利性方面，通过预测市场利率，对利率敏感性资产和负债的缺口进行调整，以获取较大利差，增加银行利润。所以，资产负债综合管理要求进行资产负债总量管理，保持资产总量与负债总量的平衡；强化资产负债结构管理，实现资产负债对应结构配置；加强资产负债效益管理，做到收入、成本、利润的有效管理；采取各种措施降低资产负债的风险。

6.1.3　资产负债综合管理理论的评价

1. 积极意义

（1）对资产负债管理理论进行了发展和深化。资产负债综合管理理论并不是对资产管理理论、负债管理理论的否定，而是吸收了这两种理论的合理部分和精华，并对其进行了发展和深化，使银行业务管理日臻完善。

（2）促进了资产负债结构调整以适应社会经济。资产负债综合管理理论将资产和负债的流动性置于同等重要的地位，在保证资产流动性和负债流动性的前提下，获取最大限度的利润；增强了银行抵御外界经济动荡的能力，使银行可根据市场变化，随时对其资产负债结构进行调整，以适应社会经济的变化。

（3）使资产负债管理理论更为科学和完善。资产负债综合管理理论中引进了数理分析、管理科学和计算机技术，使银行的经营管理理论更为科学和完善。资产负债业务的发展使银行提供的金融工具和金融服务日益多样化，更有利于从资产与负债均衡的角度去协调经营的安全性、流动性和盈利性之间的矛盾。

2. 存在不足

（1）同业竞争更加激烈。在金融机构资产负债综合管理阶段，许多金融机构对负债和资产业务进行大量的创新，随着金融工具的不断增加和创新，金融机构之间的竞争更加激烈。

（2）过分强调利率风险。金融机构面临的风险越来越多样化，但是，资产负债综合管理理论注重利率缺口管理，侧重于利率敏感性分析，过分强调利率风险，忽略了别的风险管理，从而增大了金融机构的其他风险。

（3）管理手段和方法更加复杂。要从资产和负债两个方面同时加强管理，金融机构的管理手段和方法更加复杂，管理技术要求更高，特别是对于市场利率变动的预测更加困难，预测不准就难以达到有效配置资金的目的。

（4）金融监管难度增大。随着金融机构资产负债的迅速扩大和业务结构的复杂多变，特别是一些新业务和新产品的创新，在一定程度上是为了逃避调控和规避监管，这就加大了金融监管的难度。

6.2　利率敏感性缺口管理法及其运用

利率敏感性缺口管理法是金融机构资产负债综合管理的基本方法之一。利率敏感性缺口管理法主要是通过调整考察期内利率敏感性资产与利率敏感性负债的对比关系，规避利率风险；在市场利率变动的不同环境下采用不同的管理策略，相机调整利率敏感性资金的配置结构，以增大净利差，从而实现利润最大化目标。

6.2.1　利率敏感性缺口管理法的相关概念

1. 利率敏感性资金

利率敏感性指的是银行资产的利息收入与负债的利息支出受市场利率变化的影响程度，以及它们对市场利率变化的调整速度。如果利率浮动的资产和负债，其利率随市场利率的变化而变化，那么它们就是利率敏感性资产和负债；相反，利率固定的资产与负债就不是利率敏感性的。利率敏感性分析通过资产与负债的利率、数量和组合的变化来反映利息收支的变化，从而分析它们对银行利息差和收益率的影响，并在此基础上采取相应的缺口管理策略。利率敏感性缺口等于一个计划期内商业银行利率敏感性资产与利率敏感性负债之间的货币差额。商业银行通过对利率的预测，可以采用不同的缺口管理策略，从而实现利润最大化。

利率敏感性资金（Rate Sensitive Fund，RSF）也称浮动利率或可变利率资金，是指在一定期间内展期或根据协议按市场利率定期重新定价的资产或负债。利率敏感性资产和利率敏感性负债的定价基础是可供选择的货币市场基准利率，主要有同业拆借利率、国库券利率、银行优惠贷款利率、可转让大额存单利率等。利率敏感性资产是指那些在市场利率发生变化时，收益率或利率能随之发生变化的资产；相应的利率非敏感性资产则是指对利率变化不敏感，或者说利息收益不随市场利率变化而变化的资产。利率敏感性负债是指那些在市场利率变化时，其利息支出会发生相应变化的负债，如可变利率存款、货币市场借款、短期储蓄存款、货币市场存款、浮动利率存款等。

2. 利率敏感性缺口

利率敏感性缺口（GAP）也称资金缺口，是指利率敏感性资产与利率敏感性负债的差额。缺口用于衡量银行净利息收入对市场利率的敏感程度。利率敏感性缺口表示了利率敏感性资产和利率敏感性负债之间的绝对值。

利率敏感性缺口（GAP）=利率敏感性资产（RSA）–利率敏感性负债（RSL）　　（6.1）

利率敏感性缺口是一个与时间相关的概念，缺口数值的大小和正负都依赖于计划期的长短，这是因为资产与负债的利率调整期限决定利率调整是否与计划期内利率相关。例如，一笔浮动利率贷款，若商定的利率调整期是每6个月一次，那么计算未来3个月的利率敏感性缺口时，这笔贷款就会被认为是利率不敏感资产。但是，当计算未来6个月的利率敏感性缺口时，该笔贷款则属于利率敏感资产。同样，固定利率的定期存款在到期前是利率不敏感负债，而到期后如果继续存在银行，由于续存时的利率由市场利率决定，这笔存款便属于利率敏感负债。

3. 利率敏感性比率

利率敏感性比率（Sensitive Ratio，SR）是指利率敏感性资产与利率敏感性负债之比，即

$$利率敏感性比率（SR）= \frac{利率敏感性资产（RSA）}{利率敏感性负债（RSL）}　　（6.2）$$

它用于衡量银行的利率风险，是利率敏感性缺口的另一种表达。

利率敏感性比率与利率敏感性缺口有一定的关系。若利率敏感性比率大于1，利率敏感性缺口（FG）为正值；若利率敏感性比率小于1，利率敏感性缺口为负值；若利率敏感性比率等于1，则利率敏感性缺口为零。两者也存在内涵上的差别，利率敏感性缺口表示利率敏感性资产与利率敏感性负债之间的绝对量的差额，利率敏感性比率表示利率敏感性资产与利率敏感性负债之间相对量的大小。利率敏感性缺口的三种形式见表6–1。

表6–1　　　　　　　　　　　　　　利率敏感性缺口的形式

缺口的类别	对应的 FG 和 SR
零缺口	FG = RSA – RSL = 0， SR = RSA/RSL = 1
正缺口	FG = RSA – RSL > 0， SR = RSA/RSL > 1
负缺口	FG = RSA – RSL < 0 SR = RSA/RSL < 1

对于一家银行来讲，在一定时期内可能是资产的利率敏感性较高，致使利率敏感性比率>1，此时，该行有一个正的利率敏感性缺口，也有可能是负债的利率敏感性较高，致使利率敏感性比率<1，该行则有一个负的利率敏感性缺口，或者资产的利率敏感性

与负债的利率敏感性相同，则利率敏感性比率 = 1，该行没有利率敏感性缺口。

4. 融资缺口对银行净利息收入的影响

在利率敏感性资产和利率敏感性负债的同幅度变动的前提假设下，利率敏感性缺口的大小可以反映出银行净利息收入对利率变动的敏感程度，而净利息收入又取决于利率敏感性缺口的大小。

$$净利息收入变动额 = 利率变动 \times 利率敏感性缺口 \tag{6.3}$$

例如，假设 A 银行未来两个月的利率敏感性资产是 200 万元，而利率敏感性负债是 100 万元。融资缺口为正 100 万元（200 - 100 = 100 万元）。如果未来 3 个月内市场利率上升，银行净利息收入就会增加；反之，利率下降，银行净利息收入则减少。如果市场利率上涨 100 个基点，即 1%，A 银行净利息收入将增加 1 万元，即 100 万元 × 1% = 1 万元。如果市场利率下降 100 个基点，则 A 银行的利息收入将减少 1 万元，即 100 万元 × (-1%) = -1 万元。

当利率敏感性资产大于利率敏感性负债，即银行经营处于正缺口状态时，随着利率上浮，银行收益将增加，随着利率下调，银行收益将减少；反之，利率敏感性资产小于利率敏感性负债，即银行处于负缺口状态时，银行收益随利率上浮而减少，随利率下调而增加。这意味着利率波动使得利率风险具有现实可能性，在利率波动频繁而又缺乏风险管理措施的情况下，银行可能遭受严重的风险损失。当利率敏感性缺口为正时，市场利率与商业银行净利息呈同方向变化；反之，当利率敏感性缺口为负时，市场利率与商业银行净利息呈反方向变化，见表 6 -2。

表 6 -2　　　　　　　　　利率敏感性缺口对银行净利息收入的影响

利率敏感性缺口	利率变动	利息收入变动	变动结果	利息支出变化	净利息收入
正	上升	上升	大于	上升	增加
正	下降	下降	大于	下降	减少
负	上升	上升	小于	上升	减少
负	下降	下降	小于	下降	增加
零	上升	上升	等于	上升	不变
零	下降	下降	等于	下降	不变

（1）正缺口状况对银行净利息收入的影响。此时，利率敏感性资产 < 利率敏感性负债，利率敏感性比率 > 1，则当利率上升时，银行收益增加；当利率下降时，银行收益减少。因此，银行可考虑在利率上升期，减少一部分长期证券或固定利率贷款，而把资金投入质量较好的可变利率投资或贷款（如短期证券投资或短期贷款）上。而在贷款利率下降时采取相反的行动。

（2）负缺口状况对银行净利息收入的影响。此时，利率敏感性资产 < 利率敏感性

负债，利率敏感性比率 <1，则当利率上升时，银行收益减少；当利率下降时，银行收益增加。因此，银行可考虑在利率下降时，多买进一些长期证券，而当利率趋于上升时，再卖掉。若预计利率上升趋势明显，则可多卖掉一些，从而通过扩大负利率敏感性缺口而扩大利差。当银行处于利率上升期，则采取相反行动，以减少利差损失及收益损失。

（3）零缺口状况对银行净利息收入的影响。此时，利率敏感性资产 = 利率敏感性负债，利率敏感性比率 =1，这是西方商业银行中小规模的商业银行可以并常常采用的一种比较保守与保险的经营方式，引申下来，银行可以通过在合理限度内，维持一个目标利率敏感性比率来管理周期性的资金缺口和利差幅度，从而获取稳定的收益。

6.2.2 利率敏感性缺口管理策略

利率敏感性缺口管理是指银行管理者根据预测利率的变化，积极调整资产负债结构，扩大或缩小利率敏感性资产和利率敏感性负债的差额（即利率敏感性缺口），从而保证银行收益的稳定或增长。银行调整资产负债结构所运用的工具主要是银行在短期内有主动控制权的资产和负债。利率敏感性缺口管理方法主要分为两种：一是保守型的，即努力使银行的利率敏感性资产和利率敏感性负债的差额接近于零，从而把利率风险降至最低限度，保持银行收益的稳定；二是主动型的，即银行根据利率预测，在利率的周期性变化中积极调整资产负债结构，扩大或缩小利率敏感性差额，从而获得更高的收益。主动型管理的结果不仅取决于利率变化的方向，同时也取决于未来利率的不确定程度。它能够抓住沟通资产与负债之间联系的关键因素——利率，以部分带动全体，根据市场情况的变化，采取积极有效的经营措施，使利率敏感性缺口管理法更富有灵活性、准备性和严密性。利率敏感性缺口管理策略主要有以下两种。

1. 防御性缺口管理策略

防御性缺口管理也称为零缺口管理、被动性管理、稳健保守型管理，是指银行尽可能地将利率敏感性缺口保持在零左右，利率敏感性比率等于1。即使银行资产与负债的期限相对应，浮动利率资产与浮动利率负债完全相等，并且固定利率资产也全部由固定利率负债支撑，以降低净利差水平的未来波动性，从而把利率风险降至最低程度，以保持银行收益的稳定。但是，这种策略并不能完全消除利率变动的风险，因为资产利率的变化和负债利率的变化不可能完全一致。

2. 积极性缺口管理策略

积极性缺口管理策略就是指银行根据对利率走势的预测而有意识地使银行处于资产敏感状态或负债敏感状态的缺口管理方式。该策略可以分为正缺口管理和负缺口管理两种。

（1）正缺口管理策略。当预测市场利率上升时，银行应主动营造资金配置正缺口，使利率敏感性资产大于利率敏感性负债，即利率敏感性比率大于1，即以固定利率的负债支持浮动利率的资产，从而使更多的资产可以按照不断上升的市场利率重新定价，扩大净利息差额。但是，如果利率下降，保持较大的利率敏感性资产，就会使银行利润减少。

（2）负缺口管理策略。当预测市场利率开始下降时，银行应主动营造资金配置负缺口，使利率敏感性资产负债大于利率敏感负债资产，即利率敏感性比率小于1，即以浮动利率的负债支持固定利率的资产，从而使更多的负债可以按照不断下降的市场利率重新定价，减少成本，扩大净利息差额。但是，如果利率上升，银行保持较大的利率敏感性负债，则会因成本的增加而减少利润。

积极性缺口管理策略的关键是保持较高的利率预测准确率，如果利率走势与预期相反或利率变动不如预测的来得那么快，银行将遭受较大的损失。此外，即使利率走势预测准确，但如果利率实际变动幅度较小，则采用积极性缺口管理策略就可能得不偿失，因为调节资产组合是要付出代价的。所以，一些小规模银行由于缺乏利率预测能力或缺乏调整资产组合的手段，往往采用防御性缺口管理策略。

6.2.3　利率敏感性缺口管理法的具体运用

利率敏感性缺口管理法的具体运用主要通过利率敏感性分析技术来进行。利率敏感性缺口分析是银行实行利率风险管理的最基本的手段之一，它通过资产与负债的利率、数量和组合变化来反映利息收支的变化，从而分析它们对银行利息差和收益率的影响，在此基础上采取相应的缺口管理策略。

1. 美国 T 银行的利率敏感性资金报告分析

假设在利率完全市场化环境下，美国 T 银行利用利率敏感性资金报告分析银行融资缺口和风险，见表 6-3。

表 6-3　　　　　　　　　　美国 T 银行运用利率敏感性资金报告　　　　　　单位：百万美元

项目	1～7 天	8～30 天	31～90 天	91～180 天	181～365 天	1 年以上	不含息项目	总计
资产								
国债券和政府机构债券		0.7	3.6	1.2	0.3	3.7		9.5
货币市场投资			1.2	1.8				3.0
地方政府债券			0.7	1.0	2.2	7.6		11.5
同业拆出和回购	5.0							5.0
商业贷款	1.0	13.8	2.9	4.7	4.6	15.5		42.5
分期偿还贷款	0.3	0.5	1.6	1.3	1.9	8.2		13.8
总收益资产								85.3

项目	1~7天	8~30天	31~90天	91~180天	181~365天	1年以上	不含息项目	总计
资产								
现金和存放同业							9.0	9.0
其他资产							5.7	5.7
非盈利资产								
总资产	6.3	15.0	10.0	10.0	9.0	35.0	14.7	100
负债和权利								
货币市场存款账户	17.3							17.3
超级可转让支付命令账户（Negotiable Order of Withdrawal Account，NOW）	2.2							2.2
定期存款	0.9	2.0	5.1	6.9	1.8	2.9		19.6
大额存单	1.9	4.0	12.9	10.1	1.2			30.1
同业拆入和回购								
一般NOWs账户				7.4				7.4
储蓄存款						1.9		1.9
含息负债								78.5
活期存款							13.5	13.5
其他负债							1.0	1.0
权益							7.0	7.0
不含息负债和权益							21.5	
总负债和权益	22.3	6.0	18.0	17.0	10.4	4.8	21.5	100
期间缺口	-16.0	9.0	-8.0	-7.0	-1.4	30.2		
累积缺口	-16.0	-7.0	-15.0	-22.0	-23.4	1.8		

注：浮动利率贷款按周重新定价，所以归入1~7天期间段，浮动利率贷款1 000万美元并入商业贷款项目。

期间缺口：由利率敏感性资产减去利率敏感性负债得出。

累积缺口：表明在整个期间内银行总的利率风险状况，由前面各期间段资金缺口数累加而得。

从美国T银行运用利率敏感性资金报告中可知：如果短期市场利率下降，银行的净利息差额会提高，收益增加；如果短期市场利率上升，银行的净利息差额会下降，收益减少。特别是在最近半年内，如果短期市场利率发生变化会对银行绩效产生极大影响，因为半年内累积缺口将达到-2 200万美元，该数字超过银行收益资产总额的25%。

2. H银行的利率敏感性缺口管理

表6-4是根据H银行×年12月31日的资产负债表及×年年度报告编制的简易资

产负债缺口报告。表 6-4 中利率敏感性资产和负债分别是指在一定期限内到期的或需要重新确定利率的资产和负债。其中客户贷款包括贷款、进出口押汇、贷款呆账准备金和票据贴现等；投资主要指债券投资；其他资产则包括应收利息、应收债券利息及其他应收款项等；客户存款则包括活期存款及活期储蓄存款、定期存款及定期储蓄存款、保证金存款、应解汇款和汇出汇款等；其他负债包括应付账款和其他应付款项等。

表 6-4	H 银行 × 年 12 月 31 日简易资产负债缺口报告			单位：百万元人民币	
项目	3 个月以内	3 个月~1 年	1~5 年	5 年以上	总额
现金及存放中央银行款项	66 373	0	0	0	66 373
存放和拆放同业及金融性公司款项	5 018	164	0	0	5 182
客户贷款（扣除贷款呆账准备金）	49 320	115 690	66 852	21 841	253 803
投资	4 625	18 151	35 697	21 916	80 389
其他资产	65	474	3 156	3 285	6 980
利率敏感性资产合计	125 401	134 479	105 705	47 142	412 727
客户存款	24 591	545	0	0	25 136
同业存款拆入	24 591	545	0	0	25 136
其他负债	2 791	1 334	6 867	245	11 237
利率敏感性负债合计	274 575	95 134	37 693	266	407 668
每期缺口	− 149 174	39 345	68 012	46 876	5 059
累积缺口	− 149 174	− 109 829	− 41 817	5 059	

从表 6-4 中可以看出，H 银行的 3 个月内缺口为负缺口，是 − 149 174 百万元，即存在着负债敏感性缺口风险；而其他三段时期的缺口均为正缺口，分别是 39 345、68 012 和 46 876 百万元，即存在资产敏感性缺口风险。该银行的累计利率敏感性缺口则从第一段时期到第三段时期都是负缺口，到了最后一段时期累积缺口才为正缺口，达 5 059 百万元，这就意味着该银行资产负债的整体结构中存在着较大的资产敏感性缺口。如果利率继续下调，该银行将遭受较大的利率风险，当利率下调 1% 时，该银行将损失 5 059 × 1% = 51（百万元）的净利息收入；另一方面，在利率自由化进程中，利率波动性必将加大，所以，太大的资产缺口仍然会使该银行遭受一定的利息损失。一般来说，银行可以通过两种策略来避免缺口风险，其一是运用各种利率预测技术来预测市场利率将来的走势，然后银行制定相应的资产负债缺口，在预测正确的情况下，银行可以只获利而无损失；另一策略则是通过调整表内的资产负债项目或运用表外衍生工具来对表内项目进行套期保值，尽量使资产负债缺口保持在零附近，从而避免了利率风险的不确定性。由于在利率市场化过程中，银行所面临的主要利率形式即存款贷款利率还没有市场化，主要还是由中央银行进行调整，因此根据市场因素预测市场利率也就无从谈起。所以，积极的利率风险管理策略具有相当大的风险，一旦预测失误，将会造成银行极大的

损失。因此，该银行还是应该尽量使其资产负债利率敏感性缺口保持为零，这可以通过调整其表内项目来实现。

根据维持零缺口的原则和方法，该银行应减少利率敏感性负债或增加利率敏感性资产。从表6-4中进一步可看出，该银行的利率敏感性缺口主要集中在3个月以内这个阶段，达到了–149 174百万元，因此，减少该银行利率敏感性缺口的关键就在于减少在这一时间段到期的负债，同时要增加持有在这一时间段到期的资产。具体看来，在这一时段内，负债主要是客户存款，所以减少累计缺口的办法主要是减少在这一时段到期的客户存款，以及增加在这一时段到期的客户贷款。从6-4表中还可以看出，1~5年这一时段的缺口达68 012百万元，对缺口风险的影响仅次于第一个时段缺口，而这个时段的缺口为正，说明应该增加这个时段到期的利率敏感性负债，包括增发长期金融债券和增加长期定期储蓄存款等。

3. D银行的利率敏感性缺口管理

见表6-4，得出以下利率敏感衡量。

1个月内：利率敏感性缺口 = RSA – RSL = 31 690 – 37 013 = – 5 323（千美元）

利率敏感性比率 = RSA/RSL = 31 690/37 013 = 0.86

3个月内：利率敏感性缺口 = RSA – RSL = 41 216 – 49 123 = – 7 907（千美元）

利率敏感性比率 = RSA/RSL = 41 216/49 123 = 0.84

6个月内：利率敏感性缺口 = RSA – RSL = 54 389 – 61 825 = – 7 436（千美元）

利率敏感性比率 = RSA/RSL = 54 389/61 825 = 0.88

1年内：利率敏感性缺口 = RSA – RSI = 70 352 – 81 749 = – 11 397（千美元）

利率敏感性比率 = RSA/RSL = 70 852/81 749 = 0.86

从表6-5中可以看出，D银行在未来1年内的利率敏感性缺口均为负值，利率敏感性比率小于1，1个月内利率敏感性缺口为 – 5 323 000美元，利率敏感性比率为0.86；3个月内，利率敏感性缺口为 –7 907 000美元，利率敏感性比率为0.84；6个月内，利率敏感性缺口为 –7 436 000美元，利率敏感性比率为0.88；1年内资金累计缺口为 –11 397 000美元，利率敏感性比率为0.86，所以在未来一年内，利率下跌对D银行有利，如果利率上升，则这家银行的净利息收入将会下降。利率敏感性分析表所提供的数据是银行进行利率敏感性缺口管理决策的基础，而利率敏感性缺口管理的第二阶段就是结合对未来市场走势的预测制定相应的利率敏感性缺口调整战略。

表6-5   **D银行利率敏感性分析表**   单位：千美元

项目	1个月内	3个月内	6个月内	12个月内	利率不相关	合计
资产						
现金和存效同业	0	0	0	0	13 205	13 205
短期金融工具	1 504	1 504	1 504	1 504	0	1 504

续表

项目	1 个月内	3 个月内	6 个月内	12 个月内	利率不相关	合计
资产						
证券投资	300	3 120	4 081	5 731	26 370	32 101
商业贷款	27 281	29 930	35 421	38 153	664	38 817
个人贷款	298	5 783	11 680	20 731	11 410	32 141
不动产贷款	0	879	1 703	3 673	18 045	21 718
其他	31 690	0	0	560	6 112	6 672
资产总计		41 216	54 389	70 352	75 806	146 158
负债和股东权益						
活期存款	0	0	0	0	31 632	31 632
计息支票账户	9 107	9 107	9 107	9 107	0	9 107
存折存款	0	0	0	0	6 843	6 843
货币市场账户	20 012	20 012	20 012	20 012	0	20 012
小额存单	1 341	3 426	6 204	10 493	8 845	19 338
大额可转让存单	2 794	11 412	19 897	30 630	1 448	32 078
异地存款	380	1 607	3 014	7 781	3 883	11 664
短期借款	3 379	3 559	3 559	3 559	0	3 559
其他负债	0	0	32	167	924	1 091
股东权益	0	0	0	0	10 834	10 834
负债和股东权益总额	37 013	49 123	61 825	81 749	64 409	146 158

6.2.4　利率敏感性缺口管理法的评价

1. 利率敏感性缺口管理法的优点

（1）基本原理易懂和操作简便。利率敏感性缺口反映的是利率敏感性资产总值与利率敏感性负债总值之间的差额，它的意义在于衡量银行净利息收入受市场利率变动影响的程度，利率敏感性缺口越大，利率风险越大，基本原理易懂，思路清晰，计算简单，操作简便。

（2）使差额管理具有更大的灵活性。利率敏感性缺口管理法不同于其他的管理方法，它认为决定资产负债内在联系的关键因素是利率，主张把管理的重点放在根据不同利率特点确定的差额上，并根据利率周期的变化，及时地调整各种利率类型的资产和负债的规模组合，从而使差额管理具有更大的灵活性。

2. 利率敏感性缺口管理法的缺点

（1）时间标准很难确定。在确定利率敏感性资产和负债的时间标准问题时，银行选取多长时间作为确定利率敏感性的标准，这在银行实际业务经营中十分重要，但也很难确定。

（2）利率预测准确率不高。利率预测在现实中往往准确率不高，短期利率则更难加以预测。银行能否预测利率变化的方向、大小及时间，值得怀疑。

（3）受较多因素限制。银行能否灵活地调整资产负债结构，这受许多因素（如市场、制度因素等）的限制。一是资源的限制，如小的区域性银行，其资金来源有限，因而不具备灵活调节的条件；二是差额管理与顾客心理的矛盾，因为银行和顾客对利率预期的心理是完全相反的；三是调节差额必须有足够的时间，如果利率周期短，那么银行就无法改变差额。

（4）利率风险可能招致更大的信用风险。银行的利率风险与信用风险很难权衡，利率风险的降低可能招致更大的信用风险。

（5）忽略了利率变化对固定利率资产和负债价值的影响。只集中分析资金流量的变化，强调了再投资风险，而未注意到利率变化对银行长期固定利率资产和负债价值的影响，忽略了利率变化对银行净值（股东产权）的影响，因而具有极大的片面性。

（6）隐含成本较高。银行为了调整敏感性缺口采取有竞争力的措施，会提高其隐含成本，增加管理成本，从而使得银行总成本提高。

6.3   持续期缺口管理法及其运用

持续期缺口管理法也是金融机构资产负债综合管理的基本方法之一。在利率波动的环境中，对于浮动利率资产和浮动利率负债配置所带来的利率缺口风险，利率敏感性缺口分析模型可以对其在一定范围内进行控制和管理。然而，在利率波动环境中，固定利率的资产和负债并非没有风险，其市场价值也会有升有降，可能导致银行资产变现时发生损失或权益净值发生变化，使股东财富受损。持续期缺口管理法主要是通过对银行综合资产和负债持续期缺口调整的方式，在利率波动中控制和管理由总体资产负债比例不当给银行带来的风险。

6.3.1   持续期缺口管理法的相关概念

1. 持续期的含义

持续期也称久期，在当时持续期作为一种全新的概念出现，使人们对固定收入金融工具的实际偿还期和利率风险有了更深的了解，同时被广泛地用于预测由市场利率变动所引起的债券价格的变动。

从经济含义上讲，持续期是指固定收入金融工具现金流的加权平均时间，也可理解为金融工具各期现金流抵补最初投入的平均时间。持续期有狭义与广义之分，狭义的持续期是债券的持续期，是指债券的所有预期现金流的加权平均时间，也可以是债券各期现金流抵补最初投入的平均时间。广义的持续期是指包括债券在内的商业银行所有资产、负债的持续期的总称。持续期用于衡量利率波动对价值的影响程度，或金融工具的市场价值对利率变动的敏感程度。它包括了有关债券未来现金收益的时间与数额两个因素。

2. 持续期的计算

（1）债券持续期的计算。持续期等于金融工具各期现金流发生的时间乘以各期现金流现值之和与该金融工具现值的商。

$$D = \frac{\sum \frac{C_t \times t}{(1+r)t}}{\sum \frac{C_t}{(1+r)t}} \tag{6.4}$$

式中，D 为持续期或久期；t 为各现金流发生时间；C_t 为第 t 期现金流；r 为市场利率。

设 $C_t/(1+r)t = p_v t$，则有

$$\frac{C_t}{(1+r)t} = pv_t = P_0$$

式中，P_0 为市场价格。

公式（6.3.1）可以写成

$$D = \frac{\sum C_t \times t}{(1+r)t} \div P_0 \tag{6.5}$$

持续期或久期还有一种近似表达式：

$$D \approx -\left[\frac{\Delta P}{P} \div \frac{\Delta r}{1+r}\right] \tag{6.6}$$

式中，P 为金融工具购买时市场价格；ΔP 为金融工具价格变动额；r 为金融工具购入时市场利率；Δr 为市场利率变动。

我们还可以推算出利率变化与债券价值变动的相互关系。该变动关系同样适用于银行资产、负债的价值变动与市场利率变动之间的关系。

设 PV_A 为资产的初始现值，ΔPV_A 为资产现值变动额，Δr 为利率变动；PV_L 为负债初始现值，ΔPV_L 为负债现值变动额，则当市场利率变动时，资产和负债价值的变化可表示为

$$\Delta PV_A = -D_A \times \frac{\Delta r}{1+r} \times PV_A \tag{6.7}$$

$$\Delta PV_L = -D_L \times \frac{\Delta r}{1+r} \times PV_L \tag{6.8}$$

【例 6 - 1】 设某固定收入债券的息票为每年 80 美元，偿还期为 3 年，面值为 1 000 美元。该工具的实际收益率为 10%，现行市场价格为 950.25 美元，求该债券的持续期。

解： 金融工具持续期的计算见表 6 - 6。

表 6 - 6   金融工具持续期的计算

现金流发生时间/年	现金流/美元	现值利率因子（10%）	现值/美元	现值×时间/美元
1	80	0.9091	72.73	72.73
2	80	0.8264	66.12	132.23
3	1 080	0.7513	811.4	2 434.21
总计			950.25	2 639.17

持续期 = 2 639.17/950.25 = 2.78（年）

【例 6 - 2】 一张面值为 100 元的债券，期限为 4 年，年利率为 6%，每年年末付息一次，到期还本，求该债券的持续期。

解： 该债券持续期的计算见表 6 - 7。

表 6 - 7   债券持续期的计算   单位：元

现金流发生时间/年	现金流	现值	现值×时间
1	6.00	5.66	5.66
2	6.00	5.34	10.68
3	6.00	5.04	15.12
4	106.00	83.96	335.84
总计		100.00	367.30

持续期 = 367.30/100.0 = 3.67（年）

（2）资产（贷款）持续期的计算。贷款是商业银行的重要资产，按偿还方式有分期偿还和一次还本付息贷款之分，其现金流与债券类似。对于分期偿还的贷款来说，其每次还本付息的额度并不固定，有时候可能是不规则的，这取决于银行与客户之间事先的约定。

$$贷款的持续期 = (PV_1 \cdot t_1 + PV_2 \cdot t_2 + \cdots + PV_n \cdot t_n)/(PV_1 + PV_2 + \cdots + PV_n)$$

（6.9）

式中，PV_n 为各期现金流的现值，t_n 为 n 年，即加权值。

【例 6 - 3】 某银行向一客户发放了一笔 5 年期贷款，金额为 80 万元，利率为 10%，分期偿还，贷款本息之和为 112 万元，该银行与客户约定第 1、2、3、4、5 年分别偿还 10 万元、15 万元、20 万元、30 万元和 37 万元，求该笔贷款的持续期。

解：该银行贷款持续期的计算见表 6 - 8。

表6-8　　　　　　　　　　　　贷款持续期的计算　　　　　　　　　　单位：万元

现金流发生时间/年	现金流	现值	现值×时间
1	10	9.091	9.091
2	15	12.396	24.792
3	20	15.026	45.078
4	30	20.49	81.96
5	37	22.973	114.865
总计	112	80	275.786

该笔贷款分期偿还，每期偿还额不规则的 5 年期贷款持续期为

$D = 275.786/80 \approx 3.447$（年）

3. 持续期缺口的含义与计算

（1）持续期缺口的含义。持续期缺口是银行资产持续期与负债持续期和负债资产系数乘积的差额。其计算公式为

持续期缺口（Duration Gap）= 资产持续期 - 负债持续期 × 负债资产系数

$$D_{Gap} = D_A - \mu D_L \tag{6.10}$$

式中，D_{Gap} 为持续期缺口；D_A 为总资产持续期（$D_A = \sum W_{iA} \cdot DA_i$，$W_{iA}$ 为某项资产市值与银行所有资产总市值的权重）；D_L 为总负债持续期（$D_L = \sum W_{jL} \cdot D_{Lj}$，$W_{jL}$ 为某项负债市值与银行所有负债总市值的权重）；μ 为银行市场价值的资产负债率，$\mu = MVL/MVA$（MVL 为银行总负债的市场价值，MVA 为总资产的市场价值）。

设银行净值变动额为 ΔNW，故

$$\Delta NW = \Delta PV_A - \Delta PV_L \tag{6.11}$$

将式（6.7）和式（6.8）代入式（6.11），化简得

$$\Delta NW = -\frac{\Delta i}{1+i} \times (D_A PV_A - D_L PV_L)$$

$$\frac{\Delta NW}{PVA} = -\frac{\Delta i}{1+i} \times D_{GAP} \tag{6.12}$$

（2）持续期缺口的形式。

资产持续期 = 负债持续期，零缺口；

资产持续期 > 负债持续期，正缺口；

资产持续期 < 负债持续期，负缺口。

4. 持续期缺口对银行净值的影响

一般来说，当持续期缺口为正时，银行净值价值随利率上升而下降，随利率下降而

上升；当持续期缺口为负时，银行净值价值随市场利率升降而反方向变动；当持续期缺口为0时，银行净值价值免遭利率波动的影响，见表6-9。

表6-9 持续期缺口对银行净值的影响

持续期缺口	利率变动	资产市场变动	变动幅度	负债市场变动	净值市场变动
正	上升	减	>	减	减
正	下降	增	>	增	增
负	上升	减	<	减	增
负	下降	增	<	增	减
零	上升	减	=	减	无
零	下降	增	=	增	无

6.3.2 持续期缺口管理法的管理策略

持续期缺口管理的目的是希望通过调整银行持续期缺口，来规避利率风险，即规避市场利率波动对银行所有者权益市场价值等的影响。银行通过调整资产和负债的期限与结构，采取对银行净值有利的持续期缺口策略来规避银行资产和负债的总体利率风险。其管理策略主要有以下三种。

（1）持续期零缺口管理策略。银行使持续期缺口接近于零，免受利率波动风险，从而尽可能减少银行净值的变化。但也消除了获取额外收益的可能性。

（2）持续期正缺口管理策略。当市场利率预期下降时，延长资产存续期，缩短负债存续期，即转向正持续期缺口，银行净值上升。

（3）持续期负缺口管理策略。当市场利率预期上升时，缩短资产存续期，延长负债存续期，即转向负持续期缺口，银行净值上升。

6.3.3 持续期缺口管理法的具体运用

1. Q银行持续期缺口管理

【例6-4】表6-10为Q银行的资产负债表。

表6-10 Q银行资产负债表

单位：亿美元

资产	市值	利率/（%）	持续期/年	负债及所有者权益	市值	利率/（%）	持续期/年
现金	100			定期存款	420	9	1.0
贷款	600	14	2.65	大额存单	500	10	3.49

续表

资产	市值	利率/(%)	持续期/年	负债及所有者权益	市值	利率/(%)	持续期/年
国债	300	12	5.96	总负债	920		2.35
				股本	80		
总计	1 000		3.05	合计	1 000		

解： 商业贷款持续期 = $[84/(1+14\%)+84\times2/(1+14\%)^2+684\times3/(1+14\%)^3]/600=2.65$（年）

大额存单持续期 = $[50/(1+10\%)+50\times2/(1+10\%)^2+50\times3/(1+10\%)^3+550\times4/(1+10\%)^4]/500=3.49$（年）

同理得到国债券持续期是 5.96 年，一般定期存款持续期是 1.00 年。

2. A 银行的持续期缺口管理

【例 6-5】 假设 A 银行是一家新近开业的银行，其资产和负债项目的价值均为市场价值，在以下的分析中，不考虑违约、提前支付和提前支取等情况发生，利息按年复利计算，假设 A 银行的资产负债简表见表 6-11。

表 6-11　　　　　　　　　　　　　　A 银行资产负债表　　　　　　　　　　　　　单位：亿元

资金	市值	利率/(%)	持续期/年	负债及所有者权益	市值	利率/(%)	持续期/年
现金	100			1 年期定期存款	420	9	1.0
3 年期商业贷款	600	14	2.65	4 年期定期存款	500	10	3.49
9 年期政府国债	300	12	5.97	总负债	920		2.35
				股权	80		
总计	1 000			合计	1 000		

计算： （1）总资产综合有效持续期；（2）总负债综合有效持续期；（3）有效持续期缺口。

解： 3 年期贷款的持续期 = $[84/1.14+84\times2/1.14^2+684\times3/1.14^3]/600=2.65$（年）

9 年期国债的持续期 = $[36/1.12+36\times2/1.12^2+\cdots+336\times9/1.12^9]/300=5.97$（年）

4 年期定期存单的持续期 = $[50/1.1+50\times2/1.1^2+50\times3/1.1^3+550\times4/1.1^4]/500=3.49$（年）

资产的持续期 = $(600/1\,000)\times2.65+(300/1\,000)\times5.97=3.38$（年）

负债的持续期 = $(420/920)\times1+(500/920)\times3.49=2.35$（年）

持续期缺口 = $3.38-(920/1\,000)\times2.35=1.22$（年）

预期年净利息收入 $=600×0.14+300×0.12-420×0.09-500×0.10=32.2$（亿元）

【例6-6】表6-12为A银行资产负债表，假如利率变动1%，求该银行资产市场价值变动总额及该银行负债市场价值变动总额。

表6-12　　　　　　　　　　　　**A银行资产负债表**　　　　　　　　　　　单位：亿元

资金	市值	利率/（%）	持续期/年	负债及所有者权益	市值	利率/（%）	持续期/年
现金	10.00			1年期定期存款	42.00	9	1.0
3年期商业贷款	60.00	14	2.65	4年期定期存款	50.00	10	3.49
9年期政府国债	30.00	12	5.97	总负债	92.00		2.35
				股权	8.00		
总计	100.00			合计	100.00		

解：（1）3年期商业贷款市场价值变动为

$$\Delta PV_{A1} = -(D_{A1} × PV_{A1} × \Delta i)/(1+i_{A1}) = -(2.65×60×1\%)/(1+14\%) = -1.39$$
（亿元）

（2）9年期商业贷款市场价值变动为

$$\Delta PV_{A2} = -(D_{A2} × PV_{A2} × \Delta i)/(1+i_{A2}) = -(5.97×30×1\%)/(1+12\%) = -1.60$$
（亿元）

（3）该银行资产市场价值变动总额为

$$\Delta PV_A = \Delta PV_{A1} + \Delta PV_{A2} = -1.39-1.60 = -2.99 \text{（亿元）}$$

（4）1年期定期存款市场价值变动为

$$\Delta PV_{L1} = -(D_{L1} × PV_{L1} × \Delta i)/(1+i_{L1}) = -(1×42×1\%)/(1+9\%) = -0.39$$
（亿元）

（5）4年期定期存款市场价值变动为

$$\Delta PV_{L2} = -(D_{L2} × PV_{L2} × \Delta i)/(1+i_{L2}) = -(3.49×50×1\%)/(1+10\%) = -1.59$$
（亿元）

（6）该银行负债市场价值变动总额为

$$\Delta PV_L = \Delta PV_{L1} + \Delta PV_{L2} = -0.39-1.59 = -1.98 \text{（亿元）}$$

3. G银行的持续期缺口管理

【例6-7】假设G银行是一家新开业的银行，其资产负债表见表6-13，其资产负债值等于市场价值。该银行拥有两种生息资产：一类是年利率为14%的3年期商业贷款，另一类是年利率为12%的9年期国库券，该银行的负债项目包括年利率为9%的1年期定期存款，年利率为10%的4年期大额可转让定期存单（CD）。资本金占资产总额的8%。

表 6 – 13 　　　　　　　　　　　G 银行资产负债表　　　　　　　　　　　单位：亿元

资金	市值	利率/(%)	持续期/年	负债及所有者权益	市值	利率/(%)	持续期/年
现金	100			定期存单	420	9	1.0
商业贷款	600	14	2.65	CDS	500	10	3.49
国库券	300	12	5.97	负债总计	920		2.35
				股本	80		
总计	1 000				1 000		

其中：

3 年期贷款的持续期 $= [84/1.14 + 84 \times 2/1.14^2 + 684 \times 3/1.14^3]/600 = 2.65$（年）

9 年期国债的持续期 $= [36/1.12 + 36 \times 2/1.12^2 + \cdots + 336 \times 9/1.12^9]/300 = 5.97$（年）

4 年期定期存单的持续期 $= [50/1.1 + 50 \times 2/1.1^2 + 50 \times 3/1.1^3 + 550 \times 4/1.1^4]/500 = 3.49$（年）

资产的持续期 $= (600/1\,000) \times 2.65 + (300/1\,000) \times 5.97 = 3.38$（年）

负债的持续期 $= (420/920) \times 1 + (500/920) \times 3.49 = 2.35$（年）

持续期缺口 $= 3.38 - (920/1\,000) \times 2.35 = 1.22$（年）

持续期缺口不为零，在利率变动时，银行总资产和总负债的市场价值变动幅度不一样，从而使银行面临着市场价值因利率变动而变动的风险。

【例 6 – 8】假设例 6 – 7 中该银行签订了所有的资产项目合约之后，市场利率上升了 1%。这时，其资产负债变动情况见表 6 – 14。

表 6 – 14 　　　　　　　　　利率上升 1% 后银行的资产负债表　　　　　　　　　单位：亿元

资金	市值	利率/(%)	持续期/年	负债及所有者权益	市值	利率/(%)	持续期/年
现金	100			定期存单	415	10	1.0
商业贷款	584	15	2.63	CDS	487	11	3.44
国库券	289	13	5.80	负债总计	902		2.32
				股本	71		
总计	973			总计	973		

其中：

总资产持续期 $= 584/973 \times 2.63 + 289/973 \times 5.80 = 3.30$（年）

总负债持续期 $= 415/902 \times 1.00 + 487/902 \times 3.44 = 2.32$（年）

持续期缺口 $= 3.30 - 902/973 \times 2.32 = 1.15$（年）

总资产市值变动 = 973 - 1 000 = -27（亿元）

总负债市值变动 = 902 - 920 = -18（亿元）

股本变动 = 71 - 80 = -9（亿元）

从以上计算可以看出，由于利率上升，该银行股本损失9亿元，股本占总资产的比率由8%下降为7.3%。总资产加权平均持续期与总负债加权平均持续期之间的缺口会导致银行净值随利率变动而变动而且缺口的绝对值越大，银行面临的利率风险就越大。银行可以通过对利率走势的预测，制定相应的持续期缺口策略，以使银行在利率变动中取得保值或增值的经营绩效。

6.3.4 持续期缺口管理法的评价

1. 持续期缺口管理法的优点

（1）蕴含了未来现金流和偿还期限对价格的利率弹性的影响。有效持续期概念是建立在资产或负债价值是未来可获得或支出的现金流的贴现值之和的基础之上的，它被定义为资产或负债的市场价值相对于市场利率变动百分比的弹性。持续期分析中蕴含了未来现金流和偿还期限对价格的利率弹性的影响，持续期与未来现金流的大小呈反向变动关系，与偿还期限的长短呈正向变动关系，这一点是利率敏感性缺口分析所缺乏的。

（2）注重衡量银行净资产市值受市场利率变动影响的程度。持续期缺口可近似地表示为银行总资产市值和总负债市值的平均利率弹性之差，它的意义在于衡量银行的净资产市值受市场利率变动影响的程度。

（3）充分考虑了资金的时间价值。持续期缺口模型既可以衡量单项资产和负债的利率弹性，也能够从银行资产市值和负债市值整体的角度衡量利率风险，充分考虑了资金的时间价值。

2. 持续期缺口管理法的缺点

（1）计算复杂和困难。某些资产和负债项目的持续期计算相对于利率敏感性缺口分析更为复杂和困难。

（2）会增加银行经营管理成本。持续期缺口管理需要经常性调整资产和负债结构，通过表内调整也有一定的难度，调整成本操作起来比较麻烦，会增加银行经营管理的成本。

（3）利率变动的准确预测困难。持续期缺口管理基于许多主观的假设，由于涉及未来现金流的预测，所以必须假设诸如提前提款概率、提前归还贷款的概率等指标，现实中利率的波动是很频繁的，利率变动的准确预测难以做到。

（4）动态分析不足。持续期缺口分析仍然是一种静态分析，动态分析必须依靠其他分析模型，如动态收入模拟等。

6.4　资产负债比例管理法及其影响

资产负债比例管理是西方商业银行在长期的经营管理实践中摸索和总结的一种对资产负债进行综合管理的方法。它目前已成为西方商业银行平衡其资产负债的各个项目和协调其资产负债业务的重要方法。

6.4.1　资产负债比例管理法的含义

资产负债比例管理是对银行的资产和负债规定一系列的比例，从而实现对银行资产控制的一种方式。即银行根据外部环境与内部实际，按照客观经济规律，运用科学的管理体系与手段，确定一系列比例指标，对资产和负债两方面的业务活动进行综合运筹和协调操作，使银行资产实现合理增长，达到稳健经营、消除和减少风险的目的。

6.4.2　资产负债比例管理法的主要指标

中国人民银行于 1994 年 2 月 15 日发布了《关于对商业银行实行资产负债比例管理的通知》和《商业银行资产负债比例管理监控、监测指标》，并于 1996 年进行修订。中国人民银行为防范经营风险，引导商业银行正常运作，对商业银行从总量管理、流动性管理、安全性管理、效益性管理四个方面规定了最低或最高限度。四大商业银行资产负债比例管理的指标体系主要分为监控类指标与监测指标两大类，对于监控类指标，各商业银行必须严格按照中国人民银行的要求执行；而对于监测类指标，中国人民银行没有明确规定限度，只是作为反映商业银行运行效率与管理水平的参考指标。

1. 监控类指标

（1）资本充足率指标（本外币合并考核）。核心资本净额与表内、外风险加权资产总额的比例不得低于 8%，其中核心资本不得低于 4%；附属资本不能超过核心资本的 100%（注：资本净额 = 资本总额 − 扣减项）。

（2）贷款质量指标（对人民币、外汇、本外币合并分别考核）。逾期贷款余额与各项贷款余额之比不得超过 8%，呆滞贷款余额与各项贷款余额之比不得超过 5%，呆账贷款余额与各项贷款余额之比不得超过 2%。

（3）单个贷款比例指标（本外币合并考核）。对同一借款客户贷款余额与银行资本净额的比例不得超过 10%。对最大十家客户发放的贷款总额不得超过银行资本净额的 50%。

（4）备付金比例指标。人民币指标：在中国人民银行备付金存款、库存现金与各项存款之比不得低于 5%。外汇指标：外汇存放同业款项和库存现汇之和与各项外汇存款之比不得低于5%。

（5）拆借资金比例指标（仅对人民币考核）。拆入资金余额与各项存款余额之比不得超过4%；拆出资金余额与各项存款余额之比不得超过8%。

（6）境外资金运用比例指标（仅对外汇考核）。境外贷款、境外投资、存放境外等资金运用与外汇资产之比不得超过30%。

（7）国际商业借款指标（仅对外汇考核）。自借国际商业借款（含出口信贷）和境外发行债券（不含地方、部门委托）与资本净额之比不得超过100%。

（8）存贷款比例指标。各项贷款和与其存款之比不得超过75%（其中：外汇各项贷款与外汇各项存款之比不得超过85%）。

（9）中长期贷款比例指标。人民币指标：余期一年期以上（不含一年期）的中长期贷款与余期一年期以上的存款之比不得超过120%。外汇指标：余期一年期以上（不含一年期）的外汇中长期贷款与各项外汇贷款余额之比不得超过60%。

（10）资产流动性比例指标。各项流动性资产与各项流动性负债之比不低于25%（其中：外汇各项流动性资产与外汇各项流动性负债之比不得低于60%）。

2. 监测类指标

（1）风险加权资产比例指标。即表内、外风险加权资产与资产总额之比（表内外风险加权资产期末总额/资产期末总额×100%）。

（2）股东贷款比例指标。即向股东贷款余额与该股东已缴纳股金之比（对股东贷款余额/该股东已缴纳股金总额×100%）。

（3）外汇资产比例指标。即外汇资产与资产总额之比（外汇资产期末总额/资产期末总额×100%）。

（4）利息回收率指标。即实收利息与到期应收利息之比（本期实收利息总额/到期应收利息总额×100%）。

（5）资本利润率指标。即利润总额与资本总额之比（利润期末总额/资本期末总额×100%）。

（6）资产利润率指标。即利润总额与资产总额之比（利润期末总额/资本期末总额×100%）。

除了对商业银行资产负债比例管理规定了相应的监控指标外，中国人民银行在《金融信托投资机构资产负债比例管理暂行办法》银发〔1994〕143号中对金融信托投资机构也规定了资产负债比例管理指标。

（1）资本充足率。资本充足率＝资本总额（核心资本＋附属资本）余额/调整后的资产余额×100%。资本总额与经过调整的资产总额之比不得低于8%，其中核心资本不得低于资本总额的50%。如出现附属资本大于核心资本的情况，大于部分不计入资本总额。

（2）委托存贷款比例。（委托贷款余额＋委托投资余额）/委托存款余额≤1，（委托贷款余额＋委托投资余额）/资本总额余额≤20。

（3）自营存贷款（含租赁）比例。（信托贷款余额 + 抵押贷款余额 + 贴现余额 + 其他贷款余额 + 金融租赁余额）/（信托存款余额 + 保证金存款余额 + 其他存款余额 + 发行债券余额）×100% ≤75%。

（4）投资比例。（长期投资余额 – 购买国债及政策性金融债余额）/资本总额余额≤20%，（短期投资余额 – 购买国债及政策性金融债余额）/资本总额余额≤30%。

（5）备付金比例。（在人民银行存款余额 + 存放银行款余额 + 现金）/（信托存款余额 + 保证金存款余额 + 其他存款余额）≥5%。

（6）自营贷款（不含租赁）流动性比例。一年期以上的（信托贷款 + 抵押贷款 + 其他贷款）余额/（信托贷款 + 抵押贷款余额 + 其他贷款余额）≤30%。

（7）拆入资金比例。（银行机构拆放余额 + 金融性公司拆放余额）/核心资本余额≤1。即同业拆入资金金额（银行机构拆放、金融性公司拆放余额之和）不得超过核心资本余额。

（8）逾期、催收贷款比例。逾期贷款余额/（信托贷款余额 + 抵押余额 + 贴现余额 + 其他贷款余额 + 金融租赁余额）×100% ≤15%。其中催收贷款余额不得超过贷款总额的5%。逾期贷款：指逾期（含展期）半年以上的贷款或贴现业务因汇票承兑人不能按期支付的承兑汇票款。催收贷款：指逾期（含展期）三年以上的贷款。

（9）资产风险分散性比例。对单个法人的（信托贷款 + 抵押贷款 + 贴现 + 其他贷款 + 金融租赁 + 投资）余额/资本总额余额×100% ≤30%。

（10）对外担保限额比例。对外担保余额/资本总额余额≤10。

6.4.3　资产负债比例管理法的影响

我国商业银行已经完全实行了资产负债比例管理，这不仅是中央银行对银行监管方式的转变，也是银行自身发展所要求的。

（1）防止了银行无限制扩张资产负债规模。例如，资本与风险资产比例管理的限制，银行吸收存款、发放贷款或配置其他资产业务都要考虑到自己资本的大小。如果资本不够大，没有能力增加资本，就只有放慢资产扩张的速度。

（2）改变了大银行过分依赖向中央银行借款的做法。它改变了大银行过分依赖向中央银行借入资金以扩大信贷规模的做法，使商业银行在寻找资金来源上有了紧迫感，增加了银行的竞争意识。

（3）防止了银行过度短借长用。在一定程度上防止了银行过度短借长用，银行的资金来源与资金运用挂钩，减少商业银行过分运用负债管理通过市场借入短期资金来长期使用的风险，有利于银行保持稳健经营。

（4）保证了银行流动性的合理水平。银行不能过度运用自己的资金，以致发生支付危机。规定这样的比例，使银行有了一个合理的流动性规模，使银行在经营中有一个比较合理的标准。

（5）增强了银行以创造利润为中心的意识。改变了过去银行重发展资产规模，较少考虑这样做是否增加盈利的局面。实行资产负债比例管理，对商业银行的粗放式经营是一种制约，促使商业银行改善经营管理，从管理上要效益。

（6）增强了银行的资本管理意识。银行资本的多少，直接影响到银行可扩张资产的规模。一家银行只要能拉到存款资金，就拼命扩大资产的规模，能否通过扩大规模来创造更多的收益，从而扩大银行的积累，则似乎不是重要的问题。这种经营方式已给银行发展带来了很多问题。现在实行资产负债比例管理，银行就要经常思考如何增加资本才能增强银行的实力。

本章小结

　　银行单靠资产管理或单靠负债管理都难以形成"三性"的均衡，应对资产和负债结构两方面业务进行全方位、多层次的管理，将资产管理与负债管理结合为一体，保证资产负债结构调整的及时性、灵活性，以此保证流动性，达到"三性"均衡，实现其经营目标。利率敏感性缺口管理法是指银行管理者根据对利率的变化预测，积极调整资产负债结构，扩大或缩小利率敏感性差额，从而保证银行收益的稳定或增长。当利率敏感性资产大于利率敏感性负债，即银行经营处于正缺口状态时，随着利率上浮，银行收益将增加，随着利率下调，银行收益将减少。

　　只对利率敏感性资产和负债的缺口进行管理难以综合反映银行资金配置对于利率变化的敏感性，持续期缺口管理模型就此产生。持续期也称久期，是固定收入金融工具现金流的加权平均时间，也可理解为金融工具各期现金流抵补最初投入的平均时间。

　　资产负债比例管理即银行根据外部环境与内部实际，按照客观经济规律，运用科学的管理体系与手段，确定一系列比例指标，对资产和负债两方面的业务活动进行综合运筹和协调操作，以使资金流动性、安全性和盈利性在相互矛盾、互相制约中实现最佳组合，实现总量均衡、结构优化，进而达到最大限度地追求利润的经营目标。

复习思考题

1. 金融机构资产负债综合管理理论的背景和核心思想是什么？
2. 利率敏感性缺口与银行净利息收入变动的关系是怎样的？应采取怎样的管理策略？
3. 持续期缺口与银行净值市场价值变动的关系是怎样的？应采取怎样的管理策略？
4. 某银行在未来1个月有利率敏感性资产125亿元，利率敏感性负债85亿元。要求：（1）计算利率敏感性缺口和利率敏感性比率。（2）如果利率上升时，该银行的净利差会发生什么变化？（3）如果利率下降时，该银行的净利差又会发生什么变化？
5. 如果一银行资产为1 200亿元，负债为1 100亿元，所有者权益为100亿元，且该银行资产的持续期为3.5年，负债的持续期为2.8年。要求：（1）该银行的持续期缺口为多少年？（2）利率上升会对银行净值变动额产生什么影响？（3）利率下降又会对银行净值变动额产生什么影响？

 **案例讨论**

中国银监会推行大型银行的"腕骨"监管体系

"腕骨"指标监管体系是银监会在推进《巴塞尔协议Ⅱ》和《巴塞尔协议Ⅲ》同步实施中，结合新形势下我国大型银行的风险特征，于2010年年初探索创立的一个全新的监管体系，其应用对象是具有"系统重要性金融机构"特征的国有大型银行，体现出一定的微观审慎监管特性。"腕骨"体系涵盖了七大类13项指标，突破了自2006年股改以后大型银行一直沿用的"三大类七项指标"。"腕骨"（CARPALs）体系主要包括以下内容。

（1）资本充足性（Capital Adequacy）。一是将资本充足率提高到11.5%，进一步约束金融资本；二是在资本充足性大类中增加了杠杆率指标，作为对资本充足率指标的补充；三是对资本总量和资本质量都提出了要求。如资本充足率指标方面，对最低资本要求细分为核心一级资本、一级资本、总资本三个子项，并引入了留存超额资本、反周期超额资本及系统重要性银行附加资本的概念。资本充足率－11.5%（最低资本要求（8%）＋留存超额资本（2.5%）＋反周期超额资本（暂取为0）＋系统重要性银行附加资本（1%）四者相加，即1＋2＋3＋4之和，为11.5%，同时还有0.3%的上下浮动区间）。

（2）贷款质量（Asset Quality）。贷款拨备率＝贷款损失准备金余额/各项贷款余额×100%。监管部门要求银行该指标达到2.5%。通过贷款质量、拨备覆盖、大额风险集中度等多角度、有重点、系统性地对商业银行资产质量进行监管，反映监管力度不断加大，体现了银监会对银行资产质量持续关注的深入和强化。

（3）风险集中度（Risk Concentration）。贷款集中的一个重要限制性指标就是银行对单一客户的贷款余额与银行净资本的比例，一般规定不应超过10%。最大10家贷款客户的贷款比例也是衡量贷款集中度的重要因素，一般不应超过银行净资本的50%。

（4）拨备覆盖率（Provisioning Coverage）。拨备覆盖率（也称为"拨备充足率"）是实际上银行贷款可能发生的呆、坏账准备金的使用比率。拨备覆盖率＝（一般准备＋专项准备＋特种准备）/（次级类贷款＋可疑类贷款＋损失类贷款）×100%。该比率最佳状态为100%，监管部门最低要求为150%。

（5）附属机构（Affiliated Institutions）。附属机构是指由银行控制的境内外子银行、非银行金融机构及非金融机构等，随着银行业在"做大、做强、走出去、跨行业"等经营思想指导下，跨国界和跨行业的多布局、混合经营的发展模式逐步成为系统重要性银行的发展趋势。在该趋势下新监管体系中引入了"附属机构资本回报率"这一监管指标，折射出银监会积极跟进的监管策略。

（6）流动性（Liquidity）。对于银行流动性监管的四个主要指标，即流动性覆盖率、净稳定融资比例、贷存比和流动性比例。流动性覆盖率等于"优质流动性资产储备"和"未来30日净现金流出量"的比值。监管当局要求,商业银行的流动性覆盖率应当不低于100%。净稳定融资比例则旨在引导商业银行减少资金运用与资金来源的期限错配,增加长期稳定资金的来源,满足各类表内外业务对稳定资金的需求。其计算公式为,可用的稳定资金与所需的稳定资金之比。监管当局要求,商业银行的净稳定融资比例应当不低于100%。对于"贷存比"和"流动性比例"两个指标,银监会延续了之前的要求,即商业银行的存贷比应当不高于75%;流动性比例应当不低于25%。

(7)案件防控(Swindle Prevention Control)。2011年3月10日制定《中国银监会关于2011年大型银行监管工作的意见》(银监发〔2011〕21号)中提出"严格市场准入与案件防控挂钩制度:对于1年之内发生2起亿元以上的案件或累计发案金额达到3亿元的大型银行,1年内不得新设或并购境内外分子机构,不得进行境内分子机构的升格,不得提出新业务的准入申请;对于1年内累计发生金额达到1亿元的大型银行,1年内不得新设或并购境外机构",将银监会对商业银行案件防控的要求提升到一个新的高度,特别是与商业银行的新业务、新市场准入挂钩,进一步表明了银监会对案件防控问题的高度关注和持续监管的决心。

——资料来源:http://www.docin.com/p-137576687.html。

思考题:

1. 我国银监会推出"腕骨"体系的原因和优势是什么?

2. 我国"腕骨"体系与美国骆驼评级体系有何不同?从比较中会得到什么启示?

第7章 金融机构中间业务管理

 学习目的

知识要点	掌握程度
金融机构中间业务概述	了解中间业务的概念及特征；掌握中间业务的主要分类；了解金融机构中间业务产生与发展的原因
支付结算类业务的管理	了解支付结算业务的概念、原则；熟悉支付结算业务产品及其业务流程；掌握支付结算类业务的管理策略
担保类业务的管理	了解备用信用证的概念、特点及业务流程；熟悉商业信用证的概念、特点及业务流程；掌握担保和类似的或有负债的管理策略
衍生金融工具业务的管理	了解远期外汇交易、远期利率协议的概念，金融期货的概念和基本类型；熟悉期权的概念和基本类型，互换的概念和基本类型；掌握衍生金融工具业务的管理策略

7.1 金融机构中间业务概述

金融机构的中间业务是指在金融机构办理资产、负债业务过程中发展出来的资产负债之外的业务。金融机构不需运用自己的资金，只需利用其机构、信息、技术、信誉和资金等优势为客户承办委托事项，即金融机构只是业务有关方面的中间人，故将这些业务称为中间业务。中间业务收入稳定、风险程度低，它和负债、资产业务一起构成现代金融机构业务的三大支柱。中间业务的规模随着社会经济的发展和需求的多样化而不断扩大，已成为金融业竞争的焦点。

7.1.1 金融机构中间业务的概念及特征

1. 中间业务的概念

一般认为，中间业务是指金融机构不运用或较少运用自身经营资金，并以中间人身份替客户办理收付和其他委托事项，提供各类金融服务并收取手续费的业务活动。这里所说的"不运用或较少运用自身经营资金"指的是不需要变动银行本身的资产负债表。从操作角度看，它一般不会影响金融机构表内业务的质量与数量。传统的中间业务最基本的特征是金融机构在办理中间业务的时候不直接作为信用活动的一方出现，即不直接以债权人或债务人的身份参与。这是中间业务与负债业务和资产业务最根本的区别。具体表现为：金融机构在办理中间业务时通常不运用或不直接运用自己的资金，也不占用或不直接占用客户的资金，而是以接受客户委托的方式开展业务，并以收取手续费的形式获得收益。

2001年7月4日，中国人民银行颁布的《商业银行中间业务暂行规定》中指出，商业银行中间业务广义上讲"是指不构成商业银行表内资产、表内负债，形成银行非利息收入的业务"。我国的中间业务等同于广义上的表外业务，它可以分为两大类，不形成或有资产、或有负债的中间业务（即一般意义上的金融服务类业务）和形成或有资产、或有负债的中间业务（即一般意义上的表外业务）。

2. 中间业务的特征

近几年来，随着社会经济活动的不断变化，以及各国对金融监管制度的放松，尤其是电子计算机和通信网络技术在金融机构领域的广泛应用，金融机构中间业务的内容不断丰富与发展，其性质特征也随之发生了变化。

（1）由不占用或不直接占用客户的资金向占用客户的资金转变。传统的中间业务一般不用或不直接占用客户的资金。目前有些中间业务却要或多或少地占用客户资金，进而形成商业银行一定规模的负债。如信托业务中的"委托投资"客户在将款项交付给银行，而银行尚未投放出去以前，银行便可以占用这笔资金。这种情形的存在使中间业务具有了某些信用业务的特征。

（2）由不运用或不直接运用自己的资金向商业银行垫付资金转变。在传统的中间业务中，商业银行充当金融中介的作用，遵循"不垫款"原则，但现在某些中间业务却要求银行或多或少地垫付一定的资金并承担相应的风险，使银行与客户之间"委托"或"代理"的关系变为债权债务关系，从而使这些中间业务具有了某些信用业务的特征。如代理融通业务从其性质上是代理业务，银行在办理代理融通业务时往往拥有追索权，因而不承担风险，但银行在办理这一业务的过程中需要垫付一笔资金，此时银行就必须在其资产负债表上反映这笔资金占用，也要为此而筹集相应的资金来源。此外，保险箱、信用卡等业务的初期投资及金融期权、金融期货中的自营套利避险业务等，均需占用银行资金。

（3）由接受客户的委托向银行出售信用转变。随着金融国际化的发展，商业银行在办理信用证、承兑、押汇等业务时将提供银行信用，这时银行收取的手续费既是银行经营管理效益的价值体现，也是客户给银行信用出售的补偿。

（4）金融衍生产品交易实现了传统中间业务的突破。金融衍生产品交易所能产生的权利义务关系并不像传统的信用业务所形成的债权债务关系那样明确，而是间接反映，甚至不反映在金融机构的资产负债表上，所以金融衍生产品被纳入中间业务范畴，从而极大地扩充了传统中间业务的概念，尤其是自我服务型的金融衍生品更是突破了传统中间业务的模式，使金融机构中间业务的经营范围更加广阔，更富有生命力。

7.1.2　金融机构中间业务的分类

为了落实《商业银行中间业务暂行规定》，中国人民银行明确了商业银行中间业务的参考分类，将其分为"支付结算类、银行卡类、代理类、担保类、承诺类、交易类、资产托管类、咨询顾问类、其他类共九个类别"。根据研究需要，对商业银行中间业务还可以做以下划分。

1. 按照是否含有风险划分

金融机构中间业务按照是否含有风险可以划分为表外业务和金融服务类业务。

（1）表外业务。表外业务是指形成或有资产、或有负债的中间业务（即狭义的表外业务），主要包括以下三类。

①担保或类似的或有负债。它是由商业银行向交易活动中第三者的现行业务提供担保，并且承担相应风险的业务，主要包括票据承兑、备用信用证、投标保函、履约保函等。

②承诺类业务。它是指商业银行在未来某一日期按照事前约定的条件向客户提供约定信用的业务，主要包括贷款承诺与票据发行便利。

③金融衍生工具业务。它是指商业银行为满足客户保值或自身风险管理等方面的需要，利用各种衍生金融工具进行的资金交易活动，主要包括远期利率协议、互换、金融期货、金融期权等。

（2）金融服务类业务。金融服务类业务是商业银行以代理人的身份为客户办理的各种业务，目的是获取手续费收入。它主要包括以下几类。

①支付结算类业务。即直接为资产负债业务运作提供服务手段的中间业务。

②银行卡业务。银行卡是由商业银行向社会发行的具有消费信用、转账结算、存取现金等全部或部分功能的信用支付工具。

③代理类中间业务。即商业银行接受客户委托，代其办理指定的经济事务、提供金融服务并收取一定费用的业务。

④租赁与信托业务。租赁是商业银行以"融物"的形式对企业进行资金融通，提供设备使用权并收取租金的业务。信托是商业银行接受委托人的委托，按其意愿来管理、经营和处理信托财产，财产收益归委托人或受益人所有，并收取手续费的业务。

⑤咨询顾问类业务。它是指商业银行利用自身在信息、人才、信誉等方面的优势，收集和整理有关信息，以专门的知识、技能和经验，为客户提供系统的资料和方案，以满足其经营发展需要的业务活动。

金融服务类业务分类如图 7－1 所示。

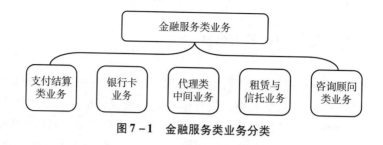

图 7－1　金融服务类业务分类

2. 按照业务功能不同划分

商业银行中间业务按照业务功能可以划分结算类、担保类、融资类、代理类、金融衍生工具类及其他类，如图 7－2 所示。

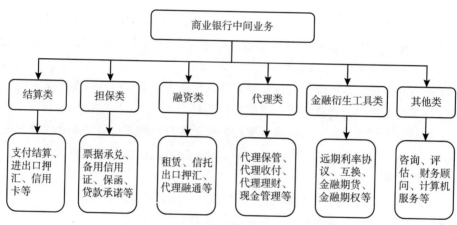

图 7－2　商业银行中间业务按功能不同分类

（1）结算类。结算类中间业务是指由商业银行为客户办理由债权债务关系引起的与货币支付、资金划拨有关的收费业务。它主要包括支付结算、进出口押汇、信用卡等。

（2）担保类。担保类中间业务是指商业银行为客户债务清偿能力提供担保，承担客户违约风险的业务。它主要包括票据承兑、备用信用证、保函、贷款承诺等。

（3）融资类。融资类中间业务主要是指商业银行为满足客户融资等方面需求而开展的业务。它主要包括租赁、信托出口押汇、代理融通等。

（4）代理类。代理类中间业务是指商业银行接受客户委托，代为办理客户指定的经济事务、提供金融服务并收取一定费用的业务。它主要包括代理保管、代理收付、代理理财、现金管理等。

（5）金融衍生工具类。金融衍生工具类中间业务是指商业银行为满足客户保值或自身风险管理等方面需求，利用各种金融工具进行的资金交易活动。它主要包括远期利率协议、互换、金融期货、金融期权等。

（6）其他类。其他类中间业务包括咨询、评估、财务顾问、计算机服务等不能归入以上五类的业务。

3. 按收入来源不同划分

金融机构中间业务按收入来源（美国银行业）不同可以划分为投资银行和交易业务、存款账户服务业务、手续费收入、其他手续费收入及信托业务，如图 7-3 所示。

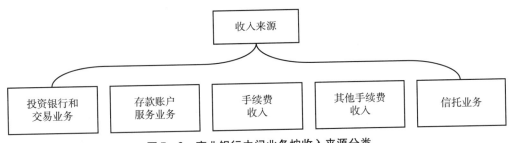

图 7-3　商业银行中间业务按收入来源分类

（1）投资银行和交易业务。投资银行和交易业务指证券承销、从事金融交易活动所产生的收入。

（2）存款账户服务业务。存款账户服务业务包括账户维护等产生的收入。

（3）手续费收入。手续费收入包括信用卡收费、贷款证券化、抵押贷款再融资服务收费、共同基金和年金的销售、自动提款机提款收费等。

（4）其他手续费收入。其他手续费收入包括数据处理服务费、各种资产出售收益等。

（5）信托业务。信托业务是指信托部门产生的交易和服务收入。

4. 按业务性质不同划分

金融机构中间业务按业务性质不同可以划分为金融服务类、贸易融通类、金融保证类、衍生产品业务类，见表 7-1。

（1）金融服务类。金融服务类中间业务是指商业银行以代理人的身份为客户办理的各种业务，目的是获取手续费收入。它主要包括结算业务、租赁业务、信托业务、代理业务、咨询业务和银行卡业务等。

（2）贸易融通类。贸易融通类中间业务是指商业银行在进出口贸易中出借自己的信用获取收益的业务，主要包括商业信用证、银行承兑业务等。

（3）金融保证类。金融保证类中间业务是指商业银行为客户清偿能力提供担保，承担客户违约风险的业务，主要包括担保、备用信用证、贷款承诺等。

（4）衍生产品业务类。衍生产品类中间业务是指商业银行为满足客户保值或自身风险管理等方面的需求，利用各种金融工具进行的资金交易活动。它主要包括远期、期货、期权、互换等。

表 7 - 1　　　　　　　　　　　　　中间业务按业务性质不同分类

业务性质	类型
金融服务类	结算业务、租赁业务、信托业务、代理业务、咨询业务和银行卡业务等
贸易融通类	商业信用证、银行承兑业务等
金融保证类	担保、备用信用证、贷款承诺等
衍生产品业务类	远期、期货、期权、互换等

7.1.3　金融机构中间业务产生与发展的原因

中间业务产生并且能够不断发展的原因主要有以下几点。

1. 社会经济活动的扩展促进了公众对商业银行需求的多样化

早期的社会经济活动比较简单，形成的信用关系较为单一，以存贷款为主要内容的银行和企业之间的债权债务双边关系基本上满足了整个社会经济对信用中介的要求。随着经济范围的扩大，尤其是第二次世界大战后，多边信用关系开始出现，客观上产生了扩大信用中介等多层次的需求。商业银行推出了大量以扩大信用中介范围为内容和特征的代理、担保、承诺、信用证等满足客户多样化需求的中间业务。日益扩大的经济活动领域要求信用中介多样化，这是商业银行中间业务产生并迅速发展的最重要的外部因素。

2. 同业竞争的加剧迫使商业银行寻求新的利润增长点

20 世纪 80 年代以来，由于全球放松金融管制的趋势，一国开始向外国金融机构开放本国金融市场，加剧了本国金融机构与外国金融机构的竞争；对各类金融机构之间业务分工和经营范围限制的放松，以及利率限制的放宽，也大大加剧了本国金融机构之间的竞争。同时，银行存、贷利差缩小，存贷业务不再像以往那样获利丰厚。在日益严峻的竞争形势下，商业银行为了增强盈利能力，不得不扩大业务经营范围，不断推出以收取手续费为主的各类中间业务。

3. 商业银行资本比率监管的加强拓宽了中间业务范围

商业银行为了回避对资本比率的监管，立足于不扩大资产负债规模，大力开展不直接在资产负债表内反映的中间业务，由此而产生的中间业务具有表内业务替代品的特点。但《巴塞尔协议》的公布，使那些不在资产负债表内反映的"表外项目"也要按一定的信用转换系数转换成相应的资产负债表内的项目，以纳入资本充足率管理，这使得作为表内业务替代品的中间业务的发展受到一定程度的遏制，而那些拓展业务经营范围、增加手续费收入的中间业务得以进一步发展。

4. 经营风险的增加推动了避险型中间业务的发展

20 世纪 70 年代以来，全球主要经济体出现了"滞胀"，金融环境恶化，利率大幅度波动；布雷顿森林体系解体后各国普遍实行了浮动汇率制，汇率风险增加；竞争的加剧也使得银行更多地涉足高风险业务，这些因素推动了商业银行中间业务的迅速发展。由此出现的中间业务具有明显的避险性质：或是不会给银行带来风险的服务性、非信用性中间业务；或是以避险为目的，同衍生金融工具有关的中间业务；或是为客户提供避险服务的中间业务。

此外，以电子计算机为核心的信息技术的广泛应用，为商业银行发展中间业务提供了物质条件。

7.2　支付结算类业务的管理

支付结算是银行代客户清偿债务债权、收付款项的一项传统业务。对商业银行来说，这是一项业务最大、收益稳定的典型中间业务。根据中国人民银行 2002 年发布的《商业银行中间业务参考分类及定义》，支付结算业务"是指由商业银行为客户办理因债权债务关系引起的与货币支付、资金划拨有关的收费业务"。世界各国的商业银行关于货币支付及资金清算的手段、工具大体相同。目前，我国商业银行的支付结算业务也基本与国际接轨。

7.2.1　支付结算概述

1. 支付结算业务的概念和意义

根据中国人民银行 1997 年 9 月颁布的《支付结算办法》，支付结算是指客户之间由于商品交易、劳务供应等经济活动而产生债权债务关系，通过现金、票据（包括支票、本票、汇票）、银行卡和汇兑、托收承付、委托收款等结算方式进行货币给付及其资金清算的行为。对商业银行来说，支付结算业务是一项业务量大、风险度小、收益稳定的典型中间业务。

支付结算是在银行存款业务基础上产生的中间业务，也是当前我国商业银行业务量最大的一项中间业务。商业银行通过支付结算业务成为全社会的转账结算中心和货币出纳中心。它不仅能为银行带来安全稳定的收益，也是集聚闲散资金、扩大银行信贷资金来源的重要手段。规范和发展商业银行的支付结算业务，对市场经济的健康稳定发展，具有不可估量的社会意义：可加速资金周转，促进商品流通，提高资金运转效率；节约现金，调节货币流通，节约社会流通费用；加强资金管理，提高票据意识，增强信用观念；巩固经济合同制和经济核算制；综合反映结算信息，监督国民经济活动，维护社会金融秩序的稳定等。

2. 支付结算的任务和原则

（1）支付结算的任务。1997年中国人民银行颁布的《支付结算办法》规定："支付结算工作的任务是根据经济往来组织支付结算，准确、及时、安全办理支付结算，按照有关法律、行政法规和本办法的规定管理支付结算，保障支付结算活动的正常进行。"

（2）支付结算的原则。凡参与支付结算活动的当事人，包括银行、单位和个人都必须遵守下列三项基本原则。

①恪守信用、履约付款。信用是企业生存发展的基础，是整个社会经济活动有序运行的重要保证，也是经济往来项能够及时、正常清算的前提条件。在结算过程中，一般有三方参加，即收付交易双方和银行。交易双方对他们的交易和资金收付应事先约定权利和义务，并恪守信用、严格遵守。银行作为款项清算的中介，与交易双方是委托代理关系，并不承担包收款项的责任。

②谁的钱进谁的账，由谁支配。客户对其在银行的存款拥有所有权和支配权。这是银行结算业务正常进行的根本保证。银行必须尊重和维护客户的合法权益，并为客户保密。谁的钱进谁的账，就是要求银行依法维护客户对其资金的所有权和占有权；谁的钱由谁支配，就是要求银行切实保障客户对其资金的支配权。除了国家法律规定和专门授权中央银行监督的项目之外，其他部门和地方委托监督的事项，银行均不予受理。银行不代任何单位扣款查询，也不能停止客户存款的正常支付。同时，银行必须按照凭证所列内容，准确及时地为客户办理收款或付款。

③银行不垫款，不得损害社会公共利益。银行作为社会经济活动各项资金清算的中介，在办理结算业务的过程中，只负责按照结算制度规定和客户的委托，办理款项的代收代付，不承担任何垫款的责任。这就要求客户只能在自己的存款余额内对外签发支票或其他结算凭证，不能签发空头支票；同时也要求商业银行在办理结算业务时坚持先付后收、收妥抵用的原则，即银行要先将款项从付款单位账户付出，并收入收款单位账户，收款单位收妥后才能支用。

3. 支付结算业务的分类

按照支付结算手段的不同，可以将支付结算分为现金结算和转账结算两种。现金结算是直接在各经济单位或个人之间进行的以现金为对象的货币收付行为。在我国，现金结算有特定的使用范围。转账结算是以票据和结算凭证为依据，通过银行转账方式，将款项从付款人账户划转到收款人账户的货币收付结算行为。银行转账结算主要包括汇兑结算、票据结算、托收结算、信用证结算四种。随着社会经济的发展，当今社会，转账结算或票据支付已成为现代银行支付结算业务的主要形式。

按地域不同，支付结算可分为同城结算和异地结算。同城结算是指在同一城镇或地区范围内，收付款人之间的经济往来通过银行办理划拨转账的收付行为；异地结算是指收付款人不在同一城镇或地区的银行开户而进行款项划拨的收付行为。

此外，按资金性质不同，支付结算可分为交易结算和非交易结算；按支付工具不同，可分为票据结算和非票据结算；按资金结算是否跨国境，可分为国内结算和国际结算等。

支付结算业务的分类见表 7－2。

表 7－2　　　　　　　　　　　　　　支付结算业务的分类

分类方式	业务名称
按支付结算手段不同	现金结算、转账结算（汇兑结算、票据结算、托收结算、信用证结算）
按地域不同	同城结算、异地结算
按资金性质不同	交易结算、非交易结算
按支付工具不同	票据结算、非票据结算
按资金结算是否跨境	国内结算、国际结算

7.2.2　汇兑结算

1. 汇兑结算的含义及构成

汇兑结算是付款人将款项交存银行，委托银行汇往异地收款人的一种方式。汇兑作为一种传统的结算方式具有灵活方便、服务范围大、适用性广的特点，是我国异地结算的主要方式之一。汇兑按照凭证传递方式的不同可分为信汇和电汇。信汇是汇款人委托汇出行将汇款凭证寄给汇入行，电汇是汇款人委托汇出行通过电信局发电报或运用先进手段传递信息给汇入行支付款项的方式。汇兑结算方式由于缺乏银行的有效监督，容易发生交易尾款的拖欠，因此这种结算方式需要交易双方的密切配合。汇兑的基本程序是汇款人委托银行从自己的账户中划出一定款项或客户交付一定的现金汇往外地，汇入行接到汇款通知后，将款项转入收款人账户或通知收款人来行领取。汇兑结算处理程序如图 7－4 所示。

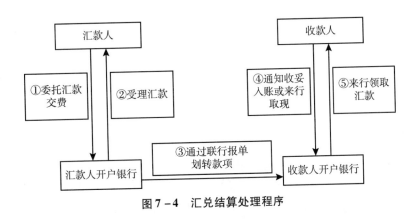

图 7－4　汇兑结算处理程序

2. 汇兑结算的特点

（1）没有资金金额起点的限制，无论汇款多少都可以使用。

（2）汇兑结算属于汇款人向异地主动付款的一种结算方式。它对于异地上下级单位之间的资金调剂、清理旧欠，以及往来款项的结算等都十分方便。汇兑结算方式还广泛被用于先汇款后发货的交易结算方式。

（3）汇兑结算方式除了适用于单位之间的款项划拨外，也可用于单位对异地的个人支付有关款项，如退休工资、医药费、各种劳务费、稿酬等，还适用于个人对异地单位所支付的有关款项，如邮购商品、书刊等。

（4）汇兑结算手续简便，单位或个人很容易办理。

7.2.3 票据结算

1. 票据的定义

票据是指由出票人依法签发的、约定自己或者委托付款人在见票时或指定的日期向收款人或持票人无条件支付一定金额并可转让的有价证券，包括银行汇票、银行本票、商业汇票和支票。一般来讲，票据具有信用、支付、汇兑和结算等职能。

作为支付结算工具的票据必须具备以下条件：①必须用文字载明权利和义务；②票据所载权利必须用货币数量表示，并用货币支付；③票据所载数量经确定就不得更改；④必须用文字表明是哪种票据；⑤任何票据须无条件支付；⑥必须注明出票地、付款地及出票日期。

2. 票据的种类

（1）银行汇票。银行汇票是指由出票银行签发的，由其在见票时按照实际结算金额无条件付给收款人或者持票人的票据，多用于办理异地转账结算和支取现金。

银行汇票具有及时性、灵活性、兑付性强、运用广泛的特点。银行汇票的提示付款期限为自出票银行出票日1个月内。过期的银行汇票，兑付银行不予受理。银行汇票一律记名，要求填写收款人的全称、银行或住址。尚未确定收款对象的，可填写指定人姓名。银行汇票的处理过程分为签发、兑付和结清三个阶段，其具体结算处理程序如图7-5所示。

（2）银行本票。银行本票是由银行签发的，承诺自己在见票时无条件支付确定的金额给收款人或者持票人的票据。单位和个人在同一票据交换区域需要支付各种款项时均可以使用银行本票。银行本票分为不定额本票和定额本票两种。银行本票见票即付，视同现金，具有信誉度高、支付能力强的特点。

银行本票一律记名，收款人可以背书转让。银行本票的提示付款期限自出票日起最长不得超过两个月。逾期的银行本票，银行不再受理兑付，但可以到签发银行办理退款手续。银行本票不挂失,一旦遗失,在付款有效期内未造成损失,可出具函件说明情况,到银行办理退款。银行本票结算处理程序如图7-6所示。

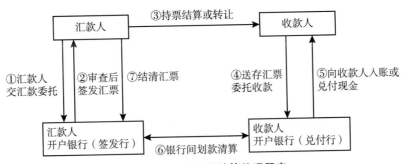

图7-5 银行汇票结算处理程序

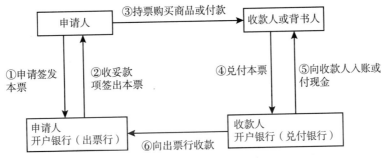

图7-6 银行本票结算处理程序

(3) 商业汇票。商业汇票是出票人签发的,委托付款人在指定日期无条件支付确定的金额给收款人或者持票人的票据。商业汇票分为商业承兑汇票和银行承兑汇票两种。商业承兑汇票由银行以外的付款人承兑(付款人为承兑人),是一种企业信用。商业承兑汇票在支付结算实际应用中较少使用。银行承兑汇票由银行承兑,在实际应用中较多。银行承兑汇票结算处理程序如图7-7所示。

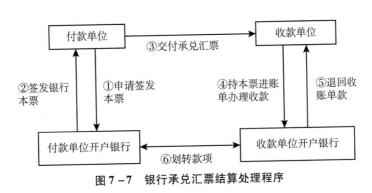

图7-7 银行承兑汇票结算处理程序

(4) 支票。支票是指由出票人签发的,委托办理支票存款业务的银行或者其他金融机构在见票时无条件支付确定的金额给收款人或者持票人的票据。支票分为现金支票、转账支票和普通支票三种。

支票的提示付款期限为自出票日起 10 日。支票结算方式适用范围广泛，凡是在银行开立账户的、经过银行同意在同城和票据交换地区范围的商品交易、劳务供应和其他款项均可以使用支票结算。支票结算有手续简便、及时、灵活、可转让的特点。为了防止涂改，使用支票时一律要求用墨水笔或碳素墨水笔填写。签发人必须在银行有存款余额，签发支票必须加盖预留银行的印鉴。转账支票结算处理程序如图 7 - 8 所示。

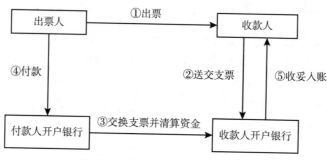

图 7 - 8　转账支票结算处理程序

7.2.4　托收结算

托收是指在进出口贸易中，出口方开具以进口方为付款人的汇票，委托出口方银行通过其在进口方的分行或代理行向进口方收取货款的一种结算方式。由于托收大多通过银行办理，所以又被称为银行托收。托收属于商业信用，银行办理托收业务时，既没有检查货运单据正确与否或是否完整的义务，也没有承担付款人必须付款的责任。托收汇票是结汇单证中使用的汇票，指用于托收和信用证收汇方式中，出口商向进口商或银行签发的，要求后者即期或在一个固定的日期或在可以确定的将来时间，对某人或某指定人或持票人支付一定金额的无条件的书面支付命令。

1. 国内托收结算

（1）托收承付。它是指根据购销合同由收款人发货后委托银行向异地付款人收取款项，由付款人向银行承认付款的结算方式。托收承付是我国特有的异地结算方式，主要限于国有企业和经银行审查同意的集体企业。收付双方使用托收承付必须签有符合《中华人民共和国合同法》的购销合同，并在合同上注明使用托收承付结算方式。对托收承付的回单和承付通知，要加盖业务公章。收款人对同一付款人发货累计三次收不回货款的，收款人开户银行应暂停向该付款人办理托收；付款人累计三次提出无理拒付的，付款人开户行应暂停其对外办理托收。

（2）委托收款。它是指收款人委托银行向付款人收取款项的结算方式。凡在银行开立账户的企业单位和个人凭已承兑商业汇票、债券、存单及付款人债务证明办理款项结算的，均可使用委托收款结算方式。委托收款在同城、异地均可使用。在同城范围内，收款人收取公用事业费，可使用同城特约委托收款。这一收款方式必须具有双方事先签订的经济合同，由收款人向开户银行授权，并经开户银行同意，报经中国人民银行当地分支行批准。

2. 国际托收结算

国际托收结算是指债权人为向国外债务人收取款项而向其开出汇票，并委托银行代收的一种结算方式。债权人办理托收时，要开出一份以国外债务人为付款人的汇票，然后将汇票及其他单据交给当地托收银行，委托当地托收银行将汇票及单据寄交债务人所在地的代收银行，由代收银行向债务人收取款项并寄给托收行转交委托人（债权人）。

在国际托收中，托收行不承担有关票据的责任，只需将汇票和单据寄交代收行办理，代收行只需核对各项单据有无缺漏，并按委托书所载明的收款办法收款，至于票据到期是否照付，完全取决于付款人的信用，代收行不承担付款责任。托收结算方式不仅可用于国际贸易结算，也同样适用于非贸易结算，如外币旅行支票的托收和外币汇款中的逆汇。

托收有光票托收和跟单托收之分。光票托收是指委托人开立的汇票不附带货运单据。有时汇票也附带发票等票据凭证，但只要不附带货运单据的就属于光票托收。跟单托收是指委托人将附有货运单据的汇票送交托收银行代收款项的托收方式。根据不同的交单方式，跟单托收有付款交单和承兑交单两种。根据汇票的不同期限，付款交单有即期付款交单和远期付款交单之分。承兑交单是指代收行收到托收行转来的远期汇票和货运单据后，立即通知付款人到该行取单。付款人审核无误后即在远期汇票上签字承兑，然后代收行将货运单据交给付款人提货。待汇票到期，进口商才向代收行交付货款。承兑交单取决于进口商的信用，必须对进口商的付款有充分把握，如对进口商的信用了解不够，则风险较大，出口商一般不愿使用。

7.2.5　信用证结算

1. 信用证的定义及特点

信用证是指开证银行接受申请人（买方）的申请，向受益人开立的载有一定金额的、在一定的期限内凭符合规定的单据付款的书面保证文件。信用证是国际贸易中最主要、最常用的支付方式。在国际贸易活动中，买卖双方可能互不信任，买方担心预付款后，卖方不按合同要求发货；卖方也担心在发货或提交货运单据后买方不付款。因此需要两家银行作为买卖双方的保证人，代为收款交单，以银行信用代替商业信用。银行在这一活动中所使用的工具就是信用证。

信用证的内容包括以下八项：①对信用证本身的说明，如其种类、性质、有效期及到期地点；②对货物的要求，根据合同进行描述；③对运输的要求；④对单据的要求，即货物单据、运输单据、保险单据及其他有关单证；⑤特殊要求；⑥开证行对受益人及汇票持有人保证付款的责任文句；⑦国外来证大多数均加注"除另有规定外，本证根据国际商会《跟单信用证统一惯例》即国际商会 600 号出版物办理"；⑧银行间电汇索偿条款。

信用证方式有以下三个特点。

（1）信用证是一项自足文件。信用证不依附于买卖合同，银行在审单时强调的是信用证与基础贸易相分离的书面形式上的认证。

（2）信用证方式是纯单据业务。信用证是凭单据付款，不以货物为准。只要单据相符，开证行就应无条件付款。

（3）开证银行负首要付款责任。信用证是一种银行信用，它是银行的一种担保文件，开证银行对支付有首要付款的责任。

2. 信用证的种类

（1）以信用证项下的汇票是否附有货运单据划分。以信用证项下的汇票是否附有货运单据可以分为跟单信用证和光票信用证。

①跟单信用证。跟单信用证是指委托人将附有货运单据的汇票送交托收银行代收款项的托收方式。

②光票信用证。光票信用证是指委托人开立的汇票不附带货运单据。有时汇票也附带发票等票据凭证，但只要不附带货运单据的就都属于光票托收。

（2）以开证行所负的责任为标准划分。信用证以开证行所负的责任为标准可以分为不可撤销信用证和可撤销信用证。

①不可撤销信用证。不可撤销信用证是指开证行不可以单方面撤销或修改的信用证。

②可撤销信用证。可撤销信用证是指在申请人的财务状况出现某种变化时，可以撤销或修改条款的信用证。

（3）以有无另一银行加以保证兑付划分。信用证以有无另一银行加以保证兑付可以分为保兑信用证和不保兑信用证。

①保兑信用证。即开证行开出的信用证，由另一银行保证对符合信用条款的规定的单据履行付款义务的信用证。

②不保兑信用证。即开证行开出的信用证没有经另一家银行保兑。

（4）根据付款时间划分。信用证根据付款时间不同可以分为即期信用证、远期信用证、假远期信用证。

①即期信用证，指开证行或付款行收到符合信用证条款的跟单汇票或装运单据后，立即履行付款义务的信用证。

②远期信用证，指开证行或付款行收到信用证的单据时，在规定期限内履行付款义务的信用证。

③假远期信用证，信用证规定受益人开立远期汇票，由付款行负责贴现，并规定一

切利息和费用由开证人承担。这种信用证对受益人来讲，实际上仍属即期收款，在信用证中有"假远期（usance L/C payable at sight）"条款。

（5）根据受益人对信用证的权利可否转让划分。信用证根据受益人对信用证的权利可否转让可分为可转让信用证和不可转让信用证。

①可转让信用证。这是指信用证的受益人（第一受益人）可以要求授权付款、承担延期付款责任，承兑或议付的银行（统称"转让行"），或当信用证是自由议付时，可以要求信用证中特别授权的转让银行，将信用证全部或部分转让给一个或数个受益人（第一受益人）使用的信用证：开证行在信用证中要明确注明"可转让（transferable）"，且只能转让一次。

②不可转让信用证。即指受益人不能将信用证的权利转让给他人的信用证，凡信用证中未注明"可转让"，即不可转让信用证。

（6）红条款信用证。红条款信用证也称预支信用证，在信用证中其预支条款用红色注明而得名，红条款信用证允许出口商在装货交单前可以支取全部或部分货款。

7.2.6　支付结算类业务的管理策略

1. 建立完善的支付结算法律体系

健全的法律法规能使得银行支付结算系统的运作规范化、合理化，防止法律风险的产生。法律风险是指由于法律法规不完善对支付结算系统的正常运转产生的不良影响。总体而言，目前我国的相关法律法规的建设普遍滞后于支付结算的发展。这就为银行支付结算系统的运行带来不确定的风险。

2. 提供多元化现代支付结算平台

大力推广个人支票的使用，鼓励个体工商户和个人使用支付结算工具办理转账结算。全面开办银行本票业务，完善信用卡的还款业务处理，鼓励使用电子支付方式等。建立以支票、汇票、本票和银行卡为主体，以电子支付工具为发展方向，适应多种经济活动和居家服务需要的支付工具体系。鼓励人们用非现金的方式进行消费。此外，伴随着互联网金融的发展，电商平台正蓬勃发展。在这个社会大背景下，结合我国国情，因地制宜，充分利用现代科技如互联网技术等创新发展电子支付工具和其他工具，提供多元的现代化支付结算平台并拓展业务范围就成了时代的大趋势。

3. 鼓励发展保付支票

信用风险是指在支付过程中一方拒绝或无力偿还债务而使另一方或其他当事人遭受损失。信用风险是支付结算风险的一种。良好的信用是银行支付结算工作顺利进行的保证。为此，要鼓励发展保付支票，促进社会信用的提高。保付支票是指付款人在支票上记载照付或保付或其他同义字样并由其签名的支票。保付增强了支票付款的确定性，避免了空头支票的产生，对支票的确实付款起着不可替代的保证作用。

4. 防范支付结算风险

增强消费者及银行等金融机构的风险防范措施，建立健全风险防范预警机制和支付体系风险监督机制，通过有效的支付结算体系的运行和相关制度对风险进行识别、分析、评价。重点是要关注带有全局性的风险，以及可能引发全局性风险的微观风险如支付系统风险、支付清算组织风险、非现金支付工具所引发的有传染效应的风险等。为了更好地防范支付结算风险，要做好以下几点工作：①成立专门的支付结算业务风险管理机构并制定相关制度；②培养专业化的支付结算工作人员；③建立合理的支付结算体系和风险评估体系。

5. 加快完善支付结算系统

支付结算系统是我国经济金融活动的重要基础，其安全、有效、合理地运行对我国经济、金融乃至社会的发展具有深远的影响。商业银行的支付结算为商品的流通结算提供了一种渠道，以客户为中心形成收款人与开户行、付款人与开户行之间的资金往来关系。其基本作用是完成资金安全、高效的划拨，加快资金的周转速度，提高资金的使用效益，使得货币政策的传导更为畅通，以便减少货币政策的操作时滞，提高货币政策的执行效率，并降低系统性风险，维持社会公众对支付结算工具及市场的信心，维护金融稳定。

7.3　担保类业务的管理

担保业务是银行应某一交易中的一方申请，承诺当申请人不能履约时由银行承担对另一方的全部义务的行为。担保业务不占用银行的资金，但形成银行的或有负债，即当申请人（被担保人）不能按时履行其应尽的义务时，银行就必须代为履行付款等职责。银行在提供担保时，要承担违约风险、汇率风险及国家风险等多项风险，因此，担保业务是一项风险较大的表外业务，《巴塞尔协议》（1988 年）将银行担保业务的信用转换系数定为 100%。银行的担保类业务主要包括备用信用证、商业信用证等。

7.3.1　备用信用证

1. 备用信用证的概念和作用

（1）备用信用证的概念。

备用信用证是银行担保业务的一种主要类型，通常是为投标人中标后签约、借款人还款及履约保证金等提供担保的书面保证文件。当某个信用等级较低的企业试图通过发行商业票据筹资时，常会面临不利的发行条件，它可以向一家银行申请备用信用证作为担保，这样就相当于银行把自己的信用出借给发行人，使发行人的信用等级从较低的水平提高到一个较高的等级。一旦这家企业到期无力还本付息，受益人只要凭备用信用证的规定向开证行开具汇票，同时提交开证申请人没有履行应该履行的义务的声明或证明文件，就能获得开证行的赔偿。相反，当开证申请人已经按约定履行义务，那么不需要使用备用信用证。

备用信用证独立于作为其开立基础的其所担保的交易合同，其支付只凭出示特定的证据。备用信用证具有担保、支付、融资等多样化的功能，它在国际贸易中被广泛应用。

历史上备用信用证最早在美国使用，这是因为美国银行不被允许开立保函，所以采取了备用信用证这种方式。随后，备用信用证在全世界范围内使用，成为一种为国际合同提供担保的信用工具。备用信用证用处非常广泛，如预付货款、赊销业务、国际承包工程的投标、国际租赁和国际融资等业务。

（2）备用信用证的作用。

①对借款人的作用。利用备用信用证可使其由较低的信用等级上升到一个较高的信用等级，在融资中处于比较有利的地位，能以较低的成本获得资金。

②对开证行的作用。备用信用证业务的成本较低。由于申请备用信用证的客户大多是与银行业务关系稳定且信用记录良好的客户，这可以大大减少银行信用评估所耗费的支出；备用信用证可给银行带来较高的盈利。一般情况下，备用信用证很少发生议付，这可以使银行在几乎不占用自有资金的情况下，仅凭出借自身信誉就可以获得一笔可观的收入，拓宽了收益渠道。

③对受益人的作用。备用信用证使受益人获得很高的安全性，特别是在交易双方不很熟悉时，更显示出这种安全性的重要。例如，招标人不用担心投标人违约而使招标出现流标，投资人不用担心投资资金无法收回等。

2. 备用信用证的种类

（1）按照在交易中备用信用证的不同作用来划分。按照在交易中备用信用证的不同作用可以分为履约保证备用信用证、预付款保证备用信用证、反担保备用信用证、融资保证备用信用证、投标备用信用证、直接付款备用信用证、保险备用信用证、商业备用信用证。

①履约保证备用信用证。履约保证备用信用证是指一种保证除支付金钱以外的其他义务的履行，如对由于申请人在基础交易中违约所致损失的赔偿。

②预付款保证备用信用证。预付款保证备用信用证可以用于担保申请人对受益人的预付款所应承担的义务和责任。这种备用信用证通常用于国际工程承包项目中业主向承包人支付的合同总价的 10%～25% 的工程预付款，以及进出口贸易中进口商向出口商支付的预付款。

③反担保备用信用证。反担保备用信用证也称对开备用信用证，它为反担保备用信

用证受益人所开立的另外的备用信用证或其他承诺提供支持。

④融资保证备用信用证。融资保证备用信用证为所有可以证明借款的偿还义务的文件提供支付义务，如当前外商投资企业用以抵押人民币贷款的备用信用证。

⑤投标备用信用证。投标备用信用证是为中标后未能履行合同义务和责任担保申请人服务的，开证人必须按照规定向受益人进行赔偿付款。这种备用信用证的金额一般为投保报价的 1%~5%（具体比例视招标文件规定而定）。

⑥直接付款备用信用证。直接付款备用信用证用于担保到期付款，尤指到期没有任何违约时支付本金和利息。其已经突破了备用信用证备而不用的传统担保性质，主要用于担保企业发行债券或订立债务契约时的到期支付本息义务。

⑦保险备用信用证。保险备用信用证为申请人提供保险或再保险义务服务。

⑧商业备用信用证。商业备用信用证是指在不能以其他方式付款的情况下，为申请人对货物或服务的付款义务进行保证。

（2）按照备用信用证是否可以撤销来划分。按照备用信用证是否可以撤销可以分为可撤销的备用信用证、不可撤销的备用信用证。

①可撤销的备用信用证。可撤销的备用信用证是指在申请人的财务状况出现某种变化时，可以撤销或修改条款的信用证。这种信用证能较好地考虑开证行的利益，由于开证行是根据申请人的请求和指示开的，所以在没有申请人的指示的情况下，开证行不能随意撤销信用证。

②不可撤销的备用信用证。不可撤销的备用信用证是指开证行不可以单方面撤销或修改的信用证，这为受益人提供了良好的收款保证。

3. 备用信用证的特点

根据《国际备用证惯例》（ISP98）所界定的"备用信用证在开立后即是一项不可撤销的、独立的、要求单据的、具有约束力的承诺"，备用信用证具有以下法律性质。

（1）不可撤销性。开证人不得在没有经过对方当事人同意的情况下随意凭自己的意思修改或撤销信用证规定的义务，除非备用证中另有规定。

（2）独立性。备用信用证一经开立，即作为一种自足文件而独立存在。其既独立于赖以开立的申请人与受益人之间的基础交易合约，又独立于申请人和开证人之间的开证契约关系；基础交易合约对备用信用证无任何法律约束力，开证人完全不介入基础交易合同的履约状况，其义务完全取决于备用信用证条款和受益人提交的单据是否表面上符合这些条款的规定。

（3）单据性。备用信用证也有单据要求，并且开证人付款义务的履行与否取决于受益人提交的单据是否符合备用信用证的要求。备用信用证的跟单性质和商业信用证并无二致，但后者主要用于国际贸易货款结算，其项下的单据以汇票和货运单据为主；而备用信用证则更普遍地用于国际商务担保，通常只要求受益人提交汇票及声明申请人违约的证明文件等非货运单据。

（4）强制性。无论备用信用证的开立是否由申请人授权，开证人是否收取了费用，受益人是否收到并相信该备用信用证，只要其一经开立，即对开证人具有强制性的约束力。

4. 业务流程

备用信用证的业务流程基本符合信用证运作原理，如图7-9所示。

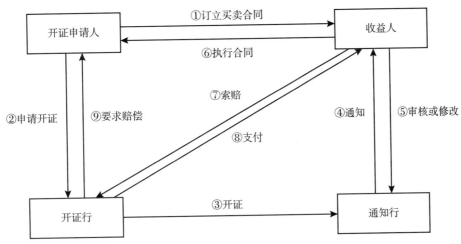

图7-9 备用信用证的业务流程

（1）借贷双方签订合同后，由开证申请人（基础交易合同的债务人）向开证人（银行或非银行金融机构）申请开出备用信用证。

（2）开证人严格审核开证申请人的资信能力、财务状况、交易项目的可行性与效益等重要事项，若同意受理，即开出备用信用证，并通过通知行将该备用信用证通知受益人（基础交易合同的债权人）。

（3）若开证申请人按基础交易合同约定履行了义务，开证人不必因开出备用信用证而必须履行付款义务，其担保责任于信用证有效期满而解除；若开证申请人未能履约，备用信用证将发挥其支付担保功能。在后一种情形下，受益人可按照备用信用证的规定提交汇票、申请人违约证明和索赔文件等，向开证人索赔。

（4）开证人审核并确认相关索赔文件符合备用信用证规定后，必须无条件地向受益人付款，履行其担保义务。

（5）开证人对外付款后，向开证申请人索偿垫付的款项，后者有义务予以偿还。

7.3.2 商业信用证

1. 商业信用证的概念和分类

（1）商业信用证的概念。商业信用证是国际贸易结算中的一种重要方式。它是指进口商请求当地银行开出的一种证书，授权出口商所在地的另一家银行通知出口商，在符合信用证规定的条件下，愿意承兑或付款承购出口商交来的汇票单据。信用证结算业务实际上就是进出口双方签订合同以后，进口商主动请求进口地银行为自己的付款责任作出的书面保证。

商业信用证产生的主要原因包括：在国际贸易中的进出口商之间由于缺乏了解而互不信任，进口商不愿先将货款付给出口商，唯恐出口商不按约发货；出口商不愿先发货或将单据交给进口商，主要是担心进口商不付款或少付款。在这种情况下，银行就可以出面在进出口商之间充当一个中间人或保证人的角色，一面收款，一面交单，并代为融通资金，信用证结算方式由此产生。现在信用证结算已成为当今国际贸易和国内异地交易中使用最广泛、最重要的结算方式。

人们通常把商业信用证看作一种结算工具。而实际上，从银行角度来看，商业信用证业务又是一项重要的表外业务，一般来说不会占用其自有资金，因此是银行获取收益的又一条重要途径。

（2）商业信用证的分类。商业信用证的种类很多，大体有以下几种划分方法。

①按是否跟单，可划分为跟单信用证和光票信用证。

②按可否撤销，可分为可撤销信用证和不可撤销信用证。

③按议付方式，可分为公开议付信用证、限制议付信用证。公开议付信用证的受益人可以任选一家银行作为议付行。限制议付信用证由开户行在信用证中指定一家银行作为议付行，开证行对议付行承担付款责任。

④按可否转让，可分为可转让信用证和不可转让信用证。

⑤背对背信用证、对开信用证、循环信用证等类型。背对背信用证是在原信用证不可撤销的条件下，银行应信用证受益人的申请，以该信用证为保证而另行开立的以实际供货商为受益人的信用证。对开信用证是在来料加工、补偿贸易等方式下，交易双方已经签订了原料或零部件贸易合同及加工制成品贸易合同，在此基础上，以双方互为开证申请人和受益人而开立的、金额大致相等的两个信用证。一般情况下，第一张信用证的通知行是第二张信用证的开证行。循环信用证是事先规定当信用证金额被全部或部分用完后仍可恢复到原来金额，可多次使用，直至该信用证规定的使用次数或累计总金额用完为止的信用证。

2. 商业信用证的特点和益处

（1）商业信用证的特点。

①商业信用证结算方式中，开证行担负第一付款责任，是第一付款人。出口商可以直接向银行要求凭单付款，而无须先找进口商。开证行对出口商的付款责任是一种独立的责任，这一点与备用信用证的备用性有较大的区别。

②信用证是一项独立的文件。进口商请求银行开证时要按合同填写申请书，开证行也要根据合同内容开证。但信用证一经开立，就完全脱离了买卖合同，成为一个独立的信用文件，开证行只需对信用证负责，只要出口商提供的单证符合信用证的规定，则开

证行就有付款的责任，而不管实际中的交易情况如何，即信用证业务是以单证而不是货物作为付款依据的。

（2）商业信用证的益处。

①对进口商来说，商业信用证的使用提高了他的资信度，使对方按约发货得到了保障，而且可以通过信用证条款来控制出口商的交货日期、单据的种类和份数等。另外，可以通过信用证中的检验条款来保证货物上船前的数量和质量。由于申请开证时，进口商只需交纳一部分货款作为押金即可，实际上是银行为进口商提供了一笔短期融通资金。

②对出口商来说，最大的好处就是出口收款有较大的保障，银行作为第一付款人，使付款违约的可能性降至极低。此外，由于开证行开出商业信用证都需有贸易和外汇管理当局的批准，所以利用商业信用证来结算，就可避免进口方国家禁止进口或限制外汇转移产生的风险。

③对开证行来说，它开立商业信用证所提供的是信用保证，而不是资金。开立信用证既不必占用自有资金，又可以得到开证手续费收入，同时进口商所交纳的押金在减小垫款风险的同时，也可以为银行提供一定量的流动资金来源。

3. 商业信用证业务流程

商业信用证业务流程大致分为八个步骤。

（1）订立买卖合同。进口商和出口商根据自身贸易条件进行磋商，达成共同的协议，订立国际贸易商品买卖合同，同时规定进口商即买方用信用证的方式来付款，除此之外，还需要规定开证银行的资信级别、信用证类别、信用证金额、到期日、开立日及送达出口商的时间。

（2）申请开立信用证。进口商即买方作为开证申请人，按照已经订立的买卖合同时间规定向所在地银行开立信用证，并填明受益人地址、名称、信用证的种类、到期日、到期地，还应该列明条款、开证人的声明和保证。在国际贸易中，银行开发此种信用证时，有时进口商须预缴货款的一部分或全部作为保证金。保证金根据开证人的资信、商品的销售情况、市场现有状况而缴纳。

（3）开立信用证。开证行在接受开证人的开立信用证的申请后，必须严格按照申请书开立信用证。在开立完成后，开证行需直接邮寄或者电讯出口地的代理银行即通知行通知受益人。

（4）通知受益人。通知行收到信用证以后，应该立即将开证行的签字或密押进行核对，核对完成后，如果没有任何异议，应该尽快将信用证交给受益人。

（5）审证、交单和议付。受益人在收到通知行的信用证后之后，应该根据买卖合同和信用证相关条例进行审核，如果发现有疑惑，应该及时通知开证人，要求其修改信用证，开证人应该立即向开证行提出修改的申请，再由开证行告知通知行，最后转交给受益人。受益人确认信用证无误后，发送商品货物。在商品发送之后，受益人应该根据发货的单据、汇票、信用证在规定时间内向议付行申请对自己的垫款。议付行一般是出口地银行，既可以由开证行指定，也可以由受益人自己选择。

（6）索偿。议付行在垫款给受益人后，可以凭借单据等向开证行或者付款行要求偿付。

（7）偿付。开证行或者付款行在收到索偿书后将相关款项支付给议付行。

（8）付款赎单。开证行或付款行在履行偿付义务之后，向开证人出示单据，开证人确认后支付款项。

商业信用证在国际贸易中的操作过程如图 7-10 所示。

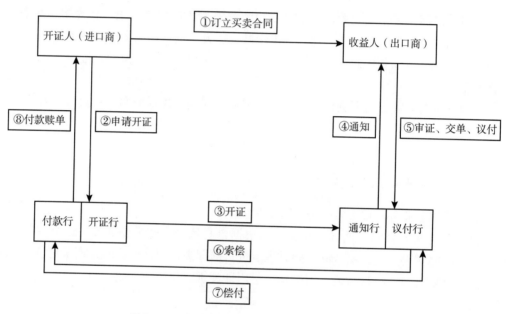

图 7-10　商业信用证在国际贸易中的操作过程

4. 备用信用证与商业信用证的不同

将备用信用证与一般商业信用证进行比较，发现两者有以下区别。

（1）两者支付款项的情况不同。一般商业信用证和备用信用证不同，商业信用证仅仅在受益人自身已经履行完成交易义务并提交有关单据予以证明后，开证行才将商业信用证的规定的款项支付给受益人；相反，备用信用证则是在没有履行基础交易的义务并且提供单据予以证明后，开证行支付信用证规定的款项给受益人。

（2）两者开证行意愿不同。当一般商业信用证开证行向受益人开出的汇票及单据付款时，说明买卖双方的基础交易关系没有出现问题，所以开证行对此非常乐意；而当备用信用证的开证行向受益人开出的汇票及单据付款时，说明买卖双方的交易出现了问题，因此开证行不希望遇到这种情况。

（3）两者的受益人和申请人不同。一般商业信用证的开证申请人是交易商品的进口方，而交易商品的出口方作为受益人；而对于备用信用证来说，开证申请人与受益人既可以是进口方也可以是出口方。

（4）两者使用情况不同。一般商业信用证通常是在贸易往来中使用的，而备用信用证则一般是在融资活动中使用的。

（5）银行付款人责任不同。在商业信用证业务中，银行承担的是第一付款人的责任，而在备用信用业务中银行承担的是第二付款人的责任。即便这样，由于备用信用证主要是为客户的融资活动提供付款担保，所以与商业信用证相比，备用信用证的风险更大。

7.3.3 担保和类似的或有负债的管理策略

1. 坚持真实的商品交易原则

对于担保和或有负债而言，一定要建立在真实的商品交易的基础之上。因此，相关银行在对担保类业务提供担保并且承担违约责任时，应该了解担保类业务的商品交易背景，这样才能避免虚假交易、伪造买卖合同等可能对银行利益造成损害的情况，才能更好地发展中间业务。

2. 加强对被担保客户的信用分析和评估

在银行为客户提供担保业务前，应该对被担保客户进行全面的评估，尤其对客户的资质信用进行深入的分析。除此之外，还应该对客户的资金实力、经营情况、品德能力等情况进行多方面的认识了解。

3. 按风险定价

银行在提供担保业务服务时，应该对该业务可能带来的风险进行预估，可以从市场的可能变化情况、被担保客户的经营情况及国际政治、经济、贸易等情况和其他意外情况可能带来的风险等角度分析，根据风险的大小，为担保业务制定合理的价格。该价格既不会高于其他银行的风险定价，造成客户流失，也不会低于担保业务的成本，避免了可能发生的损失。

4. 完善反担保措施

银行在为其客户提供担保时，应该要求申请担保的客户提供相应的反担保措施，如抵押反担保、质押反担保、企业或个人的保证反担保、保证金反担保等。银行可以根据客户和买卖交易的实际情况，采用一种或多种反担保措施。

5. 完善授权授信制度

在银行承诺为客户担保的过程中，应该对客户的资质信用进行审查。审查时应该注意征信过程的合规性，确保在客户充分授权的情况下，进行信用查询。授权授信过程中，应该注重效率，在保证合规的同时，提高担保业务的效率，在有限的时间内争取更多的客户，也为客户提供了更加高效、便捷的服务。因此，银行应该完善授权授信制度。

6. 健全操作规程及制度

由于中间业务近年来属于风险高发的业务，而担保业务是比较重要的中间业务，因此更应该重视操作风险的防范。信用证的开立特别需要防范虚假合同行为，防止内部欺诈和外部欺诈，所以要健全银行的操作流程和制度，使员工的行为更加规范化，从而防止高风险事件的发生。

7.4 衍生金融工具业务的管理

金融衍生品交易类业务是指金融机构为满足客户保值或自身头寸管理等需要而进行的货币和利率的远期、互换、期货、期权等衍生交易业务。金融衍生工具的交易结果要在未来才能确定盈亏，按照权责发生制的财务会计规则，在交易结果发生前，交易双方的资产负债表并不反映这类交易的情况，因而也被称为资产负债表外业务。其品种繁多，在我国现阶段金融衍生品交易主要是指以期货为中心的金融业务。

7.4.1 金融远期

远期交易是指交易双方约定在未来某个特定时间以预先确定的价格交割一定数量的特定金融商品的合约。远期外汇交易和远期利率协议是金融远期交易的主要品种，交易双方基于对未来利率和汇率的变化趋势的不同预期达成交易。由于远期交易一旦成交以后就不能撤销，但是可以通过反向交易来抵消，所以远期交易是一种套期保值的工具。

1. 远期外汇交易

远期外汇交易指买卖双方按约定在合同订立后的未来日期（至少是成交后的第三个营业日之后），以合同上约定的汇率、币种和金额进行交割的外汇交易。远期外汇交易交割期限最常见的有1个月、2个月、3个月、6个月、12个月。超远期交易的交割期限则更长。根据交割日是否固定，远期外汇交易可以分为固定交割日的远期外汇交易和选择交割日的远期外汇交易。远期外汇交易主要是为了避免汇率变动的风险。为达到这一目的，最基本的交易策略是套期保值，交易者根据已有的一项外币资产或负债，卖出或买进与之数额相同、期限一致、币种相同的一笔远期外汇，使这项资产或负债的价值不受汇率变动的影响。从事国际贸易的企业都以外汇银行为交易对手，利用远期外汇交易固定进口成本，或对出口收汇进行保值。

2. 远期利率协议

远期利率协议是一种远期合约，买卖双方商定将来一定时间段的协议利率，并指定一种参照利率，在将来清算日按规定的期限和本金数额，由一方向另一方支付协议利率和届时参照利率之间差额利息的贴现金额。远期利率协议具有灵活性，协议条款可以由买卖双方共同协商，满足双方的交易需要。尽管名义本金金额较大，但是本金的利息差额小，所以客户实际结算量小。此外，买卖双方在结算日前不用事先交付任何保证金费用，只需在结算日时一次性支付利息差额即可。买卖双方通过进行远期利率协议交易对未来的利率进行保值。买方一般是筹资方，当市场利率上升时，买方只需要支付协议利率就行，这样通过远期利率协议避免了由利率上升引起筹资成本上升的风险，也就实现了提前预估筹资成本的目的。而卖方一般是贷款人，当市场利率下降时，按照协议利率收取利息将获利。

7.4.2 金融期货

1. 金融期货的定义、特点与作用

（1）金融期货的定义。期货一般指期货合约，就是指由期货交易所统一制定的、规定在将来某一特定的时间和地点交割一定数量标的资产的标准化合约。这个标的资产，又叫基础资产，是期货合约所对应的现货，这种现货可以是某种商品，如铜或原油；也可以是某个金融工具，如外汇、债券；还可以是某个金融指标，如三个月同业拆借利率或股票指数。一般来说，期货交易的最终目的并不是商品所有权的转移，而是通过买卖期货合约，规避现货价格风险。

（2）金融期货的特点。金融期货具有以下特征：①交易的标的物是虚拟的证券工具，与实物期货有明显的不同；②交易的是标准化合约，对交易清算时间、交易时间、货币种类、金额等都作了标准化规定；③交易采取公开竞价的方式，形成买卖价格，这样使交易的效率大大提高；④交易实行会员制度，各会员之间进行期货交易，更便于监管部门管理，防范风险；⑤交割期限规范化，目前金融期货的交割期限多数集中在 3 个月、6 个月、9 个月和 12 个月。

（3）金融期货的作用。

①规避金融风险的作用。随着金融市场风险的增加，投资者在现货市场上购买了外汇、股票等金融产品，通过在金融期货市场上购买相应的金融期货合约的方式，建立与其现货市场相反的头寸，并根据市场的不同情况采取在期货合约到期前对冲平仓或到期履约交割的方式，实现其规避风险的目的。

②发现价格功能。金融期货市场上供求关系的变化会影响金融期货的市场价格，市场价格的变化会使投资者对市场未来的心理预期产生一定的影响，投资者通过金融期货

市场价格变化，及时获取市场信息，明确了资本投入方向和金额，减少了搜寻信息的成本。

2. 金融期货的种类

按照标的物的不同，金融期货分为外汇期货、利率期货和股指期货。

（1）外汇期货。外汇期货或外币期货，在公开集中性的交易市场以公开竞价的方式进行的外汇期货合约的交易。外汇期货是最早出现的金融期货产品。外汇期货合约指买卖双方约定在一定的时间买卖某一数量的外汇货币，能有效防范外汇汇率变化带来的风险。外汇期货采取逐日盯市制度，当外汇市场价格发生变化后，投资者的保证金账户金额每日也会相应变动。当账户保证金余额超过应缴纳的保证金金额时，投资者可以提取出来；而当保证金余额不足时，投资者应该在第二天及时补足。

（2）利率期货。利率期货是指在集中性的交易市场以公开竞价的方式进行的利率期货合约的交易。利率期货的标的物一般为有固定收益的证券，如国债、票据、大额可转让定期存单、住房抵押债券等。由于这些证券的价格受到市场利率的影响，因此投资者需要买卖利率期货合约来防范利率风险。一般可将利率期货分为短期利率期货和长期利率期货。短期利率期货以短期存款利率为标的物，如国库券。长期利率期货是以长期国债为标的物的期货。

（3）股指期货。股指期货是一种以股票价格指数为标的物的金融期货合约，即以股票市场的股价指数为交易标的物，由交易双方订立的、约定在未来某一特定时间按约定价格进行股价指数交易的一种标准化合约。这种期货合约既不是买卖具体的股票，也不是买卖抽象的指数，而是将股指期货合约进行交易，合约价格根据股票指数计算，合约的交割采用现金清算的方式。股指期货是最热门的期货产品，也是目前发展最快的金融期货。世界上有代表性的股指期货有道琼斯价格指数、标准普尔500指数、英国金融时报指数和香港恒生指数等。

3. 金融期货交易与金融远期合约交易的区别

（1）交易场所不同。金融期货交易规定必须在专门的期货交易所内进行，以公开交易的方式使交易信息传播快速，因此交易的价格更加公平。相反，金融远期合约交易没有固定的交易场所，地点不受限制，采用零散的交易方式，所以信息不透明，价格可能有失公平。

（2）合约的标准化程度不同。金融期货合约为规定的标准化合约，所以对金融期货商品的品质、数量、交易时间、到期日、交割等级有严格的规定，而远期合约通过买卖双方协商确定交易金融商品的品质、数量、交割日期等，不具有固定的规格和标准。

（3）结算方式不同。远期合约交易通常不需要交纳保证金，合约到期后才结算盈亏。期货交易必须在交易前交纳保证金，并且采用保证金逐日结算的方式，如果保证金有超额部分，客户可以自由支取；但是如果账户中的保证金低于规定的水平，必须及时补足。

（4）交易方式不同。金融期货交易头寸可以调整，可以通过对冲或反向操作使头寸发生相应变化，通过和原头寸数量相等、方向相反的期货合约交易结束头寸，也可以用现金或现货进行交割，还可以通过将期货转为现货的方式交易。而远期交易不具有标准化的特点，所以当一方中途不想进行交易时，很难找到第三方愿意参与交易。

（5）参与者不同。远期合约交易的参与者通常是生产商、贸易商和金融机构，而期货交易的标准化使其交易更加广泛，参与者更普遍，如银行、金融公司、财务公司、个人投资者等。

7.4.3　金融期权

金融期权交易是指以金融商品或金融期货合约作为标的物的期权交易方式。期权的买入方具有在规定时间按照约定的价格买入或卖出金融产品的权利。金融期权具有套期保值、投机获利、价格发现的功能。交易双方可以通过买卖期权避免市场利率、汇率、价格等变动的损失，当期权买入方发现市场对行使权利有利时会行使相应的权利，就可以通过价差获得收益；反之当期权买入方发现市场行情不利于行使权利时会放弃该权利，期权的卖出方获得期权费收入。投资者能通过期权市场上买卖价格情况判断特定金融产品未来可能的价格趋势。

1. 按照期权相关合约的买进和卖出性质划分

按照期权相关合约的买进和卖出性质划分，金融期权可以划分为看涨期权和看跌期权。

（1）看涨期权是指期权的购买者享有在有效期内按照约定的价格买进某一数量的金融产品的权利。如果市场价格高于协议价格和期权费与佣金之和时，期权购买者会按照协议价格买入金融产品，通过在市场上将其进行售卖获取价差利润。而当市场价格低于协议价格时，期权购买者会放弃金融产品的购买，损失期权费。

（2）看跌期权与看涨期权相反，购买者享有在规定期限内按照约定的价格卖出某一数量的金融产品的权利。如果市场价格高于协议价格，期权购买者会放弃按照协议价格出售金融产品的权利，损失期权费。而当市场价格低于协议价格时，期权购买者会行使卖出的权利获得收益。无论投资者购买的是看涨期权还是看跌期权，只有权利没有义务，风险是有限的，损失最多为权利金，获得的收益却是无限的。而看涨期权和看跌期权的卖出方的收益是有限的，收益最多为权利金，承担的风险却是无限的。

2. 按照期权交易规则的不同划分

按照期权交易规则的不同进行分类，金融期权可以划分为美式期权和欧式期权。

（1）美式期权的买方可以在到期日前任意一个交易日内行使交易的权利。

（2）欧式期权的买方只能在期权到期日当天行使交易的权利，在我国期权到期日当天下午两点前是有效的行使欧式期权的时间，超过有效期限的期权都会作废失效。因此，在有效期限上美式期权比欧式期权相对更宽松，美式期权的卖方承担的风险更大，买方获利的可能性更高，所以在市场上美式期权的价格要高于欧式期权。

3. 按照交易标的物的不同划分

按照交易标的物的不同分类，金融期权可以划分为股票期权、股票指数期权、利率期权、货币期权等。

（1）股票期权是指买方拥有在一定期限内买卖一定数量的股票的权利，这种权利被运用于企业管理、激励员工之中，尤其将其赋予企业高级管理者和技术人员，可以达到将企业利益和员工利益紧密联系在一起的目的。

（2）股票指数期权是在股票指数期货的基础上产生的，购买者取得在一定时期内用某种股指水平买卖某种股票指数合约的权利。

（3）利率期权是指期权购买方拥有在一定期限内以一定的利率买卖一定数量的利率工具的权利。利率期权合约通常以政府短期、中期、长期债券和欧洲美元债券、大额可转让定期存单等利率工具为标的物。利率期权是一种规避利率风险的工具，借款人通过买入一项利率期权，可以在利率水平向不利方向变化时得到保护，而在利率水平向有利方向变化时得益。利率期权有多种形式，常见的主要有利率上限、利率下限和利率上下限。

（4）货币期权也称外汇期权，指合约购买方只需要支付期权费给卖出方就能享有在未来约定日期或一定时间内，按照规定外汇汇率买进或者卖出一定数量外汇资产的权利。

7.4.4　金融互换

金融互换是指约定两个或两个以上当事人，按照商定条件在约定时间内交换一系列现金流的合约。互换交易是由银行作为主要提供者而设计的一种金融衍生合约，而非在交易所内进行。互换交易中银行主要面临信用风险和市场风险。

1. 金融互换的种类

（1）货币互换。货币互换又称货币掉期，是指两笔金额相同、期限相同、计算利率方法相同，但货币不同的债务资金之间的调换。货币互换利用了交易双方在不同货币市场上存在的比较优势。例如 B 公司借入欧元的利率和 C 公司相比有比较优势，C 公司借入美元的利率和 B 公司相比有比较优势，但是 B 公司需要美元而 C 公司需要欧元。因此双方可以通过借入各自具有比较优势的货币贷款，用货币交换的方式借入各自需要的货币，即 B 公司的欧元贷款转换为美元贷款，C 公司的美元贷款转换为欧元贷款，总体上看，整体融资成本降低了。由此可见，货币互换有以下优点：第一，可以使交易双方的货币需要得以满足；第二，可以降低双方的筹资成本。

（2）利率互换。利率互换是指交易双方一方用固定利率计算资产，另一方用浮动利率计算资产，通过互换交易做固定利率和浮动利率的交换。具体来看，利率互换有两种方式，即不同货币资产的固定利率与浮动利率的互换和同一货币资产的固定利率与浮动利率的互换。按照互换利率的不同，利率互换可以大致划分为三类：息票利率互换、基础利率互换和交叉货币利率互换。

（3）其他互换。其他互换包括交叉货币利率互换、基点互换、可延长互换、远期互换和股票互换等。

2. 金融互换的功能

（1）通过金融互换能够在全球各个国家之间进行套利，降低筹资者的融资成本，提高投资者的资产收益，促进全球金融市场一体化。

（2）金融互换可以用于管理资产负债组合中的利率风险和汇率风险。

（3）金融互换作为一种表外业务，能够有效规避外汇管制、利率管制及税收限制。

3. 金融互换的特点

（1）产品多样化。金融互换包括货币互换和利率互换及其他互换。利率互换又包括息票利率互换、基础利率互换和交叉货币利率互换。

（2）结构标准化。1985 年 2 月组建的国际互换贸易协会旨在推广互换业务和促进互换业务标准化，并于《国际金融法律评论》上发表了关于互换业务标准化的著名论文，拟订了"利率和货币互换协议"的标准文本。

（3）监管国际化。由于金融互换为表外业务且是场外交易，虽然其结构标准，但是合约可以协商修改，因此透明度不高。各国监管部门至今未专门针对金融互换的监管提出有效方式。由于互换交易往往涉及两个或两个以上的国家，因此必然要求监管国际化。

7.4.5　衍生金融工具业务的管理策略

1. 制定衍生金融工具交易部门整体的交易额度

由于衍生金融工具的业务在全球范围内发展十分迅速，交易品种繁多，操作交易程序复杂，在此基础上创新的金融新产品更会带来不可预测的风险。虽然金融衍生品的出现帮助了许多投资者用较少的融资成本获得了原来的收益，但是有越来越多的投机者通过衍生金融市场获得投机的机会，实现了用较少的资本赢得更多的收益。因此为了避免衍生金融工具带来更多的风险，衍生金融工具的交易部门应该制定各种衍生金融工具的交易总额度，防止过度的投机造成风险持续放大的危害，避免金融机构资金遭受巨大的损失。

2. 交易员的交易额度控制

金融机构衍生金融工具交易员应该受到金融机构的严格限制，尤其是对每位交易员日常交易额度有一个量的限定。只有对交易员的交易额度进行控制，才能较好地避免操作风险的人员因素。外部投资者通过交易员进行金融衍生产品的买卖，当投资者认为当前市场存在利好时，可能会委托交易员进行大额的投资，如果不对交易员的交易额度实施控制措施，不仅会为投资者带来潜在的风险，也可能会为金融机构自身带来不可估量的风险。所以，控制交易员的额度是十分必要的管理策略。

3. 设置合理的止损点

进行衍生金融工具交易时，金融机构应该为每种工具设置不同的交易限制，设置合理的止损点就是一个良好的限制措施。当发现衍生金融工具的市场行情不容乐观时，交易员很有可能选择暂时不进行下一步交易，认为未来的市场行情一定会有所好转，可是这种寄希望于未来的方式很有可能造成一种后果，即到期前未来的行情一直不明朗，甚至未来的损失可能远远超过当前的损失。所以设置合理的止损点就尤为重要。在亏损不是太多的情况下，达到一定额度的亏损时立即进行交易，这种损失是目前可以计量的，而不会面临将来更大的风险损失。

4. 将风险监督管理职能与交易职能分开，将自营业务与经纪业务分开

在当前金融机构竞争激烈的情况下，金融机构的交易部门通常能为银行带来更多的利润收入，风险越大收益也就越大，所以许多金融机构铤而走险，冒着巨大的风险赚取金融衍生产品的交易费用。金融机构应该较好地划分监管部门和交易业务部门，使监管部门能独立于交易部门，真正行使监督管理的职能。同时应该将自营业务和经纪业务区分开来，因为如果不分开办理，当金融机构的自营业务遇到经营不善的情形时，很可能会做出损害同类业务的客户利益的行为，使客户资金遭受损失。

本章小结

中间业务是指商业银行不运用或较少运用自身经营资金，并以中间人身份替客户办理收付和其他委托事项，提供各类金融服务并收取手续费的业务活动。金融机构中间业务按照是否含有风险可以划分为表外业务和金融服务类业务。表外业务是指形成或有资产、或有负债的中间业务，金融服务类业务是指商业银行以代理人的身份为客户办理的各种业务，目的是获取手续费收入。

支付结算是银行代客户清偿债权债务、收付款项的一种传统业务，也是在银行存款业务基础上产生的中间业务。商业银行按照有关法规，在坚持结算原则、遵循结算纪律的前提下，准确、及时、安全地办理支付结算，以保持支付结算活动的正常进行。

担保业务是银行以自己的信誉为申请人提供履约保证的行为。银行在提供担保时，要承担申请人违约风险、汇率风险和国家风险。银行提供担保业务的主要方式有备用信用证、商业信用证。备用信用证主要用于为债务人提供融资担保。商业信用证主要用于为买方提供付款担保。

金融衍生品业务是指商业银行为满足客户保值或自身头寸管理等需要而进行的货币和利率的远期、互换、期货、期权等衍生交易业务。

复习思考题

1. 金融机构中间业务与一般业务相比具有哪些特点？
2. 金融机构中间业务的分类有哪些？
3. 支付结算类业务包含哪些业务？每种业务的特点是什么？如何管理？
4. 担保类业务包含哪些业务？每种业务的特点是什么？如何管理？
5. 衍生金融工具业务包含哪些业务？每种业务的特点是什么？如何管理？

案例讨论

英国国民西敏士银行巨额亏损

1997 年 2 月 28 日，英国国民西敏士银行宣布其受衍生产品操作不当之苦，损失 5 000 万英镑。这是英国银行业经营史上第二大损失案。英国国民西敏士银行是 1968 年由国民地方银行和西敏士银行两家银行合并而成的。国民西敏士银行直接拥有或控制的子公司达 50 多家，遍及 40 多个国家和地区。这是一家股份上市的私营银行，主营业务分为国内部、国际部和负责证券投资融资的综合业务部三大块。根据英国银行家协会 1997 年年初公布的资料，国民西敏士银行共有 1 920 个支行、分行和营业部，吸收存款 1 138 亿英镑，客户 750 万个。

1997 年 2 月 28 日，国民西敏士银行在伦敦股市收市后发表声明：由于该行市场部一位高级经理监管不力，致使该部在从事利率期货交易中错误定价，造成高达 5 000 万英镑（折合 8 140 万美元）的巨额亏损，而这笔亏损实际却发生在 1996 年的某一段时间内。作为股份上市企业，国民西敏士银行的经营业绩受到 10 多万大大小小股东的直接关注。巨额亏损的直接责任者帕普伊斯已于 1996 年 12 月离职。两个月后，会计师事务所对国民西敏士银行的子公司金融市场集团（简称 NWM）进行审计。审计报告公布后，NWM 的总裁、51 岁的欧文被迫辞职。国民西敏士银行又追究了一批管理者的责任。随后，NWM 欧洲期权交易部经理、亚洲债券交易主任、NWM 财务经理、办公室主管等人先后辞职。在 1997 年中期报告公布之前，国民西敏士银行向伦敦证券交易所和证券投资委员会提交了改组整顿方案，包括①出售法国、荷兰、奥地利零售机构，停止大洋洲的债券交易业务，精简东亚证券人员；②确定核心业务；③启用一批跨国经营人才；④加强内部控制；⑤停发本年度的奖金、花红。1997 年 8 月 4 日，国民西敏士银行公布了中期报告，税前利润 6.71 亿英镑，比 1996 年同期下降 13%；营业收入仅增长 6%，而成本上升 8%，资本收益率仅 13%，比同行的资本收益率 16% ~ 20% 低。《星期日泰晤士报》的评论称：中期报告令人失望？市场在发展，而国民西敏士银行却没取得应有的发展。国民西敏士银行把利润减少归咎于租金上涨和费税调整，但证券分析家却持不同的看法。他们主张，要从经营结构、项目和效益上找原因，从管理上找原因。

国民西敏士银行高层人士透露了整体出售的意向，拉开了为期两个月的产权交易拉锯战。10 天之后，巴克莱银行表示了通盘兼并的意图，开价 128 亿英镑，以上一周的每股均价 745 便士为基数。巴克莱的发言人称，已初拟合并调整方案。由于价格和国民西敏士银行上层意见不一，合并计划夭折。6 月末，国民西敏士银行聘请拉扎德兄弟公司为代理人，与有购买意向的谨慎公司（英国保险业巨头，与美国的一家同名）和阿比国民银行洽谈合并事宜。阿比国民银行提交了收购方案，而谨慎公司更进入了实质性阶段。7 月上旬，国民西敏士银行与谨慎公司董事会直接谈判，初步接受了 145 亿英镑的价格。而在随后的谈判中，谨慎公司提出彻底放弃证券融资代理和期权合同交易的方案，为国民西敏士银行所拒绝。双方不欢而散，有关国民西敏士银行整体出售的谈判暂告一个段落，国民西敏士银行股价随即下跌。

1997 年上半年，除汇丰在北美、中东收购了两家中型银行外，其他英国银行并无惊人举动。《经济学家》1997 年 6 月 21 日刊载了证券学家罗伊·史密斯的看法，英国银行在投资业务方面难与美国同行抗衡，已在竞争中失败。双方不仅在资本、经营规模、项目品种上差异显著，在经济效益上更相差悬殊。如 1996 年美林的资本收益率达 28%，而华宝、贝克莱的 BZW 分别为 16.4%、8%，NWM 则更低。因此，一些专家认为，英国难以建立全球性的投资银行，巴林的崩溃、华宝的出售、NWM 的亏损似乎成为这一论点的依据。

——资料来源：http://www.doc88.com/p-6671800920561.html。

思考题：

1. 英国国民西敏士银行巨额亏损的原因是什么？其在进行金融衍生品交易时违反了哪些规定？

2. 英国国民西敏士银行巨额亏损事件对英国经济产生了什么影响？应如何加强对金融衍生品交易的管理？

第8章 金融机构市场营销管理

 学习目的

知识要点	掌握程度
金融机构市场营销概述	了解金融机构市场营销的含义；熟悉金融机构市场营销的市场环境分析；掌握金融机构市场营销的特点，注重整体营销、品牌营销、直面营销等
金融机构市场营销规划	了解金融机构市场营销战略：防御型战略与进攻型战略；熟悉金融机构市场营销战略规划的影响因素；掌握金融机构市场营销战略规划的流程
金融机构市场营销组合策略	掌握金融机构市场营销管理的策略：产品策略、价格策略、分销策略及促销策略

8.1 金融机构市场营销概述

金融机构多样化的趋势愈发明显，金融机构的多样化使金融业的竞争越来越激烈。在激烈的市场竞争环境中，金融机构只有尽快转变经营和业务发展策略，引入现代市场营销理念，全面实施市场营销管理，以市场为导向、以客户为中心、以效益为目标，根据客户需求和经营环境的变化随时调整产品和服务，才能提高竞争能力和市场占有率，在竞争中取胜。

8.1.1 金融机构市场营销的含义

1. 市场营销的含义

市场营销就是指企业在不断变化的市场环境中，为满足消费者的需要并实现自身经营目标的市场经营活动过程，包括市场调研、选择目标市场、产品开发、产品定价、销售渠道选择、产品促销、产品销售、提供服务等一系列与市场有关的业务经营活动，因而它是一个动态的、综合性的经营性概念。企业营销活动在产品开发以前就应该开始，而且达成交易也并不是营销活动的终端，只有将交易达成拓展到对消费者售后服务，并将用后感受的信息跟踪反馈到下一过程，该营销过程才算结束；始点应从销售活动延伸到生产过程、产前准备过程甚至消费者的需求调查分析。因而，营销活动就应是从研究消费者需求开始，最后又以满足消费者需求为终结的一个循环往复过程，这个循环过程通常可以称为营销循环。

由此可见，营销活动不仅仅限于产品和服务的销售与交易达成，还包括市场信息搜集、消费者需求分析、产品开发设计、营销渠道选择、价格制定、宣传沟通、售后服务、信息反馈等各项活动。总之，消费者的需求既是营销活动的出发点，也是营销活动的归宿点。

2. 金融机构市场营销的含义

金融机构市场营销是一般企业市场营销在金融领域的细化和发展，是特殊领域的专业营销，其定义基本上是结合金融机构自身经营的特点和一般企业市场营销的定义给出的。亚瑟·梅丹将商业银行市场营销定义为"把可盈利的银行服务引导流向经选定的用户的管理活动"。"可盈利的银行服务"是指商业银行向客户提供的各种服务，包括存款、贷款、代理支付、结算、委托业务等各种有偿服务。它可为银行带来直接或间接的收益，是商业银行的营销产品。"经选定的用户"表明商业银行的目标市场，银行为目标市场中的客户提供服务。这个概念基本上体现了现代营销的核心 STP 营销，即细分（Segmenting）、目标（Targeting）、定位（Positioning），因而该定义得到广泛应用。

彭雷清在《银行业市场营销》中给商业银行市场营销的定义为：商业银行市场营销不同于一般意义上的市场营销，它是商业银行以金融市场为导向，利用自己的资源优势，通过运用各种营销手段，把可盈利的银行金融产品和金融服务销售给客户，以满足客户的需求并实现银行盈利最大化目标的一系列活动。与此相类似，王先玉在《现代商业银行战略管理和营销管理》一书中给银行营销的定义为：银行营销是指银行组织或银行营销个人在特定的市场环境中，以市场格局的变化为导向，以满足客户需求为中心，以适应、改造竞争的和多变的环境，创造和改善人的多种需要、欲望和需求为手段，通过一系列创造性活动变潜在交换为现实交换和公平交易，向客户提供可以交换的产品、服务、相应的权利（所有权）和价值，使自己和顾客都可以获得所需所欲之物以满足其需要和欲望，并进一步实现企业目标（盈利、适应环境、发展成功）的带全面性的企业整体性管理活动和社会管理活动。这一定义显得很长，基本上体现了银行营销的特点，也体现了现代市场营销的整体营销理念。

马丽娟在《金融机构管理》一书中给金融机构市场营销的定义为：金融机构市场营销是金融机构为实现自身及利益相关者的利益目标，以金融市场为导向，利用自己的资源优势，运用各种营销手段，将金融产品或服务销售给经选择的客户群体，以满足客户的需要和欲望的社会行为。

8.1.2　金融机构市场营销的市场环境分析

市场环境是影响金融机构市场活动的内外部因素和条件的总和。环境的变化，既给金融机构带来了市场机会，也可能形成某种风险和威胁。因此，金融机构在进行营销决策前，要对金融机构面临的内外部环境进行充分的调查和分析。

1. 外部环境

（1）宏观环境。

①经济与技术环境。经济与技术环境包括当地、本国和世界的经济形势，如经济增长速度、循环周期、市场前景、物价水平、投资意向、消费潮流、进出口贸易、外汇汇率、资本移动和企业组织等；政府各项经济政策，如财政政策、税收政策、产业政策和外汇政策等；技术变革和应用状况，如通信、电子计算机产业和国际互联网的发展，日益改变着客户对金融机构业务的要求。

②政治与法律环境。政治与法律环境包括政治安定程度、政治对经济的影响程度、政府的施政纲领、各级政府机构的运行程序、政府官员的办事作风、社会集团或群体利益矛盾的协调方式、法律建设、具体法律规范及其司法程序等。

③社会与文化环境。社会与文化环境包括客户的分布与构成、购买金融商品的模式与习惯、劳动力的结构与素质、社会思潮和社会习惯、主流理论和价值等。

（2）微观环境。

①资金的供给状况。银行能向社会提供多少资金，取决于能够吸收多少存款；而社会存款的增加或减少一般直接受利率、物价水平和收入状况的影响。

②资金的需求状况。客户的需求包括三种形态：已实现的需求、待实现的需求和待开发的需求。客户的需求动机，可概括为理性动机和感性动机。其中，理性动机指客户为获得低融资成本、增强短期支付能力，以及得到长期金融支持等利益而产生的购买动机；感性动机则指为获得影响力，被金融机构所承认、所欣赏，或被感动等情感利益而产生的购买动机。

③同业的竞争状况。同业的竞争分析，不仅包括当前竞争的分析，而且还包括潜在竞争的分析。对现有的竞争对手，要分析其市场定位、竞争能力、经营目标、营销策略；对潜在的竞争对手，要预测未来进入市场者的数量和规模、市场的大小、竞争对手的能力、定位及策略。通过同业的竞争分析，金融机构可以对细分市场的竞争程度、竞争内容、预期收益等作出判断，从而决定是否进入该市场和采用哪种策略进入。

④金融业务的创新。除了竞争因素导致机构被迫实施市场营销外，由于市场对资金融通、风险管理的需求逐渐多样化，以及客户财富管理理念的逐渐强化，金融机构借助计算机技术、互联网技术，不断开拓自身的业务种类，不断进行创新。金融服务多元化，金融产品复杂化，使得金融机构需要主动进行市场营销，将自身的优势推介出去，让更多的用户了解自身业务和产品的特色。金融业务的创新包含金融工具创新，技术创新和服务方式的创新，其中金融工具的创新最为突出，如转让支付命令（NOW）账户、浮动利率债券、票据发行便利、附有认股权债券。技术创新使金融机构引入了许多新的交易方式，如 ATM 自助交易、POS 机刷卡消费。服务创新表现在为方便用户，提升用户使用感受的业务上，如中国银行的"中银理财"、工商银行的"理财金账户"、农业银行的"金钥匙理财"、招商银行的"金葵花"、交通银行的"交银理财"、建设银行的

"乐当家理财"等。

2. 内部环境

内部环境分析主要包括三部分：战略目标分析、内部资源分析、自身实力。

（1）战略目标分析。战略目标是银行在实现其使命过程中所追求的长期结果，它反映了银行在一定时期内经济活动的方向和所要达到的水平，既可以是定性的，也可以定量的，如竞争地位、业务水平、发展速度等。分析战略目标的根本目的在于保证金融机构的营销策略能够更好地服务于战略目标，以免出现不必要的偏差甚至错误。

（2）内部资源分析。内部资源分析的主要目的是通过了解金融机构的重要资源及其利用程度，将金融机构已有资源与营销需求相比较，把握自身的优势和劣势，并对照主要竞争对手，以确定在哪些范围内具有比较大的营销优势，从而确定营销策略。金融机构内部资源分析涉及以下内容：

①人力资源，主要分析人的数量、质量、士气、稳定性、组织协同性和对营销活动的支持能力。

②财务实力，主要分析资本、资金、费用等对营销活动的保障能力。

③物质支持，主要分析各种物质支持能否满足未来营销活动的需要。

④技术资源，主要分析研究开发水平，了解研究开发的深度和其在客户心中的地位、开发费用情况及其直接效果等。

⑤资讯资源，主要分析内外部的资讯收集、整理、挖掘和利用能力能否有效地支持营销活动。

（3）银行自身实力分析。

①金融机构对金融业务的处理能力、快速应变能力、对资源的获取能力、对技术和产品的开发能力、对形势变化的应变能力等系统实力。

②金融机构的品牌、网络、市场地位、客户资源、社会影响等软实力。

③金融机构的资本实力，包括现有资本实力、资本补充能力、股东支持力等。

④政府支持，在一般情况下政府对各家金融机构是平等的，但在特殊情况下，政府有时也可能有所倾斜。

金融机构市场营销的市场环境分析如图8-1所示。

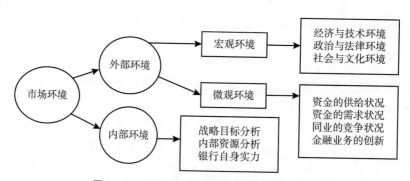

图8-1 金融机构市场营销的市场环境分析

8.1.3　金融机构市场营销的特点

随着我国金融市场的逐步全面开放，金融中介机构间的竞争越来越激烈，因此，有效地开展市场营销，遵循金融业自身的规律和特点是金融机构扩大市场份额的必然途径，由于金融机构的金融产品具有与一般工商企业产品不同的特征，所以，金融机构市场营销具有与一般企业营销不同的特点。

1. 属于专业服务营销

金融机构市场营销与其他服务营销的一个重要区别是专业性强，主要是由于金融产品看不见、摸不着，客户很难进行选择与对比，形成了大量的认知成本，金融消费者就会本能地抵触与抗拒。这使得金融机构市场营销需要大量地进行说明、讲解，为了使无形产品能够便于记忆、辨识、选择，金融机构需要大量的营销人员和营销手段来减少客户的认知成本，消除客户的抵触与抗拒，从而达到吸引客户的目的。这就要求营销人员具有高度的专业知识水平，以及很强的与客户面对面的交际能力，甚至充当客户的投资顾问，帮助客户分析、计算和谋划理财方案。

2. 强调整体营销

金融机构强调的是安全性、效益性和流动性。安全性是相对风险来说的，金融机构进行销售的每一种金融产品，首要的是保障客户的资金安全，尽量帮助客户规避可预见的风险；还要尽量帮助其实现资金部分的增值，以客户需求为出发点，尽量减少客户资金在途时间，提高资金的周转率。金融机构在公众心目中能否打造信誉卓著的优良形象，是金融机构在竞争激烈的市场中能否取胜的关键因素。整体营销即整合营销，它以消费者为核心，重组企业行为和市场行为，综合协调地使用各种营销方式，以统一的目标和统一的传播形象，全体银行员工传递一致的信息，实现与客户的双向沟通，迅速树立在客户心目中的地位，建立起金融机构与客户长期密切的关系，从而更有效地达成目标。金融机构往往更注重整合营销，通过自身形象（营业大楼、营业网点的堂皇气派，服务网络的完善，服务设施的先进，服务质量的优异、实力、信誉等）的塑造以合适的方式将自身的产品推销给客户，使客户易于接受，便于认同，产生信任。

3. 注重品牌营销

产品品牌是金融业在很长一段时期内，在有关市场营销活动中，通过金融产品的开发、管理、销售，逐渐形成的被消费者熟知的、与其他同类型商品在标识上有显著区别，可以被客户接受和认同的某一金融产品，从而使客户在对其相关金融机构本身形成偏好、信任和依赖的金融企业。金融机构为了扩大自身品牌在国际市场上的竞争力，发挥自身的核心价值，最好的方式就是打造属于自己的富有竞争力的品牌。随着新产品不断开发与品种的逐渐繁多，品牌营销就比产品功能营销显得更为重要。由于同一类金融产品，其功能都是大致相同的，客户在接受金融机构服务时往往首先不是被金融产品功能带来的服务、盈利或便利所吸引，而是被熟知的品牌所吸引，如银行推出的信用卡业务，就有较知名的"万事达""长城""牡丹""金穗""龙卡"等，这些叫得响的品牌，在客户需要信用卡服务时，就会受品牌的暗示，在购买时，便有倾向性地选择。再如，很多金融机构都能为欲购买住房的客户提供"住房按揭贷款"，由于这种金融服务的功能在很多方面是趋同的、一致的，因此，各金融机构都非常注重自己的品牌营销。

4. 重视体验式直面营销

由于金融服务产品的不可分离性决定了金融消费与产品的提供一定是同时进行的，也就是说直接感受服务的客户也要直接参与服务的经营活动，并与产品提供者不可分割，使客户成为服务的一个主要环节。而广告营销主要起到宣传和引导的作用，无法与客户进行面对面的沟通与交流，不利于推广更具有个性化、更能够满足客户需求的产品。所以，金融服务是金融业员工与客户面对面的直接接触，员工最能直接了解客户的需求，也最能直接了解客户对金融机构某方面服务的满意度。一般来说，只有当客户对某金融机构产生认同和信任时才会接受该机构所提供的服务，加之员工的引导，可以加速得到客户的认同与接受程度。所以，成功的直面营销若能为客户所接受，就会在机构与客户之间建立起长期稳固的关系，促进金融机构的发展。

5. 买卖双重营销

一般的交易中，买卖双方扮演着固定的角色，如客户去逛商场，就是要去购物；客户去健身会所，就是享受健身服务。金融机构的特殊之处在于，很多金融机构既买又卖，资金来源与客户有关，资金运用也与客户有关。客户到银行既可以存钱，也可以贷款；前者是客户提供资金给银行，银行付利息，买入客户的资金使用权；后者是银行提供资金给客户，客户付利息，买入银行的资金使用权。甚至同一个客户也有可能同时在银行既有存款，又有贷款，买卖双方在不同的金融交易中可以互换身份。

8.2　金融机构市场营销战略规划

金融机构为了在不断变化的市场上求得一席之地，必须提高经营管理的效益，使它与内外环境相适应，其中一个很重要的环节就是制定战略。有了战略，金融机构就可以确定经营活动的中心与重心，把握经营方向，增强应变能力。目前，国内许多金融机构都成立了专门机构研究战略问题，以至于人们把当今时代称为"战略制胜"和"智力经营"的时代。可以说，在今后的时代，一个没有战略管理的金融机构，就没有灵魂，就不能聚合、造就一支优秀的金融机构劲旅，就没有前途。科学制定金融机构市场营销战略规划，可以为金融机构树立良好的企业形象，帮助金融机构改进管理、增加利润、增强市场竞争力。

8.2.1 金融机构市场营销战略规划的类型

金融机构市场营销战略规划是金融机构在现代市场营销观念下，为实现其经营目标，对一定时期内市场营销发展的总体设想和规划。金融机构的营销活动常常是在复杂而变化的市场环境中进行的，为了达到营销的目标，金融机构需要认清客观条件，制定一份具有全局性、决定性、长期性的战略规划。英国金融营销学家亚瑟·梅丹在《金融服务营销学》中，将金融服务的营销战略分为以下三种类型。

1. 防御型战略

防御型战略是金融机构为应付市场可能给机构带来的威胁，采取一些措施企图保护和巩固现有市场的一种战略。在某个有限的市场中，防御型组织常采用竞争性定价或高质量产品等经济活动来阻止竞争对手进入它们的经营领域，以此来保持自己市场份额的稳定。

防御型战略的适用条件如下。第一，宏观经济严重不景气、通胀严重、消费者购买力很弱。第二，金融机构的产品已进入衰退期，市场需求大幅度下降，金融机构没有做好新产品的投入准备。第三，金融机构受到强有力的竞争对手的挑战，难以抵挡。第四，金融机构的高层领导者缺乏对市场需求变化的敏感性，面对危机束手无策，被动地采取防御型战略；金融机构高层领导者面对困境，主动地选择前景良好的经营领域，进行投资，实施有秩序的资源转移。

防御型战略的实施包括三个阶段：第一，紧缩阶段，采取的手段有紧缩开支、节约成本、缩小经营规模；第二，巩固阶段，采取的手段有完善管理制度，提高管理水平，检查市场营销；第三，复苏阶段，采取的手段有推出新产品，改善企业形象，调整市场营销策略和实施计划，为彻底摆脱困境做好资源和财务上的安排。

2. 进攻型战略

进攻型战略是在一个竞争性的市场上，主动挑战市场竞争对手的战略。采取进攻型战略的既可以是行业的新进入者，也可以是那些寻求改善现有地位的既有公司。进攻型战略的中心可以是一项新技术、一项新开发出来的核心能力、一种具有革新意义的产品，新推出的某些具有吸引力的产品性能特色，以及在产品生产或营销中获得的某种竞争优势，也可以是某种差别化的优势。进攻型战略的目的是使金融机构在现有的战略基础水平上向更高一级的目标发展。该战略宜选择在金融企业生命周期变化阶段的上升期和高峰期，时间为 6 年。进攻型战略的行为特征是通过竞争主动地向前发展，可分为产品进攻型战略、成本进攻型战略和营销进攻型战略。

（1）产品进攻型战略。产品进攻型战略就是金融机构以产品为中心展开的竞争行动，侧重于产品结构、技术开发和营销体系建设，表现为扩大投资和向新领域扩展的竞争活动。典型的产品进攻型战略形式有三种：①单纯扩大经营规模的战略；②产品前向一体化和后向一体化战略；③产品系列化战略和多元化发展战略等。

（2）成本进攻型战略。金融机构之间竞争的一个最基本的主题，就是以尽可能少的投入成本把金融产品销售出去。因而成本进攻型战略的本质就是以最低的成本或明显的成本优势进入市场竞争。这一战略包括两个基本的选择：①低成本战略；②成本互补战略。

（3）市场进攻型战略。市场进攻型战略就是通过各种营销手段来提高金融产品的市场占有率和覆盖率。市场占有率强调的是"点"的重要性，而市场覆盖率则重视的是"面"的重要性。因此市场进攻型战略需要从两个方面入手：①提高市场占有率；②提高市场覆盖率。

市场进攻型战略主要有六种形式：①赶上或超过竞争对手；②利用竞争对手的弱势，采取竞争性行动；③从多条战线出击；④终结性行动；⑤游击行动；⑥先买性行动。

8.2.2　金融机构市场营销战略规划的影响因素

在不确定性越来越大的竞争环境中，金融机构市场营销能否成功很大程度上取决于金融机构对环境的适应性。宏观环境是金融机构制定市场营销战略规划的大背景，微观环境是金融机构内部对营销工作的支持环境。宏观环境即围绕金融机构和市场的环境，包括经济、政治、法律、技术、社会、文化等。微观环境即金融机构自身的资源情况与经营管理水平、金融机构的潜力、金融机构的市场地位和竞争者的优势及顾客特征。战略规划实际上是一种金融机构用以取胜的计划，所以金融机构在制定战略规划时必须充分发挥其优势，尽量避开其劣势。

1. 宏观环境因素

（1）宏观经济环境。经济决定金融，金融反作用于经济。随着我国社会主义市场经济体制的建设和完善，宏观经济与金融业之间的关系越加密切，相互作用越加明显。作为经营货币的特殊金融企业，金融机构是典型的宏观经济周期企业，不管是利率、汇率变动，或是全球经济波动，其都会暴露在风险之下。在不同的经济周期，风险大相径庭：在经济繁荣时期，因为企业盈利情况良好，资产质量往往不会发生问题；但在经济衰退时期，除直接影响金融机构经营收入外，还可能因为金融机构经营与效益受较大影响，给金融机构带来新一轮的不良资产。此外，金融机构贷款规模的扩大成为我国固定资产投资高速增长的重要推动力量，但在经济过热时随之而来的宏观调控，又让金融机构成了风险的重要承担者，金融机构资产规模的增长速度和投向受到"压制"，必将给金融机构的经营带来较大的风险。

我国已进入城镇化快速发展的时期，大量人口向城市迁徙与聚居，加之国家推进城乡一体化建设，由此将形成巨大的消费需求和金融服务需求，个人贷款及信用卡等业务规模增长迅速。为适应多样化的客户需求，金融机构在不断完善传统金融业务的同时，加大产品与服务创新力度，不断拓展新兴业务领域。随着市场机制在资源配置中日益发挥决定性作用，市场对经济运行的调节功能、对产业发展的整合功能、对工业化的引导功能都将提升到一个更高的水平。我国国际化水平也日益提升，外贸总额的持续增长、稳定的外商投资资金流入以及我国政府实施鼓励企业"走出去"战略，使国际金融、经济一体化加速形成，国际分工进一步深化，财富创造和市场细分继续加速。利用我国对外贸易发展契机，我国金融机构从中将获得更多的贸易融资、国际结算和其他国际金融服务的业务机会，同时可逐渐将业务与客户基础向境外拓展，推动自身的国际化发展。

（2）法律政策环境。近年来，我国金融业取得了突飞猛进的发展，在支持经济增长、服务个人和企业的金融需求上发挥了巨大的作用。国家还出台了一系列税收优惠政策促进金融业健康发展，提升金融企业服务实体经济、支持科技创新和调整经济结构的能力。

财政部和国家税务总局 2016 年发布《关于进一步明确全面推开营业税改征增值税粤港澳试点金融业有关政策的通知》（以下简称《通知》），就金融同业往来利息收入等问题进行具体规定，自 2016 年 5 月 1 日起执行。

根据《通知》，金融机构开展下列业务取得的利息收入，属于《过渡政策的规定》第一条第（二十三）项所称的金融同业往来利息收入：质押式买入返售金融商品、持有政策性金融债券。质押式买入返售金融商品是指交易双方进行的以债券等金融商品为权利质押的一种短期资金融通业务。政策性金融债券是指开发性、政策性金融机构发行的债券。《过渡政策的规定》第一条第（二十一）项中，享受免征增值税的一年期及以上返还本利的人身保险包括其他年金保险。其他年金保险是指养老年金以外的年金保险。

以上这些有关金融的各项政策、措施，表明了政府对建立良好的金融市场秩序的关注与决心，而随着政策的完善与实施，国家在鼓励创新的同时，金融行业也将进一步走向规范。

（3）科技环境。随着信息化技术的不断进步，技术也在逐步改变着人们的生活方式及相关行业。科技金融指的是金融和信息技术的融合型产业。其中关键在于提升金融效率，通过互联网的技术手段对金融行业的产品、服务进行革新，弥补传统市场效率低下、覆盖面窄、成本高等问题。科技金融将开启金融行业的产业革命，再次把市场向前推进，一方面提升了金融服务的效率和用户体验，另一方面也给金融风险的防控提出了新的难题和要求。如何在风险防控和效率与用户体验之间找到平衡，是各家金融机构需要平衡的首要问题。

金融科技已成为炙手可热的发展方向，大数据、云计算、区块链、人工智能等金融科技服务将从概念阶段真正落实到互联网金融平台的日常运营层面；可针对平台的资产获取、风险控制、信息披露、贷后管理、逾期催收等运营需求提供个性化的智能解决方案；与此同时有效解决大数据风控难题，全面降低互联网金融信贷集中风险，进一步提高互联网金融产品质量及服务效率。

金融行业唯有制定与互联网金融相适应的营销战略，将传统的金融服务与互联网相结合，为广大普通投资者提供一种新的途径，从而为他们解决了缺少投资渠道的问题，才能更好地应对科技发展给金融行业整体带来的挑战。

（4）人文环境。

①居民消费习惯升级带动金融服务需求升级。中国改革开放四十多年来，随着居民收入水平的不断提高，居民的生存性消费需求已经基本得到满足，并进一步向享受性、发展性消费需求升级过渡。这也同时带动着金融服务需求升级，从最基本的存取款服务拓展到缴费、融资、理财、专业化金融顾问等更趋多元化的服务。

②居民金融资产总量扩大和结构配置多元化，对资产保值增值需求更为强烈。总体而言，中国居民资产配置开始由单一的"以货币形态存在的金融资产，包括现金、存款、外汇和黄金的货币性金融资产"向"不以货币形态存在，包括各种有价证券等非货币性金融资产"转变。

③客户活动空间范围的国际化衍生出对优质便捷的跨境金融服务的需求。随着中国不断加快对外开放步伐，中国企业和居民的跨境金融服务需求日益增长。对金融机构而言，在全面开放和经济全球化的经营环境下，国内金融与国际金融、国内客户与国际客户的界限已经越来越模糊，若没有本外币业务有机结合的产品体系，没有国际化程度较高的金融服务，不仅不可能有效开拓海外客户，也必然会丧失越来越国际化的本土客户。在上述背景下，国际化发展水平和全球化服务提供能力，越来越成为银行维护和竞争客户的一项基本要求，成为银行核心竞争力的一个重要组成部分。

2. 微观环境因素

（1）金融机构的资源情况与经营管理水平。金融机构内部具有财务、人力、资本、资金、科技信息等核心资源，在配置资源时所采用财务管理制度、人力资源管理制度、资本管理制度、资金管理制度、科技信息管理制度等制度。金融机构可以采取市场化、计划等方式，使各类资源要素配置在具有最高产出效率的需求部门和领域，以提升资源配置效率。

在社会和组织内，建立有效的激励机制的重要方式是制度创新，具体到金融机构内，围绕着对内部组织、高管、员工等主体提供有效的激励，金融机构普遍实施事业部制组织架构和管理制度改革、利润中心与成本中心相区分、内部资源市场化配置机制构建、薪酬激励与业绩相挂钩、高管及骨干员工的股权激励计划等制度设计，从而使内部组织、个体利益与整个金融机构的价值最大化目标相统一，有效激励内部组织、员工开展经营管理创新，促进全机构的绩效提升。

金融机构经营管理的核心是围绕市场、客户需求提供针对性的产品、服务以获取收入和盈利。在金融机构内部，组织架构、岗位职责、资源配置、制度流程、风险控制等体制机制安排紧紧围绕前台业务的变化而相应调整。当市场环境变化时，金融机构会围绕目标客户展开竞争，由金融机构内业务部门、人员主动根据客户需求开展产品、服务模式设计，金融机构中后台相应开展经营模式、制度流程的设计，促进金融机构与外部环境的协调，实现制度创新。

（2）金融机构的潜力。在中国金融文化引领下，金融机构应纠正当前过于看重盈利而忽视社会责任履行的倾向，将社会责任履行视为服务经济社会发展的重要内容，应在追求长期价值最大化的同时积极履行社会责任，使其与金融机构自身发展相融合、相促进。积极创新商业模式，实现履行社会责任与创新商业模式的有机结合，实现以义制利、以义致利。履行社会责任与创新商业模式有机结合的具体措施包括：扶持小微企业，关注弱势群体；填补金融空白区域，拓展金融服务辐射面；提高客户满意度；促进经济结构优化升级等。金融机构应密切关注社会发展，牢固树立社会责任理念，将履行社会责任嵌入金融机构发展战略中，既要关注短期的盈利指标，更要以负责任的精神获取社会大众的信任，打造品牌，为金融机构的长久发展奠定坚实基础。

金融机构在利率市场化改革快速推进、金融竞争日趋激烈的大背景下，应着力推进五项制度创新，分别是推进产权制度改革，促进产权明晰，确保金融机构经营宗旨的有效性；完善现行公司治理机制，以诚信为根本，增强法人治理的有效性；激发机构内部"人"的主动性，完善内部激励；以客户为中心，完善管理制度创新，优化管理流程；以市场为导向，创新经营制度，实现经营制度的市场有效性。

（3）金融机构的市场地位和竞争者的优势。金融机构具有充足资本和较强的盈利能力，其雄厚的资本和资源是提高营销财富等金融服务的基础，也为应用大数据服务营销提供了强有力的支持。要求金融机构凭借其较强的资本实力，完成大数据平台部署，以应对未来海量的数据，指导金融机构实时营销、精确营销。

金融机构拥有专业的营销服务人才，通过多年的积累具备了浓厚的营销底蕴。此外，还有一大批在一线网点的服务人员，提供更贴近客户的服务，为客户提供面对面的营销。在大数据时代，金融机构的专业营销人员通过数据分析可实现对金融风险的识别、量化与控制更加精准，可以根据更加详尽的客户信息洞悉客户需求，分析预测客户行为，为客户提供全面的、专业的、主动的金融服务方案。

我国金融机构经过长期的发展，累积了大量的客户第一手真实资料，具备了丰富和优质的客户数据资源，涵盖了客户基本资料、预留信息、工作收入或财产证明、交易记录、贷款信息等多维度、全面和可靠的数据。在大数据时代，金融机构的客户数据是其重要资产之一，金融机构提高对自有数据的挖掘程度，强调对数据的精细化运用，加强对客户数据的二次跟踪。通过分布式数据挖掘和云计算等技术手段，加快对客户信息的分析和应用的时效性，提高影响的时效性和准确性。虽然近年来互联网金融的发展趋势迅猛，但其无论从资产规模还是交易数量上都无法与金融机构相提并论。

（4）客户特征。我国的金融机构客户庞大，但是在结构上却有一个通病，就是低端客户占比很大，优质客户的数量明显不足，这与社会制度与历史经营制度的惯性有极大的关系，也是金融机构本身不愿看到的，需要时日去调整和改善。

近年来，高端财富群体逐步形成，中产阶级迅速崛起，草根群体的金融需求日趋旺盛。随着我国经济发展方式和产业结构的转型，特别是从城乡二元经济模式转向城乡统筹发展的大趋势，农村及偏远地区人群的收入显著增长，越来越多的草根经济体在经济活动中的重要性日益提升，草根群体的金融服务需求也逐渐旺盛，但与之相对应的草根金融服务却未能实现有效衔接。

为了解决农村等偏远地区金融服务薄弱、小微企业贷款难等问题，更好地发挥金融机构服务实体经济的作用，必须推动建立普惠型金融体系。客户群体的分化，需要金融机构提供差异化的金融服务，既要重视中高端客户的财富管理需求，也要积极履行社会责任，通过服务于那些被忽略的低端客户来实现金融普惠。

8.2.3 金融机构市场营销战略规划的流程

1. 金融营销环境分析

金融营销环境分析是金融机构成功营销的关键。金融机构只有通过分析经济金融的宏观和微观环境变化，才能在其营销工作中牢牢把握住战略性机遇和自身的优势，趋利避害，增强市场营销的系统性、前瞻性、计划性和成功性。所以，在进入对策研究之前，弄清金融机构营销面临的环境、机遇与挑战、优势与劣势，对于提高金融机构营销的有效性至关重要。

金融营销环境分析要从内外部环境两方面入手。其中内部环境是指金融机构本身所具有的各种物质和非物质的条件。物质条件包括人员、资金、设备等，非物质条件包括企业文化、组织机构、规章制度、信息资源、人力资源及管理水平等；而外部环境包括宏观环境和微观环境两个层次。

金融机构对市场营销环境进行分析常用SWOT分析手段。一旦金融机构对市场营销环境调研的数据收集完毕，金融机构就有必要评估出自身在其中的特殊优势、弱势及其在行业内的地位，并与外部环境现有的机会和威胁相比较，这就是SWOT分析，即优势（Strengths）、劣势（Weaknesses）、机会（Opportunities）、威胁（Threats）分析。

2. 金融营销战略制定

金融营销战略是金融机构为实现长远经营目标，对其营销活动制订的长期性、全局性、系统性的行动总方案，是金融机构参与市场竞争、实现经营目标的根本保障。营销战略的制定是一个动态过程，需要在辨识、选择市场机会的过程中不断地调整、修正。它包括营销组织、营销制度、营销效率、营销功能、营销管理队伍及其活动等方面。

金融机构在目标市场定位的基础上，要根据自身条件、实力和外部环境，将外部机会与威胁、内部的优势与劣势实施匹配和组合，分析主客观条件，进行战略选择。不同类型金融机构要按自身综合情况制定不同的营销战略。对于一定时期内重大的、全局性的、根本性的营销问题进行战略谋划，以指导金融机构的营销工作。

营销战略体现金融机构全局的发展需要和根本利益，关系到企业兴衰命运，所以带有全局性的特点。营销战略从当前金融机构现状和市场环境出发，着眼未来，指导和影响未来较长时间内金融机构的经营活动。营销战略是关于金融机构经营活动的总体布置，体现着金融机构高、中、低各个层次的发展要求，具有很强的系统性。营销战略必须与不断变化的市场环境相适应。营销战略是对未来事务的规划，它只能建立在金融机构对未来市场状况预测基础之上，而市场状况错综复杂、变化无常，因此预测成为一项充满风险的行为。

3. 金融营销目标确定

金融机构需要根据战略确定具体的营销计划，对未来某一特定时期内的具体目标进行资源配置的安排。按照时间长短不同，营销目标分为短期目标、长期目标和专项目标（即专门解决某一问题）；按照机构划分标准的不同，营销目标分为整体目标、职能部门目标和利润中心目标。职能部门和利润中心的区别在于，职能部门以职能差异划分，利润中心则以自负盈亏的单位编制营销目标，强调获取利润的机构配置。金融机构市场营销目标是一个量化的目标，战略规划应该是可评估、可量化、可操作的规划。市场营销目标与营销战略的关系如图 8 - 2 所示。

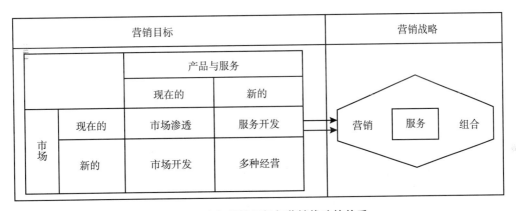

图 8 - 2　市场营销目标与营销战略的关系

4. 市场细分与目标市场定位

市场细分是指金融机构依据客户需求的差异性，把整个市场划分为若干客户群，区分为若干个子市场。市场细分的标准很多，如客户、时间、区域、环境。根据不同类型客户的需求差异性对市场进行细分是最基本的方法。客户一般可分为个人客户和企业客户，不同客户市场又可按不同的标准进一步细分。无论在对个人客户还是在对企业客户进行市场细分时，都必须遵循以下原则：一是细分市场应具有可测量性，细分市场的特征应具有统一性；二是细分市场应具有可进入性，即金融机构应有能力进入被选择的细分市场；三是细分市场应具有可盈利性，并具有发展潜力；四是细分市场应对不同营销组合有不同的反应，否则就不需要将此市场进行细分。

金融机构在选定目标市场后就要决定怎样进入目标市场，即目标市场定位的问题。

金融机构市场定位包括产品定位和形象定位两方面。产品定位是金融机构为满足客户的需求，创造、设计出区别于竞争对手的具有一定特色的产品，让产品在客户心目中找到一个"恰当"的位置。形象定位是指通过塑造和设计经营理念、标志、商标、专用字体、标准色彩、外观建筑、象徵图案、户外广告、陈列展示等手段在客户心目中树立起独具特色的形象。例如，美国花旗银行的企业形象中最核心的是花旗银行的经营观念，主要体现在它的精神标语和宣传口号：花旗银行是"富有进取心的银行，向您提供高效便捷的服务"。这个标语把花旗银行定位为：它是一家"富有进取心的银行"，明确表明该行要办成以"金融潮流的创造者"为战略目标的银行；明确该行要以"高效"向客户提供"便捷"的优良服务。

定位的本质内涵是金融机构在客户广泛重视的众多方面中挑出一个或数个为许多客户所重视的特性，把自己放在这个恰当的位置上，以满足客户的需求。恰当的定位不仅使金融机构或金融产品为更多的客户接受和认同，而且使金融机构能充分利用本身的优势和资源，攻击竞争对手的弱点和缺陷，使金融机构在市场中具有持久的竞争优势。

5. 金融营销战略的选择与实施

商业银行营销战略的选择取决于金融机构的规模及其在金融竞争中的地位，在竞争中地位不同，战略的选择也就不同。金融机构在作出营销战略选择之前，必须确认自己在竞争中处于什么样的地位。根据竞争地位的不同，可将金融机构划分为市场领先者、市场挑战者、市场追随者和市场补缺者四类，因而也有相应的四种营销战略供选择。

实施阶段就是依赖于金融机构营销组织按照营销计划和既定的营销目标与策略进行具体的营销活动的过程，也是实现预期目标的关键所在，需要金融机构营销部门工作人员及其他各部门之间进行密切配合，以提高营销活动的整体性与协调性。在营销计划的执行过程中，金融机构一定要分解计划中各方面的情况，将任务落实到人，结合经济责任制，做到明确职责、专人负责、定时完成。例如，管理人员应该合理地把总的销售指标逐级分配到各个销售基层与各个营销人员，将预算落实到分销渠道选择、广告宣传和人员推销等各个具体环节，从而使金融机构的营销计划真正得到贯彻执行。所以，在金融营销计划的执行过程中，要做到计划分解、职责明确、责权利相互统一，充分调动营销人员的积极性、主动性和创造性，增强营销人员的效益理念、竞争意识和危机感。

6. 金融营销计划编制与营销控制

金融机构市场营销计划按计划期的长短分为长期计划与短期计划，按包含内容分整体计划、职能部门计划、专项计划。营销计划的基本内容包括总任务、环境分析、预测前景、机会与威胁分析、确定目标、确定营销战略与行动方案、编制预算等。营销计划的编制是在对市场调研与预测的基础上依据分析与预测的情况确定营销目标（包括市场目标、财务目标、销售类目标），编制营销计划。

市场营销控制就是市场营销管理者用以跟踪营销活动过程的每一环节，确保其按期望目标运行而实施的一套工作程序或工作制度。实行控制的作用在于计划与实施不能保持一致时，及时对计划本身或计划的实施过程进行必要的调整，有助于及时发现问题，避免可能发生的事故，避免经营中发生失误造成较大的损失，有助于对计划执行人员进行评价与监督。营销控制是市场营销管理的主要工作内容，控制过程的主要阶段是以业绩测定标准来预测决策结果，这些经营标准可以是成本标准、市场占有率标准或其他指标值。营销控制是金融机构高效率、高效益运营的保证措施。

金融机构市场营销战略规划流程如图 8-3 所示。

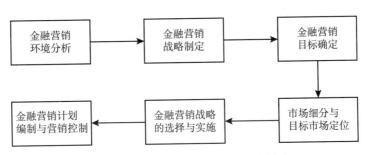

图 8-3　金融机构市场营销战略规划流程

8.3　金融机构市场营销组合策略

金融机构市场营销组合策略是指金融机构在选定的目标市场上，综合考虑环境、能力、竞争状况，对金融机构自身可以控制的因素加以最佳组合和运用，以完成金融机构的经营目标与任务的各种措施。从市场营销理论的发展过程来看，营销组合策略理论经历了 4P 营销组合理论、7P 服务营销组合理论、4C 营销组合理论、4R 营销组合理论的发展过程。本节将从 4P 营销组合理论中的产品、价格、分销、促销四个方面入手，进行金融机构组合营销策略的介绍。

8.3.1　金融机构的产品策略

产品策略指金融机构能提供什么样的产品和服务去满足消费者要求的问题。它是市场营销组合策略的基础，金融机构成功与发展的关键在于产品满足消费者的需求的程度，以及产品策略正确与否。产品策略主要包括产品开发策略、产品组合策略、产品生命周期管理策略、产品品牌策略等。

1. 产品开发策略

（1）改进现有产品。在金融机构金融创新的浪潮中，金融产品成为金融机构发展和竞争的重要工具和依托，金融产品的创新和营销在金融机构经营发展中的作用和意义越来越重要。部分金融机构已经具有了一定的品牌知名度，但金融机构业务范围趋同、产品服务相近、竞争同质化问题仍然比较突出。可以根据市场需求和市场竞争改进现有产品，可以增加新产品系列，加长已有产品线，或者增加每种产品的种类从而加深其产品组合，更多地考虑领先市场、领先同业，以客户为中心，以市场为导向，坚持"整合、借鉴、扩展、创新"的思路。

应选择产品扩张策略，主要采取以下措施。①拓宽产品组合的宽度。即增加一条或几条产品线以进一步扩大产品或服务的范围，实现产品线的多样化。如国外一些商业银行除办理原有的存款、贷款、结算等传统业务外，还广泛地开展证券中介、共同基金、保险、信托、咨询等业务。当然我国现在对金融机构业务的开展还有诸多的限制，但随着金融改革的不断深化，在营销方面应该有这个发展思路。②拓展产品组合的长度。即将产品线加长，增加经营档次和范围。③增加产品组合的深度。即在原有的产品线内增设新的产品项目，以丰富产品种类，实现多样化经营。

（2）创造新产品。随着我国市场化程度的加强，同业竞争的加剧，金融创新活力日益增强，各金融机构都推出了不少创新产品。然而在不同类型的金融产品不断涌现的同时，不少客户往往感到无从选择。由于各家金融机构所提供的金融产品功能几乎是相同的，因此某一金融机构难以获得理想的竞争优势。究其原因，是金融机构开发某项产品以前没有进行深入细致的市场调查，没有通过市场细分来发现适合自己的市场机会。

应注重市场调研和对客户的研究，研发的产品需符合客户需求。应充分做好客户需求调查和同业调研，研究外部监管政策，掌握同业产品动态，做好各种金融产品种类、组合和流程的实时动态调整。应该科学地、前瞻性地把握产品研发的战略方向，不断优化产品和营销流程，实施精细化管理，改进效率，提高产品创新的需求响应速度；打造开放的、可加载的、模块化的产品通用基础平台，提高产品创新效率，实现产品的迅速加载；加强产品创新体制机制保障建设，逐步构建体制集中统一、机制灵活高效、资源配置合理、团队专业高质、文化与时俱进的新型产品创新管理格局。

2. 产品组合策略

产品组合策略是指金融机构根据市场需要和经营实力对产品组合的广度、深度和关联程度加以合理选择的策略。由于产品组合策略与市场营销策略密切相关，因此产品组合策略会直接影响营销目标的实现，所以金融机构必须对产品组合策略进行认真的分析研究，根据主客观条件加以选择。一般来说，金融机构的产品组合策略有以下几种。

（1）全线全面型策略。全线全面型策略是金融机构尽量向自己业务范围内的所有客户提供所需的产品，不断扩大产品组合广度和加深产品组合深度的策略。例如近年来，国外一些商业银行不断扩大产品组合的广度和加深产品组合深度，向客户提供全方位金融业务，包括存贷、提供融资、办理保险、信托、租赁、咨询、房地产、证券及外汇买卖、信用卡、信用证、货币市场共同基金等，几乎客户所需的金融服务都能提供。

（2）产品专业型策略。产品专业型策略是金融机构只经营同一种类的不同品种产品来满足市场需求的策略。例如，某银行专门经营信贷业务，围绕信贷业务提供很多种信贷产品来满足客户需要。

（3）特殊产品专业型策略。特殊产品专业型策略是金融机构根据自身特长发展有竞争能力的产品，或根据客户的特殊需要提供产品的策略。以某投资银行为例，专门为那些新兴的、发展速度较快、被其他传统银行认为风险太大而不愿为之服务的行业或中小企业服务，即此类策略的典型例子。

（4）产品线填补策略。产品线填补策略是金融机构以原有产品线为基础，增加新的产品线和产品项目的策略。这一策略主要利用原有技术、客户资源或市场来进一步扩大业务范围，增加盈利。例如商业银行在消费信贷产品上，增加了汽车消费贷款、个人住房抵押贷款、个人大额耐用消费品贷款、助学贷款等，从而达到扩大经营、开拓业务、充分运用资金获取盈利的目的。

（5）产品线剔除策略。产品线剔除策略是金融机构根据市场环境的变化，适当剔除某些技术手段落后、获利较小且无发展前途的产品，保留并集中资源于获利较大、市场占有率较高产品的策略。例如，商业银行现对电报、电汇等技术落后的产品项目予以剔除，改用电子汇兑等技术先进的产品。

3. 产品生命周期管理策略

产品市场寿命一般要经过"初创""成长""成熟""衰退"四个不同阶段，这四个阶段各有不同的特点，金融机构需要采取不同的营销策略。

（1）初创期。①快速全面推广。即采取有效行动控制成本，在经过选择的市场上用统一的推广信息和风格，将新的产品迅速推广到成长期。②以局部推广打开市场。即有意识地进行金融企业品牌塑造，将产品品牌推广与企业品牌传播相结合，局部获取特定市场的占有率。

（2）成长期。金融产品通过试销打开销路，转入成批扩大销售阶段。此时期金融机构可能会面临高的市场占有率与高利润率的选择。①注意客户的意见反馈，根据客户的信息进行细化分类，发展固定客户层。②根据客户的需求和市场信息，发展同类产品的开发，增加产品种类。③加强营销力度，不断提高产品的形象，降低价格，增加销量，达到总利润的最大化，扩大市场占有率。

（3）成熟期。金融产品在市场上的销售已达到饱和的时期。①市场改革策略。即开发产品的新用途，寻求新的市场细分标准，刺激现有客户，增加使用频率，重新为产品定位，寻求新的客户。②产品改革策略。它可视为金融产品的再推出，具体包括提高产品质量，为客户提供产品的新用途。③营销组合改革策略。指通过改变定价或销售渠道及促销方式来加强服务。

（4）衰退期。金融产品已滞销并趋于被淘汰的时期。①对产品进行整合，把资源集中到还有发展余地的产品中去。②对客户进行一定程度的限定，通过特殊性、差别化达到费用减少的目标。

4. 产品品牌策略

金融产品品牌是指金融产品或服务的名称及其他标识符号。产品品牌策略包含以下几种类型。

（1）机构品牌与产品品牌统一。金融机构大多已着手构建金融企业的品牌识别系统，并开始将品牌识别要素应用到日常的金融营销活动中去。许多金融机构已经构建了品牌显性识别要素，拥有与竞争对手有效区分开来的品牌名称、品牌标记、品牌图案、标准色、标准字、标准包装、广告标语等品牌识别要素。许多金融机构的品牌识别显性要素，如工商银行、中国人寿、银河证券等金融机构的品牌标记、标准色、标准字等，已经被广大的金融消费者、社会大众所接受与认可。

（2）单一产品品牌策略。单一产品品牌策略是指金融机构开发的若干产品皆使用同一个品牌。金融机构使用单一品牌策略主要是因为单一产品品牌策略有以下优点：①节约产品促销费用；②有利于新产品开拓市场；③有利于品牌的成长。

单一产品品牌策略可以继续细分为以下策略：①产品线品牌策略，是一种局部单一品牌策略。实行产品线品牌策略，金融机构会赋予同一产品线上的产品同一种品牌。②范围品牌策略，是一种跨产品线的单一品牌策略。实行范围品牌策略，金融机构对具有同等质量或能力的不同产品使用同一个品牌，产品虽然不同，但市场定位和承诺是一致的，因而使用同一品牌的所有产品具有共同的市场沟通主题。③伞型品牌策略，是一种完全的单一产品品牌策略。金融机构所有产品均使用同一品牌，而这些产品的目标市场和定位可能都不一样，产品宣传的创意和组织活动分别单独进行。

（3）多品牌策略。多品牌策略是指金融机构根据各目标市场的不同利益分别使用不同品牌的品牌策略。多个品牌能较好地定位不同利益的细分市场，强调各品牌的特点，吸引不同的消费者群体，从而占有较多的细分市场。多品牌策略在具体实施过程中又可划分出个别品牌策略、分类品牌策略、企业名称加个别品牌策略三大类。

①个别品牌策略。个别品牌策略是指金融机构的不同产品分别采用不同的品牌。这种多品牌策略主要在以下两种情况下使用：a. 金融机构同时经营高、中、低档产品时，为避免金融机构某种商品声誉不佳而影响整个金融机构声誉而采用这一策略；b. 金融机构的原有产品在社会上有负面影响，为避免消费者的反感，金融机构在发展新产品时特意采取多品牌命名，而不是沿用原有的传统品牌，并且故意不让消费者在金融机构的传统品牌与新品牌之间产生联想，甚至于隐去金融机构的名称，以免传统品牌及金融机构名称对新产品的销售产生不良的影响。

②分类品牌策略。如果金融机构所经营的各类产品之间的差别非常大，那么金融机构就必须根据产品的不同分类归属来采取多品牌策略，即为各类产品分别命名、一类产品使用一个品牌。

③公司名称加个别品牌策略。金融机构在考虑到产品之间既有相对同一性又有各自独立性的情况下，典型的做法是在公司的名称后再加上个别品牌的名称。

（4）品牌延伸和家族品牌策略。金融市场需求的多样化和个性化发展趋势是金融机构进行产品扩张与服务扩张的必然。金融机构品牌延伸是应对金融消费的"品牌化"需求，让消费者快速接受新的金融产品与金融服务的有效方法。结合金融机构品牌延伸的现状来分析，金融机构品牌延伸主要有以下两种方式。

①产品线延伸。利用母品牌的品牌影响力在同一产品线下推出新的产品项目。以建设银行"乐得家"品牌为例。"乐得家"品牌推出不久后，在市场上就取得了良好的效果，在消费者心目中形成了"要住房，找建行"的信誉。此后，随着个人消费贷款的各项政策的出台，建设银行积极创新个人贷款品种，利用"乐得家"品牌在市场中的知名度和美誉度，迅速推出新产品。"乐得家"品牌的延伸过程不仅降低了建设银行"装修贷款""助学贷款""综合消费贷款业务"的推广成本，同时，增加了"乐得家"品牌的影响力与品牌价值。

②产品种类延伸。利用母品牌的影响力推出不同种类的新产品。以工商银行牡丹卡为例。中国工商银行在推出"牡丹"借记卡的基础上，推出了牡丹国际信用卡、牡丹贷记卡和牡丹信用卡。利用"牡丹卡"母品牌在市场上的影响力来推出牡丹国际信用卡、牡丹贷记卡和牡丹信用卡，大大地降低了工商银行业务推广的费用，提高了消费者对于工商银行的贷记卡与信用卡的认可度，轻松地将金融机构的借记卡业务延伸到了贷记卡业务与信用卡业务领域中。工商银行通过品牌延伸不仅扩大了金融业务，满足了消费者不同业务方向的需求，同时又提升和强化了"牡丹卡"品牌的市场影响力。

（5）品牌联合策略。金融机构品牌联盟也是金融机构进行品牌扩张与品牌延伸的一个重要手段。在银行卡业务中，招商银行与携程网合作联合推出了招行携程卡，与中国国际航空公司、南方航空公司合作推出国航知音卡、南航明珠卡。交通银行与汇丰银行联手推出汇丰——交行联名信用卡，在品牌推广时特别提到了汇丰银行的管理经验与技术支持，有效提高了品牌的影响力，降低了营销的推广费用。金融机构与上下游产业链联系，利用金融机构品牌与上下游企业的品牌影响力将金融产品与金融服务渗透到不同的业务领域中，提供融银行、保险、证券、理财投资于一体的金融产品和金融服务。如招商银行与招商证券的"银证通"业务、招商银行与招商期货的"银期转账"业务，招商证券向招商期货提供券商"IB"业务。

8.3.2　金融机构的价格策略

价格策略就是根据购买者各自不同的支付能力和效用情况，结合产品进行定价，从而实现最大利润的定价办法。金融机构针对不同产品定价方式也不同，决定金融产品价格的因素包括产品成本、风险因素、市场容量、客户对产品的价值评价、同行相似产品的价格等。价格策略主要包括关系定价策略、竞争导向定价策略、市场细分定价策略、组合定价策略、投标拍卖价格策略等几种。

1. 关系定价策略

关系定价策略建立在客户长期价值基础上，其主要优势在于它既可以增加客户的信任度，又可以将来自客户的回报最大化。在运用关系定价策略时，重点是掌握产品成本的详细资料和充分的客户信息，合理进行成本结构分析和市场细分，从而建立金融系列产品与客户组成的特殊联系。一般来说，关系定价策略可以采用长期合同和多购优惠两种方式。

（1）长期合同。金融机构可以运用长期合同向客户提供价格和非价格刺激，使双方进入长期关系之中来加强现有关系或发展新的关系。这样的合同能根本转变金融机构同客户之间的关系，将一系列相当独立的交易转变为一系列稳定的、可持续的交易。每笔交易都提供了有关客户需求方面的信息，有助于金融机构研究客户需求，为客户提供更满意的产品。同样客户也随着关系发展深入而从中受益。基于长期合同的可观的稳定收入，金融机构可以大大降低经营风险，保持营业收入的相对稳定。

（2）多购优惠。多购优惠策略的目的在于促进和维持客户关系。它包括同时提供两个或两个以上相关产品项目。多购优惠确保几种相关产品项目一起购买比单独购买要便宜。金融机构从多购优惠中获取三个方面的利益。首先，多购能降低成本。多数金融机构的成本结构是提供一种附加产品比单独提供两种产品要少。如果金融机构能以降低价格的形式将成本节约的部分或全部让给客户，则能刺激客户购买相互关联的多种产品。其次，吸引客户从一家金融机构购买相关的多种产品，可以节省客户的时间和货币。最后，多购优惠能够有效增加一家金融机构同它的客户之间接触点的数目。这种接触越多，金融机构获取客户信息途径越广，了解客户的需要与偏好的潜力也会越大。

2. 竞争导向定价策略

竞争导向定价策略是以竞争者的产品价格为定价的基本依据，价格与成本或需求间没有直接的联系。这种方法又分为随行就市定价法和竞争价格定价法。随行就市定价法是指金融机构按照行业现行的平均价格定价，可以实现同行的和平相处，得到平均利润。竞争价格定价法是指金融机构利用价格因素主动出击，采用这种方法的多为实力强或具有产品特色的机构。

3. 市场细分定价策略

市场细分定价策略是指按照客户、产品形式、服务、地点、时间等进行市场细分，区别定价。客户细分定价在金融机构的贷款服务项目上表现突出，根据不同贷款人的风险特征、偿还能力等进行评定，给出不同的贷款利率。产品形式细分定价与产品服务的成本无关，只是由于形式不同而确定不同的价格，如银行的金卡、银卡、普通卡、借记卡的价格差异。这种方式越来越多地被大型金融机构所采纳。地点细分定价适用于跨国金融机构，在同一国家或地区这种细分定价的空间很小。时间细分定价是指在不同时间使用服务的价格不同，这一方法在银行并不常见。

4. 组合定价策略

组合定价策略是指金融机构在制定价格时将一系列产品综合考虑，根据系列产品的总成本制定一个总的目标价格，以实现各种组合产品在总体上获利。该定价策略的特点是，只核算总成本，而不核算单项产品成本，然后用成本低的产品或服务去补偿成本高的产品或服务，用收益高的产品或服务去弥补收益低的产品或服务，从而实现组合产品在总体上盈利。采用这种策略，金融机构利用价格低廉的服务为纽带吸引客户，与他们建立起良好的关系，进而带动收益较高的产品或服务的销售。

5. 投标、拍卖价格策略

（1）投标价格策略。投标价格策略是采用招标和投标的方式，由一个卖主（或买主）对两个以上并相互竞争的潜在买主（或卖主）的出价选优成交的定价策略。投标价格策略有两个特点：一是在招标投标过程中，通常是若干个投标者面对一个招标者，若干个投标者竞争一个招标者所提供的市场机会；二是参与投标的客户进行定价时都处于"暗处"，都不知道有多少竞争者，以及各自的报价。一个客户能否中标，在很大程度上取决于与竞争对手在实力、价格等方面的综合较量。一般情况下，在仅考虑报价水平择标时，报价高、利润大，但中标的机会小；反之，报价低、利润小，中标的机会大。

（2）拍卖定价策略。拍卖定价策略通常在经营拍卖业务的特定时间、场所，按照特定的规则有组织地进行，其价格由参与拍卖的买主竞价确定。具体的出价方法有以下两种。一是增价拍卖法，也称买方叫价拍卖法或有声拍卖法，即指在拍卖时，由拍卖人宣布起拍最低价格，然后由竞买者相继应价，竞相加价，直到拍卖人认为无人再出更高的价格时，则用击槌动作表示竞买结束。二是密封递价法，也称招标式拍卖定价法。即先由拍卖人公布每批产品的具体情况和拍卖条件等，然后由各买主在规定时间内将自己的出价密封递交给拍卖人，以供拍卖人审查比较，决定将商品卖给谁。在银行处置不良资产时，常采用拍卖的方式定价。

6. 稳定价格定价策略

为使金融环境稳定，大型金融机构负有责任带头稳定产品价格，其他机构跟随大型机构定价，此时稳定的价格与产品的实际成本或市场的需求可能并不相匹配，但对于稳定金融市场，使交易能够顺利进行有重要作用。需要注意的是，这种定价策略与联合操纵在本质上是不同的。

8.3.3　金融机构的分销策略

金融产品和服务需要借助一定的渠道才能销售给客户。金融渠道发挥的主要职能包括销售，提供服务及产品，同时进行宣传，通过广告和公关代理机构帮助设计促销活动，搜集营销活动计划及产品开发所需的信息。金融机构的分销策略就是使金融产品转移到客户手中，经历最短的路线、最少的环节、最少的费用，最具及时性，既满足客户对金融产品的需求，又能够使金融机构获得利润最大化。

1. 直接渠道和间接渠道

（1）直接渠道。直接渠道是指没有中间商参与，产品或服务由金融机构直接销售给客户的营销渠道，包括分支机构、面对面推销、直接邮寄销售、电视直复销售、电子渠道、自动柜员机、网络及移动终端销售等。以银行为例，直销银行是指业务拓展不以实体网点和物理柜台为基础，不受时间和地域限制，通过电子渠道提供金融产品和服务的银行经营管理模式。直销银行具有以下两个重要特点。一是节省网点建设成本，突破了传统银行经营规模受物理网点数量和地理位置制约的"瓶颈"，大大压缩了物理网点建设成本。二是业务处理效率较高，可通过后台系统自动处理客户业务申请，并可实现24小时不间断业务操作，减少了客户等待时间。在互联网金融前景大好的今天，直销银行将成为与实体银行相互补充的新型银行经营管理及业务拓展模式。

（2）间接渠道。间接渠道指通过一定的中间商间接将物化的金融产品销售的渠道。银行利用间接渠道进行销售的金融产品主要是信用卡，信用卡业务的最终消费对象是消费者，但消费者得以消费信用卡业务，必须借助于商场、酒店等消费场所。保险公司除利用自己的下设分支机构和网点直接分销其产品和服务外，还可借助于中间渠道销售其业务。证券公司除自己直接开展一级市场业务和面向散户提供买卖股票的场所及经纪业务外，在二级市场业务中，它也通过发展中介商来间接寻求二级市场的投资者。另外，它以银行作为主承销商，并借助其网点将股票或公司债券间接销售给广大投资者。基金公司在建立和销售基金的过程中也大都通过发展中介商的方式开发和服务客户。选择直接渠道还是间接渠道，主要是根据产品的需求、对市场的控制和成本因素来决定。

2. 传统渠道和新兴电子渠道

（1）传统渠道。传统分销渠道指的是人员面对面销售进行的分销。长期以来，分行、支行是中国商业银行向客户提供服务的主渠道。中国商业银行应抓紧利用现代电子技术和高科技，努力发展自动柜员机（ATM）、电话银行、个人电脑银行服务、互动电脑银行服务、网上银行服务，使银行分销渠道多元化。中国商业银行应紧密跟踪电子商务发展的需要，大力发展网上银行。因此，这要求中国商业银行加紧调整现有经营管理架构，有效提高运作效率。具体做法是要减少行政管理层次，利用科技手段改善上下沟通，提高整体管理水平。在调整干部结构时，要适当增大中间层，让更多具有专业知识的员工充实到管理、市场拓展和产品开发等基础营销工作岗位上去，从而使银行机构扁平化。

（2）新兴电子渠道。新兴电子渠道是指基于新兴的计算机和网络技术发展而来的分销渠道，包括终端设备和网络（电话网络、互联网和移动互联网）。终端设备如ATM、POS、EFT等，便利了客户使用，缩小了金融服务的时间和空间限制。网络技术指的是电话银行、手机银行、网上银行、网上债券超市、网上基金、证券的申购赎回等交易操作。新兴电子渠道的发展，使金融格局发生了巨大的变化。一方面，拓展了金融机构的营销渠道，降低了成本和费用；另一方面，使网络金融服务的竞争更加激烈，网上转账费用下降、证券开户代理费用下降都是竞争更加激烈的证明。网络金融产品的创新，也使得金融机构的市场格局不断变化，以电子商务平台与基金公司合作创立的货币市场基金产品，改变了人们的理财格局，甚至促使银行业进行改革。

　　未来金融业务在互联网上的应用是运用信息和网络技术创造的新的经营方式,其核心基础是金融服务的创新和延伸,将金融机构的业务直接由物理网点延伸到客户端,为金融机构拓展各项业务创造了一个更为广阔的综合平台。

8.3.4　金融机构的促销策略

　　金融机构的促销策略是指金融机构将自己的产品或服务通过适当的方式向消费者进行报道、宣传和说明,以引起消费者的注意和兴趣,激发其购买欲望,促进其购买行为的策略。促销的核心是信息的沟通。促销的目的是引发、刺激消费者的购买行为。促销的三个基本功能是告知、劝说和提醒。金融机构进行促销的传统方式包括人员推销、广告促销、营销推广和公关促销四个方面。

1. 人员推销

　　人员推销是指通过金融机构营销人员与客户交谈的方式,对客户进行产品和服务的说明和推广。人员推销包括上门推销、柜台推销、会议推销等多种方式,在进行人员推销的过程中应注意以下策略的应用。

　　(1) 产品分类策略。产品分类策略是将金融产品进行分类。金融产品是资金融通过程的载体,是金融业务的载体。金融产品具有产品的普遍特性,是金融市场买卖的对象,供求双方通过市场竞争的原则形成金融产品的交易价格,如利息、收益率等,来实现资金融通的目的。金融机构营销的策略多集中在有形特征产品,如支票、信用卡、账单的设计等方面。金融产品应以实现"多样化、电子化、高效化"为方向,实现营销的多样化、技术化和高效化,以金融产品开发与分类为重点,合理制定品牌扩张策略,通过对混合金融产品和衍生金融产品的创新开发与细化,满足客户不同方面、不同层次的金融服务需求。

　　(2) 客户细分策略。客户细分策略是按其产业特征、人口统计特征、经济状况等因素对客户进行分类。每一种金融产品都有其特定的目标客户,金融机构在促销之前,要分析目标客户对金融机构及其产品的喜欢程度、喜欢的原因,借以有针对性地调整促销的内容和形式。在针对客户信息平台进行市场研究和客户研究的基础上,对客户价值进行分析,是有效实施客户细分、开展差异化营销的立足点与出发点。以资金价格为杠杆,按照客户为金融机构带来的各项资源,测算出不同客户给金融机构带来的综合效益,对客户实施细分。

　　(3) 区域划分策略。区域划分策略是将地理区域分块进行营销。区域细分需要分析所在地区的市场特点、地理位置、适合规模及发展趋势,然后根据市场中消费者的地理因素、心理因素,利益因素、行为因素等将目标市场划分为不同的消费群体,从而根据不同细分市场顾客的不同需求,提供差异化的服务。

　　优秀的促销组合必须符合市场条件,即市场规模和市场特性。金融产品预计市场规模的大小决定了能够购买该产品的客户群的大小,因此也就决定了采用何种促销组合最为有效。如果金融产品的市场范围广，则客户多，那么适宜采用广告为主、营业推广方式为辅的促销组合；如果市场范围窄、客户少，则适宜采用人员促销为主、营业推广和广告为辅的促销组合。总之在促销组合的选择中，必须依据市场条件有针对性地选择与金融产品目标市场相适应的促销组合。

2. 广告促销

广告促销是金融机构通过媒体向客户进行产品的说明和推介。金融机构在促销宣传过程中，首先要应用的方式就是广告。广告不仅是推销产品，也是树立金融机构形象的重要工具。做广告需要金融机构付出一定费用，通过特定的媒体向市场传递信息。广告的接触面广，信息艺术化，且可以多次反复使用。但由于其说服力较小，难以促使客户立即购买。金融机构在做广告时面临的决策主要有选择广告代理商、确定广告目标、制定广告策略、进行广告实施控制与效果评估等。常见的广告媒体类型主要包括：①报纸、杂志广告；②广播、电视广告；③户外广告；④互联网广告。

3. 营销推广

营销推广又称销售促进，是指金融机构为刺激需求而采取的能够产生鼓励作用并达成交易目的的促销措施。它是一切辅助性、短暂性的促销措施。营销推广能在短时间内迅速引起客户对产品的注意，扩大产品销路。营业推广的吸引力大，且直观，能够促进客户购买。营销推广方式由于是单次短期促销，因而没有一定的规律，但具体的方式多种多样，效果可以在短期内迅速显现。金融机构进行营销推广的目标群体主要是客户、中间商。

（1）对客户的营销推广策略。营销推广的客户群体分为老客户和新客户，新客户又包含尚未接受金融服务的潜在客户和接受过同类产品的客户。对客户进行营销推广的主要方式有赠送礼品、有奖销售、免费服务、陈列展示。

（2）对中间商的营销推广策略。对中间商实施营销推广，旨在建立中间商的忠诚度，同时促进中间商经营机构帮助推广新产品。对中间商实施营销推广的方式主要有购买折扣、津贴、提供免费商品等。

4. 公关促销

金融机构促销中常见的公共关系包括金融机构内部公共关系、金融机构与客户的关系、金融机构与政府的公共关系、金融机构与同业的公共关系、金融机构与新闻媒体的公共关系。公共关系促销的策略包含以下几种类型。

（1）沟通型公关策略。以人际交往为主，其目的是通过人与人的直接接触为组织广结良缘，建立起社会关系网络，创造良好的发展环境。其具体内容包括各种招待会、座谈会、宴会、茶会、慰问、专访、接待、个人信函、电话等。沟通型公关特别适于少数重点公众。其特点是灵活而富有人情味，可使公关效果直达情感层次，但缺陷是活动范围小、费用高，不适用于大量的公众群体。

（2）宣传型公关策略。宣传型公关策略是指金融机构运用大众传播媒介开展宣传活动，扩大其影响，争取更多潜在客户的方式。其基本手段是"制造新闻"，即为吸引新闻媒介报道并扩散自身所希望传播的信息而专门策划的活动。在众多免费的宣传性公关手段中，它是一种最主动、最有效的传播方式。宣传中充分发挥"名人效应"，也是极为有效的促销策略。

（3）社会公益型公关策略。社会公益型公关策略是指金融机构为树立其社会形象，而举办各种社会性、公益性、赞助性活动。它的投资回报是长远的、间接的。这是一种以各种社会性、文化性、公益性、赞助性活动为主要内容的公关策略，其目的是塑造组织良好的社会形象、模范公民形象，提高组织知名度和美誉度。该策略的特点是文化性强、影响力大，但活动成本较高。因此，运用这一策略时要注意量力而行。常见做法有为灾区捐款；赞助文化、体育活动；利用重要机会组织一些大型活动，邀请嘉宾，渲染气氛等。

本章小结

金融机构市场营销是金融机构为实现自身及利益相关者的利益目标，以金融市场为导向，利用自己的资源优势，运用各种营销手段，将金融产品或服务销售给经选择的客户群体，满足客户的需要和欲望的社会行为。金融机构市场营销主要注重整体营销、品牌营销、直面营销等。

金融机构市场营销战略分为防御型战略与进攻型战略。金融机构市场营销战略规划的影响因素主要分为宏观环境因素及微观环境因素。宏观环境即围绕金融机构和市场的环境，包括经济、政治、法律、技术、社会、文化等。微观环境主要从金融机构自身的资源情况与经营管理水平、金融机构的潜力、金融机构的市场地位和竞争者的优势及客户特征来制定市场营销战略。金融机构市场营销战略规划的流程主要为营销环境分析、金融营销战略制定、确定营销目标、市场细分与目标市场的定位、金融营销策略的选择与实施、制订营销计划。

金融机构市场营销组合策略主要为产品策略、价格策略、分销策略及销售策略。产品策略是包括产品开发策略、产品组合策略、产品生命周期管理策略及产品品牌策略。价格策略包括关系定价策略、竞争导向定价策略、市场细分定价策略、组合定价策略和投标、拍卖定价策略及稳定价格定价策略。分销策略包括直接和间接渠道以及传统渠道和新兴电子渠道。促销策略包括人员推销、广告促销、营销推广和公关促销四个方面。

复习思考题

1. 金融机构市场营销的市场环境分析包括哪些内容？
2. 金融机构市场营销与一般企业相比具有哪些特点？
3. 金融机构市场营销战略规划的影响因素有哪些？是如何影响的？

4. 金融机构应该如何制定市场营销规划?

5. 金融机构的市场营销组合策略包括哪些?

 案例讨论

招商银行信用卡品牌营销

招商银行是中国第一家完全由企业法人持股的股份制商业银行。作为信用卡服务的提供商,招商银行以不断创新的服务理念深受广大消费者的青睐。目前,各银行之间通过不断降低年费来吸引消费者,银行的议价能力不断降低。为了扭转颓势,招商银行及时进行业务调整,逐步降低年费在信用卡收入中的比例,推出了高质量的信用卡服务来吸引高端客户,走信用卡高端路线。

招商银行信用卡明确继承总行"创新加服务"的经营宗旨,学习国际惯例,在上海成立了中国首个独立运行的信用卡中心,用事业部来统筹全国业务,突破网点局限、实现规模效益的同时,提高品牌建设的协调性及效率。产品设计上,该行推出了中国首张双币信用卡,允许持卡人在境外以美元消费,回国用人民币还钱,省却了消费者去银行网点购汇的麻烦。招商银行经典信用卡继承了代表总行品牌精髓的向日葵图案,寓意以客户为中心。在众多的银行中,招商银行一向以创新服务著称,以金融产品为平台,汇聚相似生活观念和爱好的各类族群,进行情感营销和精准营销,是招商银行最重要的信用卡产品经营策略之一。招商银行信用卡一直走在时尚的前沿,在为消费者提供信用卡服务的同时也为消费者带去更多的快乐。

招商银行总部位于中国深圳,优越的地理环境决定了其高素质的高层管理人员,也使招商银行及时与国外先进科技接轨,成为信用卡业界创新的领头兵。招商银行自始至终坚持"因你而变"的营销理念,把客户满意度作为衡量其业绩成效的最高标准。招商银行自建立之初就成为信用卡中心,并搭建起覆盖全国的 365 天、24 小时不间断的客户服务中心。招商银行在多个方面获得客户的称誉。

为了精确地把握市场的盈利方向和更好地满足客户的真正诉求,招商银行实习精细化营销策略,在对市场进行大量的调查分析和实验模拟的情况下,将其信用卡客群结构分五类进行管理,分别是高端客户、钻石客户、金葵花客户、金卡客户和普通客户。同时针对客户多层次的要求,招商银行提供了国内业界最为丰富的信用卡种类。面对日益多元化的信用卡市场需求,招商银行对目标群体实施精准定位,进行个性化的产品设计与投放,提供到位的金融和增值服务,以保持市场领先地位。

招商银行不断调整和完善产品功能,其产品以丰富的文化内涵为社会精英人士所认可。招商银行每年推出数十个一线奢侈品牌的预售、新品赏鉴、优惠折扣等服务,白金卡持卡人可以抢先体验。据招商银行信用卡中心的调查数据显示,招商银行信用卡高端持卡人的消费贡献度是普通客户的 20 倍以上,其高端用户市场已取得巨大成功。

由于招商银行信用卡的持卡人主要为青年群体,为了迎合其追求时尚、热爱刺激的

消费心理，招商银行力求信用卡外观设计突出时尚元素。为了满足客户的网络需求，招商银行还陆续推出了 QQVIP 联名卡、微博信用卡等网络信用卡。此外，招商银行信用卡还密切关注旅游市场，设计发行了招商银行与东航联名信用卡、携程旅行信用卡、芒果旅行信用卡等专业信用卡，为持卡人提供快速便捷的旅行服务。

招商银行信用卡的品牌价值在于口碑，这只能靠不断提高服务质量来实现。除了执行严格的客户服务标准外，招商银行还每年做用户调查，根据结果改进和增添服务。根据不同消费群体的喜好推出风格各异的信用卡，是招商银行提供增值服务的方式之一。

——资料来源：http：//www. docin. com/p – 1084558529. html。

思考题：

1. 招商银行信用卡品牌营销的主要内容是什么？取得了哪些成效？

2. 招商银行信用卡品牌营销策略还存在什么问题？应该如何改进？

第9章 金融机构风险管理

 学习目的

知识要点	掌握程度
金融机构风险管理概述	了解金融机构风险的含义，金融机构面临的主要风险类型；熟悉金融机构信用风险、市场风险、操作风险以及流动性风险的含义；掌握金融机构风险管理的流程、学会风险识别，从而进行风险管理
金融机构信用风险管理	了解金融机构信用风险的含义；熟悉金融机构信用风险的识别、计量、监测与报告；掌握金融机构信用风险的控制
金融机构市场风险管理	了解金融机构市场风险的含义；熟悉金融机构市场风险的识别、计量、监测与报告；掌握金融机构市场风险管理
金融机构操作风险管理	了解金融机构操作风险的含义；熟悉金融机构操作风险的识别；掌握金融机构操作风险管理
金融机构流动性风险管理	了解金融机构流动性风险的含义；熟悉金融机构流动性风险的识别、计量、监测；掌握金融机构流动性风险控制

9.1 金融机构风险管理概述

任何金融机构的运营与发展，都需要把风险管理与业务发展放在同等重要的位置上，这是金融机构区别于其他企业的重要标志。业务发展和风险管理是金融机构发展的两条生命线。

9.1.1 金融机构风险的界定与分类

1. 金融机构风险的界定

风险是指未来结果的不确定性或波动性，例如未来收益、资产或债务价值的波动或不确定性。现代企业经营中一般会面临的风险有战略风险、业务风险和金融风险。

金融机构风险是指金融机构在经营活动中，因不确定因素的单一或综合影响，使金融机构遭受损失或获取额外收益的机会的可能性。收益的不确定性可分为盈利的不确定性和损失的不确定性两种情形，而现实中人们更关注的是损失的可能性。金融机构风险一般要涉及风险承受者、收益与风险的相关度、不确定因素及风险度量四个方面的内容。

2. 金融机构风险的分类

金融机构风险的种类和分类标准很多。在此对金融机构在业务经营中普遍存在的、影响较大的主要风险做一概括性介绍。

（1）依据影响范围不同划分。依据影响范围不同，可以将金融机构风险分为系统性风险和非系统性风险。

①系统性风险。系统性风险是指金融机构从事金融活动或交易所在的整个系统（机构系统或市场系统）因外部因素的冲击或内部因素的牵连而发生剧烈波动、危机或瘫痪，使整个金融机构不能幸免，从而遭受经济损失的可能性。系统性风险包括政策风险、经济周期性波动风险、利率风险、购买力风险、汇率风险等。这种风险不能通过分散投资加以消除，因此又被称为不可分散风险。系统性风险可以用贝塔系数来衡量。

②非系统性风险。非系统性风险是指发生于个别公司的特有事件造成的风险。非系统风险与单个股票价格同上市公司的经营业绩和重大事件密切相关。公司的经营管理、财务状况、市场销售、重大投资等因素的变化都会影响公司的股价走势。这种风险主要影响某一种证券，与市场的其他证券没有直接联系，投资者可以通过分散投资的方法来抵消该种风险。

（2）依据存在形态不同划分。依据存在形态不同，可以将金融机构风险分为流动性风险、决策风险、政策风险和主权风险。

①流动性风险。流动性实质上是获取现金的能力，一般包括资产流动性和负债流动性。资产的流动性是指某种资产所具有的以一定的价值在一定时间内、以一定价格转换成货币现金的能力；负债的流动性是指某一经济主体能否及时地以一定成本获取可支配的资金的能力。流动性风险是指因获取现金能力降低、资金周转不畅而给经济主体造成相应损失的可能性。

②决策风险。决策风险是指因高级管理层的重大决策（如兼并与收购、产品定价、市场进入和退出、新产品开发等）失误而给经济主体带来的风险。决策风险往往与经济、政治环境等客观因素发生变更有关，也可能与金融机构高级管理人员和董事会对经济在外部金融形势的把握不够有关。

③政策风险。政策风险是指由于国家政策上的变化而给经济主体造成损失的可能性。国家的经济政策直接影响着社会经济发展的规模、速度和产业结构的变化，影响商品的供求及对资金的需要等。例如，商业银行在其业务经营活动中，受国家经济政策、中央银行货币政策变化的影响比较大。中央银行的货币政策和信贷政策会直接影响商业银行负债业务和资产业务的收缩与扩大。

④主权风险。主权风险又称为国家风险，是指因国家强调的因素使交易对方违约，

给经济主体的资产和负债带来损失的可能性。主权风险是国际金融活动中所面临的特别风险，它不是由交易的对方，而是由交易对方的国家所造成的。

（3）依据风险来源不同划分。依据来源不同划分，可以将金融机构风险分为信用风险、市场风险和操作风险。

①信用风险。信用风险又称为违约风险，是指因债务人无法履约或者不愿意履约偿还到期债务而造成债权人损失的可能性。信用风险存在于一切信用交易中。信用风险产生的原因有三个：一是在信用交易契约缔结之前，债权人没有对债务人的信用状况进行认真审查；二是在信用交易的契约缔结之后，债务人经营状况、财务状况恶化导致其难以按期偿还债务本息；三是债务人存在道德风险，主观上存在不愿意履约的不良意愿。

②市场风险。市场风险是指由于金融市场利率和汇率波动而造成的利差减少、证券跌价、外汇买卖亏损等损失的可能性。其中，利率风险是指市场利率变化给金融机构的资产和负债带来损失的可能性。由于利率是金融机构计算资金价格的基础，利率的升降就会影响金融机构所有业务经营成果。汇率风险是指金融机构在持有或运用外汇的经济活动中，因汇率变动而遭受损失的可能性，包括交易风险、折算风险。交易风险常常发生在商品、劳务的进口和出口交易、资本输入和输出、外汇银行所持有的外汇头寸的经营活动中。

③操作风险。操作风险是指由于内部程序、人员、系统的不完善或失误及外部事件等造成的损失的可能性。《巴塞尔新资本协议》将操作风险具体划分为7种表现形式：内部欺诈，外部欺诈，聘用员工做法和工作场所安全性，客户、产品及业务做法，实物资产损坏，业务中断和系统失灵，交割及流程管理。

9.1.2　金融机构风险成因分析

金融机构风险的产生是宏观经济环境综合作用的结果，同时也与其自身的经济管理水平密切相关。金融机构风险的具体成因有以下几个方面。

1. 宏观经济环境的综合作用

（1）国家经济政策。在市场经济条件下，政府通过适当的宏观经济政策对经济发展进行适度干预，有助于克服市场经济的盲目性和滞后性，而国家经济政策的制定和实施不可避免地会引起经济活动中投资总量、投资结构及资金流向等方面的变化。

（2）经济运行状况。在市场经济条件下，宏观经济运行呈现出周期性波动的特点。在经济周期的不同阶段，金融机构所面临的风险程度不尽相同。在经济处于复苏和繁荣阶段时，金融机构投资规模扩大，经营利润增加，所面临的风险也较小。而在经济走向衰退阶段，社会投资、消费萎缩，大量企业破产。此时，金融机构面临着较大的行业风险。

（3）金融监管力度。在现代市场经济体系中，金融机构体系正日益成为国民经济的神经中枢。由于金融机构风险的涉及面广、危害大，具有较大的外部负效应，加之在金融体系内部广泛存在着信息不对称，因此各国金融机构都受到来自政府部门的监管。

2. 金融机构自身的管理水平

（1）金融机构的管理思想与方针。管理思想是管理的灵魂，金融机构如果在经营过程中过分强调盈利性，就会忽视流动性与安全性，导致资产业务中风险业务比例过高，使其经营风险增加。如果金融机构经营思想过于保守，经营方针落后于经济发展对金融机构业务的要求，就会在同业竞争中落伍，导致业务萎缩、风险增加。

（2）金融机构业务结构状况。金融机构业务结构的比例状况可以从以下几个方面进行考察：一是资产业务、负债业务与中间业务之间以及各类业务自身内部结构之间的比例关系是否协调；二是资产和负债各种业务之间的期限结构与利率结构是否协调。如果金融机构业务结构比例失调、资产负债业务期限不匹配、融资缺口过大，则会增加金融机构的经营风险。

9.1.3　金融机构风险管理流程

金融机构风险管理是在全面而又充分地识别其所面临的风险的基础上，选择最有效的手段和措施对风险进行控制和处理，以最小成本获得最大安全保障的一种科学管理活动。金融机构风险管理流程包括风险识别、风险评估、风险监测与报告、风险控制四个步骤，如图 9－1 所示。

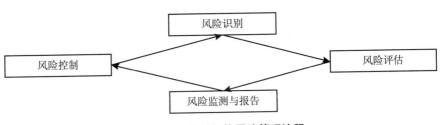

图 9－1　金融机构风险管理流程

1. 风险识别

风险识别是指通过运用相关的知识、技术和方法，对于经济活动中的金融机构所面临的风险类型、风险暴露、风险源、严重程度进行判断、分析，从而为度量风险和选择合理的管理策略提供依据的行为。

（1）风险识别的主要内容。

①识别风险暴露。风险暴露就是金融机构存在风险的部分，通常也称为风险敞口。识别风险暴露就是要找出金融机构拥有的各种交易或非交易部位中，有哪些部位暴露在风险之中，暴露在哪种风险之中。

②识别风险因子。完成对风险暴露的部位及其可能面临的风险种类的初步判断和分

析之后，紧接着，还需要进一步分析诱发这些风险的原因。一方面，金融机构的任何一项业务或组合，都可能面临着类别不同的各种风险；另一方面，不同的业务或组合又可能面临着相同的某种风险。

③分析风险效应。通过对风险暴露和对风险因子的分析，大致可以弄清金融机构面临的风险的特征、发生可能性的大小，进而对风险效应进行初步判断。金融机构可能导致的损失主要取决于风险暴露的部位的大小及风险因子变化的幅度。通常地，在面临同样的风险的情况下，风险暴露的部位越大，可能发生的损失就越大。

（2）风险识别的主要方法。

①专家分析法。专家分析法是指组织金融机构内外部风险专家，对金融机构风险损失的过去、现在及未来趋势进行研究分析，从而对风险暴露和风险因子的类型、结构、性质及发展趋势作出科学判断。该方法的具体形式有头脑风暴法、德尔菲法等。

②情景分析法。情景分析法是分析引致风险的关键因素及其影响程度的方法。一个情景就是对拟要考察的金融机构未来某种状态的描绘，这种描绘可通过图表或曲线等形式表现出来。情景分析法通过设置某种具体的情景来表现当某种因素变化时，金融机构将出现哪种风险及将导致哪种损失与后果。

2. 风险评估

（1）风险评估的主要内容。风险评估也称风险度量，是在识别风险的基础上对风险进行定量分析和描述，即在对过去损失资料分析的基础上，运用概率和数理统计的方法对风险事故的发生概率和风险事故发生后可能造成的损失的严重程度进行定量的分析和预测，即测定特定风险事故发生的损失频率和损失程度。对损失频率的测定可以估算某一风险单位因某种损失原因受损的概率，也可以估算几个风险单位同时因某种损失原因受损的概率，或估算某一种风险单位因多种风险因素遭受损失的概率。对损失程度的衡量可分为每次事故造成的最大可能损失和每次事故正在造成的最大可信损失。

（2）风险评估的主要模型。风险计量的模型有很多种，我们主要对贷款的风险计量与补偿模型、资产价格波动率与随机游动模型、自回归条件异方差（Autoregressive Conditional Heteroscedasticity，ARCH）模型三种模型进行简要概述。

①贷款的风险计量与补偿模型。贷款是商业银行的重点资产项目，它的风险大小决定着银行金融风险的大小。因此，银行在提供和管理贷款时，应该尽量减少信贷风险和呆账损失。银行常常根据贷款的风险程度确定其贷款价格，即贷款的利率，从而确保银行的收益率，保证实现其利润目标。

关于贷款利率的确定，在利率基本实现市场化的发达国家，商业银行通常是在对借款客户的财务报表进行分析、测算并对其经营管理状况及发展前景调查、评估的基础上，结合贷款期限、担保品质量和担保品价格波动程度，对不同资信等级的借款人确定不同的风险费用或根据历史上同类贷款的拖欠比率对贷款进行分类。信贷管理部门根据这些风险特征和历史上同类贷款的拖欠比率对贷款风险定级。此外，发达国家的许多商业银行还将国库券的收益率作为贷款定价的主要参考指标。

②资产价格波动率与随机游动模型。波动率的概念来自有效市场假说理论。该理论根据市场效率的高低将资本市场分为弱有效市场、中度有效市场和强有效市场。资本市场的有效性意味着所有可获得的关于未来资产价格的信息都包括在当前的资产价格中。有效市场的一个含义是资产收益率遵循随机游动假设。资产价格的波动包括两部分：一是漂移率，即资产价格预期随着时间变动的确定性比率；二是方差率，即资产价格的随机变动或随机游动随时间变化。

③ARCH 模型。方差的时变特征可以用条件时间序列模型来描述。不同于历史波动模型，这个统计模型能够更有效地利用 t 时刻所获得的信息集来估计随时间变化的均值和方差。其中一种有用的模型就是 ARCH 模型和广义 ARCH 模型（GARCH），即自回归条件异方差模型。这类模型的思路是从数据中设法剔除对投机性价格变化分布的尖峰性起主要作用的系统变化方差。从本质上讲，这些模型允许数据分布出现尖峰特征，从而能更好地描述金融数据的经验分布。

3. 风险监测与报告

为保证风险管理的有效性和继续提高，金融机构需要定期对风险管理工作的各个环节进行监测。

（1）监测关键指标。监测各种可量化的关键风险指标及不可量化的风险因素的变化和发展趋势，确保风险在进一步恶化之前将相关报告提交相关部门，以便其密切关注并采取恰当的控制措施。风险监测是动态、连续的过程，不但需要跟踪已识别风险的发展变化情况，即风险产生的条件和导致结果的变化，还应当根据风险的变化情况及时调整风险应对计划，并对已发生的风险及其产生的遗留风险和新增风险进行及时识别、分析。

（2）报告评估结果。报告金融机构所有风险的定性或定量评估结果，并随时关注所采取的风险控制措施的实施效果。风险报告是将风险信息传递到内外部门和机构，使其了解金融机构客体风险和风险管理状况的工具。风险报告是金融机构实施全面风险管理的媒介，贯穿于整个流程和各个层面，可信度高的风险报告能够为管理层提供全面、及时、准确的信息，辅助管理决策，并为监控日常经营活动和合理的绩效考评提供有效支持。

4. 风险控制

风险控制是指风险管理者采取各种措施和方法，消灭或减少风险事件发生的各种可能性，或风险控制者减少风险事件发生时造成的损失。风险控制的四种基本方法：风险回避、损失控制、风险转移和风险保留。

（1）风险回避。风险回避是投资主体有意识地放弃风险行为，完全避免特定的损失风险。简单的风险回避是一种最消极的风险处理方法，因为投资者在放弃风险行为的同时，往往也放弃了潜在的目标收益。所以一般只有在投资主体对风险极端厌恶，投资主体无能力消除或转移风险的情况下才会采用这种方法。

（2）损失控制。损失控制不是放弃风险，而是制订计划和采取措施降低损失的可能性或者减少实际损失。控制的阶段包括事前、事中和事后三个阶段。事前控制的目的主要是降低损失的概率，事中和事后控制主要是为了减少实际发生的损失。

（3）风险转移。风险转移是指通过契约，将让渡人的风险转移给受让人承担的行为。通过风险转移过程有时可大大降低经济主体的风险程度。风险转移的主要形式是合同和保险。保险是使用最为广泛的风险转移方式。

（4）风险自留。风险自留即风险承担，也就是说，如果损失发生，经济主体将以当时可利用的任何资金进行支付。风险自留包括无计划自留、有计划自我保险。无计划自留，指风险损失发生后从收入中支付，即不是在损失前做出资金安排。当经济主体没有意识到风险并认为损失不会发生时，或将意识到的与风险有关的最大可能损失显著低估时，就会采用无计划保留方式承担风险。有计划自我保险指可能的损失发生前，通过做出各种资金安排确保损失出现后能及时获得资金以补偿损失。有计划自我保险主要通过建立风险预留基金的方式来实现。

9.2　金融机构信用风险管理

随着传统业务竞争的加剧、利润的降低、表外业务的快速发展和衍生品市场的完善，信用风险的关注点不再是银行贷款风险，而是对于新型信用金融产品信用风险的衡量和管理，强调信用风险定量分析的重要性，故采取更多的定量模型分析。

9.2.1　信用风险的定义及特点

1. 信用风险的定义

信用风险是指债务人或交易对方未能履行合同所规定的义务或信用质量发生变化，影响金融产品价值，从而给债权人或金融产品持有人造成经济损失的可能性，以及由借款人的信用评级的变动和履约能力的变化导致其债务的市场价值变动而引起的损失的可能性。信用风险由两部分组成，一是违约风险，指交易一方不愿或无力支付约定款项致使交易另一方遭受损失的可能性；二是信用价差风险，指由信用品质的变化引起信用价差的变化而导致的损失。

2. 信用风险的特点

（1）不对称性。即预期收益和预期损失不对称，当某一主体承受一定的信用风险时，该主体的预期收益和预期损失是不对称的。

（2）累积性。信用风险的累积性是指信用风险具有不断累积、恶性循环、连锁反应，以及超过一定的临界点会突然爆发而引起金融危机的特点。

（3）内源性。信用风险不是完全由客观因素驱动的，而是带有主观性的特点，并且无法用客观数据和事实证实。

（4）不确定性。风险本身就是一种不确定性，但它是一种可以计量的不确定性。信用风险由于受交易方的道德水平、经营能力、努力程度等主观性因素的影响，其不确定性就更大，因而对其进行量化处理和客观评价都非常困难。

9.2.2　信用风险识别

1. 信用质量（信用等级）

信用风险识别与衡量的首先是借款人的信用质量，即借款人的资产结构和偿债能力。信用质量表现为信用评级，狭义的信用评级指独立的第三方信用评级中介机构对债务人如期足额偿还债务本息的能力和意愿进行评价，并用简单的评级符号表示其违约风险和损失的严重程度，等级越高，质量越好，还款能力越强。广义的信用评级则是对评级对象履行相关合同和经济承诺的能力和意愿的总体评价。

2. 信用资产损失的可能性

信用资产损失的可能性主要通过贷款期望违约率来表示。由于信用资产损失的计算方法不同，所以期望违约率的计算方法也不相同。

3. 信用资产损失大小

信用质量的变化影响到信用资产的价值，通过盯着市场的方法计量信用事件对信用风险资产价值的损失，由信用事件的出现而损失的资产价值，即违约暴露。

9.2.3　信用风险计量

1. 传统信用风险度量模型

（1）5C 分析法。5C 分析法是金融机构对客户作信用风险分析时所采用的专家分析法之一，它主要对借款人的品德（Character）、还款能力（Capacity）、资本实力（Capital）、担保（Collateral）和经营环境条件（Condition）五个方面进行全面的定性分析，以判别借款人的还款意愿和还款能力。

掌握客户以上五个方面的品质状况后，基本上可以对客户的信用品质进行综合评估。对综合评价高的客户可以适当放宽标准，而对综合评价低的客户就要严格信用标准，甚至可以拒绝提供信用以确保经营安全。

（2）Zeta 评分模型。Zeta 评分模型是在定性分析的基础上发展起来的，是比较传统、简单的信用风险度量模型。它最早见于美国学者爱德华·阿特曼（Edward Altman）

在 1968 年提出的 Z—Score 评分模型。该模型根据大量的历史资料，对美国一些规模近似的企业进行统计分析，得到一个分辨函数：

$$Z = 1.2X_1 + 1.4X_2 + 3.3X_3 + 0.6X_4 + X_5$$

式中，X_1 为运营资本与总资本比率；X_2 为留存收益与总资产比率；X_3 为营业利润与总资产比率；X_4 为股权的市场价值与总负债的账目价值比率；X_5 为销售额与总资产比率。

2. 现代信用风险管理度量模型

目前国际上流行的信用风险管理模型主要有 Credit Metrics 模型、麦肯锡模型和神经网络模型。

（1）Credit Metrics 模型。Credit Metrics 模型是由 J. P. 摩根和一些合作公司（美国银行、KMV、瑞士联合银行）于 1997 年开发推出的。该模型的核心思想是组合价值的变化不仅受到债务人违约的影响，还会受到债务人信用等级转移的影响。该模型通过求解信贷资产在信用品质变迁影响下的价值分布，计算信用风险的 VaR 值对贷款、私募债券这类非公开性交易的资产估值和风险度量，即在给定的置信区间上、在给定的时间段内，信贷资产可能发生的最大价值损失。

（2）麦肯锡模型。麦肯锡模型是在 Credit Metrics 模型的基础上，对周期性因素进行了处理，将评级转移矩阵与经济增长率、失业率、利率、汇率、政府支出等宏观经济变量之间的关系模型化，并通过蒙特卡罗模拟技术模拟周期性因素的"冲击"来测定评级转移概率的变化。它将宏观因素与转移概率间的关系模型化，建立宏观模拟模型，以有条件转移矩阵取代以历史数据为基础的无条件转移矩阵，并求出对经济周期敏感的 VaR 值。可以这么说，麦肯锡模型是对 Credit Metrics 模型的补偿完善，克服了 Credit Metrics 模型中不同时期的评级转移矩阵固定不变的缺点。

（3）神经网络模型。神经网络模型是西方银行业广泛运用的估计违约概率模型。它模拟人脑分析系统，依靠采集数据对大量的财务信息进行数理统计分析，从而建立违约估计模型。

这种模型在实证中仍存在局限性。一是随着技术创新及金融工具创新，财务报表上有限的数据越来越难以真实地反映企业的财务状况及经营结果，尤其是对于高新技术企业而言，非财务因素占据越来越重的分量；二是因国内企业会计信息失真现象还较为严重，使用失真的数据输入模型必然造成计算结果的偏差。

9.2.4 信用风险的监测与报告

信用风险监测是风险管理流程中的重要环节，是指信用风险管理者利用各种监控条件，动态捕捉信用风险指标的异常变动，判断其是否已经达到引起关注的水平或已经超过阈值。信用风险监测是一个动态、连续的过程。

1. 监测对象

（1）单一客户风险监测。单一客户风险监测方法包括一整套贷后管理的程序和标准，并借助客户信用评级、贷款分类等方法。监测信用风险的传统做法是建立单个债务人授信情况的监测体系，监控债务人或交易对方各项合同的执行，界定和识别有问题贷款，决定所提取的准备金和储备是否充分。

（2）组合的风险监测。组合层面的风险监测把多种信贷资产作为投资组合进行整体监测。组合监测能够体现多样化带来的分散风险的效果，防止国别、行业、区域、产品等维度的风险集中度过高，实现资源的最优化配置。组合的风险监测方法主要有传统方法和资产组合模型两种。

2. 监测指标

（1）不良贷款率。

不良贷款率 =（次级类贷款 + 可疑类贷款 + 损失类贷款）÷ 各项贷款 × 100%

（2）预期损失率。预期损失率 = 预期损失 ÷ 资产风险暴露 × 100%。预期损失率（EL）是指信用风险损失分布的数学期望，代表大量贷款或交易组合在整个经济周期内的平均损失，是已经预计到将会发生的损失。预期损失 = PD × LGD × EAD，其中，PD为借款人的违约概率，LGD为违约损失率，EAD为违约风险暴露。

（3）单一（集团）客户授信集中度。单一（集团）客户授信集中度 = 最大一家（集团）客户贷款总额 ÷ 资本净额 × 100%。最大一家（集团）客户贷款总额是指报告期末各项贷款余额最高的一家（集团）客户的各项贷款的总额，客户是指取得贷款的法人、其他经济组织、个体工商户和自然人，各项贷款的定义与不良贷款率指标中的定义一致，资本净额定义与资本充足率指标中的定义一致。

（4）关联授信比例。关联授信比例 = 全部关联方授信总额 ÷ 资本净额 × 100%。它指的是全部关联授信同资本的净额之比，一般不超过50%。而全部关联方授信总额指的是银行的全部关联方所拥有的授信余额，在对全部授信时关联方所提供的保证金和质押的存单与国债进行扣除之后，所余的总额。授信指的是银行对非金融机构所提供的现金，或者针对借款人在经济活动当中所可能发生的赔偿或者支付责任作出保证。

（5）贷款风险迁徙率。贷款风险迁徙率用于衡量商业银行信用风险变化的程度，表示为资产质量从前期到本期变化的比率，属于动态监测指标。它包括正常类贷款迁徙率、关注类贷款迁徙率、次级类贷款迁徙率和可疑类贷款迁徙率。

（6）不良贷款拨备覆盖率。不良贷款拨备覆盖率 =（一般准备 + 专项准备 + 特种准备）/（次级类贷款 + 可疑类贷款 + 损失类贷款）。一般准备是根据全部贷款余额的一定比例计提的、用于弥补尚未识别的可能性损失的准备。

（7）贷款损失准备充足率。贷款损失准备充足率 =（贷款实际计提准备/贷款应提准备）× 100%。该指标用于计算本外币口径数据。贷款实际计提准备指商业银行根据贷款预计损失而实际计提的准备。

3. 风险预警

风险预警是指根据各种渠道的信息，通过一定的技术手段，采用专家判断和时间序列分析、层次分析和功效计分等方法，对商业银行信用风险状况进行动态监测和早期预警。

（1）风险预警的主要方法。风险预警在运行过程中要不断通过时间序列分析等技术来检验其有效性，包括数据源和数据结构的改善；预警指标和模型的改进，如模型解释变量的筛选、参数的动态维护等。风险预警的主要方法有传统方法、评级方法、信用评分方法。

①传统方法。典型的例子是6C法，是指由有关专家根据借款人的品德（Character）、能力（Capacity）、资本（Capital）、抵押品（Collateral）、经营环境（Condition）和事业的连续性（Continuity）六个因素评定其信用程度的方法。

②评级方法。OCC分级模型，是由美国通货监理署开发的最早的贷款评级方法之一。它主要将贷款分为5个不同的等级（一个高质量级别和四个低质量级别）——正常、关注、次级、可疑、损失，对每一级别提取损失预备金的比例相应不同，再通过加权汇总计算，评估贷款损失预备金的充分性。由于OCC评级系统中，高质量级别的贷款违约概率定为0，而现实生活中无论信用评级的级别有多高还是有发生违约的可能，所以国际上一些金融机构把贷款级别划分得更细，分为9级或10级。

③信用评分方法。CAMEL评级体系，即资本充足性（Capital Adequacy）、资产质量（Asset Quality）、管理水平（Management）、盈利水平（Earnings）和流动性（Liquidity），又称"骆驼"评级体系，根据五项考核指标对商业银行及其他金融机构的业务经营、信用状况等进行五级评分的一整套规范化、制度化和指标化的综合等级评定制度。

（2）行业风险预警。行业风险预警属于中观层面的预警，主要包括行业环境风险因素、行业经营风险因素、行业财务风险因素。

①行业环境风险因素。行业环境风险因素主要包括经济周期、财政货币政策、国家产业政策、法律法规及外部冲击等方面。风险预警指标有国家财政、货币、产业政策变化；行业相关法律法规变化；多边或双边贸易关系变化；政府优惠政策调整。

②行业经营风险因素。行业经营风险因素主要包括市场供求、产业成熟度、行业垄断程度、产业依赖度、产品替代性、行业竞争主体的经营状况、行业整体财务状况，目的是预测目标行业的发展前景及该行业中企业所面临的共同风险。行业经营环境出现恶化的预警指标有行业整体衰退；出现重大的技术变革；经济萧条或出现金融危机，对行业发展产生影响；产能明显过剩；市场需求明显下滑；行业出现整体亏损或行业标杆企业出现亏损。

③行业财务风险因素。对行业财务风险因素的分析要从行业财务数据的角度，把握行业的盈利能力、资本增值能力和资金营运能力，进而更深入地剖析行业发展中的潜在风险。行业财务风险分析指标体系主要包括行业净资产收益率、行业盈亏系数、资本积累率、行业销售利润率、行业产品产销率、劳动生产率等。

（3）区域风险预警。区域风险通常表现为区域政策法规的重大变化、区域经营环境的恶化、区域内部经营管理水平下降和区域信贷资产质量恶化等。

（4）客户风险预警。客户风险分为客户财务风险和客户非财务风险两大类。风险经理在进行客户风险监测时，一般可以按照以下步骤进行：①客户财务风险的监测，②客户非财务风险的监测。

4. 风险报告

风险报告是将风险信息传递到内外部部门和机构，使其了解商业银行客体风险和商业银行风险管理状况的工具。风险报告是商业银行实施全面风险管理的媒介，贯穿于整个流程和各个层面。在信用风险管理领域，商业银行应借助风险管理信息系统（商业银行的无形资产）对每一项信贷资产进行分析，并在组合层面上进行分类汇总。

（1）风险报告的路径。良好的风险报告路径应采取纵向报送与横向传送相结合的矩阵式结构，即本级行各部门向上级行对口部门报送风险报告的同时，也须向本级行的风险管理部门传送风险报告，以增强决策管理层对操作层的管理和监督。

（2）风险报告的主要内容。从报告的使用者来看，风险报告可分为内部报告和外部报告两种类型；从类型上划分，风险报告通常分为综合报告和专题报告两种类型。综合类报告涵盖各类风险，专题报告仅包括重大风险事项与内控隐患，二者包括内容不一样。

9.2.5　信用风险的控制

1. 限额管理

限额是指对某一客户（单一法人或集团法人）所确定的、在一定时期内商业银行能够接受的最大信用风险暴露，它与金融产品和其他维度信用风险暴露的具体状况、商业银行的风险偏好、经济资本配置等因素有关。

（1）单一客户授信限额管理。商业银行制定客户授信限额需要考虑客户的债务承受能力和银行的损失承受能力两个方面的因素。

①客户的债务承受能力。商业银行对客户进行信用评级后，首要工作就是判断该客户的债务承受能力，即确定客户的最高债务承受额。一般来说，决定客户债务承受能力的主要因素是客户信用等级和所有者权益。

②银行的损失承受能力。银行对某一客户的损失承受能力用客户损失限额（Customer Maximum Loss Quota，CMLQ）表示，代表了商业银行愿意为某一具体客户所承担的损失限额。从理论上讲，客户损失限额是通过商业银行分配至各个业务部门或分支机构的经济资本在客户层面上继续分配的结果。

当客户的授信总额超过上述两个限额中的任一限额时，商业银行都不能再向该客户提供任何形式的授信业务。

（2）集团客户授信限额管理。虽然集团客户与单一客户授信限额管理有相似之处，但从整体思路上还是存在着较大的差异。集团客户授信限额管理一般分"三步走"：第一步，根据总行关于行业的总体指导方针和集团客户与授信行的密切关系，初步确定对该集团整体的授信限额；第二步，根据单一客户的授信限额，初步测算关联企业各成员单位（含集团公司本部）最高授信限额的参考值；第三步，分析各授信单位的具体情况，调整各成员单位的授信限额。同时，使每个成员单位的授信限额之和控制在集团公司整体的授信限额以内，并最终核定各成员单位的授信限额。

（3）国家风险与区域风险限额管理。

①国家风险限额管理。国家风险限额是用来对某一国家的信用风险暴露进行管理的额度框架。国家风险限额管理基于对一个国家的综合评级，至少一年重新检查一次。国家风险暴露包含一个国家的信用风险暴露、跨境转移风险及高压力风险事件情景。

②区域风险限额管理。区域风险限额管理与国家风险限额管理有所不同。国外银行一般不对一个国家内的某一区域设置区域风险限额，但当某一地区受某些（政策、法规、自然灾害、社会环境等）因素的影响，导致区域内经营环境恶化、区域内部经营管理水平下降、区域信贷资产质量恶化时，区域风险限额将被严格地、刚性地加以控制。

2. 关键业务流程（环节）控制

（1）授信权限管理。商业银行内部风险管理制度必须在设立授信权限方面作出职责安排和相关规定，并对弹性标准作出明确的定义。

（2）贷款定价。贷款定价的形成机制比较复杂，市场、银行和监管机构这三方面是形成均衡定价的三个主要力量。

$$贷款最低定价 = (资金成本 + 经营成本 + 风险成本 + 资本成本)/贷款额$$

（3）信贷审批。授信审批或信贷决策一般应遵循下列原则：①审贷分离原则；②统一考虑原则；③展期重审原则。

（4）贷款转让。贷款转让（又称贷款出售）通常指贷款有偿转让，是贷款的原债权人将已经发放但未到期的贷款有偿转让给其他机构的经济行为，主要目的是分散或转移风险、增加收益、实现资产多元化、提高经济资本配置效率。

（5）贷款重组。贷款重组是当债务人因种种原因无法按原有合同履约时，商业银行为了降低客户违约风险引致的损失，而对原有贷款结构（期限、金额、利率、费用、担保等）进行调整、重新安排、重新组织的过程。

3. 资产证券化与信用衍生产品

（1）资产证券化。广义的资产证券化是指某一资产或资产组合采取证券资产这一价值形态的资产运营方式，包括信贷资产证券化、实体资产证券化、证券资产证券化、现金资产证券化四类。

资产证券化的作用：①通过证券化的真实出售和破产隔离功能，可以将不具有流动性的中长期贷款置于资产负债表之外，优化资产负债结构，及时获取高流动性的现金资产，从而有效缓解商业银行的流动性压力。②通过对贷款进行证券化而非持有到期，可以改善资本状况，以最小的成本增强流动性和提高资本充足率，有利于商业银行资本管理。③通过资产证券化将不良资产成批量快速转换为可流通的金融产品，盘活部分资产的流动性，将银行资产潜在的风险转移、分散，有利于化解不良资产，降低不良贷款率。④增强盈利能力，改善商业银行收入结构，如贷款银行在出售基础资产的同时可以获得手续费、管理费等收入。此外，还可以为其他银行资产证券化提供担保及发行服务，并赚取收益。

（2）信用衍生产品。信用衍生产品是从基础资产上分离和转移信用风险的各种工具和技术的统称，其最大特点是能将信用风险从市场风险中分离出来并提供风险转移机制。

信用衍生产品不仅为银行提供了管理信用风险的新方式，同时为非银行金融机构的投资者在无须持有资产和管理资产的条件下创造了新的、收益可观的投资机会，并进行更加有效的资产组合多样化管理。对于商业银行而言，信用衍生产品发挥着分散集中度风险、提供化解不良贷款的新思路、增加资本流动性、缓解中小企业融资难、摆脱定价困境等作用。目前比较有代表性的信用衍生产品主要有信用违约互换、总收益互换、信用联系票据、信用价差期权四种。

9.3　金融机构市场风险管理

随着我国经济领域改革的深入和市场化进程的加快，金融风险中市场风险管理显得愈加重要，已经成为众多学者研究的对象。市场风险主要包括利率风险和汇率风险，其中利率风险包括重新定价风险、收益率曲线风险、基差风险及期权性风险。通过本章的学习，将了解市场风险的分类、特点、形成原因；了解如何利用 VaR 法、压力测试度量市场风险；了解相应的管理方法。

9.3.1　市场风险的定义及特点

1. 市场风险的定义

市场风险是指因市场价格（利率、汇率、股票价格和商品价格）的不利变动而使银行表内和表外业务发生损失的风险。巴塞尔委员会将商业银行的市场风险定义为：由于市场价格波动而导致银行表内和表外头寸损失的风险，并将其分为利率风险、汇率风险、股票价格风险和商品价格风险。

2. 市场风险的特点

（1）具有系统性。市场风险来源于整个经济体而非特定的交易对手或者机构自身，因此具有系统性，其本质是系统性风险。市场风险的原因是市场价格的波动，包括利率、汇率、股票等金融资产的价格，也包括商品价格。这些价格的变动对整个市场体系产生影响，所有涉及其中的产品和交易者都会受到市场价格变动的影响。

（2）难以通过多样化投资来分散和降低。由于市场风险具有系统性的特征，市场价格的变化会对所有的市场主体造成影响，通过多样化投资来降低市场风险的目的很难实现。

（3）易于计量。与信用风险和操作风险相比，市场风险的历史数据量大，其量化过程相对更加容易。由于具有完善的市场，如利率市场、汇率市场、商品价格市场，从而可以获得大量的市场价格信息，进而使得市场风险的计量有实施的基础。

（4）正态分布。在市场风险的定价模型和风险计量模型中，通常假设其为正态分布。通常，市场风险的分布可以假定是对称的，因为其损失的概率和损失发生时的严重程度具有相对的一致性。此外，银行在面临市场风险时既有可能发生损失，也有可能产生盈利，二者的概率是相等的。

（5）通过对冲来管理风险。市场风险的管理过程中，大量使用衍生产品和对冲。由于市场风险不能通过多样化投资来分散，因此常用的方式就是通过对冲消除或减少商业银行业务中存在市场风险的头寸，通过衍生产品的较小成本达到降低市场风险的目的。

9.3.2 市场风险的识别

商业银行市场风险的识别是通过识别银行资产账户来实现的。一般来说，银行表内资产可分为交易账户和银行账户两大类。

1. 交易账户

交易账户是记录银行交易目的或规避交易账户其他项目的风险而持有的账户。该账户可以自由交易金融工具和商品头寸。该头寸是为交易目的而持有，便于转手出售，从实际或预期的短期价格波动中获利或者锁定套利的头寸。银行要对交易账户头寸经常进行准确估值并积极管理投资组合。

（1）利率风险。按来源不同，分为重新定价风险、收益率曲线风险、基准风险和期权性风险。

①重新定价风险也称期限错配风险，是最主要和最常见的利率风险形式，源于银行资产、负债和表外业务到期期限（就固定利率而言）或重新定价期限（就浮动利率而言）之间所存在的差异，即由资产负债利率期限不匹配所产生的利率风险。

②收益率曲线风险是由于收益率曲线斜率的变化导致期限不同的两种债券的收益率之间的差幅发生变化而产生的风险。

③基准风险是指资产负债利率期限匹配。但由于资产负债应用基准利率曲线不同，基准利率曲线变动不同步而引发的利率风险。

④期权性风险是一种越来越重要的利率风险，来源于银行资产、负债和表外业务中所隐含的期权。一般而言，期权赋予其持有者买入、卖出或以某种方式改变某一金融工具或金融合同的现金流量的权利，而非义务。

（2）汇率风险。汇率风险是指由汇率的波动而导致银行业务发生损失的风险。汇率风险通常源于以下业务活动：①商业银行为客户提供外汇交易服务或进行自营外汇交易，不仅包括外汇即期交易，还包括外汇远期、期货、互换和期权等交易；②银行账户中的外币业务，如外币存款、贷款、债券投资、跨境投资等。

汇率风险大致分为两大类：外汇交易风险、外汇结构性风险。银行的外汇交易风险主要来自两个方面：一是为客户提供外汇交易服务时未能立即进行对冲的外汇敞口头寸；二是银行对外币走势有某种预期而持有的外汇敞口头寸。外汇结构性风险是由银行资产与负债及资本之间币种的不匹配而产生的。也包括商业银行在对资产负债表的会计处理中，将功能货币转换成记账货币时因汇率变动产生的风险。

（3）股票价格风险。股票价格风险是指由商业银行持有的股票价格发生不利变动而给商业银行带来的损失风险。

（4）商品价格风险。商品价格风险是指商业银行所持有的各类商品的价格发生不利变动而给商业银行带来损失的风险，这里的商品包括农产品、矿产品、贵金属（不包括黄金）等。

2. 银行账户

与交易账户相对应，银行的其他相关业务归入银行账户，最典型的就是存贷款业务。与交易账户的市场定价不同，当缺乏可参考的市场价值时，可按数理模型定价。银行账户中的项目通常按历史成本计价。

在交易账户中的市场风险涵盖了利率风险、汇率风险、股票价格风险和商品价格风险。银行账户中的市场风险主要包括汇率风险和商品价格风险。

9.3.3　市场风险的计量

1. 风险价值法

风险价值（Value at Risk，VaR）法是 20 世纪 80 年代兴起并逐步成熟的一种管理市场风险的工具。它是指在正常的市场条件下，给定的置信水平和给定的时间间隔内，某项资产或某项资产组合预期可能发生的最大损失，用公式表示为

$$P(\Delta P \Delta t \leqslant \text{VaR}) = \alpha$$

式中，P 为资产价值损失小于可能损失上限的概率，即英文的 Probability；ΔP 为某一金融资产在一定持有期 Δt 的价值损失额；VaR 为给定置信水平 α 下的在险价值，即可能的损失上限；α 为给定的置信水平。

VaR 从统计的意义上讲，本身是个数字，是指面临"正常"的市场波动时"处于

风险状态的价值"，即在给定的置信水平和一定的持有期限内预期的最大损失量（可以是绝对值，也可以是相对值）。VaR 法的计算方法通常有三种：方差—协方差法（参数法）、历史模拟法和蒙特卡罗模拟法。

（1）参数法。参数法也称方差—协方差法，即利用历史数据计算资产组合收益的方差、标准差、协方差；假定资产组合收益是正态分布，可求出在一定置信水平下，反映分布偏离均值程度的临界值；建立与风险损失的联系，推导 VaR。

（2）历史模拟法。历史模拟法是借助于计算过去一段时间内的资产组合风险收益的频度分布，通过找到历史上一段时间内的平均收益，以及在既定置信水平 α 下的最低收益率，计算资产组合的 VaR。历史模拟法克服了方差—协方差法的一些缺陷，如考虑了"肥尾"现象，能度量非线性金融工具的风险等，而且它是通过历史数据构造收益率分布，不依赖特定的定价模型，这样也不存在模型风险。

但历史模拟法仍存在不少缺陷：首先，风险包含时间的变化，单纯依靠历史数据进行风险度量，将低估突发性的收益率波动；其次，风险度量的结果受制于历史周期的长度；再次，历史模拟法以大量的历史数据为基础，对数据的依赖性强；最后，历史模拟法在度量较为庞大且结构复杂的资产组合风险时，工作量十分繁重。

（3）蒙特卡罗模拟法。蒙特卡罗模拟法又称随机抽样或统计试验方法。蒙特卡罗法分三步进行：①构造或描述概率过程；②实现从已知概率分布抽样；③建立各种估计量。

蒙特卡罗模拟法的优点：它是一种全值估计方法，可以处理非线性、大幅波动及"肥尾"问题；产生大量路径模拟情景，比历史模拟法更精确和可靠；可以通过设置削减因子，使得模拟结果对近期市场的变化更快地作出反映。其缺点包括：对于基础风险因素仍然有一定的假设，存在一定的模型风险；计算量很大，且准确性的提高速度较慢，如果一个因素的准确性要提高 10 倍，就必须将模拟数增加 100 倍以上；如果产生的数据序列是伪随机数，可能导致错误结果。

2. 压力测试

压力测试的目的是评估银行在极端不利的情况下的损失承受能力。压力测试包括敏感性测试和情景测试等具体方法。

（1）敏感性测试是指在保持其他条件不变的情况下，测量单个重要风险因素或少数几项关系密切的因素由于假设变动对银行风险暴露和银行承受风险能力的影响。敏感性测试计算简单且便于理解，在市场分析中得到了广泛应用。但是，敏感性测试也存在一定的局限性，主要表现在对于较复杂的金融工具或资产组合，无法计量其收益或经济价值相对市场风险要素的非线性变化。

（2）情景测试是测试多个风险因素同时发生变化以及某些极端不利事件发生对银行风险暴露和银行承受风险能力的影响。与敏感性测试对单一因素进行分析不同，情景测试是一种多因素分析方法，结合设定的各种可能情景的发生概率，研究多种因素同时作用时可能产生的影响。

9.3.4　市场风险的管理

金融机构通常运用的风险管理策略可以大致概括为四种：回避策略、分散策略、转移策略、对冲策略。此四种策略是金融机构在风险管理实践中的策略性选择，而不是岗位/流程设置、经济资本配置等具体风险控制机制。

1. 回避策略

（1）回避策略的含义。回避策略是指商业银行拒绝或退出某一业务或市场，以避免承担该业务或市场风险的策略性选择。即不做业务，不承担风险。

（2）实现手段。该策略主要通过限制某些业务的经济资本配置来实现。没有风险，就没有收益。规避风险的同时自然也失去了在这一业务领域获得收益的机会和可能。该策略的局限性在于它是一种消极的风险管理策略，不宜成为风险管理的主导策略。

2. 分散策略

（1）分散策略的含义。分散策略是指通过多样化的投资来分散和降低风险的方法。即"不要把所有的鸡蛋放在一个篮子里"。

（2）主要作用。马柯维茨资产组合管理理论：只要两种资产收益率的相关系数不为1，分散投资于两种资产就具有降低风险的作用。而对于由相互独立的多种资产组合而形成的投资组合，只要组成资产的个数足够多，其非系统性风险就可以通过这种分散化的投资完全消除。

（3）实现手段。根据多样化投资分散风险的原理，商业银行的信贷业务应是全面的，不应集中于同一业务、同一性质甚至同一借款人。商业银行通过资产组合管理或与其他银行组成银团贷款，使自己的授信对象多样化，从而分散和降低风险。实现授信多样化，借款人的违约风险可以视为相互独立的，降低了整体风险。多样化投资分散风险的前提条件是要有足够多的相互独立的投资形式。同时，风险分散策略是有成本的，主要是分散过程中增加的各项交易费用，但与集中承担风险可能造成的损失比，风险分散策略成本的支出是值得的。

3. 转移策略

（1）转移策略的含义。转移策略是指通过购买某种金融产品或采取其他合法的经济措施将风险转移给其他经济主体的一种策略性选择。

（2）实现手段。转移策略的实现手段有两种：保险转移和非保险转移。

①保险转移。保险转移是指为商业银行买保险，以缴纳保险费为代价，将风险转移给承保人。

②非保险转移。非保险转移是指通过担保、备用信用证等将信用风险转移给第三方。例如，商业银行在发放贷款时，通常会要求借款人提供第三方信用担保作为还款保

证，若借款人到期不能如约偿还贷款本息，则由担保人代为清偿。

在金融市场中，某些衍生产品可看作特殊形式保单，为投资者提供了转移利率风险、汇率风险、股票和商品价格风险的工具。

4. 对冲策略

（1）对冲策略的含义。对冲策略是指通过投资或购买与标的资产收益波动负相关的某种资产或衍生产品，来冲销标的资产潜在的风险损失的一种风险管理策略。

（2）主要作用。对冲策略的主要作用是对管理市场风险（利率风险、汇率风险、股票风险和商品风险）非常有效。

（3）实现手段。对冲策略的实现手段分为自我对冲和市场对冲。

①自我对冲。自我对冲是指商业银行利用资产负债表或某些具有收益负相关性质的业务组合本身所具有的对冲特性进行风险对冲。

②市场对冲。市场对冲是指对于无法通过资产负债表和相关业务调整进行自我对冲的风险，通过衍生产品市场进行对冲。

由于信用衍生产品不断创新发展，风险对冲策略也被广泛应用于信用风险管理。

9.4　金融机构操作风险管理

长期以来，商业银行保险管理关注的焦点集中在信用风险、流动性风险和市场风险方面，这些方面在风险识别、衡量和管理上相对完善。虽然操作风险自商业银行诞生起就存在了，但是对其重视程度一直不够。直到20世纪90年代发生了巴林银行、日本大和银行等一系列商业银行员工违规操作事件，导致商业银行产生重大损失甚至破产，人们才开始重新审视操作风险的危害。2004年正式公布的《巴塞尔新资本协议》对操作风险作了明确界定并将其纳入资本充足率的计算，至此操作风险管理正式成为商业银行风险管理的重要组成部分。操作风险主要由人员、系统、流程及外部事件导致。不同的商业银行由于其经济、社会、组织形式、制度等环境的不同，操作风险在各个方面的发生频率、损失程度不尽相同，需要各个商业银行构建适合自己的操作风险管理制度。

9.4.1　操作风险的定义及特点

1. 操作风险的定义

操作风险指由不完善或有问题的内部程序、员工、信息科技系统及外部事件所造成损失的风险。它包括法律风险，不包括策略风险和声誉风险。

2. 操作风险的特点

操作风险与信用风险、市场风险相比，具有以下特点。

（1）具体性。不同类型的操作风险具有各自具体的特性，难以用一种方法对各类操作风险进行准确的识别和计量，原因在于操作风险中的风险因素主要存在于银行的业务操作中，几乎涵盖了银行的所有业务，操作风险事件前后之间有关联，但是单个的操作风险因素与操作性损失之间并不存在可以定量界定的数量关系，个体性较强。

（2）分散性。试图用一种方法来覆盖操作风险管理的所有领域几乎是不可能的，原因在于操作风险管理实际上覆盖了银行经营管理中大多数方面的不同风险，既包括发生频率高、造成损失相对较低的日常业务流程处理上的小错误，也包括发生频率低、造成损失相对较大的大规模舞弊、自然灾害等，而且操作风险与各类风险相互交叠，涉及面广。同时操作风险管理不可能由一个部门完成，必须建立操作风险管理的框架体系。

（3）差异性。不同业务领域操作风险的表现方式存在差异，原因在于业务规模小、交易量小、结构变化不太迅速的业务领域，虽然操作风险造成的损失不一定小，但是发生操作风险的频率相对较低；而业务规模大、交易量大、结构变化迅速的业务领域，受到操作风险冲击的可能性也大。

（4）复杂性。银行风险管理部门难以确定哪些因素对于操作风险管理来说是最重要的，原因在于引起操作风险的因素较复杂，如产品的复杂性、产品营销渠道的拓展、人员流动及规章制度的变化等都可能引起操作风险。而通常可以监测和识别的操作风险，与由此可能导致的损失的规模、频率之间不存在直接关系，常常带有鲜明的个案特征。

（5）内生性。除自然灾害、恐怖袭击等外部事件外，操作风险的风险因素很大比例上来源于银行的业务操作，属于银行的内生风险。

（6）转化性。操作风险是基础性风险，对其他类别风险，如信用风险、市场风险等有重要影响。操作风险管理不善，将会引起风险的转化，导致其他风险的产生。2008年爆发的金融危机为我们分析风险之间的转化机制提供了很好的样本。

9.4.2　操作风险的识别

1. 监测主要指标

运用不同业务线最能代表其操作风险的指标（如成本、收益、资产、交易量等）进行衡量。其主要优点是简单易行，但是这种方法不能注意到不同业务线、不同领域的操作风险的差异。金融机构在着手监测操作风险时，值得关注的指标主要包括交易失误的记录，包括失误的汇总分析、趋势分析、前台、中台和后台之间的合作状况等；保管业务和仓库等的报告；不同系统之间的整合状况；清算系统、外汇交易系统、交易代理业务的状况等。

2. 参考外部指标

运用外部机构在不同业务领域管理操作风险时所采用的范围、方法及其测算的结果，作为自身的参照。在运用这种方法时，如果选取的外部指标得当，实施起来也相对简单，便于不同金融机构之间的对比，而且也可以作为对其他测算方法的有效性的检测（Sanity Cheek）。但是，这种方法一般只被视为一种对比性的测量，而不是基于不同金融机构自身特点的定量化分析；同时，这种测量方法不能鼓励金融机构采取积极的缓释操作风险的方法。

3. 统计分析

通过采集内部的历史损失数据建立统计模型，测算在不同的业务部门和整个金融机构范围内所需要配置的资本水平。这种方法被许多金融机构和咨询公司所采用。这种方法实施的实际效果取决于内部历史损失数据的质量和数量，而且不能灵敏地反映金融机构动态的风险变动状况。

4. 记分卡方法

记分卡方法包括多项前瞻性的关于操作风险的指标，对不同风险类别打分排序。通常金融机构运用这种方法来分配其他方法测算出来的所需的资本金。采用这种方法能够对前线的业务人员形成积极的激励机制，促使其积极监控操作风险。不过，这种方法得出的结果是否可靠，关键取决于设计这种方法的专家，因为记分卡所选取的指标及不同指标所占的权重都是由专家来确定的。

5. 损失事项登记系统/损失数据统计系统

这主要是指金融机构在对操作风险及其可能导致的损失的因果判断的基础上，通过采集历史数据建立自身的关于操作风险的模型。这种方法测量的效果应当说是最好的，如果金融机构能够成功实施，则这种方法能够促使前线的业务人员积极参与操作风险的管理，因为这种方法不仅考虑了操作风险所可能导致的损失，而且还考虑了可能导致这种损失的预警性指标和因素。但是，这种方法对于内部数据采集的要求最高（Data Availability），开发整个系统所需要投入的资源最多，在整个金融机构范围内统一实施的难度自然也较大。因为不同的衡量方法的优劣势各有不同，因而综合运用不同的方法进行判断和相互引证，可能是效果最好的方法。

目前，关于操作风险的模型还存在相当大的分歧和争论，不过其基本目标应当是一致的，就是测算操作风险所可能带来的损失，并相应配置资本，提出管理操作风险的方法。在这个测算过程中，重点要确定不同类型的操作风险发生的部门和领域、这种风险发生的可能性，以及发生这种事件所可能导致的损失。

9.4.3　操作风险的管理

1. 建立适当的风险管理环境

巴塞尔委员会认为，对银行来说，应当首先建立适当的风险管理环境，这要求董事会应当了解作为一个独特的、可以控制的风险种类——银行操作风险的主要方面，应当批准和定期审查银行的操作风险战略。该战略应该能够反映银行的风险容忍程度及其对这种风险种类的特定特征的理解。巴塞尔委员会也承认，银行组织内部的信息流程在建立和维持一个有效的操作风险管理框架方面可以发挥重要作用。

2. 建立损失数据库

根据《巴塞尔新资本协议》的要求，银行在识别和度量操作风险的基础上，估计操作风险可能带来的损失，进而配备相应的资本准备金。各种操作风险估算方法中，高级计量法较为准确可靠，但需要建立大型风险事故的数据库。

高级计量法是指商业银行用定量和定性的标准，通过内部操作风险的计量系统计算操作风险资本要求的方法。在该方法中，银行在服从巴塞尔委员会规定的一系列定性和定量标准的条件下，建立起自身的内部风险计量体系。但采用这种方法的银行风险管理水平要高，需要建立大型数据库。目前具体有四种方法：内部计量法、损失分布法、记分卡法和极值理论法。

3. 设置关键指标体系

关键指标是对操作风险评估和监测的重要工具，它用来表示操作风险的变动情况，不仅可以起到风险预警作用，而且会揭示指标过去的变动情况与专家评估结果是否一致。选择关键风险指标的基本原则见表 9 – 1。

表 9 – 1　　　　　　　　　　　　选择关键风险指标的基本原则

原则	含义
相关性	关键风险指标与操作风险状况之间存在明显的相关性，关键风险指标能够真实反映操作风险水平
可计量性	能够根据现有的数据/信息和技术条件对关键风险指标进行准确量化
风险敏感性	关键风险指标的变动能够及时、准确地反映操作风险的变化情况
实用性	关键风险指标能够满足风险管理和各业务部门的现实需要

损失数据库是一个历史数据检索工具，能够查询过去事故发生的原因和损失规模，提示现在和预警未来。而要做好这一切，必须建立相关的关键性的风险指标。关键风险指标应随时间而变化；新风险出现就要更换新的关键指标。关键指标的形成是一个长期

的过程，最终形成精确的指标体系。

4. 流程再造建设（业务流程再造）

建立了关键性指标体系后，还要通过对银行业务管理流程的再造，将操作风险管理要求落实到银行具体业务的每一个环节中。业务流程再造就是围绕风险控制与缓解对银行业务流程进行重新设计，使增值最大、风险最小。

5. 风险防范与控制

风险防范与控制就是在操作风险管理中，一方面对风险进行识别和度量，为其配备合理的资本金；另一方面就是对操作风险进行管理。按照风险的损失概率和损失率进行排序，分别采取不同的方法来防范风险。

目前，我国商业银行一方面要对操作风险进行识别和度量，为其配置相应的资本金；另一方面应对操作风险进行评估、监控和管理，按风险的可接受程度对风险进行排序，对不可接受的风险要进行缓释、转移，对可防范的风险要进行控制，逐渐形成健全的内部控制制度。其中包括岗位责任制度、授权审批制度、业务操作制度、责任追究制度、突发事件控制制度等。操作风险管理者可以从损失数据库的记录中总结经验，从具体业务流程中找出风险点，制定详细的规章制度，从制度上保证每一种可能的风险因素都被监控到，每一种业务都有管理规范，形成有效的约束与内控机制。

9.5 金融机构流动性风险管理

近些年来，金融体系发生了巨大的变化，经历了衍生品的繁荣及金融危机的发生，商业银行面临更复杂的经济环境，所要处理的风险日益增多，对于风险的管理面临着更严峻的考验。流动性风险作为商业银行的主要传统风险，依然是商业银行管理层所要面临的最重要的任务之一。相对于利率风险、信用风险和操作性风险而言，流动性风险更多的是一种指标化风险和结果。

9.5.1 流动性风险的识别

1. 流动性风险的定义

流动性风险是指商业银行无法以合理成本及时获得充足资金，用于偿付到期债务、履行其他支付义务和满足正常业务开展的其他资金需求的风险。

形成流动性风险的因素大概包括以下三个方面：一是资产负债业务期限错配，使用短期甚至是超短期的负债支持中长期资产投资，不断需要拆借资金偿还上一笔到期资金，当不能及时以合理成本获取充足资金时即产生流动性风险；二是投资亏损、不良贷款等导致资产回收性下降，无法及时收回投资款项偿还负债；三是投资亏损或不良贷款等负面消息引发存款人挤兑，投资失败还导致银行信用评级下降及批发性融资能力下降（如融资规模下降、期限缩短、融资成本上升等），引发流动性危机。

2. 流动性风险的特点

（1）风险的普遍存在性。流动性问题是银行经营过程中随时都会面临的一个普遍问题，流动性风险可能会在正常时期发生，也可能会在危机时期发生。

（2）极端的流动性风险是其他各种风险的最终表现。流动性风险经常与信用风险、市场风险和操作风险等联系在一起，任何其他系统性风险和非系统性风险都有可能转化为流动性风险，极端的流动性是各种风险的最终表现。金融机构的危机，不管其最初的诱因是资产质量低下、投资失败还是市场以外的波动，最终都表现为流动性的丧失。

（3）风险具有极强的传染性。流动性风险的传染机制有两条，其一是接触性传染，即由于金融机构之间存在各种密切而复杂的经济关系，一旦其中某个机构出现流动性问题，必然通过资金或业务联系影响到其他机构。其二是非接触性传染。金融机构的经营与金融市场的运作都依赖于公众的信心，公众的信任是金融业的最终基础。金融机构一旦失去公众的信赖，就容易引起公众产生恐慌心理，恐慌心理具有自我强大、自我放大的机制，从而使得流动性风险迅速传染开来。

3. 流动性风险的成因

金融机构不同于一般工商企业的重要特征是其高资产负债率，而正是这一特征导致流动性风险对于金融机构来说始终处于重要地位。

（1）资产和负债期限不匹配。众所周知，银行自诞生的那天起，其核心技能就是"期限的转换"，即将短期存款或负债转变为长期的盈利资产。这种"借短贷长"的行为在银行的资产负债表中具体表现为资产与负债期限的不匹配。换言之，由资产产生的现金流入与由负债产生的现金流出不能相互吻合。值得说明的是，"借短贷长"所引起的资产负债期限不匹配是一种正常的流动性风险。银行要盈利、要发展，不可避免地要面临这一风险。

（2）对利率变动的敏感性。当市场利率水平上升时，某些客户会将存款提现，转为其他报酬更高的产品，某些贷款客户可能推迟新贷款的申请或者加速使用利率成本较低的信用额度。因此利率的变动对客户存款需求和贷款需求都产生影响，以致严重影响到银行的流动性头寸。此外，利率的波动还将引起银行所出售资产（换取流动性）市值的波动，甚至直接影响到银行在货币市场的借贷资金成本。

（3）信贷风险。对于一家经营不善的银行来说，信贷风险往往是流动性危机的诱因。一家管理拙劣的银行，往往甘冒极大的风险将资金贷给信誉欠佳的机构。由于借款人经营不善导致贷款坏账，从而使银行盈利下滑。一旦金融市场流传该银行盈利下滑的传言，其将不得不以更高的代价去保留原有的存款或从市场上购买资金。随着银行盈利状况的进一步恶化，甚至严重亏损，这时存款人将纷纷抽走其资金，迫使银行不得不通过低价变卖资产来解燃眉之急，而低价变卖资产将有可能导致这家银行最终破产倒闭。

9.5.2　流动性风险的计量与监测

1. 度量流动性风险的财务比率指标

财务比率指标法又称流动性指标法，是指金融机构根据资产负债表的有关数据，计算流动性指标，用以衡量流动性状况的预测方法。财务比率指标法通常采用以下两种方式。

商业银行可根据自身业务规模和特色设定多种流动性比率，满足流动性风险管理的需要。在日常经营管理过程中，商业银行应时刻关注当前的流动性状况，恰当把握和控制各项流动性比率或指标的上下波动幅度，适时调整资产负债的期限、币种、分布结构。

（1）核心存款与总资产比率。商业银行的存款按其稳定性不同可分为核心存款和非核心存款。核心存款是指那些相对来说较稳定的，对利率的变化不敏感的存款，季度和经济环境的变化对其影响也较小。因此，核心存款是商业银行稳定的资金来源。不过，一旦商业银行失去信誉，核心存款也会流失。

非核心存款也称为易变存款，受利率等外部因素影响较大。一旦经济环境变化对银行产生不利的影响，非核心存款往往会大量流失。然而此时也正是商业银行流动性需求增强的时候，所以在测算流动性时，不能考虑这类存款。

核心存款和总资产的比率在一定程度上反映了商业银行流动性能力。一般而言，地区性的中小银行该比率较高，而大银行特别是国际性的大银行这一比率较低，但这并不意味着大银行的流动性风险比小银行的要高，因此该指标也存在局限性。不过对同类银行而言，该比率高的银行其流动性能力也相应较高。

（2）贷款总额与总资产比率。贷款是商业银行最主要的资产，如果贷款不能在二级市场上转让，那么这类贷款就是银行所有资产中最不具备流动性的资产。通常该比率较高，表明银行流动性较差；该比率较低则反映了银行具有很大的贷款潜力，满足新贷款需求的能力也较强。一般情况下，该比率随银行规模的增加而增加，大银行的比率高于中小银行的比率。由于贷款总额与资产的比率忽略了其他资产，特别是流动性资产的性质，因此该项指标往往不能准确地衡量银行的流动性风险，而且该指标没有考虑贷款本身所具备的流动性。

（3）贷款总额与核心存款比率。贷款总额与存款总额的比率是一种传统的衡量银行流动性的指标。后来人们发现易变存款不能作为银行稳定的资金来源，所以就用核心存款来代替存款总额。

$$贷款总额与核心存款的比率 = 贷款总额/核心存款$$

此比率越小，商业银行存储的流动性就越高，相对来说，流动性风险也就越小。

一般来说，贷款总额与核心存款的比率随银行规模扩大而增加，某些大银行的比率甚至大于1。这是因为对于大银行来说，核心存款与总资产的比率较低，而单位资产的贷款额又比中小银行高，但大银行更容易在金融市场上以合理的成本筹措到资金，以满足其流动性的需求。

（4）流动资产与总资产比率。流动资产是指那些投资期在一年以内，信誉好、易变现的资产。这类资产在需要时马上就能以合理的价格转换为现金。流动资产占总资产的比率越高，银行储备的流动性就越高，应付潜在的流动性需求的能力也就越强。但是对于大银行来说，因为它能以合理的价格筹措资金，因此不必存储太多的流动资产，所以大银行越大，该比率就越小。

（5）易变负债与总资产比率。易变负债是指那些不稳定的，易受利率、汇率、股价指数等经济因素影响而变动的资金来源，如大额可转让定期存单、国外存款，以及我国的定活两便存款、证券账户上的存款等。当市场利率或其他投资工具的价格发生对银行不利的变动时，这一部分资金来源容易流失。

易变负债与总资产的比率衡量了一个银行在多大程度上依赖于易变负债获得所需资金。通常情况下，在其他条件相同时，该比率越大，银行面临的流动性风险也越大。

2. 度量流动性风险监管指标

目前，我国对于商业银行流动性监管采用的四项主要指标为流动性覆盖率、净稳定资金比例、贷存比和流动性比例，其中流动性覆盖率和净稳定资金比例是在《巴塞尔协议Ⅲ》中首次提出，是国际监管层面针对危机中银行流动性问题反思的最新成果。在引入新国际流动性指标的同时，银监会也保留了与国际相吻合的监管指标，如存贷比例和流动性比例，以及核心负债依存度、流动性缺口率、客户存款集中度及同业负债集中度等。多个流动性风险指标推动银行业金融机构建立多情景、多方法、多币种和多时间跨度的流动性内部监控指标体系。

（1）流动性覆盖率。流动性覆盖率指标要求确保商业银行具有充足的合格优质流动性资产，能够在银监会规定的流动性压力情景下，通过变现这些资产满足未来至少30天的流动性需求。其计算公式为

$$流动性覆盖率 = （合格优质流动性资产 / 未来 30 天现金净流出量）\times 100$$

合格优质流动性资产是指现金类资产，以及能够在无损失或极小损失的情况下在金融市场快速变现的各类资产。未来 30 天现金净流出量是指未来 30 天的预期现金流出总量与预期现金流入总量的差额。商业银行的流动性覆盖率应当不低于 100%。

（2）净稳定融资比例。净稳定融资比例则旨在引导商业银行减少资金运用与资金来源的期限错配，增加长期稳定资金来源，满足各类表内外业务对稳定资金的需求。其计算公式为

$$净稳定融资比例 = （可用的稳定资金 / 所需的稳定资金）\times 100\%$$

监管当局要求，商业银行的净稳定融资比例应当不低于 100%。

（3）贷存比。贷存比即银行资产负债表中的贷款资产占存款负债的比例。影响贷存比变化的主要因素包括国家对银行贷存比的上限管理（会逐步放开）、国家针对贷款增速实施的宏观调控政策、存款利率变动或居民拓宽投资理财渠道（如居民将存款更多

地投向股市就会提升银行贷存比）以及各家银行不同的资产质量状况和经营策略等。其计算公式为

$$贷存比 = 贷款余额/存款余额$$

该指标是评判流动性的总指标，也是长期以来被银行运用较多的传统指标。贷款是商业银行最主要的资金运用，也是流动性较差的资产；存款是商业银行的负债，是其最主要的资金来源。贷款对存款的比率越高，就意味着商业银行的流动性就越差，风险程度越大，因为不具流动性的资产占用了更多的资金。反之，贷款对存款的比率较低，说明银行还有多余的头寸，既可以用稳定的存款来源发放新的贷款或进行投资，也可以应付客户提现的需求。一般来讲，商业银行在初级阶段该比例较低，随着经营管理水平的不断提高和规模的扩大，该比例也不断上升。

（4）流动性比率。流动性比率是最常用的财务指标，它用于测量金融机构偿还短期债务的能力。其计算公式为

$$流动性比率 = 流动资产/流动负债$$

其计算数据来自资产负债表。一般来说，流动性比率越高，企业偿还短期债务的能力越强。一般情况下，营业周期、流动资产中应收账款数额和存货的周转速度是影响流动性比率的主要因素。

9.5.3　流动性风险的控制

1. 限额管理

根据其业务规模、性质、复杂程度、流动性风险偏好和外部市场发展变化情况，设定流动性风险限额。流动性风险限额包括但不限于现金流缺口限额、负债集中度限额、集团内部交易和融资限额。

商业银行应当制定流动性风险限额管理的政策和程序，建立流动性风险限额设定、调整的授权制度、审批流程和超限额审批程序，至少每年对流动性风险限额进行一次评估，必要时进行调整。

商业银行应当对流动性风险限额遵守情况进行监控，超限额情况应当及时报告。对未经批准的超限额情况，应当按照限额管理的政策和程序进行处理。对超限额情况的处理应当保留书面记录。

2. 融资管理

商业银行应当建立并完善融资策略，提高融资来源的多元化和稳定程度。商业银行的融资管理应当符合以下要求。

（1）分析正常和压力情景下未来不同时间段的融资需求和来源。

（2）加强表内外资产负债品种、期限、交易对手、融资抵（质）押品和融资市场等的集中度管理，适当设置集中度限额。

（3）加强融资渠道管理，积极维护与主要融资交易对手的关系，保持在市场上的适当活跃程度，并定期评估市场融资能力。

（4）密切监测主要金融市场的交易量和价格等变动情况，评估市场流动性对商业银行融资能力的影响。

3. 融资抵（质）押品管理

加强融资抵（质）押品管理，确保其能够满足正常和压力情景下日间和不同期限融资交易的抵（质）押品需求，并且能够及时履行向相关交易对手返售抵（质）押品的义务。

商业银行应当区分有变现障碍资产和无变现障碍资产，对可以用作抵（质）押品的无变现障碍资产的种类、数量、币种、所处地域及机构，以及中央银行或金融市场对其接受程度进行监测分析，定期评估其资产价值及融资能力，并充分考虑其在融资中的操作性要求和时间要求。

商业银行应当在考虑抵（质）押品的融资能力、价格敏感度、压力情景下的折扣率等因素的基础上提高抵（质）押品的多元化程度。

4. 加强日间流动性风险管理

应当加强日间流动性风险管理，确保具有充足的日间流动性头寸和相关融资安排，及时满足正常和压力情景下的日间支付需求。

本章小结

商业银行面临的风险分为信用风险、市场风险、操作风险、流动性风险、国家风险、法律风险、声誉风险、战略风险、环境风险九大类。在商业银行风险管理的组织结构中，董事会对风险管理负最终责任，高级管理层是风险管理的执行主体，风险管理部门负责日常风险管理工作，其他部门履行相应的风险管理职责。

商业银行的信用风险主要存在于贷款业务中，贷款信用风险是商业银行面临的最主要的信用风险。集中风险是贷款信用风险的一种表现形式，对关系人发放贷款是形成不良贷款的常见情形之一。除了贷款业务有信用风险，商业银行的票据贴现、同业拆借、证券投资或有负债、衍生产品交易等非贷款业务也存在信用风险。

商业银行市场风险包括利率风险、汇率风险、股票价格风险和商品价格风险。利率风险按照来源的不同可以分为以下四种：重新定价风险、收益率曲线风险、基准风险、期权性风险。汇率风险的种类有外汇交易风险和外汇结构性风险。

操作风险是指由于内部程序、人员和系统的不完备或失效，或由外部事件造成直接或间接损失的风险。商业银行操作风险具有明显的内生性、较强的人为性、与预期收益弱相关、覆盖面广等特点。

流动性风险是一种综合性风险，通常被认为是商业银行破产的直接原因。对流动性风险的识别、监测和控制，必须兼顾商业银行的资产和负债两方面。流动性风险管理的核心就是尽可能地提高资产的流动性和负债的稳定性，并在两者之间寻求最佳的风险与收益的平衡点。

 复习思考题

1. 金融机构风险的类型有哪些？金融机构如何进行金融风险管理？

2. 什么是金融机构风险？金融机构风险有哪些主要特征？对经济有哪些影响？

3. 比较日本泡沫经济危机、东南亚金融危机、美国次贷危机的形成机制和主要教训，总结当代金融危机的主要特征。

4. 什么是金融监管？金融监管的理论依据有哪些？金融监管的目标有哪些？

 **案例讨论**

中国工商银行风险管理系统的演变与运行

中国工商银行股份有限公司前身为中国工商银行（简称"工行"），成立于 1984 年 1 月 1 日。2005 年 10 月 28 日，工行整体改制为股份有限公司。2006 年 10 月 27 日，工行成功在上交所和香港联交所同日挂牌上市。

1. 工行风险管理系统的演变

（1）初级风险管理阶段（1984—1994 年）。这一阶段尤其是 1993 年以前，我国以计划经济体制为主。工行作为国家的专业银行，贷款投放由国家统一计划和安排，银行的自主经营管理权力受到严重制约，导致银行主动认识、管理风险的动力不足。这一阶段的风险管理基本上是感性的、零散的、事后的，属于被动的风险管理阶段。

（2）信贷风险管理阶段（1995—1999 年）。1995 年《商业银行法》颁布后，国有商业银行开始探索市场化经营之路。1997 年的亚洲金融危机所导致的金融风险影响国家安全和社会稳定的情况，为我国商业银行加强金融风险管理敲响了警钟。这一时期为工行信贷风险管理的重要时期，贷款风险管理的很多原则、制度办法都在这一阶段形成，各级资产风险管理专业部门也在这一阶段建立。但是风险管理过程中主要侧重信贷风险的管理。不良资产的下降主要依靠国家政策支持，非信贷风险资产处置尚未全面启动，操作风险、利率风险管理还未纳入议事日程。

（3）部门风险管理阶段（2000—2003 年）。1999 年，第一次不良贷款剥离陆续完成，国有商业银行保持并提高资产质量的动力和压力进一步加大，提升风险管理能力是实现这一目标的根本途径。为了加强信贷风险控制，实现了前、后台分离的机构设置，确立了新老贷款分别管理的工作措施。信用风险、利率风险、操作风险等各类风险的管理水平进一步提高，但基本仍散落在各个部门、产品和业务之中，全面风险管理体系尚未建立。

（4）全面风险管理阶段（2004—2017年）。2004年，工行通过了《会计业务流程再造实施方案》，实行会计业务前、中、后台分离；决定改革资金管理体制，启动内部资金转移价格制度；通过《境外机构风险准备金管理办法》。该行由过去单一注重信用风险管理，向包括市场风险、操作风险、流动性风险等在内的全面风险管理转变。2005年，风险管理委员会第一次审议了流动性风险、信用风险、市场风险和操作风险报告，了解财务重组后资产质量状况和公司客户信用风险、利率和汇率风险情况，形成了"与该行战略相一致的整体、全程、量化的全面风险管理"理念，以及"依法合规、审慎稳健、诚信尽责、创造价值"的风险管理文化。

2. 2018年全面风险管理的运行情况

全面风险管理是指通过建立有效制衡的风险治理架构，培育稳健审慎的风险文化，制定统一的风险管理策略和风险偏好，执行风险限额和风险管理政策，有效识别、评估、计量、监测、控制或缓释、报告各类风险，为实现集团经营和战略目标提供保证。

按照贷款风险分类的监管要求，工行实行贷款质量五级分类管理，根据预计贷款本息收回的可能性把贷款划分为正常、关注、次级、可疑和损失五类。工行严格遵循市场风险管理相关监管要求，实行独立、集中、统筹的市场风险管理模式，形成了金融市场业务前、中、后台相分离的管理组织架构。工行继续坚持稳健审慎的流动性管理策略，密切关注流动性风险面临的各项影响因素。工行严格遵循操作风险管理相关监管要求，实行"综合管理、分类控制"的操作风险管控模式。

——资料来源：由中国工商银行2018年年度报告、期刊资料和内部资料整理而成。

思考题：

1. 工行信用风险管理的各个不同阶段有什么特点？

2. 2018年工行针对不同类型的风险采取了哪些不同的控制措施？

第10章 金融机构经营绩效管理

 学习目的

知识要点	掌握程度
金融机构经营绩效管理概述	了解金融机构经营绩效与绩效管理的含义；了解金融机构经营绩效评价体系的类型；熟悉金融机构经营绩效的评价原则
金融机构经营绩效的财务评价	了解金融机构资产负债表的定义和结构；了解金融机构损益表的含义和结构；熟悉金融机构现金流量表的含义和结构
金融机构经营绩效评价指标体系	了解金融机构经营绩效评价的指标类型；熟悉合规经营类指标、风险管理类指标、经营效益类指标、发展转型类指标、社会责任类指标；掌握经营绩效指标的计算
金融机构经营绩效的评价方法	了解金融机构经营绩效评价方法的类型；熟悉比率分析法、杜邦分析法、经济增加值评价法与平衡计分卡法

10.1 金融机构经营绩效管理概述

金融机构经营绩效是在一定经营时期之内，金融机构的经营者业绩和经营效益的综合反映。如何正确地评价金融机构经营绩效，是金融机构经营管理的重要内容。只有准确评价金融机构的绩效，才能实现对金融机构经营现状的准确把握，满足相关利益主体对金融机构经营信息的需要，发现金融机构经营管理存在的问题和不足，实现对经营管理的有效激励和约束。

10.1.1 金融机构经营绩效与绩效管理的含义

1. 经营绩效的含义

现代金融机构是按照现代公司制组织模式成立的，与一般企业一样，其基本目标都是追求企业价值最大化。但金融机构也有其自身的经营特殊性，它除了盈利性的目标外，还有安全性、流动性的经营要求。由于金融机构在经济金融领域具有强大的影响力，其经营风险控制能力要求也比一般企业高，因此其经营绩效是在市场机制的作用下，在一定经营期间内，按照"盈利性、安全性、流动性、发展性"的基本经营原则，合理配置、充分使用自身所拥有的经济资源，提供适应市场需求的金融产品和服务所表现出来的经营业绩、运作效率和风险管理及持续发展能力。

金融机构经营绩效是指一定经营期间的金融机构经营效益和经营者业绩。金融机构经营效益水平主要表现在企业的盈利能力、资产运营水平、偿债能力和后续发展能力等方面。经营者业绩主要通过经营者在经营管理企业的过程中对企业经营、成长、发展所取得的成果和所作出的贡献来体现。金融机构经营绩效评价包括对企业经营效益和经营者业绩两个方面的评判。

2. 经营绩效管理的含义

由于金融机构涉及的风险面广、风险度高，因此其经营活动不但以盈利性为目的，还要以安全性和流动性为原则。安全性要求金融机构审慎经营，在经营业务时不能盲目扩张金融资产规模，不能忽视不同宏观经济环境下不同的风险程度，应当充分保证其资产的安全和资本的充足。流动性要求金融机构在面临广大客户提取现金的需求时能够有充足的现金资产来应对，以免发生挤兑风险。因此，金融机构需要通过制定并执行一系列的经营绩效管理策略，清晰地了解机构经营活动的进程，掌握更加丰富的运营信息，及时制定好相关决策，保证机构的盈利与安全性。

绩效管理的根本目的是实现对组织目标的贯彻和组织绩效的最优化。绩效管理不仅关注结果，更关注形成结果的过程，管理层可以借此发现经营中的不足或差距，是加强过程管理的有效方法。对员工的奖惩只是绩效结果应用的一种形式，绩效管理最终的目的是促使员工个人的努力和组织目标保持一致，从而促进商业银行持续成长、持久经营，实现价值提升。不能将绩效管理单纯看作对员工行为的约束或者奖金分配、职务升迁。

所以，金融机构经营绩效管理是结合金融机构经营管理的结果和过程，运用一组财务、非财务指标和一定的评估方法对金融机构目标实现程度进行考核评价的过程。

10.1.2　金融机构绩效评价体系的类型

金融机构的绩效评价一般是由某一经济主体组织，依据不同的目的，选择侧重点不同的评价方法进行评价。根据对金融机构绩效评价的评估主体及其目的不同，可以将绩效评价体系分成以下三种类型。

1. 监管性评价

监管性评价是由金融机构监管当局对各个金融机构绩效所作的评价，它依靠各类财务报表，通过对收益与风险水平的测定和年度比较来对机构整体经营绩效进行评价和定量分析。例如，国际上《巴塞尔协议》就是一种国际银行联合监管的实践，具有很强的约束力。同时各国的中央银行及监管机构对商业银行要求的定期报告制度，也是监督和检查商业银行的关键方法，其中包括对商业银行的准备金缴纳、业务范围、各类信贷比率等指标进行检查、分析和评价。

2. 社会中介机构评价

社会中介机构评价是由银行业公会、金融权威刊物、专业评估机构及一些大的投资机构等民间组织和机构所进行的绩效评价。这些机构的评估常常因为其超然性、公正性和独特性而为社会所重视。除了对财务报表做广泛考察外，这种评估常常着眼于对个别项目及客户关注的问题进行分析和比较，从而影响公众对金融机构的认识和评价。

3. 自律性评价

自律性评价是指金融机构董事会对经营管理者的经营业绩建立的评价体系，或者是金融机构的上级行对下级行的经营业绩的评价体系。其中常用的评价指标包括各类头寸报告、财务报表、流动性报告、贷款作业程序报告、存款报告、同业动态分析等。

在金融机构绩效评价的实际操作过程中，上述三类绩效评价体系不是割裂的，在评估方法上相互交叉，并且不同的评价主体之间常常相互参考对方的评估结果，以便改进和完善已有的分析和评价。对金融机构经营绩效进行评估，就是从机构自身的经营现状出发，通过运用一系列定量、定性指标，对金融机构经营过程中的盈利能力、业务发展状况、资产风险状况、持续发展能力等方面进行客观、公正的考核、评估，以发现其经营过程中存在的问题，从而引导金融机构的经营行为，提升机构的盈利能力和竞争力。

10.1.3 金融机构经营绩效的评价原则

1. 稳健经营原则

金融机构应当树立稳健绩效观，确定稳健的发展战略和经营计划，制定稳健的绩效考评目标和具体指标，使金融机构业绩的改善是可持续的。绩效管理应该以金融机构战略目标为导向，是帮助金融机构达到远景目标的有力工具，而不仅仅是用于绩效评价的。金融机构要防止以损害其可持续性发展为代价来提升短期利润的做法。

要保障金融机构绩效评价具有稳定经营性，还需要在绩效管理过程中运用灵活的方法和技巧，并因时、因地、因人制宜，随着外部环境的变化和自身的发展需求而改变，减少变化因素对机构稳健经营带来的增加成本等不利影响。绩效计划的制订要留有余地并保持较大的弹性，绩效标准的设置也应该适当调整，从而保证金融机构能根据内、外部客观环境的变化做出适当的调整，使实现目标的进程可以因情况的变化而随时修正。

2. 合规引领原则

合规是指金融机构的经营活动与法律、规则和准则相一致。从巴塞尔委员会关于合规风险的界定来看，银行的合规特指遵守法律、法规、监管规则或标准。绩效考评应当体现监管要求，促进金融机构合规经营和有序竞争，培养合规文化，维护良好的市场秩序。近年来，"依法合规"一词在我国金融机构监督管理工作中经常使用。但是，许多人对"合规"概念的理解却是表面化的，有的将"合规"理解为金融机构及其分支机构的经营管理行为必须符合金融机构总部制定的规章制度；有的将"合规"简单地理解为符合规定，不符合规定就是违规。显然，这些理解与国际银行业对"合规"的理解是不一致的。《商业银行合规风险管理指引》对合规的含义也进行了明确："是指商业银行的经营活动与法律、规则和准则相一致。"与银行经营业务相关的法律、规则及标准，包括诸如反洗钱、防止恐怖分子进行融资活动的相关规定；涉及银行经营的准则包括避免或减少利益冲突等问题，隐私、数据保护及消费者信贷等方面的规定。此外，依据监管部门或银行自身采取的不同监督管理模式，上述法律、规则及标准还可延伸至银行经营范围之外的法律、规则及准则，如劳动就业方面的法律法规及税法等。法律、规则及准则可能有不同的渊源，包括监管部门制定的法律、规则及准则、市场公约，行业协会制定的行业守则，以及适用于银行内部员工的内部行为守则。它们不仅包括那些具有法律约束力的文件，还包括更广义上的诚实廉正和公平交易的行为准则。

3. 战略导向原则

绩效考评应当以发展战略为导向，以经营计划为目标，通过科学合理的绩效考评，坚持既定市场定位，执行既定发展战略。但是，在多指标评价体系中，不同的指标关系密切，构成一个指标类，因此在实际操作中往往需要把指标进行分类，构建不同的层次，这就需要绩效考评具有一定的层次。根据金融机构的考核和评价目的，将指标分为盈利能力、资产流动性、资产安全性及发展能力四类。评价体系具体分为三个层次：第一层为总目标，即金融机构利润最大化；第二层为分类目标，即财务效益状况、资产流动性、资产安全性和发展能力四个方面；第三层为具体考核指标，如资产收益率、权益报酬率、现金资产比率等。这样通过计算得到的结果就能清楚地反映被评价金融机构中哪一方面好，哪一方面差，从而更好地实现差异化发展、内涵式发展、均衡性发展，提高金融机构服务实体经济的能力。

4. 综合平衡原则

金融机构应当统筹业务发展与风险防控，建立兼顾效益与风险、财务因素与非财务因素、当期成果与可持续发展的绩效考评指标体系，全面客观地实施绩效考评。这一原则是指指标体系应该能够涵盖影响金融机构绩效水平的所有重要方面，从金融机构经营的重要业务入手，全面反映金融机构的战略实施、经营管理和市场运作的情况，不能只侧重于一个方面或几个方面而忽略其他重要方面，也只有涵盖各个重要方面的绩效考核才能提供真实有效的信息。均衡地考核金融机构绩效水平并不意味着一味地增加指标数量以求得指标体系的全面性，而是应该以评价金融机构效率为核心，在所有影响金融机构绩效的重要方面选取有用且不重复的指标作为考核标准，尽可能全面、客观地反映金融机构运营的效率和风险。

5. 统一执行原则

每个行业都有自己独有的特征，有着不同于其他行业的市场竞争格局和发展策略模式。每个企业也都有不同于其他企业的经营目标和发展战略，对于不同的评价主体应有其适用的绩效评价方法和评价指标体系。建立指标体系时应该关注评价主体的行业特征，选取与行业经营模式、发展战略密切相关的指标作为考核标准，从而建立绩效评价指标与企业发展目标之间稳定的联系。因此，金融机构建立有效的考评管理机制，需要指标体系能够适用于评价主体的要求和特征，使其能够更好地帮助企业解决困境。同时，要保障绩效管理的统一执行，还需要使其具有一定的可实用性，一是指标体系应该是能真实地反映该金融机构运营的效率及存在的风险，能够有效地为机构管理者考核机构业绩、评价机构绩效提供依据，为管理者和经营者进行管理、作出决策提供有用的信息，这样的指标体系应该是全面而简洁的，即所选取的指标既要全面也不能太过复杂，过于重复而不利于实施，或者增加了进行绩效评价的成本。二是建立的指标应该定义清晰，计算方法要明确，数据来源要稳定并且可靠，易于计量，注重绩效考评的过程和质量管理，强化绩效考评执行力和约束力，确保经营管理要求逐级传导的一致性。

10.2 金融机构经营绩效的财务评价

金融机构经营绩效的财务评价主要是从财务报表的角度，对金融机构的经营绩效进行评价。我国《金融企业会计制度》规定，金融企业应按照《企业财务会计报告条例》的规定，编制和对外提供真实、完整的财务会计报告。金融机构向外提供的会计报表包括资产负债表、利润表、现金流量表、利润分配表、所有者权益变动表、分部报表等。财务报表为金融机构的经营管理及经营绩效评价提供了必要的信息，通过财务报表的构成和编制，可以了解金融机构的经营活动全过程和经营结果。

10.2.1 资产负债表

1. 资产负债表的定义

资产负债表是金融机构用以反映本机构在会计期末（月末、季末、年末）全部资产、负债和所有者权益情况的财务报表。资产负债表分为基本部分和补充资料两大部分。通过资产负债表，可以了解报告期金融机构实际拥有的资产总量、构成情况、资金来源渠道及结构，从总体上认识金融机构的资金实力、清偿能力等情况。通过连续期的资产负债表，可了解金融机构财务状况的变动情况，有利于对其未来发展趋势作出预测。

2. 资产负债表的结构

金融结构资产负债表的基本结构同一般企业的基本相同，是根据"资产 = 负债 + 所有者权益"这一平衡公式而设计的，按设定的分类标准和顺序将报告日商业银行的资产、负债、所有者权益的各具体项目予以适当排列编制而成。基本部分又分为左右两方，左方列示资产项目，右方列示负债及所有者权益项目。每个项目都列有"年初数"和"期末数"两栏。由于金融机构的全部资产从所有者看来，不是属于债权人，就是属于投资人，所以资产负债表左右两方的合计数始终相等、相互平衡。在资产负债表上，资产按其流动性程度的高低顺序排列，即先流动资产，后非流动资产，而非流动资产又划分为若干大类；负债按其偿还期的长短排列，先流动负债，后长期负债；所有者权益则按其永久性递减的顺序排列，先股本，后资本公积、盈余公积，最后是未分配利润。

金融业经营活动与工商企业经营活动有显著差异，在报表反映内容上也有自身的特点。首先，商业银行总资产中各种金融债权占较大比例，而固定资产主要是房产和设备，所占比例很小，西方商业银行固定资产与总资产的比值一般不足 2%。其次，商业银行更多地依靠负债获取资金来源，自有资金一般不足 10%，大大低于工商企业平均水平。同工商企业相比，商业银行资本会更多地发挥管理职能，即管理部门通过建立相关资本金管理法令，来约束、引导商业银行的正常发展。最后，由于所处经营环境、面临的经济法规不同，开展的业务各具特点，不同商业银行在资产负债表具体科目设置、会计处理上也不尽相同，但总体上大同小异。

中国工商银行资产负债表见表 10 - 1。

表 10 - 1 　　　　　　　　　　中国工商银行资产负债表

编制单位：　　　　　　　　　　2018 年 12 月 31 日　　　　　　　　　　单位：百万元

资产	行次	期末余额	年初余额
现金及存放中央银行款项	1	3 372 576	3 613 872
存放同业及其他金融机构款项	2	384 646	370 074
贵金属	3	181 292	238 714
拆出资金	4	577 803	477 537
衍生金融资产	5	71 335	89 013
买入返售金融资产	6	734 049	986 631
发放贷款及垫款	7	15 046 132	13 892 966
金融投资	8	6 754 692	5 756 704
——以公允价值计量且其变动计入当期损益的金融投资	9	805 347	440 938
——以公允价值计量且其变动计入其他综合收益的金融投资	10	1 430 163	
——以摊余成本计量的金融投资	11	4 519 182	

资产	行次	期末余额	年初余额
——可供出售金融资产	12		1 496 453
——持有至到期投资	13		3 542 184
——应收款项类投资	14		277 129
长期股权投资	15	29 124	32 441
固定资产	16	253 525	216 156
在建工程	17	35 081	29 531
递延所得税资产	18	58 375	48 392
其他资产	19	200 910	335 012
资产合计	20	27 699 540	26 087 043
负债	行次	期末余额	年初余额
向中央银行借款	21	481	456
同业及其他金融机构存放款	22	1 328 246	1 214 601
拆入资金	23	486 249	491 948
以公允价值计量且其变动计入当期损益的金融负债	24	87 400	89 361
衍生金融负债	25	73 573	78 556
卖出回购金融资产	26	514 801	1 046 338
存款证	27	341 354	260 274
吸收存款	28	21 408 934	19 562 936
应付职工薪酬	29	33 636	33 142
应交税费	30	95 678	82 550
已发行债务证券	31	617 842	526 940
递延所得税负债	32	1 217	433
其他负债	33	365 246	558 452
负债合计	34	25 354 657	23 945 987
股东权益	行次	期末余额	年初余额
股本	35	356 407	356 407
其他权益工具	36	86 051	86 051
资本公积	37	151 968	151 952
其他综合收益	38	(11 875)	(62 058)
盈余公积	39	261 720	232 703
一般准备	40	279 064	264 892
未分配利润	41	1 206 666	1 097 544
归属于母公司股东的权益	42	2 330 001	2 127 491

续表

资产	行次	期末余额	年初余额
少数股东权益	43	14 882	13 565
股东权益合计	44	2 344 883	2 141 056
负债及股东权益总计	45	27 699 540	26 087 043

会计主管：　　　　　　　复核：　　　　　　　制表：

资料来源：中国工商银行 2018 年年度报告。

3. 资产负债表的内容（以银行为例）

（1）资产项目。

资产是金融机构拥有或控制的能以货币计量的各种经济资源，包括以下内容。

①现金资产。现金资产一般包括库存现金、在中央银行的存款、存放同业的款项、在途资金。库存现金指银行金库里的现钞和硬币；在中央银行的存款主要用于应付法定准备金的要求，并可用作支票清算、财政部库券交易和电汇等账户的余额；存放同业的款项是存入中央银行或同业、联行的支票，主要用于同业间、联行间业务往来的需要；在途资金是指未到达其账上资金。现金资产是全部资产中流动性最强的部分，可以随时满足客户提现和贷款的需要，被称为一级准备金。

②准备金。每一家银行都有依法将其吸收存款的法定比例缴存中央银行或提留现金准备。按照中央银行法定准备金比率要求准备的现金或上缴存款称为第一准备金。此外，银行在第一准备金之外还会保有部分高流动性资产，如交易性金融资产，能随时变现，以应对临时性需要，如短期投资、贴现与放款，在收益性、流动性方面介于贷款资产和现金资产之间。它们是银行应付提存的第二道防线，也称为第二准备金。

③证券投资。这是商业银行主要的盈利资产之一，有时占资产总额的 20% 以上，可划分为短期投资和长期投资两部分。前者以保有流动性为目的，包括在第二准备金内，后者以取得盈利为目的。商业银行持有的证券分为三类：国库券及政府机构债券、市政债券和企业债券、票据。

④贷款。贷款是商业银行资产中比例最大的项，也是商业银行收入的主要来源。银行贷款可进步划分为消费信贷、不动产信贷、工商业贷款等。在资产负债表中，贷款值是报表尚未还清的贷款余额和账面价值。

⑤固定资产主要指银行房产、设备的净值，该项所占比例一般较低，属于非营利性资产。银行通过对客户抵押品行使取消赎回权所得的不动产需再单独设置一个"其他不动产"科目予以反映。

⑥未结清的客户对银行承兑的负债。该科目来自银行承兑行为，商业银行往往将这一表外业务纳入资产负债表内。

⑦其他资产包括银行持有的、对不纳入合并会计报表的子公司投资及一些数目小不单独列出的项目。

（2）负债项目。负债项目是金融机构所能承担的以货币计量，应以资产和劳务偿付的各种债务。银行负债包括以下内容。

①存款是银行最主要的负债，占全部资金来源的60%～80%。存款按其类型分为以下三类。第一类，支票存款账户，包括不含息和含息的可签发支票的活期存款。第二类，储蓄存款。银行储蓄存款主要是针对居民或个人开办的。银行对该账户支付较低利息，允许客户随时提取。第三类，定期存款。定期存款是银行稳定的资金来源，它多采取存折、存单形式。

②借款是商业银行的重要资金来源，特别是一些大银行更注重利用借入资金来支持资产业务的扩张。银行以借入资金方式筹资速度较快，也无须缴纳存款准备金。借款又包括长期借款和短期借款。

（3）所有者权益。所有者权益是指所有者在企业资产中享有的经济利益，其金额等于资产减去负债后的差额。它包括以下项目。

①实收资本反映商业银行投资者按照企业章程或合同、协议的约定而实际投入企业的注册资本。它包括国家资本金和法人资本金等。

②资本公积反映商业银行在资本筹集过程中所取得的、不作为注册资本的公积金。它包括资本溢价、资产评估增值、接受捐赠资产、拨款转入和外币资本折算差额等。

③盈余公积反映商业银行从税后利润中提取的用于以丰补歉和其他专门用途的公积金。它包括法定盈余公积、任意盈余公积和法定公益金等。

④未分配利润反映商业银行实现的尚未分配或尚未分配完的利润。

⑤一般准备反映商业银行按一定比例从净利润中提取的一般风险准备。

10.2.2　损益表

损益表又称利润表，是商业银行最重要的财务报表之一。与资产负债表不同，损益表是流量表，它是银行在会计年度期间经营活动的动态体现，它着眼于银行的盈亏状况，提供了经营中的收入、支出信息，总括地反映出银行的经营活动及效率。利用损益表提供的财务信息，分析其盈亏原因，可以进一步考核该行的经营效率、管理水平，对其经营业绩作出恰当评价，并可认识该银行发展趋势，预测出该银行的经营前景、未来获利能力。按照国际会计准则，银行损益表也采取权责发生制的记账原则。银行损益表包括收入、支出和利润三个主要部分。编制损益表所依据的平衡公式是"收入－支出＝利润"，各科目的设置处理取决于银行所采取的会计核算方法、面临的管理法规，也取决于所开展的业务，有一定差别，但报表的基本结构、编制方法是相同的。损益表的结构分为多步式损益表和单步式损益表两种，我国《金融企业会计制度》规定损益表的格式为多步式。它主要分为三部分：第一部分为营业利润。营业利润＝营业收入－营业支出－营业税金及附加。第二部分为税前利润。税前利润＝营业利润＋营业外收入－营业外支出。第三部分为净利润。净利润＝税前利润－所得税。

表10-2为中国工商银行损益表。

表 10 - 2　　　　　　　　　　　　**2018 年中国工商银行损益表**

编制单位：　　　　　　　　　　2018 年 12 月 31 日　　　　　　　　单位：百万元

项目	本期金额	上期金额
利息净收入	572 518	522 078
利息收入	948 094	861 594
利息支出	(375 576)	(339 516)
手续费及佣金净收入	145 301	139 625
手续费及佣金收入	162 347	158 666
手续费及佣金支出	(17 046)	(19 041)
投资收益	18 821	11 927
其中：对联营及合营企业的投资收益	3 089	2 950
公允变动价值净损失	(6 920)	(840)
汇兑及汇率产品净（损失）/收益	(8 810)	(379)
其他业务收入	52 879	54 091
营业收入	773 789	726 502
税金及附加	(7 781)	(7 465)
业务及管理费	(185 041)	(177 723)
资产减值损失	(161 594)	(127 769)
其他业务成本	(48 186)	(51 703)
营业支出	(402 602)	(364 660)
营业利润	371 187	361 842
加：营业外收入	2 529	3 805
减：营业外支出	(1 303)	(1 006)
税前利润	372 413	364 641
减：所得税费用	(73 690)	(77 190)
净利润	298 723	287 451
其他综合收益	27 809	(41 378)
综合收益总额	326 532	246 073
每股收益		
基本每股收益（人民币元）	0.82	0.79
稀释每股收益（人民币元）	0.82	0.79

会计主管：　　　　　　　　　复核：　　　　　　　　制表：

资料来源：中国工商银行 2018 年年度报告。

10.2.3 现金流量表

1. 现金流量表的作用

现金流量表是以现金为基础，根据现金收付制的原则而编制，反映商业银行在一定时期内由于经营、筹资、投资等活动而产生的现金流入和现金流出的报表。该表有助于评价商业银行的偿债能力、支付能力和资金周转能力；可以说明商业银行收益的质量及影响现金流量的因素；还有助于预测银行未来获得现金净流量的能力。现金流量包括现金流入和现金流出。其中，现金流入必然使现金及现金等价物的总额增加；现金流出必然使现金及现金等价物的总额减少。

2. 现金流量表的项目内容

现金流量表的项目包括经营活动、投资活动和筹资活动三类。其中，经营活动是指除投资活动和筹资活动以外的其他活动；投资活动是指除现金等价物以外的对外投资和固定资产、无形资产和其他长期资产的购建与处置活动；筹资活动是指引起负债和所有者权益的规模及构成发生变化的活动。

一般来说，经营活动产生的现金流入项目主要有销售商品、提供劳务收到的现金，收到的税费返还，收到的其他与经营活动有关的现金。经营活动产生的现金流出项目主要有购买商品、接受劳务支付的现金，支付给职工及为职工支付的现金，支付的各项税费，支付的其他与经营活动有关的现金。投资活动产生的现金流入项目主要有收回投资所收到的现金，取得投资收益所收到的现金，处置固定资产、无形资产和其他长期资产所收回的现金净额，收到的其他与投资活动有关的现金。投资活动产生的现金流出项目主要有购建固定资产、无形资产和其他长期资产所支付的现金，投资所支付的现金，支付的其他与投资活动有关的现金。筹资活动产生的现金流入项目主要有吸收投资所收到的现金，取得借款所收到的现金，收到的其他与筹资活动有关的现金。筹资活动产生的现金流出项目主要有偿还债务所支付的现金，分配股利、利润或偿付利息所支付的现金，支付的其他与筹资活动有关的现金。

表 10-3 为中国工商银行现金流量表。

表 10-3 　　　　　　　　　　2018 年中国工商银行现金流量表

编制单位：　　　　　　　　2018 年 12 月 31 日　　　　　　　　　　单位：百万元

项目	本期金额	上期金额
一、经营活动现金流量		
客户存款净额	1 780 568	1 525 280
存放在中央银行款项净额	297 030	—
向中央银行借款净额	32	—

续表

项目	本期金额	上期金额
同业及其他金融机构存放款项净额	99 539	—
存放同业及其他金融机构款项净额	—	106 312
拆入资金净额	—	18 236
买入返售款项净额	158 257	—
卖出回购款项净额	—	457 032
以公允价值计量且其变动计入当期损益的金融投资净额	—	39 668
以公允价值计量且其变动计入当期损益的金融负债款项净额	—	10 923
存款证净额	66 036	55 903
收取的利息、手续费及佣金的现金	1 135 859	1 050 032
处置抵债资产收到的现金	301	338
收到的其他与经营活动有关的现金	186 288	144 584
经营活动现金流入小计	3 723 910	3 408 308
客户贷款及垫款净额	(1 258 665)	(1 333 103)
向中央银行借款净额	—	(89)
存放中央银行款项净额	—	(208 191)
同业及其他金融机构存放款项净额	—	(286 293)
存放同业及其他金融机构款项净额	(83 162)	—
拆入资金净额	(28 573)	—
拆除资金净额	(4 854)	(4 111)
买入返售款项净额	—	(106 555)
卖出回购款项净额	(531 619)	—
以公允价值计量且其变动计入当期损益的金融投资净额	(201 848)	—
以公允价值计量且其变动计入当期损益的金融负债款项净额	(12 329)	—
支付的利息、手续费及佣金的现金	(368 874)	(343 854)
支付给职工以及为职工支付的现金	(120 581)	(114 676)
支付的各项税费	(120 706)	(116 492)
支付的其他与经营活动有关的现金	(268 566)	(124 080)
经营活动现金流出	(2 999 777)	(2 637 444)
经营活动产生的现金流量净额	724 133	770 864
二、投资活动现金流量		
收回投资收到的现金	1 495 633	2 153 124

项目	本期金额	上期金额
分配股利及红利所收回的现金	1 732	1 731
处置联营及合营公司所收到的现金	1 168	633
处置固定资产、无形资产和其他长期资产（不含抵债资产）收回的现金	2 855	3 195
投资活动现金流入小计	1 501 388	2 158 683
投资支付的现金	(2 171 838)	(2 633 240)
取得子公司所支付的现金净额	—	—
增资子公司所支付的现金净额	—	—
投资联营及合营公司所支付的现金	(799)	(1 605)
构建固定资产、无形资产和其他长期资产支付的现金	(53 024)	(6 880)
增加在建工程所支付的现金	(7 472)	(6 216)
投资活动现金流出小计	(2 233 133)	(2 647 941)
投资活动产生的现金流量净额	(731 745)	(489 258)
三、筹资活动现金流量		
吸收少数股东投资所收到的现金	125	792
发行债务证券所收到的现金	1 045 746	943 954
筹资活动现金流入小计	1 045 871	944 746
支付债务证券利息	(22 917)	(15 370)
偿还债务证券所支付的现金	(968 222)	(759 095)
分配普通股股利所支付的现金	(85 823)	(83 506)
分配优先股股利所支付的现金	(4 506)	(4 437)
取得少数股东股权所支付的现金	—	(194)
支付给少数股东的股利	(327)	(309)
筹资活动现金流出小计	(1 081 795)	(862 911)
筹资活动产生的现金流量净额	(35 924)	81 835
四、汇率变动对现金及现金等价物的影响	32 729	(32 479)
五、现金及现金等价物净变动额	(10 807)	330 962
加：年初现金及现金等价物余额	1 520 330	1 189 368
六、年末现金及现金等价物余额	1 509 523	1 520 330

会计主管： 复核： 制表：

资料来源：中国工商银行 2018 年年度报告。

10.3　金融机构经营绩效评价指标体系

经营绩效产出论将经营绩效视为产出，认为经营绩效是在特定的期间内，由特定的工作职能或业务活动产生的结果。经营绩效的高低应该通过战略目标的完成情况来决定。经营绩效行为论将经营绩效视为一种行为，经营绩效因素相对于其他因素而言，对一个组织工作的结果有直接而明显的影响。一般认为，经营绩效评价是金融机构为了实现其经营目标，依据特定的指标和标准，采用科学的模式对经营活动过程和结果作出客观、准确的综合价值判断。

10.3.1　合规经营类指标

合规经营类指标包括合规执行、内控评价和违规处罚。

1. 合规执行

合规执行是指使金融机构的经营活动与法律、规则和准则相一致。法律、规则和准则，是指适用于金融机构经营活动的法律、行政法规、部门规章及其他规范性文件、经营规则、自律性组织的行业准则、行为守则和职业操守。该定义确定了合规风险的范畴，即一些机构因没有遵循法律、规则和准则可能遭受法律制裁、监管处罚、重大财务损失和声誉损失的风险，并且提出了合规风险管理部门的职责和合规风险监管的方向。但当前金融机构内部合规建设仍存在一些问题，一是合规认识不到位。少数管理者和员工没有正确认识到合规风险管理的意义和作用，错误地认为合规风险管理需要成本，会导致业务机会的丧失，因此忽视合规文化建设。二是缺乏良好的职业操守。职业操守是员工行为的内心准绳，良好的职业操守有助于员工遵纪守法，诚信经营。但由于制度建设、道德教育、业务培训等跟不上业务发展的步伐，少数员工经受不住金钱、物质的诱惑，容易被社会不正之风传染，发生人生观、价值观扭曲，法律意识、道德观念丧失的情况。合规执行指标就是要从合规事项和合规程序错误率及遗漏率的角度去分析判定企业合规执行情况。

2. 内控评价

内部控制是金融机构为实现经营目标，通过制定和实施一系列制度、程序和方法，对风险进行事前防范、事中控制、事后监督和纠正的动态过程和机制。金融机构内部控制评价是指对机构内部控制体系建设、实施和运行结果进行评价。

内部控制评价是对内部控制体系的系统性检查和评价。内部控制评价的目的是验证内部控制体系的各项活动及结果是否符合相关法律法规和本行内部控制体系文件的规定，检验内部控制体系的充分性、合规性、有效性和适宜性，并检验其是否达到内部控

273

制目标。内部控制评价内容主要包括内部控制环境评价、风险评估与管理评价、内部控制措施评价、信息交流与反馈评价、监督与纠正评价及限制评价。

3. 违规处罚

为了维护金融秩序，防范金融风险，必须对金融违法行为进行惩处，其中，纪律处分包括警告、记过、记大过、降级、撤职、留用察看、开除等，由所在金融机构或者上级金融机构决定。

10.3.2 风险管理类指标

风险管理类指标包括信用风险指标、市场风险指标、操作风险指标、流动性风险指标和声誉风险指标。

1. 信用风险指标

金融机构与一般工商业及其他经营单位相比，最显著的特点是负债经营，即主要利用客户的各种存款作为主要的营运资金，通过发放贷款或者投资等业务方式获取收益，自有资本占资产总额比率比较低，一般远低于其他企业。这一经营特点决定了金融机构是经营风险的企业，其本身就具有内在风险。金融机构在作出一笔贷款决策之前需要对客户的信用状况进行仔细认真的分析研究，通过研究得出结论，作出相对应的决策。银监会印发《商业银行风险监管核心指标（试行）》中规定，信用风险指标包括不良资产率、单一集团客户授信集中度和全部关联度三类指标。

（1）不良资产率。不良资产率为不良资产与资产总额之比，不应高于4%。该项指标为一级指标，包括不良贷款率一个二级指标。不良贷款率为不良贷款与贷款总额之比，不应高于5%。

（2）单一集团客户授信集中度。单一集团客户授信集中度为最大一家集团客户授信总额与资本净额之比，不应高于15%。该项指标为一级指标，包括单一客户贷款集中度一个二级指标。单一客户贷款集中度为最大一家客户贷款总额与资本净额之比，不应高于10%。

（3）全部关联度。全部关联度为全部关联授信与资本净额之比，不应高于50%。

此外，信用风险的指标还有贷款净损失/贷款余额，低质量贷款/贷款总额，贷款损失准备/贷款损失净值，贷款损失保障倍数。

2. 市场风险指标

市场风险指标用来衡量商业银行因汇率和利率变化而面临的风险，包括累计外汇敞口头寸比例和利率风险敏感度。

（1）累计外汇敞口头寸比例。累计外汇敞口头寸比例为累计外汇敞口头寸与资本净额之比，不应高于20%。具备条件的商业银行可同时采用其他方法（如在险价值法和基本点现值法）计量外汇风险。

（2）利率风险敏感度。衡量利率风险敏感度的指标有利率风险缺口和利率敏感比例。利率风险敏感度为利率上升 200 个基点对银行净值的影响与资本净额之比，该指标值将在相关政策出台后根据风险监管实际需要另行制定。

3. 操作风险指标

操作风险指标用于衡量内部程序不完善、操作人员差错或舞弊及外部事件造成的风险，表示为操作风险损失率，即操作造成的损失与前三期净利息收入加上非利息收入平均值之比。

操作风险按照风险类型可以分为七类：①内部欺诈，往往是金融机构内部从业人员利用手中职权与外人相勾结，违规操作给公司带来损失；②外部欺诈，是外人利用工作程序或人为漏洞进行金融欺诈；③雇用合同以及工作状况带来的风险事件，不履行合同所规定的赔偿要求；④客户、产品及商业行为引起的事件，无法满足客户需要造成的亏损；⑤金融机构维系经营的实物资产损坏；⑥业务中断和系统出错；⑦行政、交付和过程管理。以银行为例，操作风险的判断指标常为基本指标法。该方法计算银行持有的操作风险资本金等于该银行前三年总收入的平均值乘以 15%，即为该银行所需要持有的操作风险资本总量。在这个计算公式中所参考的总收入主要包括利息收入、非利息收入、交易净收入和其他收入，计算公式如下：风险资本金 = 前三年的平均收入平均值 × 15%。对风险指标的考核就是指金融机构在自身的收入模型和对应的公式下，通过计算得出的操作风险资本金的增长速度与收入的增长速度的比值。

4. 流动性风险指标

流动性在任何企业经营中都是营利性和安全性之间的平衡杠杆。金融机构由于自身特殊的资产负债结构，更容易受到流动性危机的威胁，这也是银行将流动性指标从一般风险指标中分离出来的原因。流动性指标反映了金融机构的流动性供给和各种实际的或潜在的流动性需求之间的关系。流动性供给在资产方和负债方均可存在，如拆入资金或出售资产都可以获得一定的流动性。流动性需求也可通过申请贷款和提存的形式作用于资产负债两个方面，因而流动性指标在设计时应综合考虑金融机构资产和负债两方面情况。流动性指标包括现金资产比例、短期国库券持有比例、持有证券比例、贷款资产比例、易变负债比例、短期资产/易变负债、预计现金流量比。

流动性风险指标用于衡量商业银行流动性状况及其波动性，包括流动性比例、核心负债比例和流动性缺口率，按照本币和外币分别计算。

（1）流动性比例。流动性比例为流动性资产余额与流动性负债余额之比，用于衡量商业银行流动性的总体水平，不应低于 25%。

（2）核心负债比例。核心负债比例为核心负债与负债总额之比，不应低于 60%。

（3）流动性缺口率。流动性缺口率为 90 天内表内外流动性缺口与 90 天内到期表内外流动性资产之比，不应低于 -10%。

5. 声誉风险指标

多家金融机构的风险管理人员接受了普华永道关于声誉风险的问卷调查，结果显示声誉风险已经成了摆在金融业面前的第一大风险。声誉风险对金融业品牌效应和在市场中所体现的价值的影响已经跃居第一位，对收益的影响也已经上升到第六位。所以准确深入地定位声誉风险含义就有了很大的意义。目前学术界对声誉风险的定义主要有三种观点。巴塞尔委员会将声誉风险定义为"操作上的问题、违反相关的法律法规及其他情况是金融机构声誉风险产生的三大因素"。国外其他学者认为"当公众对金融机构的负面评价迅速增加，而产生的资金损失和客户损失等方面的风险就是金融机构的声誉风险"。中国注册会计师协会则将声誉风险定义为"由于金融机构经营管理不善、违反法规等导致存款人、投资者和监管机构对其失去信心的可能性"。例如，2009 年中国银监会出台的《商业银行声誉风险管理指引》中的定义为："声誉风险是指由商业银行经营、管理及其他行为或外部事件导致利益相关方对商业银行负面评价的风险"。所以简单地说，要想防范金融机构的声誉风险，首先，要完善经营，加强管理，杜绝违法违规行为，重视员工能力培养，提高员工文化素养和业务熟练程度，减少操作失误。其次，面对特殊事件的外部冲击时要及时、准确、有效地解决。最后，要提高投资者及客户的满意度和忠诚度。要想从根本上解决声誉风险事件的发生，就要建立完善可行的声誉风险管理制度，做到既要注重突发的声誉风险事件的处置工作，也要重视声誉风险的日常管理工作。声誉风险管理部门和声誉风险管理分部都应该将声誉风险的日常管理工作和突发事件的处理工作放在同等重要的位置，避免"治标不治本"的管理模式。所以声誉风险指标主要包括对于声誉风险的管理体系、组织架构、可行的管理制度、完善的管理流程、有效的媒体沟通和舆情监测及员工的声誉意识。绩效考核主要就是考核这些指标落实情况。

10.3.3 经营效益类指标

1. 利润指标

利润指标包含资产收益率、银行利差率、非利息净收入率、银行利润率、权益报酬率等。追逐利润是所有营利性组织的共同特点，金融机构也不例外。金融机构的盈利能力提高不仅能直接为股东创造更多的价值，也为它抵御经济风险和扩大经营规模提供有利条件，从而降低其股权和债权融资成本，进一步提高机构经营绩效。

（1）资产收益率。资产收益率，又称资产回报率，它是用来衡量每单位资产创造多少净利润的指标。计算公式为

$$资产收益率（ROE）=（税后净利润/资产总额净值）\times 100\%$$

式中，税后净利润＝利润总额－所得税，净资产＝实收资本＋资本公积＋盈余公积＋未分配利润＋各项准备金，它反映了金融机构利用自有资本创造利润的能力，该指标越

高，表明该金融机构的净资产利用效率越高。

（2）银行利差率。银行利差率指一定时期内银行利息收入同利息支出的差额与盈利资产平均余额的比率。其计算公式为

$$银行利差率 = (利息收入 - 利息支出)/盈利资产 \times 100\%$$

式中，盈利资产是指那些能够获得外部利息收入的资产。银行利差率指标反映银行的盈利资产能产生多少净收入。所以，在一定意义上，银行利差率越大越好。银行利差率的大小受两方面的因素影响。一个是国家的利率政策，另一个是银行本身的资产负债结构。国家利率政策的影响，主要表现在存款和贷款利率的制定上，如果贷款利率大大高出存款利率，则银行利差率较大。银行本身资产负债结构的影响，无非是资产中低息贷款比例大，负债中高息存款比例大，则银行利差率就小；反之，则银行利差率就大。所以，在国家利率政策既定的条件下，银行总是通过调整自身的资产负债结构，来实现扩大银行利差率的目的。

（3）非利息净收入率。非利息净收入率是指非利息净收入与盈利资产的比率，它反映银行服务性收入与非利息成本之间的关系，表明银行金融服务性业务的获利能力。其计算公式为

$$非利息净收入率 = (非利息收入 - 非利息支出)/资产总额 \times 100\%$$

式中，非利息收入包括存款服务费和其他服务性收入，如手续费佣金收入、汇兑业务收入、代理业务收入等。非利息支出主要包括提取的贷款损失准备、薪金及福利支出、固定资产折旧等管理费用支出、其他支出等。这一考核指标可以间接反映银行的管理效率。

（4）银行利润率。银行利润是银行各项收入减去各项支出和税金后的余额。它是银行业务经营的财务成果，是银行本身经济效益的综合性指标，也是国家积累的主要来源之一。各项收入包括营业收入、金融机构往来收入、营业外收入；各项支出包括营业支出、金融机构往来支出、企业管理费用、业务费支出等。其计算公式为

$$银行利润率 = 纯利润/总收入 \times 100\%$$

银行利润是由银行雇员的劳动实现的。银行雇员同商业职工一样，他们的劳动虽然不创造价值和剩余价值，但能为银行资本家实现以银行利润形式占有的那一部分剩余价值。

（5）资本收益率。资本收益率又称资本利润率，是指净利润（即税后利润）与平均资本（即资本性投入及其资本溢价）的比率，用以反映机构运用资本获得收益的能力。资本收益率越高，说明机构自有投资的经济效益越好，投资者的风险越少，值得继续投资。因此，它是投资者和潜在投资者进行投资决策的重要依据。对经营者来说，如果资本收益率高于债务资金成本率，则适度负债经营对投资者来说是有利的；反之，如果资本收益率低于债务资金成本率，则过高的负债经营就将损害投资者的利益。其计算公式为

$$权益报酬率(ROA) = (税后净利润/资本总额) \times 100\%$$

该指标表示金融机构全部资产的创利水平，全面反映其获利能力和投入产出情况。

2. 成本控制指标

金融机构的成本是指其在从事业务经营活动过程中发生的与业务经营活动有关的各项支出。金融机构成本不仅从静态看表现为物化劳动与活劳动的集合，而且从动态看主要表现为价值增值与价值转化的过程。资金这一特殊商品经过金融机构这一媒介从货币转化为资本，参与社会价值创造和价值增值活动，使物化劳动和活劳动在资本的媒介与催化下实现增值并转化为"增量"货币。从这个意义上说，金融机构成本既是机构媒介资金与社会生产活动的必要消耗，又是金融机构推动社会价值运动的必要补偿。金融机构成本从大类上可以分为筹资成本、营运成本和资产损失成本。筹资成本是金融机构将货币转化为资本的价值转化活动所发生和将要发生的成本，主要表现为各类利息支出；营运成本是金融机构营运过程中所耗费的营业费用，如机构网点成本、人员工资成本、各种管理费用、技术设施设备投入等；金融机构的资金损失，即信贷风险损失，也是金融机构经营成本的重要构成。成本控制就是要求金融机构人员在尽量控制成本的基础上实现利润的最大化。

3. 风险调整后收益指标

风险调整后收益是指将风险因素剔除以后的收益指标。其中，夏普比率、特雷诺指数和詹森指数是三个经典的风险调整后收益指标。

（1）夏普比率是指投资产品承受单位风险所获得的超额收益。投资理财产品的夏普比率越高，在承受同等风险的前提下，超额收益越高，投资理财产品业绩表现越好。

（2）特雷诺指数是以投资理财产品的系统风险作为收益调整的因子，反映投资理财产品承担单位系统风险所获得的超额收益。该指数越大，承担单位系统风险所获得的超额收益越高。

（3）詹森指数反映投资理财产品相对于市场组合（即平均收益水平）获得的超额收益率，该指数值越大越好。

10.3.4 发展转型类指标

发展转型类指标包括业务及客户发展指标、资产负债结构调整指标、收入结构调整指标。

1. 业务及客户发展指标

业务及客户发展指标是指随着金融改革的不断推进和深化，金融机构的业务模式也发生了巨大的变化，由传统的分业经营向混业经营转变，对于业务的发展及客户的发展都提出了新的要求。业务及客户发展指标就是用于衡量金融机构对于新业务和新客户的发展，以及对于原有业务及客户的维护程度。

2. 资产负债结构调整指标

资产负债结构调整指标是指金融机构通过资产负债期限错配方式来为外界提供流动性，同时最大化自己的盈利。期限错配的不断扩大使公司内部积聚了大量的风险，一旦面临外部不确定性，风险意识薄弱的金融机构将会面临一定的流动性危机，使金融机构的安全性面临一定的威胁。安全性、流动性和盈利性之间的平衡一直是金融机构的经营原则和核心。因此，合理调整资产负债结构，使得风险与收益能够维持在一个合适的水平上，是金融机构设定资产负债结构调整指标的主要目的。

3. 收入结构调整指标

金融机构的收入受到公司类型的影响，不同类型的公司往往收入结构也有着很大的差距。以银行为例，据中国银行历年审计年报的数据显示，近六年来，中国银行平均72.62%左右的收入都源自于净利息收入，这一收入在银行整体收入中始终居于主导地位。2008—2013 年，中国银行的净利息收入占总营业收入的比例分别为 69.72%、73.97%、74.54%、71.87%、73.14% 和 72.46%，虽然占比有些许波动，但始终处在69% 的水平之上。而其他中间业务收入占比不高。随着利率市场化改革的进程越来越快，银行依靠自己的存贷利差来获取大量收入的时代快要结束了，而高收入高要求的中间业务将占据很大比例。收入结构调整指标主要就是用来核定金融机构的收入改革方面的进展。

10.3.5　社会责任类指标

社会责任类指标包括服务质量和公平对待消费者、绿色信贷、公众金融教育。

1. 服务质量和公平对待消费者

服务质量和公平对待消费者是指金融机构现在面临的竞争越来越激烈，如何能够招揽到足够多的新客户，以及维护好现有的旧客户将成为金融机构未来能否发展好的重要因素。同时，金融机构作为企业也有着自己的社会责任，不能仅仅照顾大客户而忽略了小客户，对于不同的消费者应该做到一视同仁。服务质量和公平对待消费者指标就是要求金融机构面对客户服务时能否做到真正贴心有用地服务，给予客户足够的支持，也要求金融机构能够公平对待不同客户，为所有客户都提供高质量的服务。

2. 绿色信贷

绿色信贷是金融机构依据国家的环境经济政策和产业政策，对耗能高污染型企业的新建项目投资贷款和流动资金进行额度限制并实施惩罚性高利率；而对研发和生产治污设施、从事生态保护与建设、开发和利用新能源、从事循环经济生产和绿色制造及生态农业的企业或机构提供贷款扶持并实施优惠性低利率的金融政策手段。绿色信贷是现代金融发展的一个重要趋势，它是对传统金融观念的改变和发展。它强调了一种科学发展的思路，希望通过金融业有意识地引导资金流向，促使社会减少环境污染，保护生态平衡，节约自然资源，避免盲目追求数量型扩张、严重依赖资源和消耗资源的经济发展模式，在全社会形成科学的、和谐的可持续发展机制。绿色信贷指标的考核就是要求金融机构在业务处理中有意识地多关照绿色行业和企业，限制高污染、高耗能企业的一些业务。

3. 公众金融教育

公众金融教育是指长久以来，每当金融消费者的利益受到损害时，人们往往只关注于金融市场上的供给方，强调各类金融机构需要为金融市场上出现的各类问题负责，要求监管当局为金融消费者提供保护。而随着金融体系的发展，金融行业的专业性越来越强，金融产品也越来越复杂，仅仅要求监管当局对金融机构进行严厉监管似乎已经远远不够，一些学者于是开始注意到金融市场的需求方——金融消费者。对金融消费者素质的要求是随着金融市场的迅速发展而逐渐提高的。由于金融市场的发展，金融产品和机构的种类及数量也日益繁多，衍生出的社会问题也越来越多。因此，公众金融教育也越发重要，而金融机构作为第一线接触公众的金融机构，做好公众金融教育也就成了自身的职责。此外，良好的公众金融教育能够更好地宣传企业自身，提升企业的知名度。

10.4　金融机构经营绩效的评价方法

金融机构经营绩效的评价方法主要有比率分析法、杜邦分析法、经济增加值评价法及平衡计分卡法等。

10.4.1　比率分析法

1. 比率分析法的含义

比率分析法是以同一期财务报表上若干重要项目的相关数据相互比较，求出比率，用以分析和评价公司的经营活动，以及公司目前和历史状况的一种方法。比率分析法的核心是绩效评价指标，但孤立的指标数据是毫无意义的，并不能说明银行经营业绩好坏，必须在比较中才能发挥作用。比较的形式主要是同业比较和趋势比较。将一家商业银行的绩效评价指标值与同业平均水平进行横向比较，可以反映该银行经营中的优势与不足。在连续期间对指标值进行比较，可以看出该银行的经营发展趋势，并对未来情况作出预测。在实际分析中，同业比较和趋势比较应结合起来使用。在运用财务比率进行绩效评价时，也应注意到银行规模上的差异，很多情况下绩效评价指标的差异来自规模差异及相应经营方法上的不同，不能等同于经营业绩之间的差距。在利用财务指标分析时，还应注意表外业务的情况、经济环境的变化、利率走势等外部因素。

2. 比率分析法的内容

比率分析法的核心是绩效评价指标，主要包括以下几大类指标分析。

（1）盈利性能力分析。盈利性能力分析主要包括以下指标。

$$资产收益率 = 纯利润/资产总额 \times 100\%$$

$$银行利差率 = (利息收入 - 利益支出)/盈利资产 \times 100\%$$

$$非利息净收入率 = (非利息收入 - 非利息支出)/资产总额 \times 100\%$$

$$银行利润率 = 纯利润/总收入 \times 100\%$$

$$资本收益率 = 净利润/资本总额 \times 100\%$$

（2）流动性分析。

资产流动性指标：

$$现金资产比例 = 现金资产/资产总额$$

$$流动比率 = 流动资产/流动负债$$

$$债权变现率 = (可销售证券 + 短期放款)/总资产$$

$$存贷比 = 贷款总额/存款总额$$

负债流动性指标：

$$易变负债比例 = 易变负债/负债总额$$

$$短期资产负债比例 = 短期资产/易变负债$$

综合性指标：

$$预期现金流量比例 = 现金流入/现金流出$$

（3）风险分析。

利率风险：

$$利率风险缺口 = 利率敏感性资产 - 利率敏感性负债$$

$$利率敏感比率 = 利率敏感性资产/利率敏感性负债$$

信用风险：

$$贷款损失率 = 贷款总损失/贷款余额$$

$$贷款净损失率 = 贷款净损失/贷款余额$$

$$不良贷款比率 = (次级类贷款 + 可疑类贷款 + 损失类贷款)/贷款总额$$

$$拨备覆盖率 = 贷款损失准备/次级类贷款 + 可疑类贷款 + 损失类贷款$$

（4）清偿力分析。即净值/资产总额、净值/风险资产、资本充足率和核心资本充足率、资产增长率和核心资本增长率、现金股利/利润。

3. 比率分析法的评价

比率分析法是针对企业财务状况的一个方面进行的分析，用几个比率来衡量机构财务状况的某一个方面。总的来说是用两个数据得出一个比率，然后用几个相关的比率综合分析财务状况的一个侧面，或者用一系列的比率得到机构财务状况的每一个方面，然后综合起来得到机构整体财务状况和管理状况的分析。比率分析法的特点是简单、直接，比率分析法用途最广。但其也有局限性，突出表现在：比率分析法属于静态分析，对于预测未来并非绝对合理可靠。比率分析法所使用的数据为账面价值，难以反映物价水平的影响；盈利性、流动性及各项风险指标之间是单列的，缺乏相互联系；这种分析只反映出一些表面的现象，不能清楚地揭示金融机构中的一些更深层次的问题，不利于采取有针对性的改进措施。

在应用比率分析法时，应该注意几点：所分析的项目要具有可比性、相关性，将不相关的项目进行对比是没有意义的；对比口径的一致性，即比率的分子项与分母项必须在时间、范围等方面保持口径一致；选择比较的标准要具有科学性，要注意行业因素、生产经营差异性等因素；要注意将各种比率有机联系起来进行全面分析，不可孤立地看某种或某类比率，同时要结合其他分析方法，这样才能对企业的历史、现状和将来进行详尽的分析和了解，达到分析的目的。因此，在运用比率分析法时，一是要注意将各种比率有机联系起来进行全面分析，不可单独地看某种或各种比率，否则便难以准确地判断机构的整体情况；二是要注意审查公司的性质和实际情况，而不光是着眼于财务报表。

10.4.2　杜邦分析法

1. 杜邦分析法的含义

由于信用危机往往是由财务危机引致而使金融机构和投资者面临巨大的信用风险，及早发现和找出一些预警财务趋向恶化的特征财务指标，从而确定信用等级，为信贷和投资提供依据。基于这一动机，金融机构通常将信用风险的测度转化为企业财务状况的衡量问题。因此，一系列比率分析法即综合分析法也应运而生。综合分析法是指运用各种统计综合指标，将各项财务分析指标作为一个整体，系统、全面、综合地对企业财务状况和经营情况进行剖析、解释和评价。常使用的综合分析法有综合指标法、时间数列分析法、统计指数法、因素分析法、相关分析法等。

杜邦分析法（DuPont analysis）是利用几种主要的财务比率之间的关系来综合地分析企业的财务状况。具体来说，它是一种用来评价公司盈利能力和股东权益回报水平，从财务角度评价企业绩效的经典方法。其基本思想是将企业净资产收益率逐级分解为多项财务比率的乘积，这样有助于深入分析比较企业经营业绩。由于这种分析方法最早由美国杜邦公司使用，故名杜邦分析法。杜邦分析法是一种典型的综合分析法，它利用各个主要财务比率之间的内在联系，建立财务比率分析的综合模型，来综合地分析和评价企业财务状况和经营业绩，其核心是权益报酬率，该指标具有极强的综合性。

2. 杜邦分析法的基本思路

（1）两因素杜邦分析模型。两因素杜邦分析是杜邦分析的基本出发点，集中体现了其基本思想，模型为

$$资本收益率 = 净利润/资本总额$$
$$= (净利润/总资产) \times (总资产/资本总额)$$
$$= 资产收益率(ROA) \times 资本乘数(EM)$$

以上两因素杜邦分析模型显示：资本收益率受资产收益率、资本乘数的共同影响。资产收益率是银行盈利能力的集中体现，它的提高会带来资本收益率的提高，也就是说，资本收益率指标间接反映银行的盈利能力。而资本收益率指标也可体现银行的风险状况。增加资本乘数，可以改善资本收益率水平，但也带来更大的风险。不仅资本乘数加大，银行资本比例降低，清偿风险增加，而且资本乘数还会放大资本收益率的波动幅度。

两因素杜邦分析模型以资本收益率为核心，揭示了银行盈利性和风险性之间的关系，从两个角度对银行绩效进行全面分析评价。

（2）三因素杜邦分析模型。银行资产收益率取决于多个因素，可以将其扩展为三因素模型，能更好地从资本收益率指标出发分析评价银行业绩。

$$资本收益率 = 净利润/资本总额$$
$$= (净利润/总收入) \times (总收入/总资产) \times (总资产/资本总额)$$
$$= 银行利润率(PM) \times 资产利用率(AU) \times 资本乘数(EM)$$

模型显示，资本收益率取决于以上这三个因素，其中银行利润率和资产利用率也包含着丰富的内容。首先，银行利润率的提高，要通过合理的资产和服务定价来扩大资产规模，增加收入，同时控制费用开支使其增长速度小于收入增长速度才能得以实现，因而该指标是银行资金运用能力和费用管理效率的体现。其次，资产利用率体现了银行的资产管理效率。银行的资产组合既包括周转快、收益低的短期贷款、投资，又包括期限长、收益高的长期资产，还包括一些非盈利资产，各类资产在经营中都起到一定作用，不可或缺。良好的资产管理可以在保证银行正常经营的情况下提高资产利用率，导致资产收益率的上升，最终给股东带来更高的回报率。

所以，可以将三因素模型理解为

$$资本收益率 = 资金运用和费用管理效率 \times 资产管理效率 \times 风险因素$$

采用这种分析法，可以从这三个方面分析资本收益率指标的变化原因，准确评价银行业绩。

（3）四因素杜邦分析模型。银行利润率（Profit Margin，PM）不只与其资金运用和费用管理效率相关，也同银行的税赋支出相关。

$$PM = 净利润/总收入 = (净利润/税前收入) \times (税前收入/总收入)$$

在银行损益表部分已说明，银行税前利润是营业中的应税所得，不包括免税收入和特殊的营业外净收入。净利润与税前利润比值越高，反映银行的税赋支出越小，税赋管理较为成功。税前利润比总收入也反映了银行的经营效率，是银行资金运用、费用管理能力的体现。将PM分解后，可得到四因素的杜邦分析模型。

$$资本收益率 = (净利润/税前收入) \times (税前收入/总收入) \times 资产利用率 \times 资本乘数$$

由此可以将资本收益率指标理解为

资本收益率＝税赋支出管理效率×资金运用和费用管理效率×资产管理效率×风险因素

从杜邦分析模型可以看出，银行资本收益率涉及银行经营的方方面面。杜邦分析法通过综合性极强的资本收益率指标，间接体现了银行经营中各方面的情况及其之间的制约关系。可以由此对银行绩效进行全面的分析评价。

3. 杜邦分析法的评价

杜邦分析法是财务分析方法的一种，作为一种综合分析方法，它并不排斥其他财务分析方法，与其他分析方法结合，不仅可以弥补自身的缺陷和不足，而且弥补了其他方法的缺点，使得分析结果更完整、更科学。例如，以杜邦分析法为基础，结合专项分析法进行一些后续分析对有关问题作更深更细致的分析了解；也可结合比较分析法，将不同时期的杜邦分析结果进行对比趋势化，从而形成动态分析，找出财务变化的规律，为预测、决策提供依据；或者与一些企业财务风险分析方法结合，进行必要的风险分析，也为管理者提供依据，所以这种结合，实质上也是杜邦分析自身发展的需要。

从银行综合绩效评价的角度来看，杜邦分析模型存在以下一些问题。

（1）杜邦分析法对短期财务结果过分重视，有可能使银行管理层过分追求短期的绩效增长，忽略长期的价值创造。

（2）分析模型不能真实反映银行的经营状况。杜邦分析法是以一系列会计指标为基础的，而会计信息有时候会受到会计政策、银行决策的影响，有些指标可能无法准确反映银行的真实财务状况，所以基于会计指标的杜邦分析法，有时候并不能真实反映银行的经营绩效。

（3）杜邦分析法不能准确计量银行为股东创造的价值。杜邦分析法在分析过程中没有考虑到股权资本成本，导致成本的计算不准确，无法准确计量银行为股东创造的价值。

（4）杜邦分析法不利于预测银行未来的增长潜力。杜邦分析法主要利用会计信息进行评价，会计信息是过去已经发生的结果，财务指标是一种历史指标。而想要准确地评价银行的经营业绩，不仅要对过去的经营成果进行评价，还要关注银行未来业绩的增长。

10.4.3　经济增加值评价法

经济增加值（Economic Value Added，EVA）指从税后净营业利润中扣除包括股权和债务的全部投入资本成本后的所得。其核心是资本投入是有成本的，企业的盈利只有高于其资本成本（包括股权成本和债务成本）才会为股东创造价值。

1. 经济增加值的计算

EVA是指资本收益与资本成本之间的差额，即银行税后营业净利润与全部投入资本（债务资本和股本资本之和）成本之间的差额。如果该差额是正数，说明银行创造了价值；反之，则表示银行发生价值损失；如果差额为零，说明银行的利润仅能满足债权人和投资者预期获得的收益。

经济增加值衡量了减去所有成本（包含机会成本）后企业经营产生的利润。其计算公式为

$$经济增加值 =（税后净营业利润 - 经济资本占用）× 资本成本率$$

式中，税后净营业利润指税后净利润加上利息支出部分，经济资本占用是基于经济资本分配的结构，资本成本率是银行对经济资本的战略期望。

根据公式可知，当该指标小于零时，说明银行经营没有达到正常利润水平，资本所有者投入资本不但未得到保值，反而遭受损失，经营业绩较差；当该指标为零时，说明资本所有者投入资本基本实现了保值，经营业绩一般；当该指标大于零时，说明资本所有者投入资本获得增值，经营业绩较好。

2. 经济增加值评价法的优点与不足

经济增加值评价法在一定程度上克服了现有盈利性财务指标的缺陷，不仅能全面系统地进行绩效评价，而且能够比较客观地反映商业银行在一定时期内为所有者创造的价值，其优势主要有以下几点：一是经济增加值法考虑了权益资本成本，从而能更加真实地反映银行的经营绩效；二是经济增加值法在计算 EVA 时，对一些项目进行了会计调整，从而克服了传统会计系统的缺陷及一些会计原则所带来的影响，能够更加真实准确地评价银行的经营绩效；三是经济增加值法并不鼓励牺牲长期绩效来夸大短期效果，而是着眼于银行的长远发展，鼓励能给银行带来长远利益的投资决策。所以，该方法能够在一定程度上防止银行经营者过分追求短期目标，有利于银行的长远发展。

虽然经济增加值评价法相对于杜邦分析法有多方面的优势，但还是存在很多不足，主要表现为：一是经济增加值评价法在评价银行的绩效时，过分强调银行是否能为股东创造价值，强调股东的利益。尽管从目前的市场发展理论来看，追求股东价值最大化是一个企业最重要的经营目标，但是如果过分强调股东利益而影响了经理人、员工的利益，势必会造成利益的不均衡，影响经理人和员工的积极性，不利于银行的长远发展。二是根据委托代理理论，经理人与股东的利益是不一致的，实践中经理人可通过推迟费用的确认、提前收入的实现、降低一些必要的支出来包装绩效，所以经济增加值法无法从根本上消除会计数据失真。三是经济增加值法之所以能反映一个银行真正的盈利水平，是因为考虑了资本成本，但是在实际的计算中，资本成本是很难准确计算的，目前也没有一套统一精确的计算方案。

10.4.4　平衡计分卡法

平衡记分卡是 1992 年由哈佛大学商学院的罗伯特·卡普兰教授和诺兰·诺顿研究所的所长诺顿教授经过近两年的合作研究提出来的。

平衡计分卡（Balanced Score Card，BSC），就是根据企业组织的战略要求而精心设

计的指标体系。按照卡普兰和诺顿的观点，"平衡计分卡是一种绩效管理工具。它将企业战略目标逐层分解转化为各种具体的相互平衡的绩效考核指标体系，并对这些指标的实现状况进行不同时段的考核，从而为企业战略目标的完成建立可靠的执行基础"。

1. 平衡计分卡的基本内容

（1）财务层面。财务业绩指标可以显示企业的战略及其实施和执行是否对改善企业盈利作出贡献。财务目标通常与获利能力有关，其衡量指标有资产收益率、资本收益率、净利息收益率、不良贷款率、资本充足率。

（2）客户层面。在平衡记分卡的客户层面，管理者确立了其业务单位竞争的客户和市场，以及业务单位在这些目标客户和市场中的衡量指标。客户层面指标通常包括客户满意度、客户保持率、客户获得率、客户盈利率，以及在目标市场中所占的份额。客户层面使业务单位的管理者能够阐明客户和市场战略，从而创造出出色的财务回报。

（3）内部经营流程层面。内部流程是指从确定客户的要求开始到能够研究开发出满足客户需要的产品和服务项目，制造并销售产品或劳务，最终提供售后服务，满足客户需求的一系列活动。管理者要确认组织擅长的关键的内部流程，这些流程帮助业务单位提高价值主张，以吸引和留住目标细分市场的客户，并满足股东对卓越财务回报的期望。商业银行内部流程指标包括服务时间、服务质量、案件、事故差错发生率等。

（4）学习与成长层面。它确立了企业要实现长期的成长和改善就必须建立的基础框架，确立了未来成功的关键因素。平衡记分卡的前三个层面一般会揭示企业的实际能力与实现突破性业绩所必需的能力之间的差距。为了弥补这个差距，企业必须投资于员工技术的再造、组织程序和日常工作的理顺，这些都是平衡记分卡学习与成长层面追求的目标，如员工满意度、员工保持率、员工培训和技能等，以及这些指标的驱动因素。

2. 平衡计分卡的基本框架

平衡记分卡的四个维度不是毫不相关的，而是具有紧密的内在逻辑关系的。这些逻辑关系表现为前后呼应、因果相照的关系。财务指标是商业银行最终的追求和目标，也是股东最关心的部分，而银行要提高在财务指标方面的表现，就必须树立"客户至上"的观念，不断满足客户的需求，提高客户的忠诚度。要不断提高客户的满意度，就必须从自身下手，不断提高银行内部流程的运营效率，而提高银行内部流程效率的前提是商业银行的员工不断进行新技术、新知识的培训学习，以适应新时代发展的需要。平衡记分卡的基本框架如图 10 - 1 所示。

平衡计分卡方法打破了业绩管理方法只注重财务指标的传统。平衡计分卡法认为，传统的财务会计模式只能衡量过去发生的事情（落后的结果因素），但无法评估组织前瞻性的投资（领先的驱动因素）。在工业时代，注重财务指标的管理方法还是有效的。但在信息社会里，传统的业绩管理方法并不全面，企业必须通过在客户、供应商员工、组织流程、技术和革新等方面的投资，获得持续发展的动力。

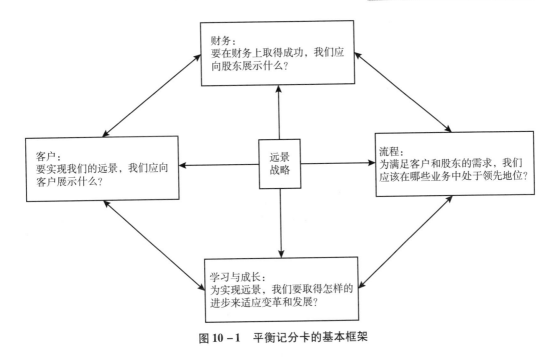

图 10 – 1　平衡记分卡的基本框架

本章小结

　　金融机构经营绩效是指一定经营期间的金融机构经营效益和经营者业绩。金融机构经营效益水平主要表现在企业的盈利能力、资产运营水平、偿债能力和后续发展能力等方面。金融机构经营绩效管理是结合金融机构经营管理的结果和过程，运用一组财务、非财务指标和一定的评估方法对金融机构目标实现程度进行考核评价的过程。根据对金融机构绩效评价的评估主体及其目的不同，可以将绩效评价体系分成以下三种类型：监管性评价、社会中介机构评价、自律性评价。金融机构经营绩效的评价原则包括稳健经营原则、合规引领原则、战略导向原则、综合平衡原则、统一执行原则。

　　金融机构经营绩效的财务评价主要是从财务报表的角度，对金融机构的经营绩效进行评价。我国《金融企业会计制度》规定，金融企业应按照《企业财务会计报告条例》的规定，编制和对外提供真实、完整的财务会计报告。金融机构向外提供的会计报表包括资产负债表、利润表、现金流量表、利润分配表、所有者权益变动表、分部报表等。相较于传统的绩效指标评价体系，提出了发展转型类指标与社会责任类指标两个与传统指标不相同的指标体系。

　　金融机构经营绩效评价方法包括比率分析法、杜邦分析法、经济增加值评价法、平衡计分卡法。

复习思考题

1. 金融机构经营绩效评价应该遵循什么原则？

2. 通过财务报表可以了解金融机构哪些方面的财务信息？

3. 金融机构经营绩效评价体系包括哪些？

4. 怎样运用杜邦分析法对金融机构绩效进行评价？

5. 怎样运用平衡计分卡法对金融机构绩效进行评价？

 案例讨论

中国建设银行经营绩效的比率分析

对银行效率的研究，主要借助财务比率（银行的偿债能力、营运能力、盈利能力和成长能力）运用比率分析法来综合评价银行的绩效。以下对中国建设银行2010—2014年的数据进行财务分析。

1. 偿债能力分析

反映银行偿债能力的比率有资产负债率、股东权益比率、负债与所有者权益比率、固定资产净值率、资本固定化比率、固定资产比重、核心资本充足率和资本充足率等。中国建设银行偿债能力指标（2010—2014年）见表10-4。

表10-4　　　　　中国建设银行偿债能力指标（2010—2014年）

年度	2014	2013	2012	2011	2010
资产负债率/(%)	92.52	93.01	93.2	93.35	93.52
股东权益比率/(%)	7.48	6.99	6.8	6.65	6.48
负债与所有者权益比率/(%)	1 237	1 330.03	1 371.43	1 403.91	1 442.34
固定资产净值率/(%)	64.33	64.45	63.6	62.45	62.97
资本固定化比率/(%)	1 337	1 430.03	1 471.43	1 503.91	1 542.34
固定资产比重/(%)	0.91	0.89	0.82	0.77	0.78

从表10-4分析可知，2010—2014年，体现中国建设银行的偿债能力重要指标资产负债率、负债与所有者权益比率、资本固定化比率均处于下降的趋势，而股东权益比率、固定资产净值率和固定资产比重处于增长的趋势，这表明了建行的长期偿债能力和资本结构有了一定提高，这也侧面反映银行的财务风险减小，偿还长期负债的能力增强，在增加股东权益比例的同时，财务杠杆也有所减小。

2. 营运能力分析

反映银行营运能力的比率有拨备覆盖率和不良贷款率等。中国建设银行营运能力指标（2010—2014年）见表10-5。

表 10 - 5　　　　　中国建设银行营运能力指标（2010—2014 年）

年度	2014	2013	2012	2011	2010
拨备覆盖率/（%）	222. 33	268. 22	271. 29	241. 44	221. 14
不良贷款率/（%）	1. 19	0. 99	0. 99	1. 09	1. 14

从表 10 - 5 分析可知，两个主要的资产质量指标：不良贷款率和拨备覆盖率都较上一年有所变化。其中，不良贷款率与资产质量呈反向关系，拨备覆盖率与资产质量成正向关系，两个指标的变化都表明企业的资产质量提高，即企业的运营能力进一步提高。2014 年不良贷款率 1. 19%，较上年上升 0. 20 个百分点。不良贷款表明银行的低流动性，这说明银行的不良贷款占总贷款比重上升，即银行的资金流动性减弱，货币周转率有所下降，银行的营运能力有所下降。2014 年中国建设银行的拨备覆盖率为 222. 33%，较上年减少 45. 89 个百分点，可见不良贷款大幅增加，表明其货币周转率有所降低。

3. 盈利能力分析

反映银行营运能力的比率有总资产利润率、总资产净利润率、成本费用利润率、净资产收益率、净资产报酬率、销售毛利率和净资产收益率等。中国建设银行盈利能力指标（2010—2014 年）见表 10 - 6。

表 10 - 6　　　　　中国建设银行盈利能力指标（2010—2014 年）

年度	2014	2013	2012	2011	2010
总资产利润率/（%）	1. 36	1. 40	1. 39	1. 38	1. 25
总资产净利润率/（%）	1. 42	1. 47	1. 47	1. 47	1. 32
成本费用利润率/（%）	153. 53	155. 15	152. 57	153. 73	145. 77
净资产收益率/（%）	18. 34	20. 14	20. 51	20. 87	19. 35
净资产报酬率/（%）	24. 96	27. 02	27. 28	27. 72	26. 31
销售毛利率/（%）	52. 11	54. 65	54. 32	54. 82	53. 70
净利息收益率/（%）	2. 80	2. 74	2. 75	2. 70	2. 49

从表 10 - 6 分析可知，2010—2014 年，体现中国建设银行的偿债能力重要指标总资产利润率、总资产净利润率、净资产收益率、净资产报酬率和销售毛利率均处于下降的态势。具体到 2014 年来看，中国建设银行总资产净利润率 1. 42%，净资产收益率为 18. 34%，分别较上年下降 0. 05 个百分点和 1. 8 个百分点，这说明建设银行在 2014 年利用资产获取利润的能力减弱。

关于净利息收益率，2010—2014 年处于上升的态势，2014 年建行的净利息收益率较上年提升 6 个基点至 2. 80%，呈现企稳回升态势。净利息收益率的提高说明企业的主营业务收入获利能力增强，即企业的业务能力增强。

4. 成长能力分析

反映银行成长能力的比率有净利润增长率、净资产增长率和总资产增长率等。中国建设银行成长能力指标（2010—2014 年）见表 10 - 7。

表 10 - 7 　　　　　　　中国建设银行成长能力指标（2010—2014 年）

年度	2014	2013	2012	2011	2010
净利润增长率/（%）	6.10	11.12	14.26	25.48	26.39
净资产增长率/（%）	16.57	13.13	16.28	16.52	25.38
总资产增长率/（%）	8.99	9.95	13.77	13.61	12.33

从表 10 - 7 分析可知，2010—2014 年，体现中国建设银行的成长能力的重要指标净利润增长率、净资产增长率和总资产增长率处于下降的趋势，2014 年中国建设银行的净利润增长率为 6.10%，较上期分别减少了 5.02%，说明建设银行的发展潜力面临着挑战。

随着近年来我国经济增速趋缓、同业竞争加剧、货币政策和监管政策发生变化、互联网金融出现、利率市场化压力增加以及金融脱媒等因素对银行业产生持续影响，自 2010 年以来，我国银行业整体的业绩增长率已连续 4 年呈下降趋势。

——资料来源：根据中国建设银行年报、期刊资料和内部资料整理。

思考题：

1. 考核银行经营绩效的指标有哪些？其具体意义是什么？
2. 金融机构应该如何对其经营绩效进行科学管理？

参 考 文 献

[1] 李心丹. 金融市场与金融机构 [M]. 北京：中国人民大学出版社，2013.

[2] 郭建鸾. 金融企业战略管理 [M]. 北京：北京大学出版社，2008.

[3] 卫武. 管理学 [M]. 北京：清华大学出版社，2013.

[4] 熊胜绪，王淑红. 资源学派的战略管理思想及其启示 [J]. 中南财经政法大学学报，2007（1）：104-109.

[5] 银行业专业人员职业资格考试办公室. 公司信贷 [M]. 北京：中国金融出版社，2016.

[6] [美] 切斯特·巴纳德. 组织与管理 [M]. 曾琳，赵菁，译. 北京：中国人民大学出版社，2009.

[7] 马丽娟，王汀汀. 金融机构管理 [M]. 大连：东北财经大学出版社，2015.

[8] 王向荣. 商业银行经营管理 [M]. 上海：格致出版社，上海人民出版社，2015.

[9] 任远. 商业银行经营管理学 [M]. 2 版. 北京：科学出版社，2010.

[10] 戴国强. 商业银行经营学 [M]. 5 版. 北京：高等教育出版社，2016.

[11] 黄宪，代军勋，赵征. 银行管理学 [M]. 2 版. 武汉：武汉大学出版社，2011.

[12] 李健. 当代西方货币金融学说 [M]. 北京：高等教育出版社，2006.

[13] 王千红. 商业银行经营管理 [M]. 北京：中国纺织出版社，2017.

[14] 骆志芳，许世琴. 金融学 [M]. 北京：科学出版社，2013.

[15] 邓大松，向运华. 保险经营管理学 [M]. 2 版. 北京：中国金融出版社，2011.

[16] 谭燕芝. 商业银行经营与管理 [M]. 北京：人民邮电出版社，2015.

[17] 何盛明. 财经大辞典 [M]. 北京：中国财政经济出版社，1990.

[18] 李伟民. 金融大辞典 [M]. 哈尔滨：黑龙江人民出版社，2002.

[19] 郭玉侠，闫晶怡. 商业银行业务与经营 [M]. 哈尔滨：哈尔滨工业大学出版社，2011.

[20] 鲍静海，马丽华. 商业银行经营与管理 [M]. 北京：高等教育出版社，2013.

[21] 周浩明. 商业银行经营与管理 [M]. 上海：上海交通大学出版社，2014.

[22] 龚明华. 现代商业银行业务与经营 [M]. 北京：中国人民大学出版社，2006.

[23] 李跃生. 西方商业银行资产负债管理的基本方法：差额管理法 [J]. 新疆金融，1994（11）：52-55.

[24] 吕德蓉，赵红. 对商业银行资产负债综合管理方法的简要论述 [J]. 中小企业管理与科技，2010（8）：84.

[25] 张围. 商业银行利率敏感性缺口管理的实际应用分析 [J]. 市场周刊（理论研究），2010（8）：68-69.

[26] 张剑楠. 小议商业银行资产负债综合管理的主要方法 [J]. 中小企业管理与科技，2008（4）：86.

[27] 张开宇. 利率敏感性缺口与持续期缺口的差异 [J]. 中国金融，2005（3）：54-55.

[28] 中国银监会，中国人民银行. 中国人民银行关于印发商业银行资产负债比例管理监控、监测指标和考核办法的通知 [EB/OL].（1996-12-12）[2019-09-06]. http://laws.66law.cn/law-24279.aspx.

[29] 李志成. 商业银行中间业务 [M]. 北京：中国金融出版社，2008.

[30] 刘志梅. 金融营销学 [M]. 北京：高等教育出版社，2014.

[31] 胡怀邦，郝渊晓. 商业银行营销管理学 [M]. 北京：科学出版社，2009.

[32] 安贺新，张宏彦. 商业银行营销实务 [M]. 北京：清华大学出版社，2013.

[33] 喻平. 金融风险管理 [M]. 北京：高等教育出版社，2016.

[34] 刘海龙. 金融风险管理 [M]. 北京：中国财政经济出版社，2009.

[35] 韩健，程宇丹. 地方政府性债务影响经济增长路径的区域异质性分析 [J]. 统计研究，2019（3）：32-41.

[36] 韩健，程宇丹. 地方政府债务规模对经济增长的阈值效应及其区域差异 [J]. 中国软科学，2018（9）：104-112.

[37] [美] 安东尼·桑德斯. 金融机构管理 [M]. 5版. 王中华，译. 北京：人民邮电出版社，2009.

[38] 唐旭，等. 中国金融机构改革：理论、路径与构想 [M]. 北京：中国金融出版社，2008.

[39] 彭建刚. 中国地方中小金融机构发展研究 [M]. 北京：高等教育出版社，2010.

[40] 张春子，张维宸. 金融控股集团管理实务 [M]. 北京：机械工业出版社，2010.

[41] 范香梅. 发展中国家（地区）中小金融机构发展比较研究 [M]. 北京：中国金融出版社，2010.

[42] 夏洪胜，张世贤. 金融机构经营与管理 [M]. 北京：经济管理出版社，2014.

[43] [美] 安东尼·桑德斯. 金融市场与机构 [M]. 6版. 韩国文，等译. 北京：机械工业出版社，2018.

[44] [美] 弗雷德里克·S. 米什金. 金融市场与金融机构 [M]. 7版. 丁宁，等译. 北京：机械工业出版社，2019.